三枣红楼谈国学

周桂钿 著

中国社会科学出版社

图书在版编目（CIP）数据

三枣红楼谈国学/周桂钿著.—北京：中国社会科学出版社，2019.12
ISBN 978 – 7 – 5203 – 5464 – 6

Ⅰ.①三… Ⅱ.①周… Ⅲ.①哲学—中国—文集 Ⅳ.①B2 – 53

中国版本图书馆 CIP 数据核字（2019）第 245451 号

出 版 人	赵剑英
责任编辑	孙　萍
责任校对	冯英爽
责任印制	王　超

出　　版	中国社会科学出版社
社　　址	北京鼓楼西大街甲 158 号
邮　　编	100720
网　　址	http：//www.csspw.cn
发 行 部	010 – 84083685
门 市 部	010 – 84029450
经　　销	新华书店及其他书店
印　　刷	北京君升印刷有限公司
装　　订	廊坊市广阳区广增装订厂
版　　次	2019 年 12 月第 1 版
印　　次	2019 年 12 月第 1 次印刷
开　　本	710×1000　1/16
印　　张	26.25
字　　数	345 千字
定　　价	118.00 元

凡购买中国社会科学出版社图书，如有质量问题请与本社营销中心联系调换
电话：010 – 84083683
版权所有　侵权必究

1986年5月9日，周桂钿先生（右）与现代天文学家陈遵妫先生（左）在二里沟

1999年10月,周桂钿先生在人民大会堂参加纪念孔子诞辰2550周年大会

1984年，周桂钿先生拜访冰心先生

1994年4月10日,周桂钿先生在日本福冈市举办的东亚传统文化国际学术会议上做题为"大同新论"的发言

前　　言

"财金双刃剑，名位一缕光。求是终无悔，读书始有方。"这是我在七十岁时所撰写的一首短诗。孔子曰："七十而从心所欲，不逾矩。"每一个年龄段都会有不同的人生感悟，境界自然也大不相同。

我是研究哲学的，哲学的面很广，我重点研究中国哲学；中国哲学范围很广，我重点研究秦汉哲学；秦汉哲学领域也很广，我主要研究王充、董仲舒哲学，历时数十年。王充的文风对我有很大影响。本书虽是论文集，但集中展现了我多年来学术研究的思想成果。按照内容大致分为：哲思考辨、旧说新论、人物品评和德育述评四部分。哲思考辨主要论述我对中国传统哲学思想学说的哲学思考和考证辨析，例如大一统论、阴阳论、五行论、宇宙观、天人合一、内圣外王等；旧说新论主要是我对学界传统学说的一种新诠，其中包含了对一些成说的驳正，例如生而知之、道家新成员、实事求是、政治哲学、"大师"杂想、优胜劣汰。人物品评主要是我对中国政治、历史哲学中所涉相关人物及事迹思想的学术考察和评价，例如齐桓公、贾谊、汉武帝、王充、柳宗元、郑和等。德育述评主要是我在相关学术期刊杂志上发表的有关儒家传统道德教育的研究成果，例如见利思义、一本五常、孝的历史意义与现代价值等。

希望此书能对今日之国学经典研读有所启发，能引发读者对中国历史、哲学、文化、道德、科学等根本问题进行深入思考。

最后，特别感谢中国社会科学出版社社长赵剑英先生的支持，感谢为此书出版付出辛勤努力的工作人员。

周桂钿
2019 年 9 月

目 录

哲思考辨

大一统论的现代意义 …………………………………（3）
浑天说与地心说的比较
　——兼论中西文化的差异 ………………………（12）
阴阳论
　——中国传统哲学的辩证法之一 ………………（16）
五行论 …………………………………………………（29）
北京建筑中的文化内涵 ………………………………（43）
大同理想与共产主义
　——从古到今的社会历史观三探 ………………（51）
《郭店楚墓竹简·缁衣》研究札记 …………………（57）
我的宇宙观 ……………………………………………（70）
"德才兼备"的历史考察 ………………………………（87）
释"天人合一"
　——兼论传统价值观的现代意义及其现代转换 …（101）
"内圣外王"疏 ………………………………………（114）

汉初三阶段：治、富、教 …………………………………… (127)

旧说新论

"生而知之"正解 ……………………………………………… (145)
道家新成员考辨
　——兼论《易·系辞》不是道家著作 ……………………… (148)
知国才能爱国 …………………………………………………… (158)
儒家思想是中国古代哲学的主干 ……………………………… (161)
"实事求是"有什么困难？ ……………………………………… (164)
讨论关于科学的几个问题 ……………………………………… (174)
天地有正气 ……………………………………………………… (187)
政治哲学是中国传统哲学的中心 ……………………………… (190)
中国的四大创新 ………………………………………………… (196)
儒家被误解举例 ………………………………………………… (209)
中国哲学将成为世界思想的明灯 ……………………………… (218)
"大师"杂想 ……………………………………………………… (232)
优秀的哲学史家必定是哲学家 ………………………………… (235)
交通与文化 ……………………………………………………… (251)
"优胜劣汰"与"和而不同"
　——东西方传统政治哲学突出差异的比较 ………………… (254)
今天，我们如何读《论语》 …………………………………… (262)

人物品评

论齐桓公之力 …………………………………………………… (269)
如何评论贾谊 …………………………………………………… (272)
汉武帝是否"独尊儒术" ………………………………………… (285)
今天来看董仲舒 ………………………………………………… (294)

王充哲学与东汉社会 …………………………………………（302）
柳宗元天论研究 ……………………………………………（319）
郑和航海与哥伦布航海 ……………………………………（346）
我与王充《论衡》 …………………………………………（353）
钟敬文先生跟我谈哲学 ……………………………………（360）

德育述评

见利思义 ……………………………………………………（367）
儒学"一本五常"及其现代价值 …………………………（377）
孝的历史意义与现代价值 …………………………………（401）

哲思考辨

大一统论的现代意义

大一统论是中国传统哲学的重要内容，对中国历史上的政治与学术都产生过巨大的影响，成为中华民族精神的重要组成部分。有些人认为大一统论强调集中统一，维护专制制度，妨碍民主化进程，阻碍经济发展。因此，他们认为中国现代的落后是由于大一统论的"幽灵"还在中国的大地上游荡。中国这个超稳定系统是否也像黄河大堤那样令人忧虑呢？大一统论在现代是否毫无价值、失去任何意义了呢？这是需要研究的。

一　大一统论的历史分析

大一统论是汉代哲学家董仲舒（前198—前106年）提出来的。汉景帝时发生吴楚七国之乱。为了天下安定、长治久安，必须加强中央集权，防止诸侯王的分裂割据。这是当时有识之士的共识，晁错直接提出削藩，遭致杀身之祸，而董仲舒从《春秋经》和《公羊传》中附会出大一统来，不但没有遭祸，而且还受到赏识而任江都相。

董仲舒的大一统论主要包含两个内容：政权统一和思想统一。

《春秋经》的第一句话是"元年春王正月"。《公羊传》解释说："元年者何？君之始年也。春者何？岁之始也。王者孰谓？谓文王也。曷为先言王而后言正月？王正月也。何言乎王正月？大一统也。"大一统最早见于此。为什么用文王历法的正月为岁首呢？那是为了大一统，即有统一的历法，相当于后来以英国格林尼治时间作为世界各不同时区的统一时刻。董仲舒由此引申出政权统一的思想。在"春王正"中，王指国君，春指上天，正指政治。按"春王正"的次序，王在天之下，在民之上。由此推出："屈民而伸君，屈君而伸天"《春秋繁露·玉杯》。全国人民要服从国君，国君要服从上天。这样就有了一个中心，即政权的统一中心，那就是皇帝，而皇帝要服从上天，"天"成了最后的中心。

至于思想统一，董仲舒在贤良对策中明确提出："《春秋》大一统者，天地之常经，古今之通谊（义）也。今师异道，人异论，百家殊方，指意不同，是以上亡以持一统，法制数变，下不知所守。臣愚以为诸不在六艺之科，孔子之术者，皆绝其道，勿使并进。邪辟之说灭息，然后统纪可一而法度可明，民知所从矣。"《汉书·董仲舒传》荀子在《非十二子》中提出"法仲尼、子弓之义，以务息十二子之说"，从而达到统一天下的思想。董仲舒则是向汉武帝提出明确的建议，用"六艺之科、孔子之术"来统一天下的思想，这就是所谓"独尊儒术"。

政治统一于上天，思想统一于儒术，这不是两个中心吗？实际上这两个中心是重合的，是二而一的。上天是什么？谁能说清楚呢？董仲舒说只有儒者能够通过对天象变化的考察、对灾异瑞应的分析，来窥探天意。并根据阴阳五行同气相应的学说，采取相应的措施，达到消灾避难、长治久安的目的。天意是什么呢？儒者有解释权，就像西方宗教那样，上帝的意见，由神父来解释。在某种意义上可以说，天意就在儒家圣贤的心中。关于这一点，东汉哲学家王充有明确的说法："上天之心，在圣人之胸，及其谴告，在圣人之口。"(《论衡·谴告》)这样一来,政权统一的中心就与思想统一的中心重合了。儒学就这样成了中华民族精神的主干,大一统的观念也就深入人心,产生了很强的民族凝聚力。

大一统论在中国历史上起过两方面的作用,有功也有过。它产生了很强的民族凝聚力,当政治危机的时候,它起着维护统一、防止分裂的作用;当国家分裂的时候,它起着促进统一的作用。有人把这种现象称为"超稳定系统"。正是由于它的作用,中国曾有过汉唐盛世,而且形成领土广阔、民族众多的大国,至今屹立于世界的东方。这是它的功。同时,强调维护国家整体利益的时候,必然要牺牲一定的个人利益,还要压抑或者制约某些个人的行为。在大一统论的精神控制下,有至高无上权力的皇帝也要限制自己的私欲。个人才华未能充分发挥,创造性受到摧残。有时还影响经济发展、科技进步。两者比较,它的功大于过。大一统论在历史上有过重大贡献,对现代还有什么意义吗?

二 大一统论的现代诠释

《公羊传》认为孔子撰写《春秋》采用周文王的历法,是表达了大一统的思想。董仲舒说:"《春秋》大一统者,天地之常经,古今之通谊(义)也。""天地"指的是空间,"古今"指的是时间,常经与通义一样,都是指普遍规律。这段话大意是说,大一统是宇宙的普遍规律。庄子说:"自其同者视之,万物皆一也。"(《庄子·德充符》)又说:"道通为一","唯达者知通为一"(《庄子·齐物论》)。从相同的方面看,万物都是统一的。从没有任何局限的道的角度观察,一切事物都是统一的。这种认识,只有"达者"才能理解。所谓"达者",就是指能体会道的人。这种人不受局限,思想通达,抽象思维能力很强。实际上,这种人就是道家,就是追求世界统一性的哲学家。庄子就是这样的哲学家。后代的哲学家，不论是唯物的，还是唯心的，多数哲学家也都追求世界的统一性。

一些科学家从科学的角度来研究世界的统一性，爱因斯坦探讨了空间和时间、物质和运动的统一性，创建了狭义相对论，进而创立了广义相对论。后来，他把主要精力用于探索统一场，终未成功。这种探索方向是正确的。宇宙万物是纷繁复杂、千变万化的，这些现象都需要许多专家来研究，而这些复杂多样、变动不居的现象背后有一个统一的东西，这个统一的东西正是古今中外多数哲学家所要探讨的问题。

桓谭说："扬雄作玄书，以为玄者，天也，道也。言圣贤著法作事，皆引天道以为本统，而因附属万类、王政、人事、法度。故宓羲氏谓之'易'，老子谓之'道'，孔子谓之'元'，而扬雄谓之'玄'。"（《后汉书·张衡传》）这里的"本统"，实际上就是宇宙统一性、宇宙本体，也就是宇宙大一统。后来，还有一批哲学家把宇宙统一于气。西方哲学家曾将"火""原子""物质"等作为宇宙的本体。今后的哲学家会在新的科学研究成果中概括出新的宇宙本体，即宇宙统一性。现在还是人类的少年期，即使是最高明的认识也需要发展、提高，远未到终结处。

只讲统一是片面的。一切事物都有同异两方面，正如庄子所说："自其异者视之，肝胆楚越也；自其同者视之，万物皆一也。"（《庄子·德充符》）从异的角度看，一切事物都是千差万别的，没有任何两个东西是完全绝对相同的。在这种意义上说，事物的差异性是绝对的。因此，在强调一切事物有统一性的时候，不能忽视其差异性. 或者说，讲大一统时，不应忘了丰富多彩，百花齐放。

过去追求大一统，方法与思路不同，后果也不一样。秦始皇用令行禁止的行政办法来排斥其他思想，用焚书坑儒的残酷手段打击儒家，用"以吏为师""以法为教"的措施来提倡法家思想，以为只要有法，就可以治国。孟子早已说过："徒法不足以自行"（《孟子·离娄上》），法需要人去实行，而人是有知识、有感情的。如果执法的人有认识上的偏颇或感情上的瓜葛，那么，执法就可能受到影响，失去客观和公正。如果我们把宽容仁爱视为"右倾"，而把残酷斗争、执法严厉、以罚为主的倾向看作"左"，那么，秦时受惩治的人极多，就是执法者"左"派特多。秦政府推行"督责"措施，"税民深者为明吏"，"杀人众者为忠臣"。这些"明吏""忠臣"，对上级的指示号令，可以一呼百应。从形式上看，实现了大一统。而实际上，税民过深，杀人太众，不得人心。因此，秦朝很快就被人民推翻。汉代思想家认为其原因是"不施仁义"。这种大一统，方法与思路都不对，是失败的。

汉朝也要统一思想，经过几十年的选择，确立了"罢黜百家，独尊儒术"的方针。而这时的"儒术"是以孔孟思想为基础，吸取百家中的合理思想成分，形成的新儒学。这是先秦儒学在汉代的现代化。儒学成为经学，汉朝成为盛世，应该是儒学的成果。

对于两千年后的今天，在现代社会中应如何理解大一统论，这是现代学者所要研究的课题。如果简单地搬用古代任何成功的经验，都有可能造成惨痛的失败。要结合现代社会实际，研究如何处理统一与分散的关系，统一过多过死，肯定会阻碍社会经济的发展，统得过死，社会失去应有的活力，统得过多，商品流通受阻，经济发展比较缓慢。现在搞开放改革，从计划经济转为市场经济，给地方、企业有较多的自主权，经济有了迅猛的发展。

一种倾向掩盖着另一种倾向。纠正了统一过多过死的偏向以后，另一种倾向，即各自为政、各行其是的分散倾向又会开始抬头。一个家庭、一个团体、一个集团、一个国家，乃至整个人类，都应该有统一的东西。这就是大一统论的基本精神。但统一的方式与程度，都以时间、地点、条件为转移。具体到某一国家在特定时期应该统一什么，如何统一，统一到何等程度，则需要从实际出发，经过认真研究而确定。

总之，大一统论需要现代化，而现代社会也需要大一统论。

三 大一统论的现代意义

董仲舒的大一统论讲的是政权统一和思想统一。在乱世中建立的统一政权，强调统一当然是合理的。在现代社会中，各个方面对统一的需要更明显也更突出。

首先，统一是政治的需要。秦始皇建立了中央集权制度以后，取消封建制，建立郡县制，拆关隘，修道路，通行天下，都是为了加强集中统一。近代中国，军阀分裂割据的时候，阎锡山占领山西，山西省内铁轨修成窄轨，正与秦始皇相反，他想将山西变成他的独立王国。任何国家都要求统一，古今中外的所有国家，概莫能外。区别在于统一的中心不同。董仲舒强调"屈民而伸君，屈君而伸天"，统一的中心是"天"，天又是随从民欲的。所谓"天视自我民视，天听自我民听"（《孟子·万章上》），又说"民之所欲，天必从之"（《左传》昭公元年）。实际上，人民的欲望就是统一的终极中心。孟子讲："得其民，斯得天下。"（《孟子·离娄上》）谁得民心谁就得了天命，那就可以为天子。天子又成了人民服从的中心。"天"是一个政治哲学中虚假的概念，有的统治者对它敬畏而谨慎治民理政，有的统治者把自己的欲望说成天意，自然不能符合民心。在封建社会，平时没有什么方式可以传达民心。人民只在忍无可忍的情况下，揭竿而起，才能充分表达自己的强烈愿望。在资本主义制度下，一般采取选举总统的方式来确立政权统一的中心。为了限制个人的权力，又有国会作为制约机制，减少总统个人决策的失误。在社会主义制度下，用逐级选举人民代表的方式来建立政权统一的中心。全国人民代表大会选举出来的国家主席，是国家政权统一的中心。

不管是封建社会，还是资本主义社会、社会主义社会以及其他形形色色的社会，都要在一定程度上反映人民的欲望、群众的要求。它们的区别只是反映的形式不同。社会主义的人民代表制，由人民选出代表参加决策，比较直接地反映人民的要求。资本主义社会一般通过选举，组成国会，选出总统来决策，间接地反映人民的意见。封建社会，皇帝与人民之间的距离就更远了。人民平时无法表达自己的愿望，对于不满意的政治，先是忍受，继而愤怒，最后忍无可忍，揭竿而起，把与人民为敌的皇帝推翻，拥护能反映人民愿望的新皇帝上台。这时才看得出人民在历史上的决定作用。因此贾谊提出民本思想，他认为："民者至贱而不可简也，至愚而不可欺也，故自古至于今，与民为仇者，有迟有速，而民必胜之。"（《新书·大政上》）由此可见，任何国家都有政权的中心，都有国家元首，这是形式上的不同，而实质上的中心在于民意，这是共同的。

其次，在经济领域更需要统一。商品交换是以物易物开始的，当时都不需要统一，只要用自己的剩余产品换取自己所需的别人的剩余产品，双方同意，无可非议。商品交换的发展才有了量的概念，多少尺布换几升粮食，几文钱买几斤猪肉。这些量的概念包括"度"（长度）、"量"（体积）、"衡"（重量）。这些度、量、衡如果不统一，就不利于商品交易，作为一切商品等价物的货币也需要统一。中国在战国时代，各诸侯国有各自的度、量、衡与各自的货币，而且没有办法统一，秦始皇统一中国以后，为了便于商品交易，做了统一度、量、衡及货币的工作，这些措施为汉朝所继承。

度量衡和货币的统一在历史上为商品交易提供了方便，为一切经济活动提供了量化标准，对经济发展和社会进步都有重要贡献。

由于经济的继续发展和科学的进步，对于度量衡与货币的统一有了更高的要求和更广泛的需要。在度方面，现在全世界有通行的米制（m）。在量方面，世界有通行的公升。在衡方面有克、千克、吨等通行重量单位。我们国家在开放以后，就全面推行公制度量衡，连过去中药制量都逐步改为公制，一钱改为三克。这也是为了与世界接轨，在更广泛的范围内实行大一统。

现在虽然各国都有自己的货币，但是由于外贸的需要，各国间兑换货币是非常频繁而复杂的事情。各种货币之间的比率每天都在变化，使各国贸易增加很多麻烦，也存在许多弊端，于是产生了欧洲一些贸易伙伴的国家创造一种统一货币。这在各国之间进行贸易可以使用统一的货币，减少麻烦。这就是现在成长中的"欧洲货币单位"。"欧洲货币单位"与欧洲各国货币并存，将来，欧洲各国货币逐渐取消而采取统一的"欧洲货币"。欧洲如果可以有统一货币，那么，在未来不是也可以产生世界统一货币吗？现在许多国家外贸结算或者论述富裕程度、经济指标，都以美元作为统一的单位，实际上，现在的美元已经有了准统一货币的作用，在全世界各国广泛流通着。

在经济领域，除了度、量、衡和货币需要统一之外，还有一些法律、协定等也是根据经济发展需要而制定的统一的东西。关贸总协定就是其中重要的一项。一些地区性的贸易协定，有较多的合理性，会被其他各国所采纳，逐渐成为世界各国共同奉行的法则，也就成了国际贸易法。所有这些都会在经济发展中产生、形成。总之，世界经济大市场需要统一的度量衡、货币、法则等。这是世界范围的经济大一统。

最后，统一在文化领域也十分必要。秦始皇时统一文字对中华文化做出了重大贡献。战国时代，各诸侯国的文字向着不同的方向发展，渐趋差异。秦始皇建立了统一的政权，就要用统一的文字来发布法令。当时统一文字主要出于加强统一政权的考虑。统一文字在文化交流、融通感情、移风易俗等方面都起了很大的作用，产生了强大的民族凝聚力。交流思想需要通过语言，在社会交往日益增多的情况下，需要翻译才能交流思想就很不方便，而统一语言则是非常需要的工作。我们现在提倡北京音普通话，就是统一语言的工作。统一语言没有强迫命令，但是，社会生活的实际需要和有识之士的积极提倡，语言会日趋统一。不是消灭地方语言，而是让更多的人学会使用共通的语言。

世界各国的文化尽管在形式和内容方面有千差万别，文字、语言、艺术、音乐等，都各不相同。由于各种社会因素的影响，以及文化本身的性质特点，有一些文化内容或形式逐渐被更多的人们所接受，而得到日益广泛的传播。某种文化形式与内容在传播中不断吸收、容纳其他文化的优点，发展自身，这种文化就可能成为更多人所能接受的共同的文化。从戏剧方面说，中国各地有许多地方戏，后来京剧就成了多数人所喜爱的国戏。体育也有这种情况，现在被列入国际奥林匹克运动会的项目，就可以说是世界各国所承认的体育项目，但不是说，奥运会以外的运动项目都应该取消。各地各国都可以开展各自的体育项目，在大家认可以后，列入国际项目，很显然，各种文化形式和内容都有传播的范围。对于一个地方来说，有的则是自己的特殊文化，有的则与其他地方相同，从理论上说，各地方的文化是统一与特色并存。由于世界各国交往增多，文化也在竞争中不断优胜劣汰，趋向统一，对于各国来说，由于不断交流，文化也日趋丰富。

（原载《河北学刊》1994年第1期）

浑天说与地心说的比较

——兼论中西文化的差异

浑天说与地心说是东西方类似的宇宙学说，故有许多人进行比较，评说东西方文化的优劣。有些人认为，中国的浑天说就差一步没有赶上西方的地心说。这种观点值得研究，不知是从哪一方面来比较，差了哪一步。

从时间上比较，浑天说产生于西汉太初历颁布之前。太初历元年即公元前104年。据扬雄《法言·重黎》称："或问浑天，曰：洛下闳营之，鲜于妄人度之，耿中丞象之，几几乎，莫之能违也。"《宋书》称这三人是"制造浑仪"的人，而洛下闳则是首创者。洛下闳参与制订太初历。《隋书·天文志》引虞喜的说法："洛下闳为汉武帝于地中转浑天，定时节，作《太初历》。"很显然，浑天说创立于公元前2世纪。西方的地心说是古希腊天文学家托勒密（公元90—168年）建立的。他于公元127—151年在亚历山大里亚城进行天文观测，在前人的研究基础上，建立了地心说。中国的浑天说创立于公元前2世纪，西方的地心说创立于公元后2世纪，从时间上说，浑天说不会比地心说差一步，这是很显然的。地心说被日心说所代替，浑天说也被近代西方天文学所取代，地心说与浑天说各在东西方统治天文学界达一千多年，而浑天说比地心说流传时间要长数百年。浑天说先立而后消。

从科学的历史地位来讲，浑天说是从占星术迷信中分离出来的科学体系，此后由科学实验和实践反复证明，没有产生过明显的反科学现象。它奠定了科学发展的基础。而地心说是从科学进入宗教迷信，在黑暗的中世纪起着反科学的、阻碍科学发展的作用。哥白尼迟迟不敢公开自己研究的日心说，布鲁诺反对地心说而在国外流亡15年，一回国就被逮捕入狱，监禁达7年之久，最后被烧死于罗马的鲜花广场。反对地心说的另一位著名科学家伽利略也被罗马教廷圣职部以异端罪判处终身监禁，死于软禁之中。三百多年以后的1980年，梵蒂冈宣布为伽利略平反。可见，连宗教界也承认当时对伽利略的处治是错误的，是对科学家的迫害。地心说给"上帝"留着位子，成为宗教迷信反对科学的工具，成为阻碍科学发展的绊脚石。西方宗教利用地心说迫害过许多科学家，而中国的浑天说没有被用来迫害科学家。没有宗教团体或政治势力利用浑天说整人。浑天说并不神圣，它可以和盖天说、宣夜说以及后来的各种天说，也包括明代传入的西方近代天文学一起讨论、比较，平等竞争。在这一点上，浑天说也不比地心说差半步。是否可以说，浑天说比地心说更开放、更开明一些呢？

从科学水平方面来看，问题就比较复杂一些。地心说认为地是圆球体，处于宇宙中心；天是九层透明的同心圆，绕地球旋转。日月五星各有一层天，恒星又一层天，最上面是宗动天，是上帝和诸神所居的场所。这就是所谓九天。中国原来也有九天说，屈原在《天问》中说："圆则九重，孰营度之？"《孙子兵法·形篇》有"善攻者动于九天之上"的说法。这是指天像圆盘那样，有九层，一层比一层高，最高的一层叫九天。到秦汉时代，天由九层变成一层。《吕氏春秋·有始》把天分为九块，即中央和八方各一块，拼成一层天。九天分别是："中央曰钧天，东方曰苍天，东北曰变天，北方曰玄天，西北曰幽天，西方曰颢天，西南曰朱天，南方曰炎天，东南曰阳天。"《淮南鸿烈》、纬书、扬雄《太玄经》也都有各不相同的九天说。《淮南鸿烈》和纬书，与《吕氏春秋》，其九天则大同小异。扬雄的九天则以一年气候变化为线索划分的。这与星空九天大异，前者分时间，后者分空间。后代如唐代柳宗元、宋代朱熹都有不同的九天说。九块拼成一层天，是浑天家继承的九天。

地心说与浑天说相比，前者主九层天，后者主一层天。而现代球面天文学也把天看作一层球面。从立足于地球的人类来说，以地球为中心，把地外天空景象视为一球面，是便于观测的一种科学假说，有较多合理性，以致在现代科学中还有球面天文学的一席之地。而九层天的说法已被现代科学所抛弃，从这一点上比较，地心说明显的不如浑天说。关于地的形状，浑天说以蛋黄比喻地体，说明其中含有地是椭圆球体的观念，但在其他论述中并没有明确说明地是球体，在各种计算中也没有考虑到地球的曲率，如说北极出地、南极入地的度数应因地而异，日出日落的时刻也应因地而异。实际上浑天家尚未考虑到地面曲率；而在解释月食时，认为是月亮进入地球影锥（旧称暗虚）时的现象，表明了地球的观念，如果地是极大的平面的体，那么就不会有圆的影锥。总之，浑天说有地球观念而无明确表述。这一点，浑天说不及地心说。

地心说用若干轮（本轮、均轮等）的相互关系来解释日月五星的运行轨迹，表明了较高的数学水平。这种计算有两大缺点：一复杂，二不准。而中国人善于用简单的方法获得比较准确的结果。周代用八尺长的标杆（周髀）立地，每天测量在地面的日影。每天竿影最短的时刻为中午，说明日在中天。一年中，日影最短的时刻就是夏至日的中午，中午日影最长的那一天是冬至日。经过数百年乃至上千年，进行这种简单的连续的观测，得出了一回归年为365又1/4日的相当精确的结果，这在中国是两千年前的结论。浑天说在这种经验的基础上创立出来。它又指导后代天文学家进行更认真的观测和研究，得出越来越精确的结果。

中国古人制订了百余种历法，其中元代郭守敬制订的授时历定一回归年为365.2422日，与现行公历相同。公历即格里历，比授时历晚三百年施行。授时历颁行于公元1281年，格里历于公元1582年才开始在意大利等国施行。明初，郑和下西洋携带大统历赠送给沿途各国。大统历实际上就是授时历。郑和第一次下西洋在公元1405年，说明郑和赠送给沿途各国的大统历是当时世界上最先进的历法。古代天文学最重要的实际用处在于制订历法。历法的精确度是衡量天文学水平的主要标准。从中国历法的精确度可以说明浑天说比地心说进步。

中国比较重视积累实际经验，比较重视实际用处，而西方比较重视理论，重视数学计算。在古代，在15世纪以前，中国的科学走在世界前列，许多项目和总体水平，远远超过同时代的欧洲。西方人重视理论研究，重视数学这样的长线专业，对于科学发展有很大后劲。西方现代科学远远超过中国，原因可能是多方面的，而重视理论，可能是最重要的一条。要站在世界科学的最高峰，就必须有较高的理论思维水平。西方理性主义哲学流行，就是关键所在。没有远见卓识的人，只看眼前经济效益，那是看不到理论的作用。不重视理论，一切发展都没有后劲。

（原载《天文爱好者》1995年第3期）

阴 阳 论

——中国传统哲学的辩证法之一

阴阳是中国古代哲学家提出的一对概念，也是一对重要的哲学范畴。哲学家对阴阳进行过许多辩证的论述，形成内容丰富、道理深刻的阴阳论。西方哲学家把对立统一论作为辩证法的三大规律之一，阴阳论应该说是中国传统哲学的辩证法的规律之一。哲学家的阴阳论被医学家引入医学领域，成为中国医学的一对重要范畴。《黄帝内经·素问·阴阳应象大论》载："黄帝曰：阴阳者，天地之道也，万物之纲纪，变化之父母，生杀之本始，神明之府也。"阴阳在中国医学中的重要地位，从这部中医理论的经典著作中可以看得出来。

一　阴阳学说

阴阳概念见于西周时代的一些典籍。《周书·周官》载："立太师、太傅、太保，兹惟三公，论道经邦，燮理阴阳。"《国语·周语》载："幽王二年，西周三川皆震。伯阳父曰：'周将亡矣！夫天地之气，不失其序。若过其序，民之乱也。阳伏而不能出，阴迫而不能烝，于是有地震。今三川皆震，是阳失其所而镇阴也。阳失而在阴,川源必塞;源塞,国必亡。若周亡,不过十年,数之纪也。夫天之所弃,不过其纪。'是岁也,三川竭,岐山崩。十一年,幽王乃灭,周乃东迁。"春秋战国时代,阴阳学说流传甚广。秦汉时代,阴阳论走向系统、成熟。

阴阳论认为,世间一切事物不属阴则属阳,而任何事物中又包含着阴阳。从大的方面,天属阳,地属阴。天上日为阳,月为阴。日中有黑点,是阳中阴。月有朔望,也是阴阳。五大行星中,荧惑即火星为阳,辰星即水星为阴。在地面上,火为阳,水为阴。从生物来看,能跑动的动物属于阳,植根于地的植物为阴。同样动物,水生的为阴,陆生的为阳。同样水生动物,游动的鱼类为阴中之阳,不游的贝壳类为阴中之阴。同样陆生动物,天上飞的鸟类为阳中之阳,地上跑的兽类为阳中之阴。同样地面动物,在地上筑窝的为阳,地下掏洞的为阴。蛆虫、蛇、穿山甲等都属于阴。而牛、马、虎、豹等都属于阳。同样地上跑的动物,还有食肉动物和食草动物的区别,实际上也可以分为阴阳。同是植物,有寒温、补泄的区别,自然有阴阳之分。同一植物,在地面部分的枝叶为阳,地下部分的根系为阴。以内外分,表皮部分为阳,木质部分为阴。从一片树叶来说,向上向阳的为正面,为阳;向下背阳的为背面,为阴。生长在山上的为阳,生长在山谷、水边的为阴。生长在山上,朝南的为阳,朝北的为阴。在河边,南岸为阴,北岸为阳。喜燥与喜湿的植物有阴阳之分。总之,一切生物,雄的为阳,雌的为阴。

对立统一论认为一切事物都分为既对立又统一的两个方面,其中有一个方面占主要地位,决定着事物的性质。在一定条件下,两方面会互相转化,从而改变事物的性质。阴阳论认为事物的两方面分别属于阴与阳固定的属性,在相对的意义上不会改变。例如,雄的动物如公牛为阳,母牛为阴。公牛、母牛这种阴阳关系在任何条件下都不会改变,任何时候,都是公牛为阳,母牛为阴。另外,在阴阳论中，热、动、快、雄、公、表、积极向上、火、强、亮等都属于阳，而寒、静、慢、雌、母、里、消极低沉、水、弱、暗等都属于阴。这些阴阳，既有物质性的，也有功能性的。

二 人体阴阳

阴阳论用于医学，首先对人体作阴阳分析。从性别分，男为阳，女为阴。从身体上分，上身为阳，下身为阴。外表为阳，内脏为阴。背为阳，腹为阴。固定的骨肉为阴，流动的气血为阳。骨肉对应，骨为阴，肉为阳。气血对应，血为阴，气为阳。气是血的帅，推动着血液流行。皮肉对应，皮为阳，肉为阴，皮毛对应，皮为阴，毛为阳。皮之不存，毛将焉附。

对于皮肉来说，内脏都属于阴。中医把内脏分为五脏和六腑。五脏为藏，指储藏物品的仓库，属阴。腑，古作府，指进出周转的功能。因此，六腑属阳，在人体中起传输的作用。同一脏器中，由于功能的不同，也有阴阳之分，亢进为阳，衰微为阴，又如肾脏，有肾阳、肾阴之别。肾虚有阳虚、阴虚的不同。补肾的中药也分补肾阳和补肾阴两大类。补肾阳的中药有鹿茸、海狗肾、巴戟天、阳起石。补肾阴的中药有石斛、枸杞子、女贞子、龟板、鳖甲等。

中医认为，人体各部位都是互相联系的，这些联系的通道，叫作经络。经络形成一个系统，叫作经络系统。经是联系干线，络是分支细微的网络，分布于全身，这些称经络学说。联系干线的经脉也有阴阳之分，如：手太阴肺经，手阳明大肠经，足阳明胃经，足太阴脾经，手少阴心经，手太阳小肠经，足太阳膀胱经，足少阴肾经，手厥阴心包经，手少阳三焦经，足少阳胆经，足厥阴肝经。这里有足三阳三阴，手三阳三阴。

阴阳还贯穿于医学的各个方面，在生理上，强为阳，弱为阴；

在心理上，兴奋为阳，低沉为阴；在病状上，发烧、亢进为阳，发寒、卑沉为阴；在动作上，好动的、急性的、快捷的都属于阳，而缓慢的、好静的、慢性的都属于阴。

在用药上，也有阴阳法则，中药也分阴阳，有滋阴药，也有壮阳药。针灸治病，针法也有提插、补泄的不同，也属阴阳之类。

总之，中国传统哲学把天上地下万事万物都归入阴阳两种不同属性，而中医以阴阳学说解释人体各个部位、生理功能、病理心理药性治法及其一切问题。

我们了解了阴阳学说的这些基本内容，才能继续讨论以下的阴阳论问题。

三　阴阳相须

阴阳是对立的、相反的，又是统一的、相成的，这就是阴阳相须。

中国古人讲"孤阴不生""独阳不生"，阴阳互相分离，就不能繁衍生息，就不能发展进化。

上文讲到，植物是阴，动物是阳。动物离不开植物，这是显而易见的。食草动物如牛羊，没有植物就无法生存。食肉动物如虎狼没有植物、没有食草动物也无法生存。除开食物，还有空气的问题，动物需要氧气，而氧气正是光合作用的产物。没有植物制造氧气，一切动物将会窒息而死。植物长于土地上，自生自灭，似乎与动物无关。实际上，植物也很需要动物。动物呼出的二氧化碳气体正是植物光合作用所必需。其他方面的复杂联系还需要科学家继续研究。

动物的雌雄，人类的男女，也都是相须的。古书称"二女同居，其志不同行"（《周易·睽·象》），男女结合，其"志"就

"相得"。这里可以看出男女相须。但是，男女之间微妙的生理和心理的联系和相须，现代科学尚未揭示其中内在的奥秘，一些文学作品如《红楼梦》描写贾宝玉对林黛玉的特殊感觉，现代科学还没有从机制上加以说明。文艺作品对表现作了如实的描述，现代生理学、心理学对外在的联系作了系统的研究，但尚未揭秘，有待于继续研究。

可以预见，男女、雌雄之间的奥秘一旦被揭示，人类将会有突破性进展，而现在气功家所谓的"采阴""采阳"也会得到新的解释。中国古语：相反相成，是阴阳相须的典型论述。

四 内外兼顾

内为阴，外为阳，内外问题也是阴阳关系的问题，内外兼顾既是阴阳平衡，也是阴阳相须的问题。《庄子·达生》载：鲁国有一个人叫单豹，住在山洞里，练内功，70岁了，脸色还很红润，后代所谓"鹤发童颜"。不幸，单豹被饿虎吃掉。另一个人叫张毅，苦练外功，到处活动，力气很大，可以与猛兽搏斗，当然，饿虎吃不了他。但他才40岁就因内热病英年早逝。庄子总结说："豹养其内而虎食其外，毅养其外而病攻其内。此二子者，皆不鞭其后者也。"单豹养了内忽视了外，张毅练了外忽视了内，都不能尽其天年。要实现寿尽天年，就得内外兼顾、阴阳平衡。哪一方面缺了，就补哪一方面。像赶羊群那样，只要鞭打走在最后的那一只羊，就可以把整群的羊顺利地赶走了。如果鞭打的不是最后的那只羊，打了其他任何一只羊，那么，就会使这只羊以后的所有的羊都落伍了，丢失了。

单豹在山洞中练气功。这种气功以静坐的方式，由意念导引内气沿着一定的经络运行，疏通各路脉络，协调五脏六腑和躯体四肢各部位，使各方面都达到平衡的良好状态，使表皮的微循环良好运行，皮肤得到充足的气血滋养，长葆青春，但对外没有防御能力，因此被猛兽所伤害。张毅练外功，实际上就是武术，有强壮身体的作用，能抵御外来伤害。但他的体内循环受到阻碍，通道堵塞，积压成疾，内热而亡。

食品营养，与体育锻炼相比，算是内；与精神状态相比，算是外。在营养与情绪的关系上，营养是外，情绪是内。保健，注意了营养，是重外，注意情绪，是重内。有的年轻母亲比较注重儿女的饮食，不重情绪，例如逼儿女吃饭，吃什么食品，只觉得吃的食品越多越好，也不管儿女饿不饿，想不想，爱不爱吃。重营养，不重情绪，也是一种顾外不顾内的片面性。当然，如果小孩想吃什么就给什么，爱吃的东西，吃饱了还想吃，不爱吃的一点不吃，那么小孩的偏食、挑食，会导致营养失衡，这是顾内不顾外的片面性。营养需要相对搭配，但这是模糊的问题。有些文章说，一个人按体重计算，每天需要多少克脂肪，多少克淀粉，多少克蛋白质，一共需要多少卡热量，于是有的家庭主妇手拿电子计算器，在厨房里一边计算一边烧菜。这是十分精密的把营养量化了的科学，这种"科学"应该打上引号，是唯科学主义的思想倾向。他们把人体看作一部机器，一切都是机械的。实际上，人体是一个活性的生物体，其中有复杂的机能。它既可以把淀粉转化为脂肪，也可以把脂肪转化为蛋白质。有的人以为吃肥肉会长胖，而实际上，许多胖人并不吃肥肉，不是还有吃素的胖和尚吗？他们说"喝水也长肉"。当然也有人吃肉不少，还是长不出肉来。这是由内在的机制决定的。

转化论与前面的搭配论是否矛盾呢？既然可以转化，又何必搭配呢？转化需要消耗能量，而且转化只能转化部分营养，使之达到相对平衡。这就是说，人的进食只要大体搭配，体内机制可以进行部分转化，实现相对平衡。严密计算进食，完全忽视机体的转化功能。偏食则是另一极端。一般地说，什么都吃，花样多，就根本用不着担心缺乏什么营养的问题。食谱单调，会降低食欲，这也是机体平衡系统的自我保护的正常反应。在这里，也是一种内外兼顾。进食要搭配，是顾外。搭配不必过于精密，只要大致就行，这是相信机体内部有转化的功能，是顾了内。

五 动静等观

在哲学上，道家强调静，儒家重视动，而医学则强调动静结合。儒教坐禅，也是以静修为主。在医学上，则反对偏静和偏动，而强调动静结合。《黄帝内经·素问·阴阳应象大论》称："阴静则躁"，躁，就是动。又说："阳胜则热，阴胜则寒。"《黄帝内经·灵枢·九针论》载："五劳：久视伤血，久卧伤气，久坐伤肉，久立伤骨，久行伤筋，此五久劳所病也。"这里讲的"五劳"，久视、久卧、久坐和久立，都是静"劳"，而久行是动"劳"。不管静、动，时间太久，都会产生疲劳，对健康都是不利的。

先秦道家强调静，汉代道家却主张以动养身。当时的导引图中有各种动作，说明养身运动方式。王充《论衡·道虚》引述当时道家的说法："血脉在形体之中，不动摇屈伸，则闭塞不通。不通积聚，则为病而死。"这话与导引图可以相印证。但是，王充引这段话，不表示赞成，而是为了批评。王充认为人体与草木相似，"草木在高山之巅，当疾风之冲，昼夜动摇者，能复胜彼隐在山谷间，鄣于疾风者乎？案草木之生，动摇者伤而不畅，人之导引动摇形体者，何故寿而不死？……则犹人勤苦无聊也，安能得久生乎？"草木生在山顶，被大风吹得昼夜不停地摇动着，就生长很慢，不像山谷无风处的草木那样茂盛。同样道理，人体如果不断摇动，勤苦不得休息，怎么能长寿呢？王充在这里反对不停运动，反对过分运动，也反对血脉在体内的过分运动。同时，王充认为血脉不通也不行，他说："血脉不通，人以甚病。""是故气不通者，强壮之人死，荣华之物枯。"（《论衡·别通》）两方面联系起来，可见王充主张运动又反对不断运动。细加推敲，也是主张动静结合论的。

三国时代的名医华佗对他的学生吴普说："人体欲得劳动，但不当使极尔。动摇则谷气得消，血脉流通，病不得生，譬犹户枢不朽是也。是以古之仙者为导引之事，熊颈鸱顾，引挽腰体，动诸关节，以求难老。吾有一术，名五禽之戏，一曰虎，二曰鹿，三曰熊，四曰猿，五曰鸟，亦以除疾，并利蹄足，以当导引。体中不快，起作一禽之戏，沾濡汗出，因上著粉，身体轻便，腹中欲食。"（《三国志·魏书·方技传》）这段话的大意是：人体需要运动，但不能运动到极点，即过度疲劳。运动可以促进消化，促进血脉流通，不容易生病，也像门轴经常转动不易腐朽那样。所以，古代仙人创造导引这种运动形式，有时像熊那样伸长脖子，有时像鹰那样回头张望，扭动腰部，活动各个关节，用这种方式追求健康长寿。华佗为此创造了一种体操，叫五禽戏，模仿虎、鹿、熊、猿、鸟等动物的动作，进行活动，一方面可以少生病，另一方面又能保健肢体，可以代替导引术。身体不舒服，起来做一种动物的动作，活动到出汗，身体感动轻松，肚子有点饥饿，想吃东西。后来，吴普按这样活动，活到90多岁，"耳目聪明齿牙完坚"。华佗的养身原则，要动，又不能使"极"。要活动，又不能过度疲劳，即动静结合，阴阳平衡。

北京西山有一座大觉寺。据《顺天府志》记载："大觉寺，按寺记曰：中都大觉寺，大定十年四月记。撰记者，行太常丞骑都尉蔡珪也。中都即今旧城。大定，金世宗都燕时年号。"金大定十年，即公元1170年。这座800年前建的古寺，有一大殿门前横匾上写着"动静等观"。这也是动静结合、阴阳平衡的另一种说法。

从以上可以看出，中国传统思想是融合成的，"动静等观"是几千年融合的产物，它比较全面合理，较少偏激。

印度佛教主静，修持的方式是坐禅。南天竺国的菩提达摩从印度渡海，经三年到达广州，后到金陵、洛阳等地，后到嵩山少林寺，面壁而坐，终日默然。[①] 有的说达摩祖师面壁9年，面对着墙壁坐着，一坐就是9年！这就是静的典型。

唐宋时代，吕洞宾、张伯端等人吸取佛教禅宗一些禅定思想，与道教的内丹说相结合，产生了静修的养身之道。流传到现代，就是近年盛行的静气功，所谓炼内丹。这是佛道结合的产物，也是东方文化的一个特点。

西方则不同，比较强调动，物竞天择，优胜劣汰，就是最大的驱动力。人要竞争，才能生存发展。这种观念渗入养生理论，自然产生了"生命在于运动"。然后从各种事例中选出有利于证明"生命在于运动"的资料，进行各种宣传，使之风行天下。上帝死后，科学填补了这个权威空缺，世人崇拜科学也像崇拜上帝那样。"生命在于运动"作为科学的命题、口号，也不管男女老幼，也不管春夏秋冬，上到九十九，下到会走路，都在运动。这一运动，在中华大地上开花结果，大大提高了中华民族的体质，应该予以肯定。

但是，从理论上讲，应该以动静等观较为合理。养身的办法应以动静结合为最佳。知识分子从事文化活动，特别是做文字工作的，一天到晚坐着工作，处于静的状态，静的时间太长，对健康不利。如果在静的状态中间，安排一段运动的时间，那么动静结合，阴阳平衡，身体就会比较好些。华佗发明五禽戏，也是对于医生这类角色的人有好处的。如果一个强体力劳动者，已经累得汗流浃背，再让他做五禽戏，不仅没有什么好处，恐怕还会增加劳累，对

[①] 《五灯会元》卷一。

于强体力劳动者，恐怕更需要的是安静、休息。工农群众在一天劳累之后，晚上看看戏，听听音乐，是一种享受。或者看书读报，也是一种业余学习。或者下棋打牌，听唱聊天，无非一种娱乐，就不一定要参加体育运动。一般地说，学校师生参加体育运动是很有必要的，但这也要具体情况具体分析。1977年、1978年入学的大学生，刚从社会上来到学校，学习积极性极高，而他们工资收入却比较低，他们所得到的营养已不够自己学习的消耗，再加上强烈的运动，必然入不敷出，导致营养缺乏，体力下降，抵抗力降低，终于患病。有一所大学的学生，每天早起积极锻炼的同学，成批地患了肺结核病，被送去疗养。而那些睡懒觉的同学却满面红光，精力充沛。进入90年代以后，大家生活都提高了，缺乏营养的情况几乎不存在了。睡懒觉已经不利于大学生的保健。为什么说"几乎"？因为有几种情况仍使一些大学生营养不足：一是从贫困的边远地区来的学生；二是为了保持体形线条，忌食太多；三是有些并不富裕的学生企图乞丐与龙王比宝，不多的伙食费花在讲排场、摆阔气上，正餐未能正常供应。

对于好静的年轻人，要经常想到需要运动，每天坚持哪怕半小时的体育运动，也是极有好处的。对于好动的青年人，只要注意不要劳累就可以了。至于参加什么运动为好，那是不必计较的，只要坚持一种运动，哪怕是慢跑步，也可以达到保健的目的。

总之，"生命在于运动"是一个纠偏的口号，也是一句片面的口号。生命是运动与静止的统一，只有运动，与只有静一样，都不利于生命。劳逸结合、动静等观、阴阳平衡，都是合适的养生原则。

六　贫富调均

　　贫富差别是社会上普遍的现象，而贫者与富人在养生方面都有一些失误，贫者的失误是环境逼出来的，而富人的失误则是自找的，庄子认为，富贵人家往往由于保养而伤害身体，而贫贱人家往往由于想多挣点钱而累坏身体。吃饭是为了养身，吃得好些，营养高，对保养更有好处，但是，吃得太多太好，营养过高，对身体反而有害。穿衣为了御寒保温，穿棉袄皮裘，保温更好，但是，富贵人家初寒就穿棉皮大衣，捂得严严实实，生怕着凉受寒，结果抵抗力下降，稍一露风，就要感冒，身体变得十分虚弱。俗话说："欲要小儿安，三分饥与寒。"庄子告诫人们：

　　虽富贵不以养伤身，虽贫贱不以利累形。(《庄子·让王》)

　　贫贱者用自己的劳动，主要是体力劳动去挣钱，由于需要多挣钱，往往延长劳动时间，加强劳动强度，或者带病劳动，加上营养不足，休息不够，劳累过度，积劳成疾，甚至死亡。因此，穷人家的信条应该是：留得青山在，不怕没柴烧。只要保住健康的身体，就能不断地挣到钱，就能致富脱贫。而富贵人家的问题就比较复杂了。前面已经说过吃穿的问题，还有住行的问题，还有身体与心理的承受等问题。

　　对于富贵人家的养生，《吕氏春秋·本生》载：

　　出则以车，入则以辇，务以自佚，命之曰招蹶之机。肥肉厚酒，务以自强，命之曰烂肠之食。靡曼皓齿，郑、卫之音，务以自乐，命之曰伐性之斧。三患者，贵富之所致也。

《吕氏春秋》认为，贵富之人不知道，适足为自己的祸患。贫穷的人想过分享受，却没有条件，想坐车，想吃肥肉厚酒，却没有钱买。因此，穷人做不到过分享受，也不会有过分享受的祸害，只有富贵人家才会产生。

关于住的问题，《吕氏春秋·重己》有一段论述：

> 室大则多阴，台高则多阳，多阴则蹶，多阳则痿，此阴阳不适之患也。是故先王不处大室，不为高台，味不众珍，衣不燀热。燀热则理塞，理塞则气不达；味众珍则胃充，胃充则中大鞔；中大鞔则气不达，以此长生可得乎？

这里讲的住宅，室大台高不好，主要原因是阴阳不和。阴阳适中，对养生才有好处。同时提到衣食问题，也是主张吃不要太饱，穿不必太暖。这并不是由于"好俭而恶费"，而是由于这些做法有利于保养本性。死亡、残疾，都不是它们自己来的，而是"惑召之也"，是人们盲目无知、迷惑招来的。

西汉时期，枚乘《七发》也有类似说法。《七发》：

> 今夫贵人之子，必宫居而闺处，内有保母，外有傅父，欲交无所。饮食则温淳甘脆，脭醲肥厚。衣裳则杂遝曼暖，燀烁热暑，虽有金石之坚，犹将销铄而挺解也，况其在筋骨之间乎哉？故曰：纵耳目之欲，恣支体之安者，伤血脉之和。且夫出舆入辇，命曰蹶痿之机；洞房清宫，命曰寒热之媒；皓齿娥眉，命曰伐性之斧；甘脆肥醲，命曰腐肠之药。

这段话的大意与《吕氏春秋》的说法相近，都认为在衣食行诸方面，过分享受不利于养生。另外，放纵耳目的欲望，无限制地追求舒适、快乐，也对养生有害。

过度享受，是富贵人的祸患，"以利累形"则是贫穷的灾难。不偏阴，不偏阳，叫作中和。董仲舒说："能以中和养其身者，其寿极命。"（《春秋繁露·循天之道》）中和养身，不致夭折，能够健康长寿。

贫富不仅在物质享受方面有大差别，而且在精神状态方面也有大差别。董仲舒说："大富则骄，大贫则忧。忧则为盗，骄则为暴，此众人之情也。……使富者足以示贵而不至于骄，贫者足以养生而不至于忧，以此为度而调均之。是以财不匮而上下相安，故易治也。"（《春秋繁露·度制》）财大气粗，富人骄横，对别人有暴行。贫穷人有忧愁，只好为盗。这样，贫富差别过大，就容易导致社会混乱，难以治理。怎么办呢？贫富进行适当调均，使富人足够显示自己的高贵，又不至于骄横，使穷人足够维持最低生存条件，又不至于难以为继。只要这样，财富就可以满足供应，贫富都可以维持生活，社会也容易安定。

从阴阳平衡的理论出发，对富贫关系也应该进行适当调均，不仅对养生有好处，而且对于精神平衡或心理平衡也有好处。

从中国传统哲学来看，阴阳学说是中国传统哲学的辩证法内容，是西方所没有的。可见，中国哲学有自己的特色，可以补西方之不足。

（原载《中国社会科学院研究生学报》1996年第5期）

五 行 论

一　五行说

最早的五行说，见于《尚书·洪范》。周武王打败殷时，俘虏了殷臣箕子，箕子作《洪范》。箕子说："天乃锡禹洪范九畴。"所谓"洪范九畴"，洪，大也；范，规范、法则；畴，类。"洪范九畴"即大法九类。建立有序社会需要九类大法，即："初一曰五行，次二曰敬用五事，次三曰农用八政，次四曰协用五纪，次五曰建用皇极，次六曰乂用三德，次七曰明用稽疑，次八曰念用庶徵，次九曰向用五福，威用六极。"这"洪范九畴"，首列"五行"。

五行指什么？《洪范》接着说："一、五行：一曰水，二曰火，三曰木，四曰金，五曰土。水曰润下，火曰炎上，木曰曲直，金曰从革，土爰稼穑。润下作咸，炎上作苦，曲直作酸，从革作辛，稼穑作甘。"它们有自己的特性和味道。这些都成为后来五行论的基础。在这里，五行与五方、五神、五气均无关系。这些联系是后人的附会。近年，一些学者认为五行源于五方、五气之说，均乏实证，多属推想与猜测。

在战国时代，五行成为一种宇宙框架。五行与天地间一切事物相联系、相搭配，一一对应，形成庞大的系统。《管子》《黄帝内经》《吕氏春秋》以及汉代的《淮南子》等书中，都有这类思想。五行，木与东相应，火在南，金在西，水在北，土呢？居中央。四方与五行对应，以中央对土。困难的是四季对五行。春对木，夏对火，秋对金，冬对水，用什么对土呢？《管子》用"四时"，《黄帝内经》用"长夏"，《吕氏春秋》用"季夏"。"长夏"和"季夏"都是在夏后面加上一节，或说把夏的后半节切下来作"季夏"，来对应"土"，补齐四季与五行的对应。从颜色、声音等各种事物都跟五行联系上。用图表示如下：

木	酸	东	春	青	角
火	苦	南	夏	赤	徵
土	甘	中央	季夏	黄	宫
金	辛	西	秋	白	商
水	咸	北	冬	黑	羽

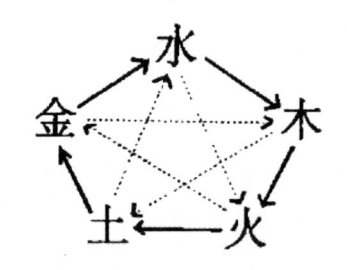

五行与天地间万物相对应，组成系统。同时，五行之间又相互派生或制约，形成万事万物之间有序的循环联系。相生的顺序是：木生火，火生土，土生金，金生水，水生木。相胜即相克的顺序是：木克土，土克水，水克火，火克金，金克木。如图，实线是相生关系，虚线是相克关系。董仲舒叫作"比相生，间相胜"。

二 邹衍五德终始说

《史记·孟子荀卿列传》载，邹衍著《终始》，提出"五德转移"说。五德，就是五行之德。以五行相生相克的关系来解释历史上朝代更替，指导现实并预测未来。五德终始说认为黄帝得土德，夏得木德，殷得金德，周得火德，秦得水德，汉得土德，回到黄帝时代的气运。这就是五行相克，终而复始的内容。关于这方面的论述，在秦汉时代相当普遍，兹录数节以见一斑。

《吕氏春秋·应同》："凡帝王者之将兴也，天必先见祥乎下民。黄帝之时，天先见大螾大蝼，黄帝曰'土气胜'。土气胜，故其色尚黄，其事则土。及禹之时，天先见草木秋冬不杀，禹曰'木气胜'。木气胜，故其色尚青，其事则木。及汤之时，天先见金刃生于水，汤曰'金气胜'。金气胜，故其色尚白，其事则金。及文王之时，天先见火，赤乌衔丹书集于周社，文王曰'火气胜'。火气胜，故其色尚赤，其事则火。代火者必将水，天且先见水气胜，水气胜，故其色尚黑，其事则水。水气至而不知，数备，将徙于土。……祸福之所自来，众人以为命，安知其所。"所述黄帝、禹、汤、文王之事，是说明历史事实。所谓"水气胜"，说的是当时的朝代，指秦朝。要秦朝按水气胜来施政，颜色要崇尚黑色。后面是预测未来，如果不留心水气胜，时候一到，将会移徙到土气那儿去。秦朝是"水气胜"，取代秦朝的将是"土气胜"的新朝，即汉朝。

《史记·秦始皇本纪》："始皇推终始五德之传，以为周得火德，秦代周德，从所不胜。方今水德之始，改年始，朝贺皆自十月朔。衣服旄旌节旗，皆尚黑。数以六为纪，符、法冠皆六寸，而舆六尺，六尺为步，乘六马。更名河曰德水，以为水德之始。则毅决深，事皆决于法，刻削毋仁恩和义，然后合五德之数。于是急法，久者不赦。"这里是说秦始皇根据终始五德理论，认为自己得水德，并按水德来施政，改正朔，从十月计一岁的开始，颜色尚黑，数用六，政策严厉，不讲仁义恩亲。

《汉书·郊祀志》："秦始皇帝既即位，或曰：'黄帝得土德，黄龙地螾见。夏得木德，青龙止于郊，草木畅茂。殷得金德，银自山溢。周得火德，有赤乌之符。今秦变周，水德之时。昔文公出猎，获黑龙，此其水德之瑞。'于是，秦更名河曰'德水'，以冬十月为年首，色尚黑，度以六为名，音上大吕，事统上法。"这个"或曰"，可能是秦时文人引述邹衍《终始》上的观点。秦始皇不相信天命，而对于五德气运的说法却比较相信。秦代和西汉初期，五德终始说是比较流行的观念，在学术思想界占有重要地位。

五德终始说对后代也有深远的影响。《宋史·太祖纪》载：宋"定国运以火德王，色尚赤，腊用戌"。那么，克火者水，元朝为水德王。克水者土，明朝以土德王，色尚黄，明故宫中，皇帝的代表颜色为明黄色。克土者木，清朝以木德王，色尚青，故有青龙旗。后代皇帝下诏书，都称"奉天承运"，奉天指上奉天命。承运，就是指承受五运的安排。五运是自然的、必然的过程，这个过程是循环往复的。它是古代循环论的一种。但它不包含上天的意志，后来，把天命和五运结合起来，似乎五运也是天命有意安排的，于是有了"命运"之说。

三　董仲舒五行生克说

《汉书·五行志》是以"五行"为对象立的志。首先指出大禹治水，赐《洛书》，箕子法而陈之，撰了《洪范》。接着引录《洪范》上关于五行的说法。这也就明确了五行说的源头。接着，《五行志》载："汉兴，承秦灭学之后，景、武之世，董仲舒治《公羊春秋》，始推阴阳，为儒者宗。宣、元之后，刘向治《穀梁春秋》，数其祸福，传以《洪范》，与仲舒错。至向子歆治《左氏传》，其《春秋》意亦已乖矣；言《五行传》，又颇不同。是以擥仲舒，别向、歆，传载眭孟、夏侯胜、京房、谷永、李寻之徒所陈行事，讫于王莽，举十二世，以傅《春秋》，著于篇。"西汉十二世，讲阴阳五行的专家，是以董仲舒为首的。在阴阳五行方面，董仲舒是汉儒的宗师。论说五行的问题，在汉代属于阴阳家学说的范围。也就是说，阴阳包括了五行的内容。如果由于班固只说"始推阴阳，为儒者宗"，而没提"五行"，就以为《春秋繁露》中的有关五行各篇都不是董仲舒的著作，那完全是一种误会。班固为什么在《五行志》中说董仲舒"始推阴阳"呢？

　　董仲舒《春秋繁露》中专论五行的有九篇：《五行对》《五行之义》《五行相生》《五行相胜》《五行顺逆》《治水五行》《治乱五行》《五行变救》《五行五事》。五行之说还散见于其他篇目。如《阴阳终始》《人副天数》《天地阴阳》诸篇都涉及五行的某些思想内容。

　　董仲舒关于五行的思想，首先继承了已有的五行相生、五行配四时的思想，他答河间献王问话时说："天有五行，木火土金水是也。木生火，火生土，土生金，金生水。水为冬，金为秋，土为季夏、火为夏、木为春。春主生，夏主长，季夏主养，秋主收，冬主藏。藏，冬之所成也。"

　　其次，董仲舒提出一系列新的思想。一是父子相承说。他认为五行和四季都是上天安排的顺序，而人也应按此顺序，这个顺序就是父子继承。木、春天、万物发生，这是父。木生火，火、夏天、万物成长，这是子。他说："父之所生，其子长之；父之所长，其子养之；父之所养，其子成之。诸父所为，其子皆奉承而续行之，不敢不致如父之意，尽为人之道也。"子继承并发展父的事业，这是孝道，也是天经地义的。董仲舒这一思想被后人所引用。《盐铁论·论灾》载：文学曰："始江都相董生推言阴阳，四时相继。父生之，子养之，母成之，子藏之。故春生，仁；夏长，德；秋成，义；冬藏，礼。此四时之序，圣人之所则也。"

二是五行土为贵说。在天地关系中，地勤劳有功，名归于天，这是忠臣行为。董仲舒说："地出云为雨，起气为风。风雨者，地之所为，地不敢有其功，名必上之于天，命若从天气者，故曰'天风天雨'也，莫曰'地风地雨'也。勤劳在地，名一归于天。非至有义，其孰能行此？故下事上，如地事天也，可谓大忠矣。"这是以"地义"为"大忠"。他又说："土者，五行最贵者也，其义不可以加矣。五声莫贵于宫，五味莫美于甘，五色莫盛于黄。"（以上均引自《五行对》）董仲舒在《五行之义》中对土的地位作进一步阐述，他认为"土居中央，为（谓）之天润"，土是"天之股肱"。五行配四时，木、火、金、水分别配应春、夏、秋、冬，而"土兼之"，不专门配一时，却兼管四时。土是忠臣孝子的行为，道德茂美。总之，"土者，五行之主也"。董仲舒关于五行的这些思想被当时思想家广泛接受，在《盐铁论》《白虎通》这类著作中都有论述。

三是用五行循环相胜来说明封建政府内部权力互相制约。他说：木是司农，金是司徒。司农不轨，司徒诛之，这叫"金胜木"。火是司马，执法者是水。司马犯法，执法者诛之，这叫"水胜火"。土代表皇帝，木是农，农就是人民。皇帝如果奢侈过度，失礼，那么，人民背叛，推翻皇帝统治，这叫"木胜土"。"君大奢侈，过度失礼，民叛矣。其民叛，其君穷矣。故曰木胜土。"金是司徒，如果司徒软弱，那么，司马诛之，这叫"火胜金"。水是司寇，司寇犯法，司营诛之，就是"土胜水"。在封建集权制度下，皇帝有至高无上的权力。他管着最大的官，汉代最大的官是三公,然后,一级管一级,最底层的是平民百姓。百姓管谁?谁管皇帝?百姓管皇帝。这样,权力的循环制约,董仲舒用五行相胜来加以论证。尽管论证方法十分荒谬,但他的权力循环制约的见解却是十分高明的。

四是用五行生克来充实天人感应的内容。董仲舒把一年分为五个时间段,一段72天,五行各管一段。从冬至开始的72天是"木用事",以后分别由火、土、金、水各管一段,到第二年冬至又由木用事。这五段由于五行的不同性质,人们应该做符合该行的事。例如,从冬至开始的72天中,"木用事,则行柔惠,挺群禁。至于立春,出轻系,去稽留,除桎梏,开闭阖,通障塞,存幼孤,矜寡独,无伐木"。挺犹宽。实行柔顺优惠政策,放宽各种禁令。具体内容即"出轻系",放出因小罪而被拘禁的犯人,"去稽留",处理长期未决的悬案、疑案。开通各种渠道,加强各种交往,同时要对无依无靠的幼孤、寡独进行照顾。最后,要保护刚开始生长的林木,不要砍伐。这叫"顺治五行"。如果不是顺着五行来进行治理,那就叫"治乱五行"。"治乱五行"就会导致天灾。火夏金秋,夏行秋令,叫金干火。"金干火,草木夷。"水冬火夏,夏行冬令,"水干火,夏雹。"木春火夏,夏行春令,"木干火,则地动"。如果发现自然现象与节气不一致时,就是五行变异时,就要进行抢救。"五行变至,当救之以德,施之天下,则咎除。"不救之以德,将会有更大的灾难。例如,"木有变,春凋冬荣,秋木冰,春多雨。此繇役众,赋敛重,百姓贫穷叛去,道多饥人。救之者省繇役,薄赋敛,出仓谷,赈困穷矣。"木有变异,春天凋零,冬天茂盛,秋天树枝上凝结很多冰,春天下雨多。这些反常现象的原因是繇役太多,赋税过重,百姓太穷,背井离乡,流浪于道,饥寒交迫。怎么抢救呢?对症下药,"省繇役,薄赋敛,出仓谷,赈困穷"。火有变,土、金、水有变,都有相应的一套抢救的办法。《尚书·洪范》

讲了五行，又讲五事：貌、言、视、听、思。董仲舒把五行与五事相联系，认为王者的五事会影响五行，并导致气候反常。例如："王者与臣无礼，貌不肃敬，则木不曲直，而夏多暴风。风者，木之气也，其音角也，故应之以暴风。"王者的貌不肃敬，就影响木，又导致暴风。王者不采纳建议谏言，金不从革，秋多霹雳。王者视不明，火不炎上，秋多电。如果王者做好五事，那么，五行正常，气候也顺时，没有什么天灾。对于王者来说，治顺五行则是巩固统治所必须，不可掉以轻心。而对于常人，治顺五行也是养身之要诀。四时不同气，气又各有所适宜的物在生长。例如，荠以冬美，在冬天收获是最好的，人也是在冬天吃荠最好。茶以夏成。"夏，火气也，茶，苦味也。乘于火气而成者，苦胜暑也。"茶是苦味，是在夏暑时长成的，吃了有去暑的作用。夏季生长茶，人在夏季吃茶，则是顺五行的养身良方。同样道理，哪一个季度生长什么东西，人们就吃时新的东西，就是最好的食品。总之，"春秋杂食其和，而冬夏服其宜，则常得天地之美，四时和矣。"（《天地之行》）春秋两季，什么都吃，达到平衡。冬夏两季各吃适宜的食品，即夏吃夏季生长的苦味食物，冬吃冬季生长的甜味食物，这样，人们可以经常得到天地所生最美好的食物，四季都可以保持平衡状态。和即阴阳平衡，偏阴偏阳都是毛病，阴阳平衡就是健康状态。"一国之君，其犹一体之心也。"（《天地之行》）人体与国家相似，养身之道可以用于治国。养身要气血和平，全身通畅。治国，就要君、臣、民协调和谐，天下太平。

董仲舒的五行说对后代影响很大。班固所撰《汉书·五行志》先列《经》即《洪范》上的五行说。再列《传》："田猎不宿，饮食不享，出入不节，夺民农时，及有奸谋，则木不曲直。"国君有这些不宜的行为，五行中的木就失去本性。木一旦失去曲直的本性，就会引起气候反常、社会混乱，灾祸降临。三列《说》，即汉代经师对经传的解说。接着，列出从春秋以来的反常现象以及后代学者对这些现象的解释，其中有公羊、穀梁、左氏、董仲舒、刘向、刘歆等的解释。《汉书》创《五行传》以后，历代史书相沿袭。清代学者所撰《明史》也设《五行志》，用来记载怪异的自然现象。《明史·五行志》称"略依旧史五行之例，著其祥异"。下面，先引《洪范》"水曰润下"，再说"水不润下，则失其性矣"。水失性，表现为"恒寒、恒阴、雪霜、冰雹、雷震、鱼孽、蝗螟、豕祸、龙蛇之孽、马异、人疴、疾疫、鼓妖、陨石、水潦、水变、黑眚黑祥皆属之水，今从之"。然后，将明代三百年中有这类怪异的现象都罗列出来。一般没有评论。例如，在《豕祸》一节中，列出："万历二十三年春，三河民家生八豕，一类人形，手足俱备，额上一目。三十八年四月，燕河路营生豕，一身二头，六蹄二尾。六月，大同后卫生豕，两头四眼四耳。……聊城生豕，一首二尾七蹄。"个别的也有短评，例如，《鼓妖》一节，说天顺七年二月晦夜，"空中有声"，"大学士李贤奏，无形有声，谓之鼓妖，上不恤民，则有此异"。这是李贤对鼓妖的短评。这一评论，仍然体现了董仲舒五行说的基本精神。历代《五行志》从祥异的动机出发，记载并保存了大量很有价值的历史资料，可供科学研究。

四　中医五脏五行说

在《黄帝内经》中，五脏与五行对应，肝属木，心属火，脾属土，肺属金，肾属水。与肝木相对应的有东、春、风、生、青、酸、角、呼，人体中与肝木对应的有胆、目、筋、怒等。所谓肝开窍于目，怒则伤肝等，都是这一思想的具体表述。同样道理，与心火相对应的有南方、夏季、暑热、长、赤色、苦味、徵、笑、小肠、舌、脉、喜。与脾土相对应的有中央、长夏、湿、化、黄色、甘味、宫、歌、胃、口、肉。与肺金相对应的有西、秋、燥、收、大肠、白、辛、商、哭、忧、鼻、皮毛。与肾水对应的有北、冬、寒、藏、黑、咸、羽、呻、膀胱、耳、骨、恐。

后代医家继承并发展了五脏五行说。诊病用药都以五行理论作为思考方式。今以金代名医张元素的《医学启源》为例，来说明五行在医学中的应用。张元素所列的"五郁之病"即"木郁之病，肝酸木风；火郁之病，心苦火暑；土郁之病，脾甘土湿；金郁之病，肺辛金燥；水郁之病，肾咸水寒"。对于五脏补泻法，他也是用五行母子相生的理论。如：

> 肝虚以陈皮、生姜之类补之。经曰：虚则补其母。水能生木，肾乃肝之母。肾，水也。若补其肾，熟地黄、黄柏是也。如无他证，钱氏地黄丸主之。实则白芍药泻之，如无他证，钱氏泻青丸主之。实则泻其子，心乃肝之子，以甘草泻心。

水生木，木生火。肾属水，肝属木，心属火。木是水之子，火是木之子。补泻原则是虚则补其母，实则泻其子。肝虚补肾，肝实泻心。补用陈皮、生姜，泻用甘草。对于心、脾、肺、肾的虚实补泻，也是补母泻子的办法，不再赘述。

张元素对于《黄帝内经》的五运主病作了摘录：

> 诸风掉眩，皆属肝木；诸痛痒疮疡，皆属心火；诸湿肿满，皆属脾土；诸气膹郁，病痿，皆属肺金；诸寒收引，皆属肾水。

他又对这些作一番解释，称"五运病解"。

他在"五脏六腑相生相克为夫妻子母"一节中，又说："肺金，肝木，肾水，心火，脾土。生我者为父母，我生者为子孙；克我者为鬼贼，我克者为妻财。相生：木生火，火生土，土生金，金生水，水生木。相克：木克土，土克水，水克火，火克金，金克木。假令木生火，木乃火之父母，火乃木之子孙；木克土，木乃土之夫，土乃木之妻。余皆仿此。"

从以上所引资料，可以看出张元素这位金代名医是如何运用五行学说进行诊病治病的。

五　五行与天干、地支、八卦

中国传统哲学就是要把宇宙间的一切东西融合在一起，形成一个无所不包的庞大体系。五行与宇宙万物都相对应、相联系。上面已将五行与颜色、声音、气味、人体、方法、季节诸方面的联系作了简单介绍。下面对五行与天干、地支、八卦的联系也略作介绍。

天干：甲、乙、丙、丁、戊、己、庚、辛、壬、癸。天干十，五行五，很容易配搭。木配甲乙、火配丙丁、土配戊己，金配庚辛，水配壬癸。

地支：子、丑、寅、卯、辰、巳、午、未、申、酉、戌、亥。地支十二，五行五，不好配搭。汉代人以木、火、金、水配四季，而以土兼管四季。用列表式，比较简单，用圆图式，画起来复杂些，而循环关系则比较明显，列表只能表示对应关系。另外，地支能表示一年中十二个月，也可以表示一天中的十二个时辰。中午就是地支的这个"午"，表示太阳升到最高的那个时辰。子夜即半夜或夜半。

季	春			夏			秋			冬		
月	正	二	三	四	五	六	七	八	九	十	十一	十二
地支	寅	卯	辰	巳	午	未	申	酉	戌	亥	子	丑
五行	木	木	土	火	火	土	金	金	土	水	水	土

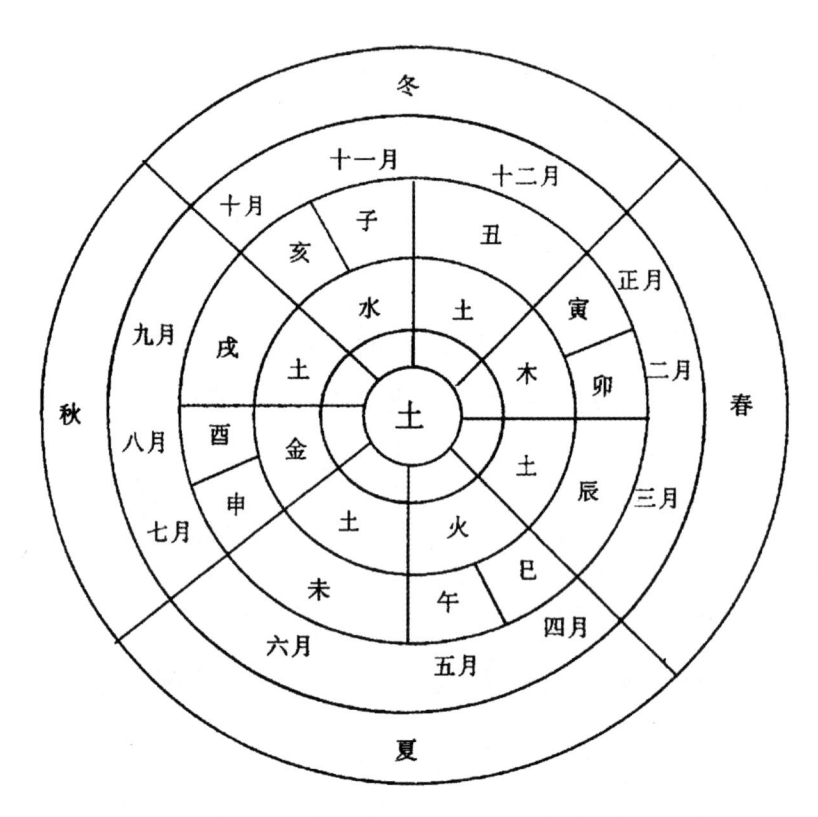

五行与八卦的关系比较复杂。八卦是《周易》的内容。汉代人研究《周易》，提出了许多新说法，又与五行相联系，形成了当时的易说。著名的有京房易说，是汉易的重要代表。

京房，本姓李，自定为京氏，字君明，东郡顿丘（今河南浚县）人。京房向焦延寿学习《周易》，解释灾异，多次上书进谏，后被石显陷害被诛。

京房《易传》称："八卦分阴阳，六位配五行。"八卦：乾、坤、震、巽、坎、离、艮、兑。对应的是金、土、木、木、水、火、土、金。每一卦由六爻组成,从下到上为初爻、二爻、三爻、四爻、五爻、上爻。而每一卦的每一爻又跟五行相对应。这就组成了五行与八卦联系的五行爻位图。

五行\八卦\爻位	乾金	坤土	震木	巽木	坎水	离火	艮土	兑金
上爻	土	金	土	木	水	火	木	土
五爻	金	水	金	火	土	土	水	金
四爻	火	土	火	土	金	金	土	水
三爻	土	木	木	金	火	水	金	土
二爻	木	火	土	水	土	土	火	木
初爻	水	土	水	土	木	木	土	木

古代还有一种五行休王说,例如木胜土,土胜水,水胜火,火胜金,金胜木。五运转移,运气移到"木"上,那么,五行的关系就是:"木壮,水老,火生,金囚,土死"(《淮南子·地形篇》)。壮,就是承运气,又称王。木生火,因此火生。水生木,当木壮时,水作为木的父母,老了。金克木,木壮以后,金无法克木,被囚起来。木克土,木壮,土被克而死。《白虎通义·五行》中说:"木王,火相,土死,金囚,水休。"

壮为王,生为相,都是好运的内容,土死与金囚是一样的。水老,水休也一样。老朽,不起作用。说法不同,大意一致。

五行顺序,《洪范》是水火木金土,《淮南子》又是木水火金土,《白虎通义》与董仲舒的一致:木火土金水。是"比相生间相胜"的顺序。

汉代京房把休王之说用于八卦,如说:"夏至离王,景风用事,人君当爵有德,封有功。"(《太平御览》卷23引《京房占易》)这是说，夏至时，离卦为王。景风，《淮南子·地形篇》："东南曰景风。"东南方、夏至，离，都属五行中的火。火用事，即火壮或灭王。京房讲"离王"，说明他已把八卦纳入休王说。在《论衡·难岁》中有一段话，对于八卦休王说有比较明确的论述：立春，艮王震相，巽胎离没，坤死兑囚，乾废坎休。王之冲死，相之冲囚，王相冲位，有死囚之气。

在圆圈的八卦中，艮在东北，它的对面（冲位）西南方坤。艮王，坤死。东方震为相，它的对面西方兑为囚。把五行休王说与八卦休王说对照一下，也能基本一致。图示如下：

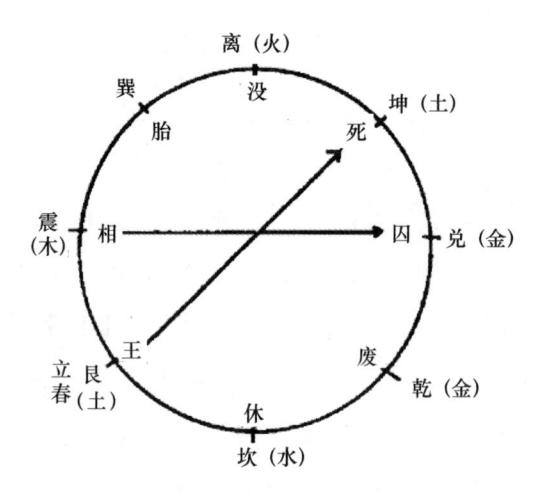

在古代算命中，以王、相为吉利，以死、囚为凶祸。现在来看这些理论，已无什么价值，只是在五行关系中相生相克、循环制约的道理是中国传统哲学中辩证法的一条规律，是西方尚未发现的。

［原载《福建论坛》（文史哲版）1997年第1期］

北京建筑中的文化内涵

到北京游览的人，可以看到作为古都的北京有许多特殊的建筑，有许多建筑名称，都与其他各地的建筑名称不同。一般人不留心，也就不了解其中的文化内涵，无法从文化深层去欣赏这些精美的建筑。如果了解了文化内涵，游览一遍，就会体会到中华文化的悠久、丰富、深刻、影响久远。游览一遍，就是学习一遍中华传统文化课。

一 宏观布局与宇宙系统论

为了讲清这一问题，先要介绍一下宇宙系统论。大约在战国后期到秦汉时代，学者们已经逐步形成一种理论体系，这个体系把宇宙间一切事物都容纳进去，并形成完整规则的体系。《管子》《黄帝内经》《吕氏春秋》《淮南子》以及董仲舒个人著作中，都有这种思想体系，它们或者以四时为框架，或者以五行为框架，来建构这种体系。四时体系中有五行，五行体系中也有四时，经过较长时间的磨合，在汉代形成了五行体系为主的宇宙系统论。以五行为框架，有五色、五音、五声、五味、五气、五官、五脏、五帝、五星等。对于四方，在东、西、南、北里加入"中"，配齐五这个数。

在四时中，有春、夏、秋、冬，如何配齐五这个数呢？古人作了一些探讨。有的在夏后面加一个"长夏"，《吕氏春秋》的《十二纪》中，就把土放在"季夏"里。有的则以土管四时，居中央。春夏秋冬四时中都有土，在汉代成为共识。王充《论衡》中就反映了这一思想。

这个思想体系把宇宙万物系统化了，因此，我们称为宇宙系统论。五行中的水，对应四方中的北方，四时中的冬季，五味中的咸，五色中的黑，五官中的耳，五脏中的肾，五气中的寒，五音中的羽，五声中的呻，五帝中的颛顼，五星中的辰星即水星。可以列表如下：

五行	方位	四季	五味	五色	五官	五脏	五气	五音	五声	五帝	虫	灵	五星
木	东	春	酸	青	目	肝	风	角	呼	太皞	鳞	苍龙	岁星
火	南	夏	苦	赤	舌	心	暑	徵	笑	炎帝	羽	赤乌	荧惑
土	中	四时	甘	黄	口	脾	湿	宫	歌	黄帝	倮	黄龙	镇星
金	西	秋	辛	白	鼻	肺	燥	商	哭	少皞	毛	白虎	太白
水	北	冬	咸	黑	耳	肾	寒	羽	呻	颛顼	介	玄武	辰星

以上这个表也可以按方位画成图。那就是五方图。因为春夏秋冬是循环的，所以，五行、五方与四时的对应，也可以视为循环的。再加上八卦、代表周天的二十八宿、代表季节的二十四节气和每天的十二时辰，结合天干地支，形成了更完备的宇宙系统论，并可以用圆图来表示。作图如下：

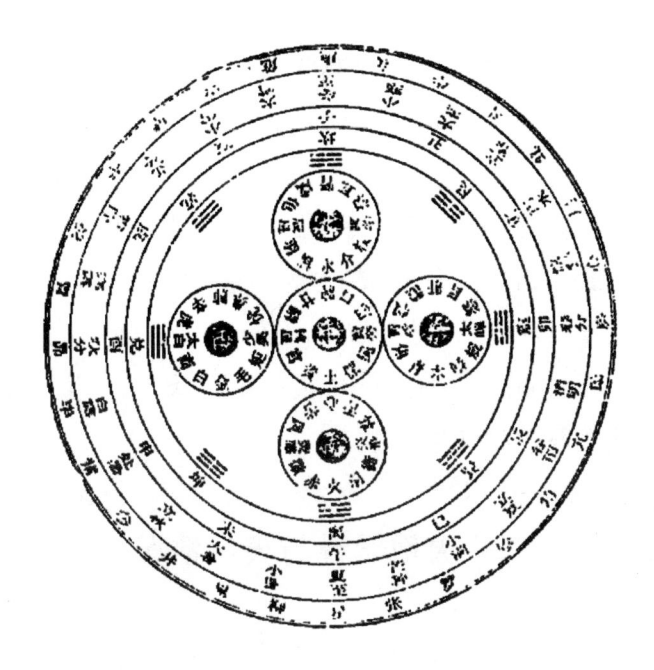

从上图可以看出，地支中，子在北，午在南，南北方向称子午线，相当于西方地球上的经线。紫禁城有午门，就是南门的意思。在阴阳学说中，天为阳，南方为阳，因此，午门外有天安门、正阳门。紫禁城北方有地安门。天坛在南，地坛在北，也与此有关。

东方代表春，是少阳，日坛和朝阳门都在东边，西方代表秋，是少阴，月坛和阜成门都在西边。秋季是收获季节，在宇宙生化中，春为生，夏为长，秋为成，冬为藏。阜是丰厚、丰满的意思。阜成是丰收的意思，为西方门名是合适的。有人以为是城墙的意思，误写成"阜城门"，这是不了解"阜成"的本意。

根据四灵的方位，东方苍龙，西方白虎，南方赤乌，北方玄武。玄武就是乌龟。紫禁城北门原称"玄武门"，就是这么来的。清代避康熙皇帝名字玄烨讳，改为"神武门"，即现在故宫博物院的北门。北门内两边平房，黑瓦为顶，也代表北方、阴、水。这是阳中之阴，据说有这点阴，可以减少火灾。南方赤乌，后又改为朱雀，唐朝长安南街就称朱雀街。明初在南京建城时，南大街也叫朱雀街。

北京原来城墙在西北方缺一个角，这也是有根据的。《淮南子》中有八极，"西北方曰不周之山"，不周，即断缺。又说：共工"怒而触不周之山，天柱折，地维绝，天倾西北，故日月星辰移焉"。天柱，立地支天，是天地相连处。天柱折，天地的西北方就出现缺口，这正是城墙西北缺角的依据。

二　天地学说与天坛地坛

天坛、地坛是中国有特色的建筑，是根据古代天地学说来设计的。

天坛、地坛是祭祀的地方。祭祀是分等级的，祭祀天地是天子的特权，地方官诸侯只能祭祀自己域内的山川，平民百姓只能祭祀自己住处和祖先神灵。因此，祭祀天地的天坛、地坛只有首都一处，其他各地都不能有。因此，具有中国特色的天子祭天的天坛，全世界也只有这一个。

中国古代最早的天文学著作是《周髀算经》，它是秦汉时代的作品，反映了商朝末年以来的天文学思想。开始认为"天圆地方"，后来又认为"天象盖笠，地法覆"。这是盖天说的两次说法，最早的还是"天圆地方"，"天圆如张盖，地方如棋局。"（《晋书·天文志》）这种最古老的说法，就成了后来天坛、地坛建筑形状的依据，天坛多是圆形建筑，地坛则是方形建筑。

根据阴阳学说，天是阳，地属阴，天地相对，像一对夫妻，对于皇帝来说，天地是父母，而皇帝是天子。皇帝祭祀天地是尽孝道，像百姓祭父母一样。皇帝为了祭祀天地，才建筑了天坛、地坛。作为父母或夫妻，应该在一起，所以，朱棣迁都北京以后，就建筑大祀殿，把天地神位都摆在里面合祭。合祭的仪式沿用了160多年。合祭天地的大祀殿是上圆下方的，分别代表天地。从嘉靖皇帝开始，改合祭为分祭，在圜丘祭天，在大祀殿旧址建大享殿祈谷。只举行过两次祈谷仪式，明朝就亡了。清乾隆时代，大享殿改为祈年殿。每年正月上辛日，皇帝亲到祈年殿祭祀皇天上帝，祈求五谷丰登，有个好年景。辛是十二天干之一，正月第一个出现带辛的日子，就是上辛日。有时上辛日在月初的初四日以内，改为次辛日祭祀。中国传统历法是以干支纪日，干支六十日一周期，其中有六日是带"辛"的，因此，每月有三个"辛"日，第一个"辛"日，就叫作"上辛日"。乾隆对祈年殿作了一些改制，于公元1751年建成。到光绪十五年（1889年）一场雷火，祈年殿烧为灰烬。光绪帝下令重建，于二十二年（1896年）建成。今天看到的天坛祈年殿，就是一百年前的模样。

现在的祈年殿是立在三层圆形台基上。最下一层台基的栏板和望柱上雕着云纹，二层雕着凤纹，上层为龙纹，意思是云上有龙凤，更高的是天。祈年殿高38米，上有巨大的鎏金宝顶，喻意无比崇高。从内部看，中间是一个藻井，周围有四根龙井柱，代表四季，也代表四方。殿中有金柱12根，代表12个月。殿内外层檐柱也有12根，代表一日的12个时辰。这两个12根，共有24柱，代表一年24个节气。这些大柱共有28根，与天上28宿一致。在四龙柱之上藻井周围有8根短柱，代表八卦、八方。与28根大柱相加，共36柱，代表36天罡，也代表360日。

祈年殿中供着皇天上帝的牌位。在皇穹宇即回音壁中，东厢供着日月星辰，西厢供着风雨雷电。

祈年殿的前身大祀殿三重檐，三重瓦片三种颜色，上层蓝色，代表天，下层绿色，代表地，中间黄色，代表庶民。清代合祭天地改为分祭，天坛只祭天，瓦片全部改为蓝色，祭地则在地坛。

祈年殿东边还有北斗七星石，自然也是天文的一部分。

三 《周易》学在北京建筑中的体现

《周易》是古老典籍，在汉代是儒家"五经"之首，在魏晋时期，是玄学家的"三玄"之一，在中国文化史上有特殊的地位，影响深远，也在北京的建筑中有所体现。

还是从宏观来讲，按伏羲八卦方位，南乾即天，北坤即地，与天坛、地坛的位置一致。东离，西坎。离是火，日是天上之火，日坛在东边。坎是水，月是水之精，月坛在西边。

在天坛中，在祈年殿与皇穹宇和圜丘之间有一个区域，这区域四方有四个门，四门的名称是：北为成贞门，东为泰元门，南为昭亨门，西为广利门。四门名称中有"元""亨""利""贞"四个字，这四字是《周易·乾卦》中的第一句卦辞。乾是天，因此，乾卦卦辞作为四门命名是很合适的。这就是《周易》在这里的影响。

又如，故宫主体建筑三大殿：太和殿、中和殿、保和殿，后面就是三宫：乾清宫、交泰殿、坤宁宫。这些宫名怎么来的？就来自《周易》。《周易》六十四卦中有一个"泰卦"。泰卦的组成是"乾下坤上"，乾是阳，是天；坤是阴，是地。乾坤是阴阳，夫妇也是阴阳，二者自然可以相通。《泰卦·象》曰："天地交泰，后以财成天地之道，辅相天地之宜，以左右民。"乾清宫与坤宁宫，中间是交泰殿，就是泰卦中的天地交泰。后面几句话，协助天地，领导人民，这自然是皇帝的角色。因此，取泰卦的内容为三宫的命名，是很合适的。

乾清宫，乾字来自《周易》，清字则另有来历。《淮南子·天文训》称道生虚，虚生宇宙，宇宙生气。气分清浊，"清阳者薄靡而为天，重浊者凝滞而为地"。清阳之气变成天，天是乾，所以称"乾清"。天晴，晴空万里，朗朗青天，都是形容政治清明、天下太平的词，皇帝自然喜欢。古代天文学家认为天是绕地旋转，天动地静。静是地的性质，宁就是静，坤宁就是这个意思。故宫的坤宁宫是皇后住处，现在摆设是皇帝与皇后结婚的洞房。

总之，三宫的总体，是按《周易·泰卦》设计的，命名则又参考了天清地浊、天动地静的说法。

四　紫禁城黄瓦的文化内涵

中国古代天文学中有星图。天文学家将一组星定一个名称，便于辨认和研究，以太阳运行的区域为黄道，在黄道上有二十八组，合称二十八宿，南北东西各七宿。中间是北极，北极附近划分三个区域，中间是紫微垣，说是天帝的居处。这样，紫微垣的紫便被用于皇宫紫禁城上。

紫禁城的瓦片为什么是黄色？有的说这是皇帝专用的代表高贵的颜色。为什么用黄色代表高贵？这是有复杂的历史发展过程的。

前面已经提到五行与方位、五色的关系。五行中的土，与方位的中、五色的黄是一个系列的、相对应的。

五行相克的思想大约春秋时代就已经出现了。《孙子兵法》中有"五行无常胜"的说法，说明已有五行相胜的思想。战国时代邹衍提出五德终始说，就是用五行相胜来解释朝代的更替。他认为虞舜是土德，木克土，夏是木德。金克木，商是金德。火克金，周是火德。秦始皇根据这种理论，认为克火者是水，秦灭了周，秦应是水德。克水者土，汉代思想家认为代秦而起的汉朝应是土德。

在秦代成书的《吕氏春秋》是以四时为框架来描述宇宙体系

的，五行中的木火金水各处一时，只有土，被放置在夏季之末。夏季有三纪：孟夏纪、仲夏纪、季夏纪。土挂靠在季夏纪的后面，地位特别卑贱，很不显眼。土克水，代秦而起的汉朝是土德。汉代思想家尽量抬高土的地位，来显示汉朝的伟大。董仲舒说：

> 土者，五行最贵者也，其义不可以加矣。五声莫贵于宫，五味莫美于甘，五色莫盛于黄。（《春秋繁露·五行对》）

与土对应的宫声、甘味、黄色也都成了本系统最高贵的角色。董仲舒认为，土就是地，只有地有资格与天对应，作为天的助手，"土居中央，为之天润"，是"天之股肱"，在五行配四时中，各行配一时，土不是挂靠在"季夏"后面，而是同时兼四时。总之，"土者，五行之主也"，有了特殊的地位。经过董仲舒这么论证后，土自然就从五行中突显了出来。后来，经过许多代的五德更替以后，明代又是土德，所以，建筑故宫时用了黄瓦，皇帝家族使用的服饰也都以明黄色作为特色，表示高贵。清入关以后，全面继承汉文化，仍然以明黄色作为皇家服饰的特色。沿袭几百年后，黄色作为代表皇家的颜色，成为公认的事实。

按五德终始说，克土者木，清代明，应该是木德，对应的颜色是青色。清朝没有改变已延续几百年的高贵的明黄色，只把旗帜改为青龙旗，以示区别。

（原载《文艺研究》1997年第6期）

大同理想与共产主义

——从古到今的社会历史观三探

任何关注社会问题的思想家都会以不同的形式提出自己的社会理想。中国在春秋战国时代出现的思想家都是以救世的面目出来宣传自己的社会理想,老子道家提出小国寡民的社会理想,儒家提出大同世界的理想,墨家提出机遇平等的兼爱理想,法家提出以法治国的在法律面前人人平等的社会理想。道家的理想没有在社会上实现,只是少数不得志的文人隐居山林的思想依托。墨家与法家的思想都被儒学所吸收,成为秦汉以后中国古代统治者的指导思想。墨家的兼爱思想被侠客奉为宗旨,成为闯荡天下、打抱不平、劫富济贫的理论根据,也被儒学所吸收,成为大同理想的重要因素。法家思想被秦汉以后的统治者所采纳,成为打击豪强、为民作主的清官所奉行的法则。各种社会理想中儒家的大同理想对后代影响最大,也是有较多合理性的社会理想。根据什么说它有较多的合理性呢?古今中外,都有许多理想。最高的理想应该使社会全体成员都能共享社会成果,都能过上幸福的生活,其中包括失去依靠又没有劳动能力的人们。只要有一部分人不能幸福地生活,那么这个社会就不是最理想的。因此,我认为世界上最高的理想应该是相通的,都是要使世界上每一个成员都过上幸福的生活,差别只在于通过不同的方法、不同的道路达到这个理想。有的是科学的，有的是不科学的，有的是现实的，有的是不现实即空想的，有的是相对的捷径，有的则是相对的弯路。三千年来，全世界各国思想家都提出过许多理想，但都没有完全得到实现。为什么？开始从理论上设想都非常美好，真正实现后，又出现很多问题，发现并非最理想的。同时，最高理想只是不可及的在遥远天边的幻影，它吸引人们不断向前追求，引导社会不断发展、前进。人类只能不断接近最高理想，但永远不能实现最高理想。如果它是可以被实现的，那么它一旦被实现后，社会就不能发展了，就停止了，生活没有了追求，也就没有了幸福。理想在追求的过程中才有无限的幸福。实现以后，却可能使人失望。

一　天下为公的大同理想

《礼记·礼运》载："大道之行也，天下为公，选贤与（举）能，讲信修睦。故人不独亲其亲，不独子其子，使老有所终，壮有所用，幼有所长，矜、寡、孤、独、废疾者，皆得所养。男有分，女有归。货恶其弃于地也，不必藏于己；力恶其不出于身也，不必为己。是故谋闭而不兴，盗窃乱贼而不作，故外户而不闭，是谓大同。"所谓大道，就是儒家讲的仁道或王道。天下为公，这是很复杂的问题。可以有这样一种解释：全天下的人都为了社会公共事业作贡献。出于整体的利益的考虑，什么都出以公心，那么就会选择贤人推举有能力的人去做适当的工作。人与人之间都要讲信用，大家都要维护和睦的正常的社会秩序。所以每个人不仅与自己的亲戚亲近，也不仅疼爱自己的子女，与社会所有成员都非常亲热。使社会每一个老人都能享受幸福的晚年生活，寿终而死。使所有壮年人能够充分发挥他们的才华，实现他们的价值。每个小孩都有良好的学习环境，得到教育培养，健康成长。矜、寡、孤、独、废疾者，这是一个无依无靠的群体，是社会上最困难最悲惨的一部分人。大同社会对于这样一批人也要给予赡养，不使他们受冻挨饿。男有分，女有归。分指名分，即职业或职位。归，指归宿，妇女有婆家，有丈夫，有美满的家庭生活。货指生产品，反对抛弃于地，就是反对浪费。不必藏于己，说明不是私有制社会。力指出力的事，就怕不是自身去做，不是为了增加自己的财富。这种说法，说明当时的劳动已经成为每个劳动者的第一需要。大家抢着为社会创造更多的财富。既然大家都为社会创造财富，什么阴谋也不用了，盗窃乱贼也就全都没有了，住宅的外面的大门也不用关了。这就是大同社会理想。这种社会也许永远也不会实现，但它指引着人们走向开明、进步。它给人类指出了前进的方向。

马克思主义提出共产主义社会理想，其中有生产资料公有制，生活用品按需分配，劳动成为人们的第一需要，解放全人类。马克思主义所描绘的共产主义社会与儒家的大同理想很相似。差别在于：儒家没有说明这种理想的大同世界是怎样实现的，而马克思主义提出共产主义社会的实现要经过无产阶级专政的社会主义阶段，大力发展生产力，使物质财富极端丰富，人们的思想觉悟极大提高，逐渐消灭工业与农业、城市与乡村、体力劳动与脑力劳动等三大差别，从而建立无阶级、无剥削、无战争的三无世界。这个世界与儒家所讲的大同世界极其相似。马克思与孔子相隔千年，相距万里，提出的最高理想却是极其相似的。正所谓"人同此心，心同此理"。

二 康有为的《大同书》

近代政治思想家康有为撰写了《大同书》，表述了他的政治理想。《大同书》的内容只有在近代才可能产生，它包含中国古代儒家的大同理想，从书名可以看出来。它也包含佛教的思想，佛教认为人生是苦的，其中包括二苦（内苦与外苦）、八苦（生苦、老苦、病苦、死苦、怨憎会苦、爱别离苦、求不得苦和五取蕴苦。五取蕴苦，包括身体与精神两方面的苦）。还有细分为110种苦。佛教认为人生就是苦，而且这种苦是前世自己作孽的报应，因此每个人都要忍受各种苦，赎完前世的罪过，才有可能脱离苦海，往生乐土。西方基督教讲赎罪，也是这个意思。先讲人生的各种苦，再讲超脱各种苦。这是一般宗教所宣传的。康有为也学这种办法，也是大讲特讲人生的各种苦，然后再讲建立大同世界来消除这些苦。这与宗教有极相似的内容。他想通过这种办法来建立有中国特色的宗教——儒教。同时，《大同书》也吸取了西方的新思想、新文化，因此，他的大同理想有了近代的特点，被称为"近世理想国"。我们可以从他书中的具体内容看到这些特点。

康有为因逃难到了农村故乡，看到民间的种种疾苦，触动很大，感到"盖全世界皆忧患之世而已，普天下人皆忧患之人而已，普天下众生皆戕杀之众生而已"（《大同书·绪言 人有不忍之心》）。然后，他就列出众苦。《大同书》的第一部分是"甲部入世界观众苦"。苦列六章，分别是：人生之苦、天灾之苦、人道之苦、人治之苦、人情之苦、人所尊尚之苦。人生之苦又分别讲了投胎之苦、夭折之苦、废疾之苦、蛮野之苦、边地之苦、奴婢之苦等。天灾之苦也分许多项，如：水旱饥荒之苦、蝗虫之苦、火焚之苦、水灾之苦、火山之苦、地震山崩之苦、宫室倾坏之苦、舟船覆沉之苦、汽车碰撞之苦、疫疠之苦等。第三是人道之苦，包括鳏寡之苦、孤独之苦、疾病无医之苦、贫穷之苦、贱者之苦。第四是人治之苦，包括弄狱之苦、苛税之苦、兵役之苦。第五是人情之苦，包括愚蠢之苦、仇怨之苦、爱恋之苦、牵累之苦、劳苦之苦、愿欲之苦、压制之苦、阶级之苦。第六是人所尊尚之苦，包括富人之苦、贵者之苦、老寿之苦、帝王之苦、神圣仙佛之苦。

康有为把人生的所有苦都陈列出来。这里有汽车碰撞之苦、阶级之苦。说明其中有近代的内容。也有迷信的内容，如投胎之苦、神圣仙佛之苦。贫贱者苦，富贵者也苦。古代人们都认为最大的欲望是"贵为天子，富有天下"，康有为认为帝王也有自己的苦。百姓所谓快活如神仙，康有为认为神仙也很苦。世界上没有不苦的人。愚蠢有苦，康有为没有提到聪明之苦。聪明反被聪明误，当然也苦。疫疠疾病有苦，百姓说："有什么都行，不能有病。"健康苦不苦呢？康有为没有说，大概他认为健康还是不苦的。

产生苦的原因是什么？佛教讲的是因果。康有为认为苦的原因在于"界"。他说："总诸苦之根源，皆因九界而已。"九界是：一曰国界，二曰级界，三曰种界，四曰形界，五曰家界，六曰业界，七曰乱界，八曰类界，九曰苦界。所谓级界，就是贵贱的阶级。种界就是种族的界限。白种、黄种、黑种的差别。形界指男女的差别。如要消灭苦，就要先消灭界。他提出"破除九界"的一套理论：去国界，合大地也；去级界，平民族也；去种界，同人类也；去形界，保独立也；去家界，为天民也；去产界，公生业也；去乱界，治太平也；去类界，爱众生也；去苦界，至极乐也。在这里，最典型的要算是去级界（消灭阶级）、去种界（消除种族歧视）和去形界（消灭男女不平等现象，解放妇女），代表当时最先进的思想观念。

关于苦的原因以及去苦的办法，康有为都说得非常详细、具体。作为学术著作，当然是水平很高的。许多人读后都受到一定的启发。但是，究竟如何实现？实际上并没有切实可行的办法。例如说"去业界"就是消除工业与农业、商业的差别，用什么办法？康先生并没有说。又如康先生在"去级界"与"去种界"中都说到如何把非洲黑人变成印度黑人,再变成棕人、黄人、白人。似乎世界上的种族歧视是由于皮肤的颜色造成的,只要改变颜色,就分不清种族,也就平等了。实际上同是黄种人,不是有的当皇帝,有的当平民吗?同是白种人,有的当贵族,有的也是奴隶。世界上的人种差别并不是由于皮肤的颜色,而是由于经济、科学、人文学科发展不平衡所致。皮肤颜色与身体的素质、大脑的智力,没有必然的联系。例如发财的原因可以有许多种,但是,富人未必就比穷人智力高。

(原载《新长征》1998年第6期)

《郭店楚墓竹简·缁衣》研究札记

今存的《缁衣》（省称"今本"）是《礼记》中的一篇，共24章。每一章都是引"子曰"一段话，然后引《诗》或《尚书》上某一篇文章的内容来印证。第2章，"子曰"的第一句话是"好贤如缁衣"。《缁衣》篇名因此而得。什么叫"缁衣"？缁，黑色。黑色衣服与贤人又有什么关系？原来，《缁衣》是《诗经·国风·郑风》中的一首诗，此诗是歌颂武公的。诗前有说明文称："缁衣，美武公也。父子并为周司徒，善于其职，国人宜之，故美其德，以明有国善善之功焉。"诗是歌颂有善善之功的统治者。《缁衣》的内容也是讲统治者应该如何，才能有善善之功。因此，《缁衣》一篇主要内容是阐述儒家的政治学思想。

荆门出土的竹简中有《缁衣》（省称"简本"）一篇，整理发现，没有今本第1章。这样第1章就是今本第2章，这一章开头就是"好贤如缁衣"，与《缁衣》篇名正相符合。简本23章，最后一简写"二十又三"。没有今本第1章和第16两章。简本第14、15两章都在今本第7章中。其他各章都能相应，只是次序不同，文字内容也颇多差异。根据这两个版本的比较研究，有以下粗浅体会，供学界参考。

一 简本为汉字研究提供了重要资料

汉字研究着重于三要素：形、音、义。简本是先秦时代，约在公元前三百年的战国中期的版本，保存了两千多年前的可靠资料，为现代研究汉字的发展过程提供了重要资料。简本笔画比今本少的，如：女（如）、亚（恶）、白（伯）、寺（诗）、乍（作）、青（情）、立（位）、隹（惟、谁）、古（故）、勿（物）、利（黎）、皮（彼）、台（治）、共（恭）、正（政）、才（在）、安（焉）等。简本笔画多的有：型（刑）、视（示）、贞（正）等。简本与今本不同写法的有：悳（义、仪）、百眚（百姓）、誓（慎）、事（士）、雀（爵）等。减笔画，一般是省去偏旁。增笔也多以增偏旁为多。关于义字，繁体字作"義"，上羊下我。此简本，作"悳"，都有"我"字。董仲舒在《春秋繁露·仁义法》中讲："以义正我""义主我""义者，我也。"在训诂上还是有根据的。因为有的学者认为董仲舒把"义"释为"我"，在训诂上闹了一个大笑话。现在看来，董仲舒的"义"的训诂，并非笑话，确有所本。他又说："士者，事也。"（《春秋繁露·深察名号》）从简文中也得到证实。由此可见，像董仲舒这样的大学问家、大思想家，在训诂上是不容易出错的。关于仁字，很多人以"二"与"人"来解释，而战国中期用的是"悬"，上身下心，心与身相连，可以理解为灵与肉的关系。不仁，就是不知痛痒，所谓"麻木不仁"。关心痛痒，是仁，关心自己的痛痒，推广到关心家人，推广到关心全人类的痛痒，就是仁。从简文中可以看出，正、政、贞是同音的，可以互训。而且在战国中期，正，意思是政、政治。贞，意思是正、真正。这些情况，正如王国维所说："至形声之字，则凡同母同韵者，其义多可相训。"（《观堂集林·再与林博士论洛诰书》）国字，中间有"或"字，其他写法也都有"或"字，说明当时国字大概没有统一的写法，后来才统一为方框中的或为国（國）字。轻字，简文中上为"羽"字，羽毛是轻的典型，所谓"轻于羽毛"，"轻如鸿毛"。我们现在可以看到，四川辞书出版社和湖北辞书出版社联合出版的大型《汉语大字典》，收汉字甚多，而且收录了一些字的甲骨文、金文、篆、隶等各种字体。查一下，未见仁的写法：上身下心；也未见义的写法：上我下心。又如轻、诗、云、美、爱、姓等的简文写法都没有。简文发现于楚地，是否可以表明在秦统一文字之前，南方楚国流行的典型文字与中原地区的某些差异。简本将诗云写作"寺员"。那么，寺人，也就是诗人，写诗的人。但是，过去不知这种写法，把"寺人"误解为什么"内臣小官"。今本《诗经·巷伯》载："巷伯刺幽王也。寺人伤于谗，故作是诗也。"注："寺人，内小臣也。"员，一般文字学家认为，上是圆圈，下是鼎，意思是鼎的口是圆的。员，就是圆。在《周髀算经》中有"天员地方"说，"天员"就是这个员字。鼎口的圆与"诗云"的云有什么关系呢？有一句话叫"一言九鼎"，员，上口下鼎，是否表示这个意思呢？意即很重要的经典的话，用"员"。另外，再作一种推测。上口下贝，意思是由口说出很宝贵的话。员应是原来的本字，后来才用音同的"云"来通假。而现在的"诗云"，没有口，本义是怎么来的，就弄不清楚了。

简本第 10 章："子曰：大人不新其所贤，而信其所贱，教此以失，民此以变。"今本第 15 章："子曰：大人不亲其所贤，而信其所贱，民是以亲失，而教是以烦。"这两本中，亲与新通。"此以"与"是以"通，都是现代"所以"的意思。《左传》襄公二十六年载楚国谈话也多用"此以"，如说："此以知其劝赏也"，"此以知其畏刑也"，"此以知其恤民也"。由此可见，《缁衣释文注释》上说：今本"是"比简本"此"为长，是不妥当的，意同，实无长短之分。总之，荆门竹简出土，为汉字研究提供了新的实物，对于过去研究的成果可以进行检验和修正、补充。

二　简本为考据学提供了新的证据

近年来，考古出土了甲骨文、竹简、帛书，为古籍考据提供了一大批可靠的实物资料，从而也在不断地否定以前疑古派的诸多说法，引导学术界走出疑古的误区。

下面，我们列几段话，对简本与今本作一比较。

第一，简本第5章："民以君为心，君以民为体。心好则体安之，君好则民欲之。故心以体法，君以民芒。"①

今本第17章："民以君为心，君以民为体。心庄则体舒，心肃则容敬。心好之，身必安之。君好之，民必欲之。心以体全，亦以体伤，君以民存，亦以民亡。"

按：这两段话，头两句完全一样。君民关系以心体关系作比喻。今本有两句讲心与体貌关系的话："心庄则体舒，心肃则容敬"，简本没有。"心好""君好"两句，两本近似。结论部分，简本是："心以体法，君以民芒"，"芒"字不好理解；今本作："心以体全，亦以体伤；君以民存，亦以民亡。"这就比较容易理解。从今本说法来理解简本的结语，"法"与"芒"都是双向的，有两种可能性的。也许本来正是如简本所写，后人为了通俗明白，才改成今本的样子。法，法则，体全心也全，体伤心也伤。民要君存，君就存，民要君亡，君就亡，这叫芒。把芒解释为"亡"，恐不合原意。我猜想，后人传抄或整理时，把原来难晓的字句加以通俗

---

①　以下凡引郭店竹简文字，凡注释者已用圆括号标出当读为某通行字时，或在正文中保留原字而在注释中说明当读为某字时，均经用该字取代原字。

化，基本保留原意不变。不能因为发现个别字句不合古代，便否定古代曾有这种思想，有过这种认识。

第二，简本第11章："大臣之不新也，则忠敬不足，而富贵已过也，邦家之不宁也。"

今本第14章："大臣不亲，百姓不宁，则忠敬不足，而富贵已过也。"

这两段话很相似，只是次序不同，说明有内在的不同逻辑，或因果关系。两相比较，简本的逻辑稍长于今本。而且《缁衣》是讲统治术的，根据简本的这段话，国君应当做的两方面工作：一是与大臣亲近，使他们对国君忠敬；二是要限制大臣的富贵，限制大臣对财产的占有和对权力的滥用。这样，百姓才能安宁。今本把"大臣不亲，百姓不宁"当作原因，结果是"忠敬不足，富贵已过"，这样在政治上应该采取什么措施呢？《老子》说："民之饥者，以其上食税之多也，是以饥。"（75章）"民之难治，以其上之有为，是以难治。"（62章）所以要使天下太平，百姓安居乐业，统治者就应该无为无欲。百姓不宁，问题在上头。

第三，简本接上述一段后说："则大臣不治，而执臣讵也。此以大臣不可不敬，民之蕝也。故君不与少谋大，则大臣不怨。叶公之《顾命》员：'毋以少谋败大作，毋以卑御息妆句，毋以卑士息大夫、卿事。'"

今本这段话是："大臣不治，而迩臣比矣。故大臣不可不敬也，是民之表也。迩臣不可不慎也，是民之道也。君毋以小谋大，毋以远言近，毋以内图外，则大臣不怨，迩臣不疾，而远臣不蔽矣。叶公之《顾命》曰：'毋以小谋败大作，毋以嬖御人疾庄后，毋以嬖御士疾庄士、大夫、卿士。'"

这两本说法参照一下，我们对其中思想就比较容易理解。这里讲的是国君如何对待两种臣，一是大臣，管理国家大事的官员；二是国君身边亲近的小臣，简本称"执臣"，今本称"迩臣"。简本大意是：由于忠敬不足，邦家不宁，那么，大臣不能治理，近臣又可以国君为庇护。所以，大臣不可不敬，因为他是象征性的有表率作用的形象人物。国君不要与近臣合伙整大臣，那么，大臣就不会埋怨。大臣为国家谋划大事，国君听信小臣，加以干扰，以致失败，这是对国家不利的。正派的人都很庄重。嬖御，近身的使役小臣；嬖士，贴身的警卫或御用文人。国君不能因为听信这些身边的小臣，而放弃听取王后和大臣的郑重意见。这里"息"应是放弃、休息的意思。今本引作"疾"，比"息"要强烈，不但不听，还要极力反对，或者疾恨，所谓"疾恶如仇"中的"疾"。这说明今本与简本所反映的时代不同，今本的时代，这个问题发展到了更加严重的程度。

第四，简本引《寺》员："悉型文王，万邦乍孚。"今本引《大雅》曰："仪刑文王，万国作孚。"悉型，与仪刑相通；乍，即作的简写。国取代邦，可以认为是为避刘邦的名讳。从此，我们可以推测，简本是战国时代的原本，今本是经汉代人修订后留存下来的。据此，我们可以把简本与今本的对照，看作战国本与汉代本的比较。

有了以上这些微观的比较，我们可以了解到不同版本存在异同的各种情况。首先是大同，在简本23章中，今本都有，只是多了两章，说明同是主流。其次，在各章中的文字略有不同，而基本思想或精神则是一致的，细加分析，存在微小差别，主要是加以阐发、具体化、明确化。有时用后代的词语替换已过时的词语。如用"迩臣"替换"执臣"等。战国时代可能没有"迩臣"这个词，汉代才开始使用，我们能不能据此认定，有"迩臣"这个词的文章只能成书于汉代以后？现在看来，很难说，而过去很多人就是用这种以点代面的很有局限性的、片面的方法进行考证的。有的是为了通俗，明确，对古代的文字作了修改，例如"君以民芒"，由于"芒"字晦涩，今本改为："君以民存，亦以民亡。"那么，"芒"就是包含存亡的意思，是双向可能的。又如"民以君为心，君以民为体"两句，今本加上"心庄则体舒，心肃则容敬"，实际上是注解心与体的关系的，带有注释性的，或者正是注文，后误入正文。这种情况在古籍中也是屡见不鲜的。

总之，荆门竹简出土以后，为考据提供了实物证据，可以矫正一些只用逻辑推导出来的错误结论。

三　三章并两章出自错简

简本第 14、15、16 三章的内容，都在今本第 7、8 两章中，次序有较大变动。

简本三章的内容：

子曰：王言如丝，其出如繻；王言如索，其出如绋。故大人不倡流。《寺》员："慎尔出话，敬尔威仪。"

子曰：可言不可行，君子弗言；可行不可言、君子弗行。则民言不阡行，不阡。《寺》员："叔慎尔止，不佩于义。"

子曰：君子道人以言，而巠以行。故言则虑其所终，行则稽其所敝，则民慎于言，而谨于行。《寺》员："穆穆文王，於缉熙敬止。"

今本 7、8 两章的内容是：

子曰：王言如丝，其出如纶；王言如纶，其出如綍。故大人不倡游言，可言也，不可行，君子弗言也；可行也，不可言，君子弗行也。则民言不危行，而行不危言矣。《诗》云："淑慎尔止，不愆于仪。"

子曰：君子道人以言，而禁人以行，故言必虑其所终，而行必稽其所敝。则民谨于言而慎于行。《诗》云："慎尔出话，敬尔威仪。"《大雅》曰："穆穆文王，於缉熙敬止。"

我们先看简本的三章，每章都是先有一段"子曰"，然后引一段"寺员"来印证。

第14章，王言如丝，很细小的话。其出如绋，传出去就影响大了。王言如索，其出如绋，也是这个意思。结论是："故大人不倡流。"流，流言蜚语的流，即随便自由的意思。全句大意是：大人物不能随便倡导，怕的是产生不好的影响，"一言既出，驷马难追"。所引的《诗》句是"慎尔出话，敬尔威仪。"意思是慎重地说话，注意自己的形象。这句诗与上述内容是协调的。

第15章，讲言与行的关系。可言不可行的，不言；可行不可言的，不行。只要君子这样做了，那么，人民就不会出现言行相矛盾的现象。引的诗句也是说明要谨慎言行，不要言行不一致。

第16章，分别言行的作用，言是引导人前进的，因此要考虑言的最终结果，要考虑把人们引向何处。行是教育人们不应该干什么，要使人知道不应该干的事，如果干了会产生怎样的恶果。人民根据大人的言行教化，就会慎于言而谨于行，谨慎言行。诗句以文王为榜样，来印证以上观点。文章思想层次分明，大意步步深入。

而今本第7章"子曰"有两层意思，一是王言在内与传出的比较，一是行与言的矛盾关系，因此，只有一句诗，似乎反映不了这两个主题。第8章又引了"诗云"和"大雅曰"。文中很容易发现，简本基本保持原样，而今本第8章中的"《诗》云：慎尔出话，敬尔威仪。"应该是在第7章的"游言"之后，被错简弄到了现在这个位置上。如果把这个"诗云"移回去，下面加个"子曰"，另立一章，就基本上与简本大体一致了。这说明，今本有错简的问题。

四　今本两章奇文

简本《缁衣》每一章都是先有"子曰",然后引《诗》或《书》上的话来印证。没有不引任何《诗》《书》上的话来印证的章,引文有一段,也有两段,最多的有三段,例如第 17 章引了《大雅》《小雅》《君奭》各一段,共三段。奇怪的是,今本《缁衣》比简本多出两章,第 1 章只有"子曰"的三句话,没有引《诗》《书》的话来印证,是简本所没有的体例。第 16 章有特别长的"子曰"内容(共 14 句),引文有四处:《太甲》《兑命》《太甲》《尹吉》。这是简本里所未有的,比最多的简本第 17 章三段引文,还多出一段。这多出的两章,一章是没有引文,一章引文又多得出奇。

从篇名《缁衣》来看,简本第 1 章第一句话便有"缁衣"二字,是相应的。古文多以第 1 章第一句话中选一个词作为篇名。简本符合这种惯例,而今本"缁衣"一词在第 2 章,说明第 2 章应为第 1 章,而现有的第 1 章则是后加的,也不知道从哪里错简到这里来的,而且这一章没有引文。

五　简本、今本引《尚书》文校析

简本、今本都引《尚书》文,将此三者进行校析,很有意义。

1. 简本第 3 章引《尹诰》云:"惟尹躬及汤,咸有一德。"这一段在今本第 10 章作:《尹吉》曰:"惟尹躬及汤,咸有一德。"

今本"尹吉"应为"尹诰"。尹躬,就是伊尹。尹,是伊尹的尹。躬,指本身,本人。这句话是说伊尹与汤的君臣关系融洽,都有相应的道德,指互相信任,互相配合。据此,这一篇名,应为

《尹诰》。后来可能篇名遗失，就从中找出一句作为篇名。真正的"咸有一德"篇遗失，把"尹诰"当作"咸有一德"，安上篇名留存下来。因此，此篇名可能张冠李戴，而篇中内容，却可能基本保存了战国时代的内容。

2. 简本第5章引《君牙》云："日俗倍雨，少民佳曰怨；晋冬旨沧，少民亦佳曰怨。"《尚书》上这一段话是："夏暑雨，小民惟曰怨咨；冬祁寒，小民亦惟曰怨咨。"

《礼记·缁衣》上这段话作："《君雅》曰：夏日暑雨，小民惟曰怨，资冬祁寒，小民亦惟曰怨。"

这三本都有费解之处，又都有异同。《礼记》上的"夏""暑雨"与《尚书》同，中夹一"日"与简本同。"小民惟曰怨"两句，三本基本相同。《礼记》的"资"应为"咨"之误，在《尚书》中是在"怨"后的语气词。郑注："资当为至"，不妥。"冬祁寒"，《礼记》与《尚书》同，简本作"冬旨沧"，前又多一"晋"字。"旨"与"祁"相应，"沧"与"寒"相应。篇名应为"君牙"，《礼记》作"君雅"，不妥。

这段古文大意是"小民"对于两个极端都不满意，一是夏暑与冬寒，一是多雨与干旱。沧，同清，寒冷。因此，要求统治者自己言行不要走极端，免得引起小民的埋怨。俗，《说文》："不安也。""安，静也。"俗雨，指暴雨，与及时雨相反。

3. 简本第7章引《尚书》的有：《吕刑》云："一人有庆，万民赖之。"今本作：《甫刑》曰："一人有庆，兆民赖之。"

今本《尚书》没有《甫刑》，引文在《吕刑》中，与《礼记》上引文内容相同。《吕刑》乃周穆王命吕侯所作，吕侯后代改为甫侯，所以又称《甫刑》。

4. 简本第10章引文有：《君陈》云："未见圣，如其弗克见，我既见，我弗迪圣。"今本作：《君陈》曰："未见圣，若己弗克见，既见圣,亦不克由圣。"

今本《尚书·君陈》:"凡人未见圣,若不克见,既见圣,亦不克由圣。"

这三段话,内容基本一致。简本用第一人称"我"。今本用"己",指任何人的自己。《尚书》不用"我""己",前加"凡人",变成对于一般人都适用的说法。还有一个差别:简本最后用"迪圣",遵循圣人法则。另两本均作"由圣"。孔传解释为"用圣道",都可以通。简本是战国时埋入地下,应更为可靠。因此,可以推测,"由"是"迪"之误,或因缺笔而成。

5. 简本第11章引叶公之《顾命》,今本同,《尚书》有《顾命》一篇,非叶公作,并无此引文内容。

6. 简本第12章引文有:《吕刑》云:"非甬銍,折以型,隹乍五虐之型曰法。"今本作:《甫刑》曰:"苗民匪用命,制以刑,惟作五虐之刑曰法。"

今本《尚书·吕刑》载:"苗民弗用灵,制以刑,惟作五虐之刑曰法。"

三段引文中,简本没有"苗民"二字,另两本皆有。简本"非甬銍",意指没有实行统一的命令;"折以型",折,是转折,改变的意思,指改变用刑法。简本这段话的大意是:不执行统一的(恤民)政令,改用刑法,制作了五虐的刑法。今本《尚书·吕刑》有"乃命三后,恤功于民,伯夷降典,折民惟刑。"这个"折"有压迫的意思,那么,这段话又可译作:不实行恤民的政令,却用刑法压制人民,制作了五虐的刑法。

7. 简本第13章引《康诰》云:"敬明乃罚",又引《吕刑》云:"翻刑之迪。"今本作:"敬明乃罚"和"播刑之不迪"。

《尚书》这两句是:"敬明乃罚"和"播刑之迪"。

三本比较,今本的"不"字属衍文。

8. 简本第 17 章引《君奭》云："昔才上帝,割绅观文王德,其集大命于厥身。"今本引作："昔在上帝,周田观文王之德,其集大命于厥躬。"

《尚书·君奭》："在昔上帝,割申劝宁王之德,其集大命于厥躬。"

三本第一句"昔在上帝",才、在通用。《尚书》"昔在"误倒为"在昔"。绅、申、田,取中,应为"申",是重复的意思。割,分开,分别的意思。"割绅观文王德",即割申观文王德。分别反复观察文王的道德。

今本"割申"误为"周田"。《尚书》将"观"误为"劝"。

9. 简本第 18 章引《君陈》云："出内自尔师虞,庶言同。"今本为:"《君陈》曰:出入自尔师虞,庶言同。"

《尚书·君陈》:"图厥政,莫或不艰,有废有兴,出入自尔师虞,庶言同则绎。"

《尚书》孔氏传:"谋其政,无有不先虑其难,有所废,有所起,出纳之事当用汝众言度之,众言同则陈而布之,禁其专。"按孔氏传说法,《缁衣》引文到"庶言同",似乎不完整,有断句错误的问题。这段话的大意是:政令应该根据百姓的共同愿望。

10. 简本第 23 章即最后一章引《寺》云,就结束了。今本接在《诗》云之后,又引《兑命》和《易》的内容。《兑命》即《说命》,今本引《兑命》的内容,在今本《尚书·说命中》,内容有出入。作如下比较:

《兑命》:爵无及恶德民立而正事纯而祭祀是为不敬,事烦则乱,事神则难。

《说命中》:爵罔及恶,德惟其贤……惟厥攸居,政事惟醇,黩于祭祀,时谓弗钦,礼烦则乱,事神则难。

这两段话,《说命中》比较完整、系统,而《礼记·缁衣》所引《兑命》则是支离破碎的，相当费解。

所引《易》文在今《周易·恒卦》爻辞。

从上可见，简本保留战国中期的特点，引文只引《诗》《书》，引《易》是后加的。今本与简本相比，不仅加了第 1 章和第 16 章，在最后一章又加上两段引文。而第 16 章中引了两段《太甲》的文，还引了《兑命》和《尹吉》的话。《太甲》与《兑命》都不见于简本引文中。这也是值得注意的现象。

有一现象可以确证今本《缁衣》比简本后出。今本所引的《兑命》与《易》的内容，显然有后人加上去的。简本在最后一条竹简上，于"不我告犹"后有"二十三"，这是十分明确的，二十三章到此为止。今本却加上了《兑命》和《易》的引文。当然，后人认为这两段话可以补充或加强"恒"的意思，所以加上。也许后儒给学生讲解时，加上两段话，证明这一观点，作为注解，后误入正文。总之，在"不我告犹"后的内容是后加的，应该比较确定。

我认为，简本《缁衣》是比较完整的，结构、格式、行文及思想内容，都比较合理，大概保存了最初的版本。后来，或者错简，或者后加，或者从他书错移于此，形成了有许多不合理的情况，由此以为，今本是不完善的。简本明显优于今本。

（原载《孔子研究》1999 年第 1 期）

我的宇宙观

哲学是关于宇宙观的学问。宇指空间，宙指时间。宇宙就是整个时空，或称四维时空。佛教称世界，世为时间，界为空间。世界也是整个时空。宇宙观、世界观，在这个意义上是同义语。中国古人对于哲学的研究，主要不是单纯地研究抽象的时空，而是以广阔的时空为背景来研究一切事物。司马迁说："究天人之际，通古今之变，成一家之言。"究天人之际，是从空间的角度进行研究；通古今之变，是从时间的角度进行研究。研究的都是事物，都是天地间的一切事物。中国古人所谓事物，主要是人类的事情。人类在自然环境和社会环境中活动，研究人类的活动，自然同时要研究人类与生活环境的关系，即主体与客体的关系。成一家之言，就是建立自己独特的哲学体系。从最广阔的背景来研究事物最本质的理论问题，就是哲学。一切事物都是与人类相联系的，没有人类，也就没有事物，更没有哲学。从根本上说，所有哲学都是人的哲学。

人的活动是有目的的，人类活动的最普遍的目的在于追求真、善、美。对真、善、美追求的根本问题的理论探讨，就是哲学，或者称哲学思想和哲学体系。胡适认为："凡研究人生切要的问题，从根本上着想，要寻一个根本的解决：这种学问，叫做哲学。"（《中国哲学史大纲》）真、善、美，就是人生切要的问题，要从根本上解决，就是哲学研究。冯友兰认为："哲学的内容是人类精神的反思。"（《中国哲学史新编》）真、善、美，就是人类精神。对它反思就是企图从更高的理论层次来研究它，也就是寻求根本解决。可见哲学家对哲学的定义在本质上都是相通的，尽管有一些细节上的千差万别。

哲学的本质决定了哲学的两大特点：高明性与抽象性。哲学能够从最宽广的空间和历史的角度看待事物，因此较少局限性，也较少片面性。哲学的见解在空间上是多角度地、联系地看问题，在时间上是发展变化地看问题，总之是比较辩证地看问题。因此也就是比较高明。在分析问题时，表现为识大体，有远见。这就是我所说的高明性。哲学是离物质基础比较远的，是高度抽象的，研究哲学不会产生物质财富，不会直接生产物质产品，因此，哲学是清水衙门，哲学工作者理应比较清贫。历代著名的哲学家大多是较穷的，甚至贫困潦倒。哲学是精神产品，最好的哲学是时代精神的精华。学习哲学可以锻炼、发展人的理论思维，丰富、提高人的精神境界。它不能满足人的物质需要，可以满足人的精神需要。

学习哲学的人可以很多，也可以是全民的。研究哲学的人可能很少，以哲学为职业的人只能是少数人，因为他们不能生产物质资料，而这些物质资料是大量的，又是人类每天所必需的东西。

以哲学为职业的人，可以统称为哲学工作者。哲学工作者也是分层次的，可以大体分为三个层次：一是哲学理论创立者、理论体系建立者，中国古代称为"圣人"。所谓"圣人作"，作，就是创造的意思。这是极少数人，他们是划时代的影响久远的大哲学家。二是阐发大哲学家的思想，并有所发展、丰富，或在不同时代不同地区加以创造性地应用，大力弘扬，卓有成效。古代称这种人为"贤人"。所谓"贤人述"，述，就是复述、传述的意思。这个"述"，不仅是传播，而且有创造，有发展，有提高，有深化。三是广大的传播者、宣传者。这是绝大多数，由于他们的努力，许多哲学思想得以传播，在社会上起应有的作用。这些人虽然水平不高，也是功不可没的。有些人所知不多，但能把其中某些内容运用于实际，并获得某些成功。前两者都可以称为哲学家，只是有大小之分。而且，大小之分也是比较模糊的，接触到具体问题，就很难讨论清楚。有时似乎也不必要讨论那么清楚。例如，创造《周易》的人是圣人，所谓"圣人作"。传统说法，"伏羲作八卦"。周文王演为六十四卦，孔子作《易传》。传统说法，"易历三圣"。伏羲、周文王、孔子都是圣人。孔子虽说自己"述而不作"，只是"述"，没有创新。由于他的"述"，对古代思想进行整理、综合，重新建构思想体系，对于保存并发展中国传统文化有重大贡献，这种综合也具有创造性，所以也有圣人之功。中国儒道两家影响久远，久是从时间上说的，远是从地域上即空间上说的。儒家创始人孔子和道家创始人老子都称得上是大哲学家。汉代经学大师董仲舒、宋代理学集大成者朱熹也是大哲学家。德谟克利特、苏格拉底、柏拉图、亚里士多德、耶稣、穆罕默德，都是大哲学家，都是影响久远的哲学创始人。大量的哲学工作者是没有创新的，或者虽有一点创新却没有久远的影响，至多热闹了一阵子也就销声匿迹了，在世界历史上未能占据思想领域的一席之地。但是，他们有普及哲学的贡献。是他们把圣贤的智慧传播给普通群众，传播给远方的人们和子孙后代。哲学之所以能够流传久远，除了哲学本身的深刻性、普遍性之外，就是由于众多哲学工作者的共同努力。

为了说明以下观点，下面列举一些事例，进行分析并加以说明。

一 《庄子》的"道"

《庄子·秋水》："井蛙不可以语于海者，拘于虚也；夏虫不可以语于冰者，笃于时也；曲士不可以语于道者，束于教也。"井底之蛙，所见的天只有井口那么大，所接触的水也不过数尺，告诉它海的广阔，它不能理解，受到它所生活的空间的限制。虚，就是空间。拘于虚，就是受空间的局限。夏天生长的昆虫，没有经历过冬天，跟它讲冰，它不能理解，这是受它生活时间所局限。曲士指一曲之士，庄子指战国时代的某一学派的学者。他们受到不同的教育而产生的思想偏见，不能理解道。只有超越一定的时空，摆脱自己生活环境的局限，才能从道的角度来观察事物，考察问题并且得出正确的结论。这个道就是宇宙观的学说即哲学。以哲学观察事物，应该没有地域和时间的局限性，就是从世界历史这种宏观的角度来观察事物。《庄子》说："以道观"（《天地》），就是以哲学观。《庄子》不但用以上的比喻来讲"道"理，还举出实际例子来证明它。《庄子》说：丽姬是戎国的美丽姑娘，当她被晋国抢走时，曾经大哭一场。她到晋国以后，由于美丽，当了王姬，与晋王同吃山珍海味，同睡上等高级床，生活如在天堂之上。她后悔以前哭了。这说明在丽姬的心目中，是非由于时间的推移产生了变化，过去认为非的，后来认为是。同样道理，过去认为是的，后来也会可能变非。摆脱时间的局限，可能就没有这些是非了。也就是说，世界上并没有超越时间的是非。所谓"越超时间的是非"，换一种说法：是，在任何时候都是"是"；非，在任何时候都是"非"。这种是非不会因时间的推移而产生变化。《庄子》认为没有这种绝对的是非，只有在一定的时间条件下的相对的是非。对于空间也一样，对于不同地区，不同群体，甚至不同个体，也会有不同的是非。《庄子》很喜欢使用寓言。文中说，人在潮湿的地方睡觉，会患关节痛病，泥鳅难道也是这样吗？人在树上睡觉，因害怕而发抖，猿猴难道也这样吗？到底谁最懂得睡觉的好地方呢？究竟谁是谁非？对于人来说，睡觉的好地方，是有自己的标准的。对于泥鳅、猿猴，也各有自己的标准。但是它们之间是不能互相取代的。这就叫"彼亦一是非，此亦一是非"。关于饮食问题也是这样，麋鹿爱吃青草，蜈蚣爱吃蛇，猫头鹰爱吃老鼠，究竟哪个知道美味呢？这又是一个"彼亦一是非，此亦一是非"（《庄子·齐物论》）。

根据《庄子》的这些思想，来分析我们当今现实中存在的实际问题，就可以使人得到某种启发。我们也以食物为例。现在世界上的人对于食物的好恶是千差万别的。例如，韩国人爱吃狗肉，美国人爱吃牛肉，日本人爱吃生鱼片，这都是很正常的。但是，美国人说："吃狗肉太残忍。"美国人爱吃牛肉，印度人不吃牛肉，印度人能不能说美国人太残忍呢？但是，这时的美国人不说吃牛肉太残忍，却说印度人不吃牛肉是"不开化"。广州人爱吃蛇肉，南方人爱吃甜的，北方人爱吃咸的，四川人爱吃辣的，山西人爱吃酸的。口味各不相同，生活的方方面面都各不相同，都是长期生活形成的。正所谓，穿衣戴帽，各有所好。这是可以自由选择的，不能以自己的习惯为是非标准，来批评别人的习俗。美国人的习俗不能作为全人类的是非标准。个别人以美国人的习俗为标准讨论是非问题，局限性十分明显，错误也是很显然的。学好哲学的人就要尽量避免这种偏见，也是可以避免这种偏见的。

二 蓝色文化与黄色文化

近年来，有一种黄色文化和蓝色文化的说法。两色文化论者认为，地处内陆的国家为黄色文化，这种文化的特点是封闭、落后、野蛮；地处海洋的国家为蓝色文化，这种文化的特点是开放、先进、文明。这种说法一度十分流行。到底对不对呢？我们先从世界各国的情况来考察一下。现在世界上最富的国家有美国、日本、欧洲各国。这些国家多数有海岸线。比较穷的国家主要在亚非拉诸国。在亚非拉诸国中有的国家也有很长的海岸线。例如印度尼西亚，是万岛之国，其海岸线比较长，不比那些最富的国家中任何一个国家的海岸线短。非洲四周沿海国家也都有海岸线，它们却都不怎么富。这说明从当代世界各国来看，并非靠海洋的国家都是富国。如果从历史的角度来考察，又是另一番景象。现在最富的美国，在两百多年前，还是英国的殖民地，当然谈不上富。现在中等富裕的澳大利亚，过去曾经是十分落后、野蛮的地方。英国把它作为犯人的流放地。澳大利亚可以说主要是英国犯人开发出来的，并非因为它有很长的海岸线就会发展起来的。中国与日本相比，现在日本比中国富裕，这是日本明治维新以后的新变化。而在过去的两千年中，日本一直比中国落后。而中国在三百年前的一千多年中，一直是世界大国、富国。连欧洲各国也不能与中国相比。当中国有了五千多万人口的两汉时代，世界历史上还没有澳大利亚和美国。英国也只是克尔特人居住的小国，长期备受欺凌，只是在17世纪资产阶级革命以后，才逐渐强大起来，到19世纪成为世界最强的国家。才神气了三百多年，英国现在已经比它以前的殖民地美国落后了。一些国家的暂时强大，怎么能就据以断言它的地理位置的优越性呢？怎么能说它的"风水"就好呢？从世界历史的角度来考察，世界上许多陆地国家都曾经称雄世界，中国、罗马、法国、德国、俄罗斯、美国都曾经是或者现在是世界级强国。所谓陆地国家，一般也都有一些海岸线，有的海岸线还很长。例如中国被某些人当作陆地的黄色文化的典型代表。实际上，中国的海岸线在世界上却是比较长的。所谓黄色文化的中国却曾经是海上霸主。中国在明代前期的永乐三年即公元 1405 年，航海家郑和带着 27800 多人，率二百多艘远洋船队，浩浩荡荡下西洋。当时最大的船长 444 丈，宽 18 丈，载重 5000 吨，在世界海洋上大扬其威。中国在当时的世界上，造船业和航海业都是最先进的，居于世界领先地位。过了 87 年以后，哥伦布才驾着三艘小船，带着八九十个人首航大西洋，到美洲探险。要说蓝色文化，海洋文化，中国应该是海洋的最早的主人，比海洋国家有更多的蓝色文化，是任何欧洲国家所无法比拟的。五百多年前，当中国郑和七次下西洋的时候，欧洲人还没有发现隔洋对岸的美洲。澳大利亚虽然在太平洋包围之中，过去却是非常落后的地方。道理很简单，在科技比较落后的时候，海洋是人们交往的最大障碍，太平洋几乎是不可逾越的天然阻隔。没有交流，就比较封闭，比较落后。一千多年前，当中国唐僧去西天取经，鉴真往东洋传法的时候，澳大利亚的居民尚未与外界有任何联系。正因为严重封闭，澳大利亚连动物都是与其他地方不同的有袋类。这怎么能说海洋国家的蓝色文化就一定是开放的呢？过去陆地是交通最方便的条件。现在海洋可以行船，天堑变成了通途。将来航空发达，以往难进的西藏可能会变成旅游胜地。因为那里的空气污染最少。到那时候，地理环境就不成为人们交流的障碍。

　　我以为哪个国家强大，原因是多方面的，不能只用地理环境来解释。世界强国并不是一成不变的，从世界历史来看，皇帝轮流做，明年不一定轮到哪一家。强大都不是命里注定的，是几代人或十几代人在某种机遇下共同努力的结果。只从地理上来研究国家的盛衰，容易陷于片面性，因为地理环境只是经济发展和政治文化的因素之一。从世界历史来看，首先发展的是陆地国家，而不是海洋国家。而且在社会发展的过程中，人的因素所起的作用越来越大，地理作用相对的越来越小。在今天科学发达时代宣传地理决定论，显然不合时宜。

三 浑天说与地心说

　　近二三百年来，中国在科技和国力方面都比西方落后，而辉煌的历史也受到牵连。同样在公元1世纪的时候，出现在中国的浑天说和出现在西方的地心说，原可以不分轩轾。但是，有人却认为浑天说不如地心说，并说中国人就差这一步不能迈过去。关于这个问题，也需要从哲学的角度即世界历史的角度来加以分析。

　　中国的浑天说认为天像一个鸡蛋壳，地处于中央，像蛋黄。地体不动，天绕地旋转。日月五星附着在天体上运行，随天运转，同时又各自运行。日在天上每天运行一度，运行一周天需要一年时间。月每天运行十三度多。浑天说以长期观察为基础，可以推算出比较准确的历法，并能预测日食和月食。西方的地心说认为天是由九层透明的同心圆构成的，日月五星各居一层，恒星居一层，共八层，最上面还有一层即第九层是上帝居住的，叫宗动天。为了解释日月五星的运行，地心说用圆形的轮转来解释旋转运动，这种轮叫均轮。为了说明旋转运动的不均匀性，它把五星假设在以均轮上的点为中心的小轮上作小旋转运动，这种小轮叫本轮。由于运动十分复杂，必须用更多的轮，均轮和本轮增加到八十多个，计算十分复杂。以数学计算为基础的西方地心说，也能推算出比较准确的历法和预测日月之食。按现代科学来看，两者差别不大，都是世界科学史上的光辉一页。但是，有人认为有高低之分，而且认为浑天说不如地心说，那么我们也只好对二者的细微差别作一番计较。

　　第一，二者所指导下的历法的精确度。天文学的实用就在于制订准确的历法，历法准确率高，就说明指导制订这种历法的天文学水平高。这是客观标准，不能靠主观意见或某种观念来判断高低。中国从东汉开始，天文学界基本上是在浑天说指导下进行天文研究和制订历法。晋代虞喜发现岁差，唐代僧一行测量子午线，元代郭守敬主持制订《授时历》以及明代邢云路《戊申立春考证》等都是在浑天说的指导下研究的成果。元代郭守敬（1231—1316）《授时历》定一回归年为365.2425日，与实际周期相比，一年只差26秒。跟现代世界通用的公历相同，而比公历早行用整整三百年。《授时历》于公元1281年行用，公历于公元1582年行用。明初郑和下西洋时给各国送去的历法，就是以《授时历》为基础制订的《大统历》，在当时世界上是最先进的、最精确的历法。郑和第一次下西洋是在公元1405年，比公历行用年代还早177年。明代邢云路于公元1608年经过实测，计算出一回归年长度为365.242190日，同现代理论计算值一年只差2.3秒。这种精确在当时的世界上也是居于先进水平。他还写了《古今律历考》，总结了历代研究天文学的成果，提出："星月之往来，皆太阳一气之牵系也。"这种说法已经预示着日心说即将诞生，由于其他原因，这种思想的萌芽被摧残了。这些事实说明中国的历法在浑天说的指导下比西方在地心说指导下所制订的历法要先进一些，同时说明浑天说比地心说略胜一筹。

第二，浑天说采取一层天的模式，便于理解，计算也方便，准确性高。相反，地心说用几十个轮来说明天体的运行，不好理解，计算复杂，准确性差。优劣从此也可见一斑。

第三，地心说在日心说出现以后就被送进历史博物馆，在现实社会中已经不再使用。而浑天说却被现代天文学所吸收。现代的球面天文学就与浑天说有相似性。这也说明浑天说有更强的生命力，有更多的合理性。

第四，浑天说在中国历史上虽然居于天文学的统治地位，却没有人因反对浑天说而受到迫害。地心说因与宗教相结合，在黑暗的中世纪，曾有许多著名科学家因反对地心说而受到迫害。就是哥白尼提出日心说也是提心吊胆的，《天体运行论》积压了几十年才公开发表，即使这样，仍受到指责，还被罗马教廷列为禁书。这虽然反映了东西文化的差别，也表明浑天说与地心说的细微差异。

我们是否可以从以上这些方面看出浑天说与地心说的孰优孰劣的微小差异呢？

四　中西文化比较

中国和西方在文化方面有许多不同，各有自己的特点。如果可以从真、善、美来划分的话，那么可以说，西方哲学建立在科学基础上的求真哲学则是其主流，而中国建立在修身治国的基础上的求善哲学是其特色。西方哲学注重宇宙方面的研究，中国哲学却注重政治方面的研究。西方探讨宇宙问题，分为唯物和唯心两个阵营，主要概念是物质和意识。中国哲学研究政治问题，分为王道和霸道两条路线，主要概念是善与恶、仁政与暴政。中国儒家思想是中华民族精神的主干，在大约三千年中长期占统治地位。儒家创始人孔子没有探讨宇宙的本原，只讲人世间的生活法则，讲仁义礼智信，讲正名修身、从政治国。战国时代的儒家代表、被称为"亚圣"的孟子提倡仁政，设计了实施王道的仁政方案，并从人性上加以论证，形成了影响久远的孔孟之道。

过去，有些人根据西方人对哲学的理解，以为只有研究宇宙本原的理论才是哲学，其他理论都不是哲学。由于中国的孔子、孟子以及许多儒家都没有研究宇宙本原的问题，因此都不是哲学，并且从此推出，中国没有哲学。

哲学应该从全世界历史的哲学中概括出哲学的定义来，不能只从欧洲哲学中概括哲学的定义。世界上有各种哲学，除了宇宙论哲学外，还有政治哲学、宗教哲学、艺术哲学、道德哲学等。西方以科学哲学即宇宙论哲学为主，并不是说没有其他哲学，例如苏格拉底哲学和柏拉图的理想国，也都属于求善哲学。就是亚里士多德比较重视自然哲学的思想体系中也包含许多政治伦理学的内容，即求善的哲学思想。同样道理，中国哲学以求善哲学为主，也不是说就没有求真哲学。例如东汉时代的哲学家王充就是中国有代表性的求真哲学家。王充诚心求真，"疾虚妄"而"归实诚"，不怕违背世俗，不怕责难非议，坚定地阐述自己的看法，毫不动摇，毫无顾忌，这才有了科学精神的超前觉醒。王充没有对地位、利益的任何顾虑，没有奉承上司的任何念头，也没有投合读者口味的想法，只是一味地求真求实，不遗余力地进行"虚实之辨"。因此，王充的思想比较接近客观实际，又符合辩证唯物主义原则，也有更多的合理性和进步意义，从根本上说，也更符合人民的利益。王充提出"知为力"（相当于"知识就是力量"），充满理性的科学精神。提倡"自为佳好"，保持自己的独特人格和理论特色。因此，许多哲学家都很赞赏王充的哲学，认为他是"唯物主义哲学阵营里"的"一个大哲学家"[1]，有的说他的学说"是中国古代唯物主义发展的顶峰"（杨兴顺《王充——中国古代的唯物主义者和启蒙思想家》序），有的说王充《论衡》"不仅在中国而且在世界哲学之林也是一部当之无愧的唯物主义巨著"[2]。可见王充是学术界公认的中国古代求真哲学的唯物主义代表。

还有一类哲学是以艺术为基础的求美哲学。在中国古代最典型的艺术哲学是庄子哲学。按西方求真哲学来衡量，庄子哲学是唯心主义的相对论，是悲观厌世的，没有一点合理性。按求善哲学的标准来衡量，它也不合格。它反对当官，认为当官是用无价之宝的随

---

[1] 冯友兰：《中国哲学史新编》1984年修订本第三册，人民出版社1985年版，第290页。
[2] 参见钟肇鹏《王充年谱》，齐鲁书社1983年版。

侯之珠弹麻雀，得不偿失。它反对仁义，认为为了仁义，会残生损性，损害健康，摧残本性；宣传仁义，会扰乱别人的人性。就是说，仁义会破坏自然人性。它认为，读书是学习古人的糟粕，学习知识，知识是无穷的，"以有涯随无涯殆已"（《养生主》）。所以他主张"绝圣弃知"（《在宥》）。庄子哲学不求善不求真，历代许多大思想家为什么都喜欢它？因为它中间有美。徐复观先生著《中国艺术精神》，认为庄子哲学中的"道"是艺术精神，对中国古代艺术界有深刻的影响，对绘画、书法、雕塑都有广泛的影响，特别是绘画，简直可以说是庄子哲学的私生子。因此我们可以称庄子哲学为求美哲学或艺术哲学。本来是非常高明的孔子哲学和庄子哲学，用西方的求真哲学模式来衡量，它们都成了唯心主义哲学，被认为是落后的、错误的，甚至是反动的。实际上，求真哲学讨论的问题主要是真假虚实，求善哲学讨论的问题是善恶义利，求美哲学讨论的问题主要是美丑雅俗。问题不同，不能相互取代，评价标准也应该不相同。不能以一种标准否定其他的一切。同样是求真哲学，不同国家、不同民族也会有很大不同，也会有各自的特色。例如，西方人讲原子论，中国人讲元气论，西方讲对立统一规律，中国讲阴阳五行学说，西方有地心说，中国有浑天说，西方有绝对精神，中国则有太极、道、理。从世界历史的宏观角度看，这些各有各的特色，可以互相取长补短，难分高低优劣。

我以为有两种错误观念必须指出。一是以为什么都是自己的好，并以自己的标准来衡量批评别人。先秦诸子百家各学派"自是而相非"，就是这种局限性的表现。现在也有一些学者存在这种毛病，其典型代表就是李约瑟博士所批评的欧洲中心主义者。李约瑟说：欧洲中心主义者"认为任何一种重要的发明或发现都绝对不可能在欧洲以外的任何地方诞生"。"在一部1950年出版的关于工艺史的著作中，作者则没有把一些明明是属于中国人的成就归功于中国人","中国科学工作者本身,也往往忽视了他们自己祖先的贡献"(《中国科学技术史》)。欧洲中心主义者以及受其影响的中国某些科学工作者的思想局限性是很明显的。更有甚者,一个东方人到欧洲留学后,认为鸦片战争的错误在中国一方,而英国向中国输出鸦片却成了输送现代化,禁烟成了抵制现代化。

　　二是文化高低与财富多少相联系。文化高低与财富多少本来就是不同步的,庄子虽穷困,不失为出色的哲学家,而曹商虽有车百乘,也不过是一名普通政客。庄子曾向监河侯借粮食,不能说监河侯的文化水平比庄子还高。司马迁的《史记·孔子世家》的最后说:"天下君王至于贤人众矣,当时则荣,没则已焉。孔子布衣,传十余世,学者宗之。自天子王侯,中国言六艺者折中于夫子,可谓至圣矣!"孔子的物质财富比所有的天子王侯都少,而思想影响远远超过所有的天子王侯。历代的天子王侯活着的时候,十分荣耀权威;死以后也就完了,后人也记不起他们了。他们财富虽多,文化思想却十分贫乏。从历史上看,这类现象是普遍存在的,例如唐代诗人李白、杜甫、白居易,是家喻户晓的,而唐代的皇帝,很少有人能把他们的名字都说出来,更不用说那些文武官员了。现在许多人普遍崇敬当了大官的贵人和发了大财的富人。在选择职业上,也容易被当前的收入高所吸引,如今,我国的邮政、银行的营业员和出租司机,文化水平多在高中这一层次,而收入却在大学教授之上。这是中国北京20世纪最后十年的特殊状况。不能说收入高,就是文化水平高。这是很简单的道理。同样道理,当今,美国人富,不能推出美国文化有什么特别高明、特别优越的地方。很多人因为美国人富,就认为美国的文化、习惯、价值观念和生活方式都是好的。甚至企图从地理环境、历史文化寻找当今美国富强的原因。所谓海洋文化或蓝色文化就是这么研究出来的。中国则是封闭落后的黄色文化。美国人这么说,有的中国人也跟着这么说。精神财富与物质财富不是同步的，这是不言而喻的，有些人却对此不能有正确的认识。

五　科学与技术

明代前期，中国的造船业与航海业都是世界上一流的，最先进的。明朝中期以前，中国科学技术在许多领域都处于先进行列，是欧洲各国所望尘莫及的。但是，为什么近代科学并没有在中国发生，中国为什么在近代落后了？这就是所谓的"李约瑟难题"。有的人解释说：古代中国超过西方的大多是技术，不是科学。没有以科学为基础的技术，发展是有限的。这才是中国长久以来科学发展不及西方的重要原因之一。[①] 什么是科学？以前有人说被试验证实的，就是科学的，后来有人又提出能被证伪的才是科学。古今中外关于科学的定义自然不止这两个。究竟什么才是科学呢？能不能用现在的定义去衡量古代的科学呢？或者说古代中外都没有现代意义上的科学？郑和航海的大船高八层，长44丈，宽18丈，载重5000吨，航海7次，没有发生海难事故，安全航行几十万公里，不知是否"以科学为基础"？而哥伦布航海乘三艘小船，载着几十个人，是否就是"以科学为基础"呢？西方技术是从什么时候开始"以科学为基础"的呢？如果西方从来就是以科学为基础的，那么，如何解释一千多年中，西方的科学技术都曾远远落后于中国呢？古巴比伦、古希腊、古印度、古埃及那些曾经十分显赫的古老国家有没有"以科学为基础"的技术呢？它们为什么兴盛，又为什么衰亡呢？那些古国都没有科学吗？

一般地说，自然科学是没有国界的，也没有民族特色。既没有

---

① 参见《光明日报》1998年3月20日第5版。

法国的物理，也没有德国的化学，更没有犹太族的数学和大和民族的地质学。但是，在交流很少的上古时代，各地方的人们有各自的风俗习惯和文化积累。虽然是研究同一对象，也会采取不同的假说方式，因而产生了不同的科学形式。科学的发展总是以假说的形式进行的。例如对于天文的观察，对象都是天文，古巴比伦、古印度与古代中国对天区的划分就不一样，古埃及把天区划分为36组，中国和古印度都是划分为28宿。中国认为天是一层的固体，形状像鸡蛋。西方认为天有九层。应该说，中国的浑天说和西方的地心说都是古代的科学。因为它们都曾经被证实，也曾经被证伪。它们也都代表科学发展史上的一个阶段，一定水平，一种假设。我们没有理由说，地心说是科学，浑天说不是科学。同样道理，不能说郑和率领的巨大航海船队只是没有以科学为基础的技术，而此后87年才出航的哥伦布所驾的小船却是以科学为基础的技术造出来的。在医学上也有这种情况。西方医学是以解剖学为基础的医学，医疗是以化学药品为主。中国医学则是以功能为主，通过活体功能来进行诊病，用草药来治病。这是同样研究人体的医学却有极不相同的体系。直到今天，这两个体系还没有办法统一起来。现在许多医学工作者虽然努力于采用中西医结合的办法来治病，收到一定效果。但还未能从根本上解决问题。现在许多人认为西医是科学，而中医就不是科学。解剖学是科学理论，中医的四论八纲、阴阳五行，就不是科学理论。但是，中医两千多年来给无数人治好了病，至今还在给许多人治病，根据什么说它不是科学呢？中医用阴阳五行解释人体的肺脏相互关系，以及与五官、全身生理病理的联系，据此开方用药。中草药至今仍有优越性，有很强的生命力，是西医所无法代替的。过去有人说中医是迷信，美国人说草根怎么能治病，我们应该如何对待这些问题呢？在建筑上，用钢筋水泥才是科学，用砖瓦木材就不是科学？

科学应该是有水平程度的差别的。高水平的是科学，低水平的也是科学，只是水平低就是了。最早的远古时代，能够把火点着，就是了不起的科学。后来，能够用火煮食物，用火加工木竹，冶炼金属，也都是了不起的科学。现代冶金成为一门学问，这是科学，不能说以前的用火炼铁，都只是技术，都没有科学，也都不是科学。

科学在各个地区发展是不平衡的，由于交流少，产生了不同的科学假说，或称科学模式。近代以来，由于西方科学发展较快，影响很大，交通发达，交流频繁，西方科学很快就取代了世界各地相形见绌的古老的科学，形成了世界公认的科学体系，形成了各种学科体系。例如，日心说取代了西方的地心说，也取代了中国的浑天说。在这种情况下，中国人也都在学习、引进西方科学。这样一来，很自然地出现这种现象或观念，以为只有西方这一套才是真正的科学体系，全盘否定所有与此不相符合的各种科学假说、科学模式，甚至把它们都贬斥为"封建迷信的和神秘巫术的东西"。

各种科学假说都有一定的合理成分，例如，中国古代的浑天说，现代科学已经知道，浑天说所说的蛋壳状的刚性天体是不存在的，但它以地球为观察中心，把所观察的天象设想在一个天球面上，这个天球面是从东向西移动的，这一现象曲折地反映了地球从西向东旋转的自转运动。观察到的日月五星在恒星天上的运行轨迹，认为日月五星都是右旋的，即从西向东运行，曲折地反映了地球绕太阳所做的公转运动。我们不能因为它的天体假说的错误，就全盘否定它的合理性。浑天说提出后，能够指导推算准确的历法，能够预测日食、月食，能够解释春夏秋冬和昼夜的交替变化。科学的发展会发现这种假说中的某些错误内容，加以改正，提出新的假说。科学就是这样进步了。但是，只要是科学，它就不是终点，就会继续发展，因此它就不可能是绝对正确的，就一定有不完善的地方，也就一定要被以后更新的科学研究所否定、所修正、所发展。过去的科学是这样的，现在的科学也是这样的，将来的科学也是这样的。总之，一切科学总是以假说的形式发展的，概不例外。因此，不能因为过去的科学已经被否定，就不予承认。以为现在的科学才是真正的科学，这是缺乏历史眼光的表现。很显然，现在的科学也会被未来的科学所否定。如果以为现在的科学已经到顶了，那就是停止的观点，不符合科学发展史的事实。关于科学问题，需要讨论的问题还很多，不能在这里细谈了。

（原载《中国社会科学院研究生院学报》2000年第3期）

"德才兼备"的历史考察

中国古代讲人才问题的内容很多,现在研究起来,对我们今天的事业、企业的用人方面都会有启发作用。中国古人一方面讲选拔人才要"德才兼备",另一方面又讲"无求备于一人"。在"备"与"不备"的问题上,似乎有矛盾,应该如何解决这个矛盾呢?

所谓"任人唯贤",这个"贤"就是指贤人。什么样的人才是贤人呢?一般认为德才兼备的人就是贤人。这样一说,似乎很简单,但实际生活却是非常丰富、十分复杂的。例如,什么叫德才兼备?有德的人会不会犯错误?会不会犯道德方面的错误?犯了道德方面错误的人还能不能任用?有德无才和无德有才,这两种人用不用?优先用哪一种人?五六十年代讨论过红专关系问题,实际上就是传统德才关系的问题在新时代的延续。这个问题极其复杂,无法全面讨论,只能就其中几个命题,谈谈自己的体会,希望对读者有一点启发。

"德才兼备"固然是理想的人才形象,但实际生活中没有无缺点、无错误的人,所谓"人非圣贤,孰能无过","人无完人,金无足赤",都是说的这个道理。既然没有"完人",怎么能只用德才兼备的"完人"呢?即使有一两个"完人",天下那么多事,也不能只靠这一两个"完人"去做。因此,做大事,用人才,就不能要求人才没有任何缺点错误。这叫作不要"求全责备",要量才取用。根据人才的特点,用其长处,避其短处,或者采取某种措施制约其短处,保证其长处的充分发挥。这是用人的艺术,是当领导者的重要本事。用人不当,终究万事不成。求全责备,就是孤家寡人。

一　重德轻才

大家都知道,中国古人大多数是重德轻才的,作为中国文化基础的儒学最有代表性。因此,我们就先从儒家讲起。

孔子讲:"智者不惑,仁者不忧,勇者不惧。"(《论语·子罕》)智、仁、勇,后人称为三达德,是并列的,没有轻重之分。孟子说人性有四个善端:仁、义、礼、智,也是并列的。但在德、才进行比较时,孔、孟却都是重德轻才的。例如,孔子说:"如有周公之才之美,使骄且吝,其余不足观也已。"(《论语·泰伯》)即使有周公那样的才华,如果既骄傲又吝啬,那也不足观。季氏已经很富裕了,冉求还帮他聚敛财富,孔子气愤地说:"非吾徒也"、"子鸣鼓而攻之,可也!"(《论语·先进》)冉求是孔子的学生,很有能力,由于帮助季氏搜刮民脂,聚敛财富,孔子不承认他是自己的学生,还鼓动其他学生声讨冉求。这也说明孔子是重德的。孟子认为如果不能引导国君走正道,只是用自己的本事为国君效力,那就是"富桀""辅桀",或者叫"为虎作伥""助纣为虐"。这种有能力的官员,不是"良臣",而是"民贼"。(《孟子·告子下》)后人所谓"从道不从君",要服从治国之道即原则,不能只服从国君个人的欲望或意愿。鲁国要让乐正子管理政务,孟子高兴得睡不着觉,不是因为他能力强,学问多,而是由于他"好善"。(《孟子·告子下》)因为有了"好善"这个特长,就会大量引进善人,有很多善人当政,什么事情都可以办好。因此,"好善"这个道德,在当权者那里就是非常重要的，影响全局的品德。这也是重德的突出表现。

法家不讲求仁义道德，只要民众服从命令，遵守法令，一切是非都以法令为标准，"一断于法"。秦政府按军功来封爵，显然是重才轻德的。汉代以后，认为秦朝很快灭亡是由于不施仁义，不讲道德。因此，汉代思想家都是重德轻才的。董仲舒虽说"必仁且智"，因为"仁而不智，则爱而不别也；智而不仁，则知而不为也。"（《春秋繁露·必仁且智》）只有爱心，缺乏智慧，不知道应该爱哪些人，也不知道如何去爱。有智慧却没有爱心的人，虽然知道哪些人是好人，应该爱，也知道应该如何去爱，却不肯去实行，因为他认为这么做虽然是对的，对自己却没有什么好处，也许还有危险。没有爱心和智慧，只有才能的人，那只会强化他的恶性，增加他对社会的危害。从这里可以知道董仲舒是重德的，他还把天人感应讲给汉武帝，主张国君应该效法天道，以德治为主，刑罚为辅。刑罚最好设而不用。其他人如翼奉说："人诚向正，虽愚为用；若乃怀邪，知益为害。"（《汉书·翼奉传》）诚实正派的人，智力差一点，还可以用；心术不正的人，虽然有智力，也只能增加他的罪恶。"巧伪不如拙诚"，成为当时人的普遍观念。翟方进也说："不仁之人，亡（无）所施用；不仁而多材，国之患也。"（《汉书·翟方进传》）

北宋司马光认为德与才的关系，就像掌舵与划桨的关系，也像射箭的方向（准）与力量（远）的关系。他按德才的有无多少，将人才分为四类：才德兼备，谓之圣人；才德俱无，谓之愚人；德胜才，谓之君子；才胜德，谓之小人。这四类人，最理想的是才德兼备的圣人。其次自然是"德胜才"的君子。如果没有圣人和君子，那么，选小人还是选愚人呢？司马光主张，宁选愚人，不用小人。为什么呢？他认为君子用才能做好事，小人用才能干坏事。

愚人想干坏事，还没有这种能力，刚一动手，就被人发现；小人有能力干坏事，还不容易被发现。司马光的说法借助于《资治通鉴》，得以广泛流传，影响久远。重德轻才的说法，逐渐演变成贬才的观念，似乎谁有才能，谁就是无德，于是有"女子无才便是德"的说法。

海外有些学者认为中国有"反智"的倾向。这是把本来有合理性的思想引向极端以后所产生的偏颇。从中国历史上看，无论是理论还是实践，"反智"都不是主流。除了《老子》，没有人提倡愚蠢。在特殊时代，有个别人的说法，可以被理解为"反智"。聪明才智一直是中国人普遍追求、长期崇尚的人才形象，像《红楼梦》中的王熙凤，"聪明反被聪明误"的人毕竟只是极少数。而《三国演义》中作为聪明化身的诸葛亮则是许多人所崇拜的形象，因此，在中国人文景观中与诸葛亮有关的事情特别多。诸葛亮到过的地方都有古迹，甚至有华丽的庙宇。所谓"反智"，只是海外一些人抓住个别言论，大做文章，并非真正对中国传统文化的概括和总结。"反智"现象，不是普遍的，没有代表性。

二　唯才是举

历代思想家虽然都主张重德轻才，而许多立功创业的政治家却实行唯才是举的用人方针，不论道德如何，一概量才取用。

例如，春秋时代，齐国内乱。管仲和召忽辅助公子纠，管仲还曾射中政敌公子小白的带钩。后来，公子纠失败被杀，召忽自杀殉难。管仲没有殉难，却投降了政敌公子小白，并尽心竭力辅助他治理齐国，称霸诸侯。小白就是著名的齐桓公。按一般儒生的说法，管仲"背主事仇"，是有才无德的典型小人，应该受到道义上的谴责。但是，儒家的创始者孔子虽然认为管仲"器小"，"不知俭"，

"不知礼"(《论语·八佾》),道德上有一些不算小的毛病,对于他的历史功绩却是充分肯定的。他说:"桓公九合诸侯,不以兵车,管仲之力也,如其仁!如其仁!"又说:"管仲相桓公,霸诸侯,一匡天下,民到于今受其赐。微管仲,吾其被发左衽矣。岂若匹夫匹妇之为谅也,自经于沟渎而莫之知也?"孔子说话的大意是:齐桓公多次召集各诸侯国的盟会,不用武力,这都是管仲的力量啊!这就算是他的仁德吧!又说:管仲辅佐齐桓公,使齐国在诸侯中称霸,并使天下走上正道,老百姓到了今天还享受着他给的好处。如果没有管仲,恐怕我们现在也还要披着头发,衣襟向左开了(意思是落后、愚昧)。难道他也要像一般老百姓那样守小信,在小山沟里自杀也没有人知道吗?管仲帮助齐桓公不用武力而是用信义来纠合诸侯,匡正天下,表现出仁德。他虽然没有一般人那样守信殉主,却为社会做出重大历史贡献,后代人民都能享受他所创造的某些社会文明的好处。造福后代,造福万民,当然就是历史伟人。后儒无视孔子的评价,当与中央集权制的不断加强有关。

又如,刘邦在楚汉战争中,主要依靠萧何、张良、韩信、陈平。陈平"偷金盗嫂",是个小偷加流氓的人物,名声很不好。投到刘邦门下不久,又有人反映,他贪污受贿。刘邦找他当面质问,他也供认不讳。该怎么办?一般说要撤职查办,更谈不上任用。但是,历史事实是,刘邦经过了解,事出有因,并不责怪,还给予赏赐。后来又拨给四万金,作为他的活动经费,用于离间楚霸王的君臣关系。后来,陈平用奇谋帮助刘邦取得天下。刘邦死后,陈平又平息了诸吕之乱,巩固了汉室江山。司马迁称陈平是少有的"善始善终"的"贤相"。(《史记·陈丞相世家》)若按一般儒家重德轻才的标准,陈平这样的人,无论有多大才能,也不能任用。怎么能是"贤相"?

有一个颇有争议的人物,那就是曾子的学生吴起。他是正统的儒门弟子，在鲁国为将。齐国进攻鲁国时，鲁君想让吴起为将军。吴起的妻子是齐国人，有人因此怀疑吴起担任与齐国打仗的将军是否合适。吴起为了解除鲁人的疑虑，就回家杀了妻子，表明与齐国没有瓜葛。鲁君任他为将，打败齐军。吴起虽然打了胜仗，鲁人对于他杀妻还是不满意，认为他太残忍了。吴起少年时杀了诽谤自己的30多人，然后向母亲告别，说如果不当卿相，决不回来。后来，母亲死了，他还没当什么卿相，所以，真的没有回家送葬。鲁国人因此对他更加反感，鲁君尊重民意辞了吴起。杀妻求将，母死不归，吴起有了这种不仁不孝的坏名声，就无法在儒学盛行的鲁国待下去。吴起就从鲁国出来，投奔魏国。魏文侯用他为将。吴起与士兵中地位最低的人同吃同住，行军时不骑马，亲自背着粮食，与士兵一起跋涉。士兵有病疮，他用口吸吮浓血。魏文侯死后，魏武侯继位。魏武侯乘舟漂于西河，到中游，他对吴起说："这么险峻的山河，是魏国的宝贝呀！"吴起说："（国宝）在德不在险。"过去君王都有许多险峻的山河，到头来，也都亡国灭身。如果国君不修德政，"舟中之人尽为敌国也"。言外之意，无德，众叛亲离，山河再险又有什么用呢？吴起有杀妻求将，母死不归的经历，也有与士卒同甘共苦的表现，还有劝魏武侯重德治的言行。可以说吴起是一个集不仁不孝与大仁大忠于一身的特殊人物。按司马光的说法，仍然是有才无德的小人，不可用。但他在鲁国破齐军，在魏守西河，秦兵不敢向东，楚国用吴起为相，实行政治改革，精简官员，富国强兵，"南平百越，北并陈蔡，却三晋，西伐秦"（《史记·孙子吴起列传》）。事实证明，他是著名的军事家、政治家和改革家，是难得的人才。因小节弃大才，不是良匠。

　　吴起是有德之人，还是无德之人？开始不清楚，终其一生，全面考察，盖棺论定，应该属于可用的贤人。另有一个人也是有争议的是东汉的胡广，字伯始。他平时和蔼可亲，对任何人都客客气气，不敢讲真话，从来不对任何人提批评意见。当时流行两句顺口溜："万事不理问伯始，天下中庸有胡公。"（《后汉书·胡广传》）他不理政事，不提意见，不主持公道，这两句话是批评他"无忠直之风"。这种表现，古代称为"乡原"。孔子说："乡原，德之贼也。"（《论语·阳货》）不主持公道的乡原是破坏道德的行为，当然属于缺德的范围。胡广活了82岁，在30余年的仕宦生涯中，历事六帝，"一履司空，再作司徒，三登太尉，又为太傅"。位在三公，是当时最高级的官。他推荐的人多是天下名士。他熟悉人情世故，了解朝廷制度，"虽无忠直之风，屡有补阙之益"。他作为一位老臣，虽然不能锋芒毕露地斗争，却经常能在协调关系方面起平衡的作用，这是专制制度下所需要的人物角色。这种人任职时间较长，一般被称为"不倒翁"。所谓"容容多后福"，也是指这种人。胡广逝世，确实也是帝业的一大损失。大小官员参加葬礼的有数百人。范晔称："汉兴以来，人臣之盛，未尝有也。"汉灵帝还想念胡广的"旧德"，叫人绘胡广的像，并令蔡邕作颂来赞扬胡广的功德。盖棺论定，胡广也是有德的贤才。

东汉末年，曹操为了广收人才，多次提出"唯才是举"的口号。有德有才的人，无德有才的人，甚至不仁不孝而有治国用兵之术的人都受到曹操的重用。司马光说他："知人善察，难眩以伪，识拔奇才，不拘微贱，随能任使，皆获其用。"（《资治通鉴》卷69）在这里，司马光也肯定曹操知人善任，大胆任用无德有才的各类人才。

曹操"唯才是举"，除了他个人素质之外，还有客观形势的需要。英雄人物要创业，要改革，要开拓新局面，需要一大批能人。曹操广揽人才，是为了在当时混乱局势中扫平群雄，开辟太平天下。他后来称雄四方，有雄兵百万，战将千员，谋士成群，挟天子而令诸侯，终至于以魏代汉，结束了400年的汉朝，曹操的儿子曹丕建立了魏朝。事实证明，曹操"唯才是举"的用人方针是正确的。

重德轻才和唯才是举，正相反，哪一个对呢？或者两个都对？

三　无求备于一人

"无求备于一人"，这是《论语·微子》上记载周公对鲁公说的一句话，意思是不能要求一个人具备一切优点，没有任何缺点。上面讲"德才兼备"，这里又讲"无求备"，不是矛盾了吗？

"水至清则无鱼，人至察则无徒。"对人观察太仔细，优缺点了解太详细，大家都怕他，离开他，他的朋友、弟子就很少了。要做大事业的人，没有人不行，人少了也不行。因此，无求备于一人，是一切领导者都应该掌握的人才观。

齐桓公能用仇人管仲，才能成为春秋时代第一位霸主。刘邦能用小偷兼流氓的陈平，方可战胜项羽，建立汉朝。社会有治与乱不同的时期，自然要选用不同的人才。在治世，天下安定，政府有很高的威望，各级官员就需要树立良好的形象，给百姓展示好的榜样。这时就比较重视德。即使没有才能，但只要能按上级指示办事，就不会有大错，社会秩序就能维持下去。治世重德轻才是很自然的。在乱世，德不能解决问题，只有能力，才能解决社会动乱，开辟太平世界。因此，刘邦可以而且应该用陈平、韩信这些人。四皓（东园公、角里先生、绮里季、夏黄公）虽然道德高尚，却无法使战争取得胜利。汉武帝为了抵御匈奴，选用卫青、霍去病为将；经费不足，就用善于理财的桑弘羊为大夫。曹操为了逐鹿中原，急需各种人才，因此三下求贤诏，连不仁不孝、只要有治国用兵之术的人都要录用。唐太宗兵入玄武门，杀兄弟，逼父亲，做了当时伦理上不允许的事，如果当不好皇帝，那就成了罪大恶极的罪人，遭千古骂名。为了治理好国家，他也用了一批贤能之士。魏徵与管仲相似，他先事建成，建成被杀后，他又尽忠于唐太宗。唐太宗与齐桓公一样。任用仇人，为成功立业服务。一些道学家批评魏徵"不死建成之难，而从太宗，可谓害于义矣。后虽有功，何足赎哉？"（朱熹《四书章句集注·论语·宪问》注引程子言）但是，唐太宗是英主，魏徵是贤相，这是中国历史上没有争议的定论。

如果求全责备，那么，管仲、吴起、陈平、魏徵这些人就不能被录用，而胡广也会被免职，那么，这些人的本事就没有用武之地，汉唐盛世也就难以出现。无视才能，只注重道德，必然会吹毛求疵，否定了许多人才。魏源认为："专以德取人，必致取乡愿。"（《默觚·治篇十》）专门以德取人，不能得到有才能的人，也不能得到道德高尚的人，只能得到"乡愿"。没有任何错误的人，一般来说就是没有本事的人，也是没有道德的人。特别是在乱世用人之际，太讲究生活小节，必定会失掉贤人。求全责备，一方面失去贤人奇才，另一方面招来两面派阴谋家。其严重性不言自明。

这里有一个典型的比较。周勃和灌婴等人向刘邦告状，说陈平不能任用，刘邦责问推荐陈平的魏无知，魏无知说："我推荐的是能力，您责问的是品行。现在有守信的尾生，孝顺的孝己，对战争的胜负没有作用，您能用他们吗？现在楚汉对抗，我推荐有奇谋的人才，只要看他的计谋是否有利于国家，至于他是否盗嫂受金，又有什么关系呢？"（《史记·陈丞相世家》）刘邦正在用人之际，对于个人小节，就不计较，对陈平不但没有处分，还给予厚赏，加以重用。其结果，充分发挥了陈平的作用，在逐鹿中原的决战中，出奇谋，立大功。同样也是周勃和灌婴等人在汉文帝时故技重演，围攻"洛阳小子"贾谊，汉文帝虽然十分欣赏贾谊，仍然贬贾谊为长沙太傅，导致贾谊英年早逝。周勃和灌婴代表政府中的一批庸俗之人，而陈平和贾谊都是奇才，他们的命运不同，与时代的治乱不同和国君个人素质的差异都有一定关系。汉景帝杀晁错，也说明晁错是奇才，而汉景帝是庸主，听信了俗人的俗论，所以酿成悲剧。非常人才能创非常业绩，能立非常功劳。

关于人才的选拔问题，总的原则是德才兼备，但在不同时期，所需要的人才应有所偏重。创业立功，改革创新，需要智能贤士，对于个人的品德就不要太苛求；在守成时期，则重德行，利于社会稳定，移风易俗，对于智能则没有过高要求。领导者用人、选人，要用其长处，避其短处，不能墨守一成不变的标准。因此，重德轻才，唯才是举，不拘一格降人才，在不同的时期、不同的地点、不同的环境条件下，各有其一定的合理性。二者共同的基本原则是"无求备于一人"。

四　德才须分析

从理论上探讨是必要的，但是，只有理论探讨，一旦联系实际，又可能出现麻烦，令人深感糊涂。所谓德才关系，德有高低之别，才有大小之异。一讲德，好像就是圣人。世界上哪有那么多圣人？应该说基本诚实，有爱心，就算有了起码的道德，有了做人的基本条件。不能以历史上的圣贤形象为标准来衡量现实中的人。关于智力问题，也不能绝对理解。缺才的人，只是才少一点，能力低一些，并不是白痴。孔子的学生高柴被认为是愚蠢的人，但他也没有跳井自杀，实际上他也是一个贤人。孔子3000弟子中有72贤人，其中就包括高柴，如果不算他，那么贤才就只有71个了。也就是说，不论德还是才，都不是绝对的、一样的。德有许多不同的方面，有的人廉洁，有的人勇敢，有的人充满仁爱之心，有的人坚守信义，一诺千金。廉洁的人未必勇敢，勇敢的人未必有太多的爱心，也不一定会坚守信义。很少有人一切美德都是完全具备的。才能也是这样，有的人善于运筹帷幄，有的人能够冲锋陷阵，有的人擅于土木建筑，凡有一技之长的，都属于有才能的人。同样善于战争的，也还有水平高低的问题。例如，刘邦能够带领十万军队，韩信带兵则多多益善。有的人如吾丘寿王，在朝廷出谋划策，深得汉武帝的赞赏，而到地方上任地方官却对治安问题无能为力，不能建业立功。古代这种情况甚多，不足为奇。因此，在人才问题上非常重要的是知人善任。不知人才的特点，一件事办好了，就以为他可以做好一切事情；一件事办糟了，就以为他不行，什么事情也办不好。这是一种严重的偏见。良匠无弃材。从严格的意义上说，每个人都是人才，只要使用得当，他们都可以发挥特殊的作用。使用不当，多么杰出的人才也会浪费。韩信是大将之才，在西楚霸王项羽那里只不过是执戟小卒。历史上立大功的名臣、名将，多半是亡国之臣，败军之将。为什么在这里会立大功，在那里却不能立功呢？可能有很多原因，用人是否适当可能就是最主要的原因。上面提到的管仲，孔子说他不知俭，不懂礼，有僭越行为，似乎在德方面有大毛病。但是，孔子又说他为人民立下很大功劳，泽及后世，许他为"仁"，应属德高望重的仁人。又如陈平是小偷加流氓，似乎品德不行，但是，他又是德高之人，帮刘邦打天下，又为扫除吕氏之党做出突出贡献，司马迁说他是"善始善终"的贤相。吴起是不仁不孝之人，他在魏国、楚国都有善政，特别提到为政以德的思想，完全符合儒家的政治原则。总之，德与才都要在具体社会环境中加以具体分析，没有绝对的标准。有的人总喜欢别人提供现成的方法，自己不去动脑筋，简单搬用。其实，世界上没有任何现成的方法，如果有，也不能直接运用。谁怕下功夫，谁就找不到真理；谁想图省力方便，谁就会滑到唯心主义那里去。这是前人的经验总结，我们应该认真汲取。

五　亲近来远

对于人才，除了培养人才、选拔人才、任用人才之外，还有一个十分重要的问题，即引进人才或吸引人才。如何看待人才，不是为了别的，主要是为了识别和引进真正的人才，来发展自己的事业。如何吸引人才和聘请人才？现在有所谓高薪聘请。但是，有的单位出了高薪，为什么却吸引不来人才？原因在哪里？中国古人怎么吸引人才呢？他们确实有一些做法是成功的，可以供我们借鉴参考。古书有这样的记载：

> 燕昭王问于郭隗曰："寡人地狭人寡，齐人削取八城，匈奴驱驰楼烦之下。以孤之不肖，得承宗庙，恐危社稷，存之有道乎？"郭隗曰："有。然恐王之不能用也。"昭王避席，愿请闻之。郭隗曰："帝者之臣，其名臣也，其实师也；王者之臣，其名臣也，其实友也；霸者之臣，其名臣也，其实宾也；危国之臣，其名臣也，其实虏也。今王将东面，目指气使以求臣，则厮役之材至矣；南面听朝，不失揖让之礼以求臣，则人臣之材至矣；西面等礼相亢，下之以色，不乘势以求臣，则朋友之材至矣；北面拘指逡巡而退以求臣，则师傅之材至矣。如此则上可以王，下可以霸，唯王择焉。"燕王曰："寡人愿学而无师。"郭隗曰："王诚欲兴道，隗请为天下之士开路。"于是燕王常置郭隗上坐南，面居三年。苏子闻之，从周归燕；邹衍闻之，从齐归燕；乐毅闻之，从赵归燕；屈景闻之，从楚归燕。四子毕至，果以弱燕并强齐。夫燕，齐非均权敌战之国也。所以然者，四子之力也。诗曰："济济多士，文王以宁。"此之谓也。

上面这一段话的重点是讲君臣关系，君对臣采取的不同态度，就会招来不同等级的臣。君对臣的态度越尊重，臣对君就越尽心尽力。据另一处记载，郭隗先讲千金买马骨的典故。说是有一个国君要买千里马，经过三年的调查才知道某地有匹千里马，立即带上千金赶去，到那地方时，千里马已经死了。这时就用千金买千里马的骨头回去。第二年有三匹千里马从外地跑来投奔。燕昭王就把郭隗当作千里马骨供起来，像尊敬老师那样对待。后来，一些人才就从各地投奔燕国，燕国马上强大起来，先是收复被齐国强占去的地盘，又进攻齐国，占了除吕县以外的所有地方。从实力看，燕国无法与齐国相比，为什么能打这么大的胜仗呢？就是因为燕国吸引了这么一些人才。古诗中说："济济多士，文王以宁。"文王吸引了很多人才，所以他很安宁。这说明人才对于巩固政权的重要性。人才重要，吸引人才的办法很多，重要的有两种方针：一是亲近来远，二是舍近求远。以上这个例子就是亲近来远。燕昭王对于自己身边的郭隗特别尊重，特别"亲"，待遇特别优厚，起个示范作用。这种"礼贤"的精神，传播出去，就产生了很大的影响，对各种人才都产生了极大的吸引力。把远方的人才都吸引过来。这就使本来较弱的燕国一下子超过齐国，报了仇，还几乎灭了齐国。

亲近来远，是正确的吸引人才的方针。但是，有的人以为只要亲近就行了，不重视来远，甚至还采取搞小团体、小圈子的办法，为少数人谋利益，怕别人沾了他们小集团的利益，搞关门主义、排外主义。这种用人方针，虽然亲近，却不能来远。有时虽然也能办成几件小事，沾沾自喜，但绝对办不成大事。

另一种方针是舍近求远。这种领导看不起自己身边的人，认为他们都有这样那样的错误和缺点，水平都不如自己，不能重用。总是伸长脖子向外张望，希望从遥远的彼岸寻找到神通广大的人才。所谓"远处的和尚会念经"，就是对这种心理的描绘。实际上，远处的和尚未必会念经，远处的人才未必都有真本领。人才不分远近，任人唯贤，才是正确的用人之道。

总之，选拔人才要从德才两方面加以考察，达到基本要求，又符合本单位需要的，就可以录用，不能奢望没有任何缺点的人才。人非圣贤，岂能无过？另外，如何引进人才，特别是如何吸引人才？则是非常重要的问题。有的人讲"筑巢引凤"，这个"巢"不一定都是硬件，有时软件更重要。即使有高楼大厦，如果没有轻松、和谐、朝气蓬勃、充满希望的社会环境，人才可能也会望楼兴叹。"巢"虽然非常美丽，周围站着一些猛禽凶兽，"凤"也未必敢来。

（原载《新视野》2000年第4期）

释"天人合一"

——兼论传统价值观的现代意义及其现代转换

在中国传统哲学中,"天"是多义的,主要可以归结为两种意义:一是自然的天。二是神灵的天。自然之天也有几种意义:一是与"地"对应的天,即"天地"中的天,包括日月星辰等天象以及气候、气象等。如《荀子·天论》:"列星随旋,日月递炤,四时代御,阴阳大化,风雨博施","夫日月之有蚀,风雨之不时,怪星之党见,是无世而不常有之。"又如《黄帝内经·阴阳应象大论》:"积阳为天,积阴为地……清阳为天,浊阴为地。"地面以上的一切现象都包括在内。二是与"人为"对应的天,指一切不是人为的自然现象,包括与地对应的天的全部内容,还包括地面上自然发生的一切现象。如《庄子》所说的"牛马四足,天也。"《荀子·天论》:"天行有常,不为尧存,不为桀亡。""皆知其所以成,莫知其无形,夫是之谓天。""不为而成,不求而得,夫是之谓天职。"这些说法中的"天"都是天然即自然的意思。三是与"人"对应的天,是天地的简称,指整个自然界。如《黄帝内经·生气通天论》:"夫自古通天者生之本,本于阴阳。"这个天就包括"天地之间,六合之内"。四是天有时也包括人在内,相当于现在所说的宇宙,如董仲舒讲的"天有十端",十端是天、地、阴、阳、木、火、土、金、水、人。这个天就是无所不包的。这一句话中，两个"天"的内涵是不一样的，这种情况在西方哲学中不太可能出现。如果不能理解中国哲学中这种模糊性，那就可能误解一些古代的思想。张载讲"太虚即气"，太虚又名为天。这个天也是整个宇宙空间。宋明以后的哲学家讲的天多数是自然之天，很少讲神灵之天。只有陈亮还学着董仲舒的口气给皇帝上书，大讲天人感应，希望皇帝听他的说法，实行他的政治主张。神灵的天，主要包括天命论和天人感应论中的相当于西方所谓"上帝"的天，即主宰宇宙的至上神。这个神灵的天是全能至善的，有时也将善德归于天，于是有伦理的天。天主宰自然界，决定自然界的一切变化，于是，又将自然变化说成是灾异，是天意的表现。自然灾异的天、伦理的天，应该都从属于神灵的天。天在古人那里是非常明确的概念，只是因为见解不同，产生了歧义，引起了争论。按刘禹锡的说法，从最大的意义来分，一种叫"阴骘之说"，一种叫"自然之说"。前者就是神灵的天，在暗中主宰人世间；后者就是自然之天，没有意志，不能赏罚，与人间祸福没有关系。现代引入西方分析方法以后，天的意义就更加复杂了。"人"也是多义的，有的指最高统治者"天子"，有的指一般个人，有的指某一部分人，有的则指全人类。"合"的意义也有多种。我们就将它放在下面具体论述中加以解释。

一　天人一德

　　天人合一的说法在《易传》中就有了。《周易·乾卦·文言》："夫大人者，与天地合其德。"这个"大人"，是大人物，指统治者。在这里，天人合一中的"一"是道德。与天地合其德，主要难点在"合"字上。什么叫"合德"？道德是如何"合"的？《易传》又说："天行健，君子以自强不息。"根据"天行健"，君子应该"自强不息"。行健，就是自强不息。君子就在这一点上与"天"合德。这个德就是积极进取，天有这个德，君子也应该有这个德。这就是"合德"。孔子说："唯天为大，唯尧则之。"（《论语·泰伯》）这里讲天的特点是"大"，只有尧能够"则之"。"之"就是"天"，就是"天之大"。"则"如何理解？按朱熹的说法，"则，犹准也。""言物之高大，莫有过于天者，而独尧之德，能与之准，故其德之广远，亦如天之不可以言语形容也。"（《四书章句集注》）则就是标准。尧能符合天的标准，尧的伟大，也像天那么大。尧与天在"大"这一点上是一致的。很显然，这是一种比喻性的说法。这就是一种"合德"。这个大的"天"，不能说就是神灵的天。必须指出，中国古代思想家在讨论哲学问题时，一个概念可以有多种用法，并非总是一种内涵。这是常见的现象，也是中国哲学研究中的常识。

尧是圣王，是"大人"，也是"君子"。他可以与天"合德"，也能像"天行健"那样"自强不息"。天有高尚的德，圣王能够效法天之德。这就是大人与天的合德，也就是天人合一的一种形式。"天行健"是从天文学引申出来的，不是迷信。古代天文学认为"天体"（指恒星天）一日从东向西运行一周，速度非常之快，称之为"天行健"。这种形式是从比喻开始的。先是以天之"大"来比喻尧的"伟大"，然后引申出"合德"的思想。以天之大来比喻尧的伟大功绩，天是否就有了神性呢？未必！以自然现象来比喻人事，在古代是相当普遍的。例如《老子》第八章："上善若水。"王安石注："善者可以继道而未足以尽道，故上善之人若水矣。"用水来比喻"上善之人"。水是什么样子？《老子想尔注》："水善能柔弱，像道。去高就下，避实归虚，常润利万物，终不争，故欲令人法则之也。"水是柔弱的，是向下流的，流向空虚的，经常滋润万物，始终不与别人竞争。有这些品德，值得人们学习。"水善利万物而不争，处众人之所恶，故几于道。"王安石注："水之性善利万物，万物因水而生。然水之性至柔而弱，故曰不争。众人好高而恶卑，而水处众人之所恶也。""居善地。"王安石注："居善地，下也。""心善渊。"王安石注："渊，静也。""与善仁。"王安石注："施而不求报也。""言善信。"王安石注："万折必东也。""正善治。"王安石注："至柔胜天下之至刚。""事善能。"王安石注："适方则方，适圆则圆。""动善时。"王安石注："春则泮也，冬则凝也。""夫唯不争，故无尤。"① 最后一句，王安石没有注。《老子想尔注》："唯，独也；尤，大也。人独能放水不争，终不遇大害。"② 放，即仿。人只要能模仿水"不争"的品德，就会始终不遇大灾难。这些都是说水的特性有"善"的意味，人如果能模仿水的特性，就会有善的品德。实际上就是人们用水的特性来比喻善。《管子·水地》中对水的描述就更加系统全面了。它说："夫水淖弱以清，而好洒人之恶，仁也；视之黑而白，精也；量之不可使概，至满而止，正也；唯无不流，至平而止，义也；人皆赴高，己独赴下，卑也。卑也者，道之室、王者之器也，而水以为都居。准也者，五量之宗也；素也者，五色之质也；淡也者，五味之中也。是以水者万物之准也，诸生之淡也，违非得失之质也，是以无不满无不居也。集于天地而藏于万物，产于金石，集于诸生，故曰水神。"在这里，水就有了仁、精、正、义、卑等高贵的品德。仁义是儒家的思想精华，精、卑是道家的思想核心，特别是卑，是"道之室，王者之器"，是道家的哲学家与政治家的宝贝。"正"则是当时许多思想家所共同推崇的内容广泛的概念。水的"准""素""淡"，也都是非常重要的性质，"集于天地而藏于万物"，天地万物都少不了

---

① 容肇祖辑：《王安石老子注辑本》，中华书局1979年版。
② 饶宗颐：《老子想尔注校证》，上海古籍出版社1991年版，第11页。

水，所以称得上"水神"。在这里虽说"水神"，并非神灵，而是神妙的意思。

古人也将玉视为珍贵的东西，不仅由于坚硬，而且由于玉的一些性质类似许多品德。《管子·水地》载："夫玉之所贵者，九德出焉。夫玉温润以泽，仁也；邻以理者，知也；坚而不蹙，义也；谦而不刿，行也；鲜而不垢，洁也；折而不挠，勇也；瑕适皆见，精也；茂华光泽，并通而不相陵，容也；叩之其音清抟彻远，纯而不杀，辞也。是以人主贵之，藏以为宝，剖以为符瑞。九德出焉。"玉有仁义勇等九德，实际也是比喻。水与玉都是没有神灵的，因此所谓"德"也都是比喻性质的。宋明时代的理学家一般不讲神灵之天，他们所讲义理的天，也都是在比喻的意义上使用的，不能说天有义理，就变成不是自然之天了。

水有许多德，玉又有许多德，最大的天自然会有更多的德。天是无所不包的，天包含所有善德。有善德的天，应该有两种意义：一是自然之天，二是神灵之天。"天行健"的天，就是自然之天。同时，天也被塑造成人格神。天命论与天人感应中的天是至高无上的人格神，是所有善德的代表。只有圣王才能效法天，则天，成就伟大的事业。大人与天地合其德，就是天人一德，是"天人合一"的一种形式，既不能说只有这一种形式，也不能说没有这一种形式。

古人先将人的品德赋予自然界，然后提倡人们向自然界学习，效法自然。先从具体事物说起，如水、玉等，然后扩大到天上去。就是要人们顺天、则天。这种思想引入医学，就特别有意义。例如在《礼记·月令》中专门叙述一年四季的气候变化，气候变化是天，人事也要随着更替，是顺天。冬季穿棉袄，夏季必穿纱，就是人随着天的变化而变化。另外，《月令》还讲春天是万物生长繁殖的季节，人们不应该上山砍树伐木，也不要打猎捕鱼，同样道理，对于犯人也不能在春天行刑。砍树、捕鸟、网鱼，都要在秋冬季节，处置犯人也是在秋冬季节，所谓"秋后问斩"，就是这个道理。古代战争也是选在秋冬季节，那是农闲时期。如果在农忙时期发动战争，将会严重影响农业生产，影响收成。《黄帝内经·四气调神大论》中说："夫四时阴阳者，万物之根本也。所以圣人春夏养阳，秋冬养阴，以从其根，故与万物浮沉于生长之门。逆其根，则伐其本，坏其真矣。故阴阳四时者，万物之终始也，死生之本也。逆之则灾害生，从之则苛疾不起，是谓得道。"四季与阴阳都是天的表现，是万物的根本，也是人的根本。圣人知道这个道理，因此，顺应天的变化，在春夏的季节注意养阳，在秋冬季节注意养阴，这样就可以少生病。这些思想在《吕氏春秋》的"十二纪"中，在《淮南鸿烈·时则训》中，都有所体现。《吕氏春秋·孟春纪》："命祀山林川泽，牺牲无用牝。禁止伐木，无覆巢，无杀孩虫胎夭飞鸟，无麛无卵，无聚大众，无置城郭，掩骼霾髊。"祭祀不用母畜，怕它有孕。"孩虫胎夭"与麛、卵，都是幼小动物，都在保护之列。"无覆巢"，也是怕摔了尚未能飞的雏鸟。"无聚大众"，怕影响春耕生产。"无置城郭"，也是怕妨碍农业生产。掩埋骸骨，一方面表示仁恩，一方面也是为了卫生。《淮南鸿烈·时则训》中也有类似的内容，它说："牺牲用牡，禁伐木，毋覆巢杀胎夭，毋麛毋卵，毋聚众置城郭，掩骼霾骴。"说明这些思想在中国古代，特别是在先秦两汉时代是很流行的思想。儒家与道家都根据这种思想，提出保护环境的问题，提出应该保护生态资源，不要竭泽而渔。用现代的说法，就是要求人类与自然环境和谐相处。天有好生之德，圣王则天，也是有好生之德的。《新序·杂事》载：汤见祝网者置四面，其祝曰："从天坠者，从地出者，从四方来者，皆罹吾网。"汤曰："嘻！尽之矣。非桀其孰为此？"汤乃解其三面，置其一面，更教之祝曰："昔蛛蝥作网，今之人循序。欲左者左，欲右者右，欲高者高，欲下者下。吾取其犯命者。"汉南之国闻之，曰："汤之德及禽兽矣。"四十国归之。人置四面，未必得鸟；汤去三面，置其一面，以网四十国。非徒网鸟也。

二 天人一类

中国古代有三个哲学思想体系影响最大，它们是八卦、五行、阴阳。在这三个思想体系中，天与人都是一一相对应的。

《周易》中的八卦是乾、坤、震、巽、坎、离、艮、兑。它们对应的自然界是天、地、雷、风、水、火、山、泽。对应的人事是父、母、长男、长女、中男、中女、少男、少女。对应人体的是首、腹、足、股、耳、目、手、口。这样，天为父，地为母，天人就对应上了。因此，最高统治者皇帝就称"天子"。"天子"是天人一类的最有代表性的典型说法。

阴阳说也是将天与人一一对应。在医学经典《黄帝内经》中说："夫言人之阴阳，则外为阳，内为阴；言人身之阴阳，则背为阳，腹为阴；言人身脏府（腑）中阴阳，则脏者为阴，府者为阳。肝、心、脾、肺、肾，五脏皆为阴；胆、胃、大肠、小肠、膀胱、三焦，六府皆为阳。……此皆阴阳、表里、内外、雌雄相输应也，故以应天之阴阳也。"《黄帝内经·金匮真言论》男为阳，女为阴；气为阳，血为阴；君子为阳，小人为阴。如《周易·泰卦·象》曰："内阳而外阴，内健而外顺，内君子而外小人，君子道长，小人道消也。"《周易》还将阴阳与道德对应起来，如说："立天之道曰阴与阳，立地之道曰柔与刚，立人之道曰仁与义。"柔、仁与阴对应，刚、义与阳。总之，中国古人将人事与阴阳对应，这是很普遍的现象。

最早提出五行说法的《尚书·洪范》中将人事的貌、言、视、听、思与五行中的水、火、木、金、土一一对应。到战国后期,建立起以五行为框架的宇宙模式,把当时人们所能掌握的内容都尽量装入这个体系。例如把一年四季(四时)和方位、五色、五味都与五行对应,四季与五行对应是有困难的,但是,他们先将土挂在夏季之末,如《吕氏春秋》,有的则在夏季中设一个长夏来与土对应,如《黄帝内经》。到了汉代,要提高土的地位,就将土与四时对应,使土在五行中具有了特殊的地位。所谓"土者,五行之主也。""五行莫贵于土",与土对应的那一系列,也都鸡犬升天了,"五声莫贵于宫,五味莫美于甘,五色莫贵于黄"(《春秋繁露·五行对》)。为了使对应关系看得更清楚,列表图示如下:

五行	木	火	土	金	水
方向	东	南	中央	西	北
季节	春	夏	四时	秋	冬
五色	青	赤	黄	白	黑
五味	酸	苦	甘	辛	咸
五音	角	徵	宫	商	羽
五脏	肝	心	脾	肺	肾
数	八	七	五	九	六

在医书典籍中,五行与人体对应关系的内容更加丰富、复杂,列表如下,也会看得更详细一些。

五行	木	火	土	金	水
五脏	肝	心	脾	肺	肾
腑	胆	小肠	胃	大肠	膀胱
五官	目	舌	口	鼻	耳
体	筋	脉	肉	皮毛	骨
情绪	怒	喜	思	忧	恐

续表

五气	风	暑	湿	燥	寒
生化	生	长	化	收	藏
色	青	赤	黄	白	黑
香	膻	焦	香	腥	朽
味	酸	苦	甘	辛	咸
音	角	徵	宫	商	羽
声	呼	笑	歌	哭	呻
季节	春	夏	长夏	秋	冬

从这些体系来看，人与天的关系是非常密切的，甚至是一一对应的。西汉政治哲学家董仲舒将天人关系归纳成一句话："以类合之，天人一也"（《春秋繁露·阴阳义》）。按类来分，天与人是一类的。这就是我们所说的天人一类。这也是天人合一的一种形式。董仲舒为此还作了许多新的论证，例如说天有十二个月，人也有十二块大骨节，天有三百六十日，人也有三百六十块小骨节，天有五行，人有五脏，天有四时，人有四肢。有数量关系的，天人一致；没有数量的，按类分，天人也是对应的。这就是他说的"人副天数"。天人是同类，根据同类相感的原理，天与人可以产生双向的精神感应。天有无上威力，有爱心，能够赏善罚恶。当天子犯了错误时，天会降下灾害，谴告他，他如果还不纠正错误，天又会降下怪异来吓唬他，他如果还不改正，那么，天就会使他灭亡。董仲舒从天人一类中引申出这种说法，是为了给有至高无上权力的天子以制约，不让他胡作非为，因为权力不受制约，就要产生腐败。天人感应过去受到的批判最多，现在冷静地思考一下，它也有一定的合理性。天是整个自然界，人当然是这个自然界的产物，与自然界有一致性，也是无可非议的。董仲舒的那些类比，显然牵强附会。这对于当时还没有民主制度，对于皇帝还缺乏制约机制的情况下，树

立天的威信，给皇帝加上精神枷锁，无疑有益于社会的安定。人类长期生活在这样的环境中，已经适应了，成为习惯了。顺天、则天，在这里也会得到支持的。实际上就是适应大自然，也就是与大自然和谐的问题。西方人强调征服大自然，促进了科学的发展，但是，现在科学发展的结果，居然带来负面影响，造成了环境的严重污染，破坏了生态平衡，威胁到人类的生存。中国传统的阴阳论强调阴阳平衡，五行学说也是强调平衡，人与天即人与大自然，也要平衡和谐。这些和谐的思想，对于养身，对于治国，对于处理国际关系，对于保护环境，维护生态平衡，都是有价值的，有现实意义的。

三　天人一性

《孟子·尽心上》说："尽其心者，知其性也，知其性则知天矣。存其心，养其性，所以事天也"。人如果能尽心，就能知性，知自己的本性。知性，也就会知天了。历代学者对于心、性、天有不同的理解，这句话的解释也就各不相同。东汉赵岐是最早给《孟子》作注的人。赵岐注云："性有仁、义、礼、智之端，心以制之。惟心为正，人能尽极其心，以思行善，则可谓知其性矣。知其性则知天道之贵善者也。"又说："能存其心，养育其正性，可谓仁人。天道好生，仁人亦好生。天道无亲，惟仁是与。行与天合，故曰：'所以事天也'。"[①] 这里说的是仁人能够存心养性，以思行善，行善就是好生。天也是贵善的，也是好生的。因此，仁人与天道是一致的。贵善好生的本性是一致的。北宋二程（程颢、程颐）认为：

---

① 《十三经注疏》，中华书局1980年版，第2764页。

"天人本无二，不必言合。"① 这好像是反对天人合一的说法，而实际上他们主张天人完全是一回事，不需要讲"合"。他们把天人合一，合得更加彻底。程颢认为"合天人"，"天人无间"②，完全是一体的，用不着再说什么"合"。他还说："人和天地，一物也，而人特自小之，何耶？"人与天都是"一物"，一个东西。如果在人之外，"别立一天"，那就是"二本"了。他说："仁者以天地万物为一体，莫非己也。认得为己，何所不至？若不有诸己，自不与己相干。如手足不仁，气已不贯，皆不属己。"③ 所谓"仁者"，应该是道德高尚的人。这种人必须将天地万物与自己视为一体，所有的事都是与自己有关的。如果对一些事不关心，认为与己无关，那就是麻木不仁。二程讲到天人合一的地方甚多。如说："一人之心即天地之心"，"圣人即天地也"，"学者不必远求，近取诸身，只明人理，敬而已矣，便是约处。……至于圣人，亦止如是，更无别途。……故有道有理，天人一也，更不分别。"④ 他们认为人的道理与天地的道理是一致的，圣人的想法与天地的道理是一样的，因此，在道理上，在本性上，人与天地是一致的，所谓"天人一也"。

四　天人一气

庄子讲"通天下一气耳"，人就是气聚合而成的，因此，与万物没有什么不同，与天也是一致的。王充讲，人"禀气而生，含气而长"（《论衡·命义篇》），"用气为性，性成命定"（《论衡·无形篇》）。人的"性"是由天的"气"决定的。人性与天性就有了一

---

① 《二程集》，中华书局1981年版，第81、33、15、13—33页。
② 同上。
③ 同上。
④ 同上。

致性，或者说天与人在"性"上有一致性。也就是说，天与人在"性"上可以合二为一。"天不变易，气不改更。"人禀天气而生，也一样不会改变。张载提出，天是太虚，"由太虚，有天之名"（《正蒙·太和》）。又认为太虚充满着气，"太虚即气"。"太虚无形，气之本体，其聚其散，变化之客形尔。"人与万物都是气聚合成的客形，人死以后，又回到气的本来状态。万物也是这样，毁坏以后，回到气的本体。"客感客形与无感无形，惟尽性者一之。"（《正蒙·太和》）"客感客形"是指天地万物与人这些看得见的形体，"无感无形"是指看不见摸不着的没有形体的气，这两者怎么能统一起来呢？张载认为只有能够"尽性者"，才能将二者统一起来。张载认为看不见的太虚（即天）充满着气，看得见的万物和人都是气聚合成的，那么，天与人在气这一材料方面就是一致的。"天人合一"（《正蒙·乾初》），这个"一"就是气。他在《乾称》中还说"天人一物"，"一天人"，"万物本一"等，都是天人合一的思想的不同表达。二程讲天人合一，合于"性"；张载讲天人合一，合于"气"。所合不同，能合则一。在这里，所谓"天人合一"，不是两种东西的相加，是两种现象统一于一个本质。如果没有中国哲学这种思维方式，或者不理解这种思维方式，可能对此感到费解，或者根本无法接受。张载合天人于气，明确提出全宇宙只有气，万物的本质就是气，人与万物也都是气聚合而成的，一旦消亡，再回到气。他非常清楚地表达了"气一元论"的思想。如果用公式来表示，那就是：

气———→万物（人）
　　　←———

综上所述，天是复杂的，多义的，人也是复杂多义的，天人合一，也有多种不同形式。主要是讲天人的一致性，统一性，天人可以统一于气，也可以统一于理，统一于道，统一于高尚的道德。天人合一，也讲天人感应，讲天与人能够进行精神方面的相互感应。

因此，天人合一，既包含神秘的神学目的论的内容，也包含人与自然和谐关系的意思，其中也有人应该顺应自然界的养身之道。如果只讲一个方面，或者不讲某一个方面，显然都是片面的。现在，神灵的天与皇帝精神感应的"天人合一"已经过时，不再适用了。自然界与人类和谐统一的"天人合一"正是现代所需要的，应该加以新的解释，用于现实，解决现代社会的一些实际问题。正如季羡林先生在首届北大论坛（2001年11月2日）上发言所说的，西方工业文明给人类带来很多福利，也造成严重的问题，如气候变暖，淡水缺乏、动植物灭绝等。西方以自然界为征服对象，征服的结果，受到大自然的报复。只有东方文化能够挽救人类。中国人讲"天人合一"，大自然与人类的和谐统一，印度也讲人与宇宙的统一。走遍几大洲几十个国家而又学贯东西的世纪老人，能讲出这些话，不值得我们深思吗？现在有些人不能从宏观上把握世界历史，受到当前的事实所局限，羡慕暴发户，对于自己没有信心，对于本民族的文化没有信心，难道不应向季老先生学习一点什么吗？天人合一的现代价值就在于人类与自然界的和谐统一。东西方文化有互补作用，可以取长补短。我们不必那样自卑。最近，德国哲学家伽达默尔说，两百年以后，全世界学习汉语，也像现在学英语那样，这一方面是由于中国语言的特点，另一方面也由于中国文化的长处。"他说200年以后很可能大家都学习中文，有如今天大家都学习英文一样。这种预感的根据可能是由于中国语言的形象性。……他不知不觉地又重复他的预测，二百年内人们确实必须学习中国语言以便全面掌握或共同享受一切。"[①] 这位101岁的西方大哲学家也不是随便说的。

（原载《山东社会科学》2002年第1期）

[①] 洪汉鼎：《百岁西哲寄望东方——伽达默尔访问记》，《中华读书报》2001年7月25日第5版。

"内圣外王"疏

一 内圣：三达德

庄子总结儒家学说为"内圣外王"之道。内圣指人的内在素质，古代称为"德"。孔子将这素质归纳为"智仁勇"；《中庸》称此为天下"三达德"。今天讲德智体，德智都包含在儒家的"德"之内。董仲舒发挥这些思想，提出"必仁且智"。他说："莫近乎仁，莫急于智。不仁而有勇力才能，则狂而操利兵也；不智而辩慧狷（狷）给，则迷而乘良马也。"没有仁爱之心而有才能，就像狂人拿着锋利的兵器，不但伤害无辜，也会危及自身。没有智慧的人却又能说会道，就像迷失方向乘着良马，那当然就是"南辕北辙"。所以，不仁不智而有才能，"适足以大其非，而甚其恶耳"。扩大错误，增加罪恶。他还说："仁而不智，则爱而不别也；智而不仁，则知而不为也。故仁者所以爱人类也，智者所以除其害也。"（《春秋繁露·必仁且智》）没有爱心，虽有智慧，不愿意去做；没有智慧，虽有爱心，不知该爱谁，怎么爱。

关于仁与智的定义，董仲舒说："何谓仁？仁者憯怛爱人，谨翕不争，好恶敦伦，无伤恶之心，无隐忌之志，无嫉妒之气，无感愁之欲，无险诐之事，无辟违之行，故其心舒，其志平，其气和，其欲节，其事易，其行道，故能平易和理而无争也。如此者，谓之仁。"（《春秋繁露·必仁且智》）仁者，为别人的事发愁，自己夹着尾巴做人，与世无争，好施德行，行为世范，人间偏颇卑鄙的言行都没有，所作之事都是合理的。仁者爱人，而最多的人是民，因此民本思想是仁德的基本内容。民无不为本，国以为本，君以为本，吏以为本。笔者认为，一切行业，所有知识分子，所有正直的人，都应该以民为本。

董仲舒说："何谓之智？先言而后当。凡人欲舍行为，皆以其智先规而后为之，其规是者，其所为得，其所事当，其行遂，其名荣，其身故利而无患，福及子孙，德加万民，汤、武是也。其规非者……桀、纣是也。故曰：'莫急于智。'智者见祸福远，其知利害蚤（早），物动而知其化，事兴而知其归，见始而知其终，言之而无敢哗，立之而不可废，取之而不可舍，前后不相悖，终始有类，思之而有复，及之而不可厌，其言寡而足，约而喻，简而达，省而具，少而不可益，多而不可损。其动中伦，其言当务，如是者谓之智。"（《春秋繁露·必仁且智》）这里的智主要表现在预见性上，主要是先言而后当。"其言寡而足，约而喻，简而达，省而具，少而不可益，多而不可损。其动中伦，其言当务"，言虽少表达已很充分，说得精练而且明白，简单又透彻，语言节省，讲得全面。话少，别人不能增加；话多，别人不能减少。他的行动都符合道理，他的话都是当前急需实行的事务。"少而不可益，多而不可损。"这里讲的"言"不多不少，是非常深刻的。张岱年先生的学生问他治学体会，他回答说："不多说，不少说。"学生还等他说下面的话，他说没有了。一名教师讲话要做到"不多说，不少说"，实在是高不可攀。这是董仲舒所说的"智"，是最高的理想的"智"。这种智，不是读一本什么书就能学会的。先学文化，有了一定的文化基础，再读经典。读经典不能像看小说那样一目十行，要慢慢读，多思考，要反复读，联系实际，再与别人讨论。这就是儒家所说的"学而不思则罔，思而不学则殆"。人有理性思维的天赋，但必须锻炼、发展。如何锻炼？学习哲学是唯一锻炼理论思维的办法。这跟打篮球一样，打来打去，没有别的成果，就是将身体锻炼好了。哲学问题讨论来讨论去，没有物质成果，只是锻炼了理论思维能力。投机取巧，自以为聪明，最后，"聪明反被聪明误"，吃亏的是自己。有人说"吃亏在于不老实"，也反映了这个道理。智，智慧，是思维能力以及处理事务的本领。学习哲学，可以提高理论思维能力。这不是学习一些教条就能解决问题的，是需要锻炼的。学习历史就有丰富多彩的可供借鉴的资料，会使人们启发心智，故曰："学史使人明智。"有智慧还要在实践中运用，运用能力也是锻炼出来的。没有实践，说的道理再好，也可能只是纸上谈兵。

孔子所讲的勇，董仲舒并不十分强调。而孔子的勇，是追求真理和坚持真理的勇气，这是每个人都需要的。没有这个勇气，该做的事不敢做，也将一事无成。

二 外王：民本观

外王，就是将内圣外化为王道，将内圣的仁智化为爱民的行动。

（一）树立民本观

如何爱民，不是一句简单的话所能概括的。首先要树立"民为贵，社稷次之，君为轻"的观念。孟子说："桀、纣之失天下也，失其民也。……得天下有道，得其民。"这叫"保民而王"。如何才能得到人民的拥护呢？孟子认为关键在于得民心。即"得其民有道，得其心。"（《孟子·离娄上》）所以，后人说"得民心者得天下"。怎样才能得民心呢？那就是要做两方面的工作：一是人民想要的，替他们办到；二是人民反对的，不要强加给他们。这实际上就是孔子所讲的仁的两个原则："己欲立而立人，己欲达而达人"和"己所不欲，勿施于人"。孟子反对用武力征服别人，只有"以德服人"，才能使人心服。孟子认为"仁者无敌"。靠武力征服，即使暂时取得胜利，也不会长久。例如，管仲不死于公子纠之难，为了齐国这个社稷，终成霸业。而且造福后世，正如孔子所说："桓公九合诸侯，不以兵车，管仲之力也！如其仁！如其仁！"（《论语·宪问》）"管仲相桓公，霸诸侯，一匡天下，民到于今受其赐。微管仲，吾其被发左衽矣。"（《论语·宪问》）这就是把民与社稷看得比国君重。如果不顾人民与国家的利益，一味地奉承国君，轻重颠倒，那就是奸臣，是祸国殃民的败类。所有当政者必须树立民本观念，一切为人民服务，权为民所用，情为民所系，利为民所谋。有的人能够这样想，有的则不这么想，却也这么说，只是在关键的时候滥用职权，为自己谋利。因此，需要制定严格的民主制度，防止职权的滥用，来维护人民的利益。民主制度是需要的，没有制度，只能凭良心办事。有些没良心者就可能滥用职权，给人民造成极大伤害。小人当政，危害一方。有良心的人当官，为官一任，造福一方。建立健全民主制度，如果没有民本观念，那么，这种形式就会被利用，就会被曲解。

（二）实施仁政

如何施仁政？孟子最简单的说法，就是兴利除害。如何兴利除害？孟子提到一些最重要的措施：首先要使人民有一定的"恒产"，恒产就是土地。有了土地，生活就有了保证。丰收年，可以生活得富裕些；欠收年，不至于饿死，上可以赡养父母，下可以抚养子女。这样，人民就会安心在这里长期生活下去。这就是所谓有"恒产"才有"恒心"。有了生活保证以后，就要进行教育。"饱食暖衣，逸居而无教，则近于禽兽。"（《孟子·滕文公上》）。富裕以后，如果不进行教育，人就会变得像禽兽一样，不懂礼义，缺乏道德。因此，孟子十分重视对人民进行伦理教育。另外，孟子还非常强调任人唯贤，如果坏人掌权，什么好事都会被搞乱了。他提出："尊贤使能，俊杰在位。"（《孟子·公孙丑上》）有的人是好人，是贤者，但未必适合为官当政，做官与做人是不一样的。对于贤人要尊重，未必都去当官。使能，是任用能力强的人来办事。道德与能力，是为官的两个必要条件。愿意为人民办事，能够为人民办事，这就是实行仁政所需要的官员。孟子的仁政学说是系统的儒家政治学。他认为要实行这一套理论，最高统治者天子要"尽心"，就是要全心全意为民做事。否则，天子只想自己享受，不顾民众死活，那是什么也办不成的，再好的政治方案，也只不过是一纸空文。民众有选择权，天子不能实行仁政，就会换掉，或者杀掉，这就是中国历史上的改朝换代。人民是历史的主人，这是客观事实，不是谁规定的。邓小平说自己是中国人民的儿子。当个七品芝麻官，就以为自己是人民的父母，实在太不自量力！以"父母官"自居的人，怎么会为人民服务？毛泽东在领导新民主主义革命时期，创造了"从群众中来，到群众中去"的群众路线，强调要先当群众的小学生，向群众学习，同时又不能当群众的尾巴。领导者要有自己的思考，要集中群众中的正确意见，才能做出正确的决策。到现在为止，所有问题如果都靠投票来决定，其弊端很多。有的利用金钱和权力造势，有的在投票中捣鬼，有的向选民承诺很多东西，选上以后不兑现，甚至背道而驰。有的用民主投票选出独裁总统，有的一边喊人权，一边否定别国主权，不尊重联合国的权威，不尊重其他民族的主权，他们还有什么资格谈人权？随便践踏一个国家的主权,还会尊重一个平民的主权吗?谁能相信其"人权"是真实的。投票可以了解公众的愿望,辩论可以阐明事情的道理。所以,经过辩论,酝酿成熟,最后投票,也许更合理一些。中国基层进行投票选举,情况比较复杂,说明民主制度还需要不断发展、完善。有的搞等额选举,只能分别候选人的票数差别,无法把不合格的候选人选下去。选举比不选举好,差额选举比等额选举好,这就是不断进步的过程。往回改,那是社会的倒退。所以,我们既不要认为有了投票就万事大吉了,也不要因为有些投票选举结果存在种种问题而认为应该取消投票。总之,当代中国的民主,是通过选举代表的间接民主,是中国传统的继承与发展,我们需要选举,但不迷信选举。在全民族文化素质不断提高的情况下,选举也会日益完善,民主的水平也会不断提高。

三 内圣外王:德治

强者胜,这是一般都容易理解的。论强者,过去都是讲地域大、人口多,或者军事实力强,武器先进。那么,贵为天子,富有天下,当然就是最强的。但是,夏桀为天子,被商汤打败。殷纣王为天子,被周武王消灭。秦是一个小诸侯,却能推翻周天子,吞并六国,一统天下。如此强盛的秦王朝却被弱得不能再弱的陈胜、吴广所率的几百名手无寸铁的徒役发动的起义所推翻。中国历史上的朝代更替,都是弱者最后战胜强者而完成的。社会现象在多数情况下都不能用试验的方法进行研究,主要靠借鉴历史上的经验教训,靠对现实情况的深刻体会来进行活动的。即使在近代、现代,也有大量的事实说明,强者不必胜。德国纳粹也曾经十分强盛,他们能迅速战胜并占领波兰等国。但是,最后是纳粹失败了。因为社会是相互联系的,不是简单的孤立的现象。日本军国主义也曾经占领了中国的许多领土，最后也是强者日本军国主义失败了。蒋介石领导的国民党与毛泽东领导的共产党，在土地、人口、军事实力、武器装备各方面，国民党都曾比共产党强，但最后却被打败，逃到台湾去。这用古人的说法，就是"得道多助，失道寡助"。当然，国民党败逃台湾以后，吸取失败的教训，也惩治了一些贪官污吏和腐败分子，政治上也有所改善，在台湾的经济建设、发展教育方面都有明显的成绩，但这不能改变统治大陆时的腐败事实。强者不必胜的观点，在两千多年前的《淮南子》中就已经有了充分论述，只是现代人忘了这一重要的社会原则，需要再提醒一下个别当政者，必须注意民心所向，多做得民心的事，于人于己都有好处。一意孤行，违背民意，下场堪忧。实力不是主要的，更不是唯一的取胜因素，只能说是重要的因素。

孟子所谓的"以德服人"，就是孔子所谓的"为政以德"。为政就是治国，为政以德，就是以道德来实行政治。以德治国，就会吸引人民，就会得到群众的拥护。儒家认为，治国有两种方式：一是以法治国；二是以德治国。以法治国，就是用行政命令的办法让人民必须做到什么，禁止他们做什么，谁做了不允许做的事，就是犯法，就要受到法律的制裁。令行禁止，就算治理好了，达到理想政治。以德治国，还可以分两种情况：一是以身作则，提高当政者的道德水平，用自己的模范行为和表率作用，来引导人民，达到治理的目的；二是以教治国，通过宣传，向人民进行道德教育，使人民向善去恶，达到移风易俗的目的。

孔子说："道之以政，齐之以刑，民免而无耻；道之以德，齐之以礼，有耻且格。"（《论语·为政》）用行政命令来引导人民，用刑法来约束他们，虽然可以使他们避免犯罪，但他们不知道犯法是可耻的；用道德来引导人民，用礼仪来约束他们，他们有羞耻意识，就能够自觉遵守规矩。两者比较，表面上看好像差不多，有没有羞耻心，是能不能自觉遵守法则的重要原因。只是怕法律惩罚而不敢犯法，当没有监督者在场时，可能就会偷偷地犯法，如果很多人都是这样，社会治安就会混乱。相反，如果人民自觉遵守规矩，那么，不论有人还是没人的时候，他们都会自觉地不去犯法。人人慎独，当政者不必操心，社会也会自然安定。

《论语》的很多记载都说明儒家极其重视当政者的个人道德修养。季康子问政，孔子说："政者，正也。子帅以正，孰敢不正？"（《论语·颜渊》）做政治工作，就是要自身正。你带头做正确的事情，谁敢不正？孔子又说："其身正，不令而行；其身不正，虽令不从。""苟正其身矣，于从政乎何有？不能正其身，如正人何？"（《论语·颜渊》）自身正，政治就不难了。如果自身不正，怎么能正别人呢？那么政治就非常难了。当政者应该做百姓的榜样，"子欲善而民善矣"（《论语·颜渊》）。"上好礼，则民莫敢不敬；上好义，则民莫敢不服；上好信，则民莫敢不用情。夫如是，则四方之民襁负其子而至矣，焉用稼？"（《论语·子路》）自身做好了，"近者说，远者来"，要做什么，都会很容易成功的。如果远方的人不愿意来，怎么办呢？财富吸引，高薪聘请，都是当下许多人所采取的办法。有的地方在招商引资时，用盛宴招待客人，却把客人吓跑了，因为客人不敢在有这种风气的地方投资，害怕自己的资本被这些官员吃掉。孔子说："君子怀德"（《论语·里仁》），"故远人不服，则修文德以来之。"（《论语·季氏》）修文德，首先是修身，修身必须先正心、诚意。自己思想解决了，觉悟提高了，道德高尚了，就能吸引远方的人们来。这个修文德的，当然是当政者自己。也就是说，当政者首先要提高个人道德修养，而不是靠自己向别人宣传说教。综观古今中外，治国之道有千万条，哪一条最好？很难说。不同时期，不同地区，不同民族，不同国家都有适合自己的治国之道，不能勉强统一于某一种模式。好的制度，会被别人所选择，所引进。但是，不能说自不"输出"的问题。弱国不可能"输出"，只能"输入"。强国自视甚高，傲然独立，没有"输入"的意愿，只想"输出"。这种"输出"，是将自己认为好的，未必适合别人的情况的东西强迫别人接受，也就是以自己的价值观强加于别人。这实际上就是霸权主义。

在中国古代，主要有两条治国之道：一是儒家所主张的德治，孔子称德政，孟子叫仁政，荀子曰王道；二是法家所主张的法治，法治被儒家称为刑政、暴政、霸道。这两种治道有什么区别呢？德治，是以德治国。如何以德治国？作为统治者要以身作则，帝王与各级官员都要以高尚的品德、模范的行为，为人民做榜样。尤其是汉代建立中央集权制度以后，这是一个更突出的问题。从理论上看，有董仲舒的说法为代表，他说皇帝的一举一动都会影响全国人民，因此要非常谨慎，一言一行都要注意，不能轻举妄动，更不能随便说话。道德高尚，廉洁奉公的官员是贤人、善人。只有善人还不能做好政治，需要制定法律制度；只有法制，不能自己施行，也需要贤人去实施。这就是德治与法治应该相互配合，不能只靠一方面。有的说即便是圣人，没有法也治不了国。但是，中国古代的法，主要是管人民的，一般不管帝王。帝王的行为是靠天或祖宗来管。西方现代的法制是什么人都管，包括总统在内。这是东西方的法制的不同点之一。

一个国家只有法律而没有道德不行，只有道德而没有法律也不行。西方国家由法律来管整个社会，政府不管道德，道德由宗教来管。中国从夏、商、周三代开始，政府既管法律，也管道德。儒家宣传道德，同时也讲治国的道理，以道德为主，主张德治，将法律放在次要的位置上。法家强调法律的重要性，忽视道德的作用，"一断于法"。汉朝以后的统治者总是一边宣传道德，一边实施法治。中国的宗教没有像西方那么普及，广泛担负着道德方面的功能。如果深入考察就会发现，中国儒学长期起着西方宗教的那种作用。例如，在国家方面，天子祭天，至今尚有天坛；诸侯祭名山大川；每个家庭祭自己的祖先。这一系列的祭祀，所表达的就是中国式的宗教。这种普遍的宗教，不是少数人所组成的集团，因此没有宗教团体。它是与政权结合在一起，与政府的行为相联系的，祭祀是政府行为，不是在政府的政治行为之外，另搞一套什么仪式。至上神是天地，天地产生万物，祖先是自己的直接源头。于是，祭天与祭祖是统一的，联系在一起，形成了一个完整的神的体系。天子祭天，诸侯祭地（名山大川），百姓祭祖先，等级是明确的。西方的祭祀是平等的，中国体现了等级性。宗教活动是道德教育的方式，中国也是在祭祀活动中进行礼乐的教化，其中包含道德教育。因此，从功能上说，中国儒家思想是政教合一的体系，这就产生了现代所讨论的是儒学还是儒教的问题。儒家思想体系是复杂的，从不同的角度可以有不同的说法。

孔子说："有德者必有言，有言者不必有德。"（《论语·宪问》）有道德的人，一定会说出表明高尚道德的话，但能说出漂亮话的人未必就是道德高尚的人，言行有时是不太一致的。特别有一些人很会说漂亮话，唱高调，但自己却不那么做，或者根本做不到。他们想教育人民，实际上是在欺骗人民；人民不相信他们，社会风气因此变坏。孔子说"巧言乱德"（《论语·卫灵公》）。说漂亮的假话，言而无信，就会搅乱道德。

孟子对这个问题也有一些精彩论述。他说："仁言，不如仁声之入人深也。"（《孟子·尽心上》）仁言，就是说了仁义的话。仁声，是说当政者自己真正实行仁义，说到做到，群众中流传着对他的赞颂。孟子认为，仁声对人民影响更加深刻。如果说得再漂亮，自己就是不实行，或者实行不了，那么连自己的妻子也不会相信，怎么能让别人相信呢？领导他人不按道理，连自己的妻子也领导不了。因此，孟子认为，作为君子就应该一辈子注意修身，不断提高个人道德修养，"穷则独善其身，达则兼善天下"（《孟子·尽心上》）。

所谓德教，就是身教，以自己的高尚道德来教育别人。所谓说教，就是言教，向别人宣传道德来进行教育。俗话说"身教重于言教"，就是这个意思。政治上、社会上是这样，在家庭中也是这样，妻子、子女都是自己最亲密的人，有浓厚的亲情，如果自己行为不端正，对她们的说教也不会有什么效果，更何况他人呢？从儒家的传统说法中，可以清楚地看到，他们讲"为政以德"，讲"德治"，讲"仁政"，实际上都是强调当政者首先要提高自身的道德，以自己的模范行为作示范，来进行领导。治国不能没有法，圣人不能废法而治国。但是，执法的人必须要守法，要公正执法，这也是道德。如果执法者自己不守法，还以权谋私，贪赃枉法，那么，法再好也不能正确实行。孟子说得好："徒善不足以为政，徒法不能以自行。"（《孟子·离娄上》）只有善良的愿望，还不能做好政治，只有法也不能离开人而自己去实行。所有讲法治的地方都特别重视道德问题，法律如果没有了道德的支持，社会也会陷入一片混乱。韩非提倡法治，认为什么仁义道德、什么文学修养，都没有必要。秦始皇按他的理论来治理国家，很快也就亡国了。这个教训在中国历史上是唯一的，没有人再重蹈这个覆辙。总之，历史上的经验教训，都可以作为我们现在的借鉴。

德治应有内外之分：对内，当政者应该提高道德水平，以身作则，引导人民求真、向善、爱美，移风易俗，向文明进步方向发展，给人民带来幸福安康；对外，应主持公道，与大小各国和平共处，友好往来。《史记·孙子吴起列传》记载：吴起与魏武侯乘舟浮西河而下，到了中流，魏武侯对吴起说："美哉乎山河之固，此魏国之宝也！"吴起说："在德不在险。昔三苗氏左洞庭，右彭蠡，德义不修，禹灭之。夏桀之居，左河济，右泰华，伊阙在其南，羊肠在其北，修政不仁，汤放之。殷纣之国，左孟门，右太行，常山在其北，大河经其南，修政不德，武王杀之。由此观之，在德不在险。若君不修德，舟中之人尽为敌国也。"魏武侯以为山河险固是国宝，吴起则认为，过去许多有险固山河的国家（如三苗氏、夏桀、殷纣等）都由于不施行德政而亡国，真正的国宝应该是德政。如果不修德政，那么，乘坐这一船上的人，都成了敌国。意思是说，自己身边的人都是敌人，外面有再险固的山河又有什么用呢？

秦始皇也是只相信实力的人，他认为有可能威胁中央集权的家天下的统治的，就是北边匈奴，因此筑万里长城以备胡，以为这样就可以使江山永固，传之万世。历史事实与秦始皇的愿望完全相反，才传到二世，天下就大乱了，勉强拖到三世，就彻底灭亡了。更出人意料的是，首先揭竿而起的是名不见经传的没有什么社会地位的徒隶！这支队伍只是手无寸铁的没有经过组织训练的九百名戍卒！就是这样一伙不起眼的"乌合之众"，居然推翻了削平六国统一天下建立中央集权的大帝国！原因何在？秦汉时代的思想家都认为秦亡的原因就是不施仁义，是缺乏德治。德治与文明相联系，竹帛是书，是文明的象征。只要关河，不要竹帛，秦朝的帝业就空虚了，很快就灭亡了。

由此可见，防外不防内，是片面的。防的办法，只讲军事实力与法律制度，不讲道德，是更严重的片面。因此，治国最根本、最需要的是道德，而道德主要应在于修身。

过去，周厉王暴虐，人民都批评他，当时叫作"谤"。周厉王依仗自己的权力，不许别人说"不"，更不许有人批评自己，就派人监视，发现诽谤者，就抓来杀了。人民都不敢说话，但并不是没有意见，只是把怒气暂时压在心中。忍耐是有限度的，在忍无可忍的情况下，就会强烈地爆发出来，那就会产生严重的后果，以致达到不可收拾的地步。周厉王不知道不让说话的严重危机，认为别人再也不敢说他的坏话了，就很高兴。他以为这样就可以"弭谤"。召公认为这只是一时不说话，并不是解决了人民的怨气。正如召公所预言的那样，周厉王就在国人的反叛中逃到彘地，以后就死在那里。这也是中国历史上不行德政的教训。

至于人与人的关系，以强凌弱，以众暴寡，虽然一时得逞，终究是要遭到反抗的。哪里的压迫最厉害，那里的反抗也最强烈。正如作用力与反作用力那样，是相对等的。霸道行为不得人心，是很自然的。有些人缺乏将心比心、推己及人的思维方法，把自己的利益看得高于一切，无视他人的利益，没有公道正义可言，总是以自己的实力去压服别人，到底是压而不服。以力服人，就是霸道；以德服人，就是德治。

总之，以仁义为本，实行德政，就是王道；以实力为本，不讲道义，就是霸道。现在中国还没有资格称霸于世界，过五十年，或者一百年，或者几百年以后，将来总有一天，中国会成为一流国家，有实力称雄于世界。到那时候，希望我们的子孙后代不称霸，应该与世界各个大小国家平等相待，和平共处，坚持"和而不同"的君子作风，尊重各国主权，不以任何借口干涉别国内政。一定要弘扬中华民族的仁爱传统，"己所不欲，勿施于人"，以高尚道德树立世界文明的形象，成为天下人民从心里佩服的、真心向往的东方乐土。这是从世界历史中总结出来的经验和教训，深切希望后人能够铭记。

（原载《河北学刊》2009 年第 5 期）

汉初三阶段：治、富、教

秦始皇是只相信实力的人，他认为有可能威胁其中央集权家天下之统治的就是北边的匈奴，因此筑万里长城以备胡。以为这样就可以使江山永固，传之万世。历史事实与秦始皇的愿望完全相反，才传到二世，天下大乱，勉强拖到三世，秦朝彻底灭亡。更出人意料的是，首先揭竿而起的是名不见经传的没有什么社会地位的徒隶。陈胜、吴广所带领的900名手无寸铁、没有经过组织训练的戍卒，居然推翻了削平六国统一天下建立中央集权的大帝国！原因何在？陈胜说："天下苦秦久矣！"陆贾说："秦二世尚刑而亡"，"虐行则怨积"。贾谊说："仁义不施而攻守之势异也。"秦汉时代的思想家都认为秦亡的原因就是"不施仁义"，是缺乏"德治"。秦朝末年，天下大乱，乱世英雄起四方，各地义军奋起，逐鹿中原。项羽带领楚地子弟兵，英勇善战，威震诸侯，号称西楚霸王。楚汉两军，比智斗勇，经五年七十余战的较量，刘邦领导的汉军终于战胜了项羽率领的楚军，夺得天下，建立汉朝。这可以说是一次"得民心者得天下"的典型例证。得天下以后，如何守江山，汉初数十年做了探索，也算是"摸着石头过河"。其中有一些经验教训，值得后世借鉴。

一　剪除异姓王，巩固新政权

新建立的汉朝需要巩固政权。刘邦打天下以后能不能巩固政权，是成功与否的关键。

秦始皇统一天下以后，也采取了一系列的措施，以巩固政权。秦朝思想家认为春秋战国的混乱，是由于封建制。封建的诸侯王分裂割据，相互纷争，导致天下大乱。为了消除战乱，改封建制为郡县制，建立中央集权专制制度。由皇帝直接委任郡县行政官员，并且随时调动，从根本上解除了诸侯割据的可能性。为长治久安，在制度上进行改革。统一文字，统一度量衡，拆关隘，修栈道，通天下，搜集天下金属，集中到咸阳，铸成金人。这样平民没有金属武器，就削弱了造反者武装的实力。北筑长城，以防匈奴南侵。也在统一思想方面确立核心价值观，实行"以法为教""以吏为师"，是非荣辱，以法为标准。按现代的说法，官方颁布的法令就是判断是非的唯一标准，司马迁称之为"一断于法"。同时，禁止法家以外的诸子百家的思想传播，特别是作为显学的儒家学说，则在严禁之列。当时儒家与秦政权处于严重对立状态，自然要遭到"焚书坑儒"的残酷镇压。

据《史记·秦始皇本纪》记载，秦统一天下以后，"以诸侯为郡县，人人自安乐，无战争之患"，李斯认为："今诸生不师今而学古，以非当世，惑乱黔首……今皇帝并有天下，别黑白而定一尊。私学而相与非法教，人闻令下，则各以其学议之，入则心非，出则巷议，夸主以为名，异取以为高，率群下以造谤。如此不禁，则主势降乎上，党与成乎下，禁之便。"李斯进一步建议，"史官非秦记皆烧之。非博士官所职，天下敢有藏《诗》《书》、百家语者，悉诣守、尉，杂烧之。有敢偶语《诗》《书》者弃市。以古非今者族。

吏见知不举者与同罪。令下三十日不烧，黥为城旦"。《诗》、《书》、百家语者都被烧了，从汉初收集典籍之困难可以佐证。至于坑儒，不是一次，而是全国性的，有的"弃市"，有的"族"，都不在少数。这种残酷措施，就是为了消除思想混乱，达到统一思想的目的。秦始皇为了巩固政权，可谓千方百计，用心良苦。不久，他死后，天下就开始大乱，秦王朝勉强拖了几年，就灰飞烟灭。尽管秦始皇做了许多巩固政权的事情，都避免不了崩溃的命运。秦始皇夺取政权，吞并六国，统一天下，是成功的，守天下没有成功，原因何在？代秦而起的汉朝思想家与政治家都在探讨这个重要的问题。

　　刘邦得天下以后，也在考虑如何巩固政权。首先，汉承秦制，继承秦始皇建立的一套制度，废除人民讨厌的秦苛政。他实行郡县制的同时，保留了一部分封建制，实行一国两制，算是带有试验性的。后来，有叛国无叛郡，说明郡县制更利于巩固政权。周朝采取封建制维持了八百年，而秦朝采取郡县制为什么这么快就亡国了？这个讨论一直到唐代柳宗元写下雄文《封建论》，才最后定音：郡县制比封建制优越。郡县制一直延续到明清时代。因此，有的思想家认为秦亡不在于制度。刘邦与韩信对话：他问韩信自己能带多少兵，韩信说刘邦能带十万。韩信说自己"多多益善"，越多越好。这对刘邦来说，就有一种不安全的感觉。《史记·高祖本纪》记载，刘邦认为："夫运筹策帷帐之中，决胜于千里之外，吾不如子房；镇国家，抚百姓，给馈饷，不绝粮道，吾不如萧何；连百万之军，战必胜，攻必取，吾不如韩信。此三者，皆人杰也。吾能用之，此吾所以取天下也。"这三杰，也是刘邦最不放心的重要人物。刘邦对于自己的后代能否像他那样能用他们，没有自信。最后，韩信与黥布、彭越皆以诛灭。《史记·留侯世家》记载：张良认为自己"为帝王师，封万户，位列侯，此布衣之极，于良足矣"，心满意足，不想争权夺利，"欲从赤松子游"，学习道家的"辟谷""道引轻身"，终生得以免祸。萧何功劳最大，功高震主，有人告诉他"君灭族不久矣"，他按客人的说法，故意采取一些措施"自污"，刘邦知道后大悦。即使这样，刘邦还找机会将萧何投入监狱，让他经受苦难。但《史记·萧相国世家》记载：萧何最终有幸"位列群臣，声施后世"，寿终正寝，福荫子孙。屡出奇计的陈平尽情享乐，表明无政治野心，让刘邦放心。刘邦死后，陈平又参与解决诸吕的问题，得以善终，这是最有本事的，被司马迁称为"善始善终"的贤相。韩信之死，有人为他鸣不平，认为他的功劳特别巨大，不该被杀。但是，统治者追求长治久安，如果不排除不安定因素，留下后患，给后代子孙造成灾难，使万民不得安居乐业。杀功臣与留后患，该如何选择？执政者自然应该以民为本。历代创业之君，都采取措施，消除隐患，应该是可以理解的。中国历史上，为了巩固政权，对打天下的功臣，以采取"杯酒释兵权""火烧功臣阁"等办法加以解决，都不算什么稀罕的事情。即使这样，也仍然有权臣"挟天子而令诸侯"，强臣以禅让的方式搞宫廷政变，或者藩镇割据，拥兵自重，伺机夺权。一家一姓总不能一直掌握这么一个大国的政权，总要改朝换代，因此有了"二十四史"。"得民心者得天下"，这才是真正的民主。历代君臣耗费苦心，只能延长执政的时间而已。

　　陆贾提出下马治天下，刘邦改变战争思维，确立和平建设时期的思路，从武攻改为文治。

　　《汉书·陆贾传》记载刘邦得天下以后，陆贾就经常向他提倡儒学："贾时前说称《诗》《书》。高帝骂之曰：'乃公居马上得之，安事《诗》《书》！'贾曰：'马上得之，宁可以马上治乎？且汤、武逆取而以顺守之，文武并用，长久之术也。昔者吴王夫差、智伯极武而亡，秦任刑法不变，卒灭赵氏。乡使秦以并天下，行仁义，法先圣，陛下安得而有之？'"这就是说，打天下用武力，治天下要用文化。得江山之前与之后，战略路线要有所变化，用现代语言来说，就是治理社会要转轨。就是要用正确的态度对待人民，不能用对待敌人的办法对付人民。这是需要根本转变的。只有这种改变，才能维持长久统治。刘邦在陆贾的劝谏下，改变治国方略，用文治的方法治理天下，这是关键性的大局转轨。

社会转轨，是一个系统工程，牵涉到方方面面。打破旧秩序，建立新礼仪。礼仪是维持正常秩序所必需，这个秩序应当由朝廷开始。《汉书·叔孙通传》记载："汉王已并天下，诸侯共尊为皇帝于定陶，通就其仪号。高帝悉去秦仪法，为简易。群臣饮，争功，醉或妄呼，拔剑击柱，上患之。通知上益厌之，说上曰：'夫儒者难与进取，可与守成。臣愿征鲁诸生，与臣弟子共起朝仪。'高帝曰：'得无难乎？'通曰：'五帝异乐，三王不同礼。礼者，因时世人情为之节文者也。故夏、殷、周礼所因损益可知者，谓不相复也。臣愿颇采古礼与秦仪杂就之。'上曰：'可试为之，令易知，度吾所能行为之。'"这里的"通"就是叔孙通。刘邦得天下以后，将秦朝的规矩全部废除，简化礼仪，君臣关系十分随便，于是就出现无序现象，连朝廷也都比较混乱。叔孙通提议以古代的礼与秦代的仪相结合，创造出汉代的礼仪制度。这是继承发展的思维方法，完全是合理的。关于三代礼的损益问题，是孔子说的，《论语·为政》："殷因于夏礼，所损益可知也；周因于殷礼，所损益可知也。其或继周者，虽百世，可知也。"周代以后，礼制还要损益，孔子有所预见。如何损益？叔孙通认为就是继承前代的礼仪，进行综合创新。新创造的礼仪要在实践中检验。

结果如何呢？叔孙通带领一帮儒生一起研究制定礼仪，然后让朝廷官员练习，最后在朝廷上实施："自诸侯王以下莫不震恐肃敬。至礼毕，尽伏，置法酒。诸侍坐殿上皆伏抑首，以尊卑次起上寿。

觞九行，谒者言'罢酒'。御史执法举不如仪者辄引去。竟朝置酒，无敢讙（欢）譁（哗）失礼者。于是高帝曰：'吾乃今日知为皇帝之贵也。'"一方面朝廷上各位官员"莫不震恐肃敬""无敢欢哗失礼"；另一方面，刘邦感受到做皇帝的高贵。君臣的距离拉大，等级明显，这才能形成和谐有序的局面。叔孙通一帮儒生所建立的朝廷礼仪，使朝廷秩序得到恢复。以朝廷为榜样，各级官员也要建立相应的秩序，整个社会就有了正常的秩序。"王权是社会秩序的代表"，从这里也得到了印证。

等级制度正符合当时的中央集权制度，这个制度符合当时社会政治的需要，符合当时的经济基础，说明它是当时的先进制度。后人根据现代的政治制度与心理状态，批评当时的制度，是缺乏历史主义的观念，是不适当的。难道中国可以在两千年前的汉代实行社会主义？或者实行资本主义？有了正常的和谐的社会秩序，才可能有后来的经济发展。现代各国也都有自己的礼仪维护着社会秩序，社会秩序总是建立在等级制度之上。西方所谓"平等"，只是身份平等与机会平等，要求反对西方封建时代的身份不平等（分贵族与平民）与机会不平等，倡导根据自己的努力，发挥自己的才华，争取自己的社会地位与利益。而在结果上，实际上是不平等的。在资本主义社会中，市场经济是主体，等级绝大部分也是按经济来划分的。刘邦在那时也是小吏出身，并不高贵，他当了天子。许多将相未必都是贵族，因此，他们不可能按出身差别分等级。从那以后，中国社会就没有将出身成分作为等级的根据。到隋唐以后，实行科举制度，机会平等，更加公平地选拔人才。这被西方有识之士称为先进的"文官制度"，是中国第五大发明。中国发明创造很多，何止五大！

这一阶段，刘邦采取措施，消除不安定因素，恢复秩序，巩固政权，就是"治"的阶段。

二　发展生产，与民休息

汉朝建立以后，如何治理天下，先秦诸子的治国方略都值得借鉴。但是，秦亡的教训似乎更有参考价值，也更受重视。秦朝用强力吞并六国，统一天下。如此强大的帝国在十几年中，就被手无寸铁的农民起义军推翻。汉朝自然要总结这个教训，避免重蹈覆辙。秦亡的教训是什么呢？汉朝思想家深入探讨了这个问题。《史记·秦始皇本纪》记载：（一）秦行繁法严刑，"百姓怨望而海内畔"。（二）秦多忌讳之禁。天下之士倾耳而听，重足而立，钳口而不言，天下已乱，奸不上闻。"山东豪杰遂并起而亡秦族"。（三）不施仁义。"废先王之道，焚百家之言，以愚黔首。堕名城，杀豪杰，收天下之兵器，销锋铸镝，以为金人十二，以弱黔首之民。"经过一番经营，"秦王之心，自以为关中之固，金城千里，子孙帝王万世之业也"。但是，没想到的是，"一夫作难而七庙堕，身死人手，为天下笑者，何也？仁义不施而攻守之势异也"。（四）赋敛无度，天下多事。修栈道，筑长城，建阿房宫，起郦山墓。劳民伤财，百姓穷困，奸伪并起，自公卿以下至于众庶，人怀自危之心。

汉代思想家总结秦亡的教训时，认为秦始皇好大喜功，滥用民力，劳民伤财，民不聊生，官逼民反，也是重要原因。按这些说法，汉朝为避免灭亡，就要简化刑法，减少工程，无为而治，与民休息。这一时期最重要的是"无为而治"。战国末期的黄老道家提倡无为而治，汉初很多学者受到影响，萧何制定了规矩，曹参照着办，人称"萧规曹随"。这是政治家所谓的"无为而治"。在学者中也有这种理论，如司马谈在《论六家要旨》中对儒、墨、法、阴阳、名五家都有所批评，唯独对道家没有批评，认为他们能够吸纳各家优点，随时变化，适应社会，做出正确决策，用的功夫少，成效却比较高。《史记·太史公自序》："道家使人精神专一，动合无形，赡足万物，其为术也，因阴阳之大顺，采儒墨之善，撮名法之要，与时迁移，应物变化，立俗施事，无所不宜，指约而易操，事少而功多。儒者则不然，以为人主天下之仪表也，主倡而臣和，主先而臣随。如此则主劳而臣逸。至于大道之要，去健羡，绌聪明，释此而任术。夫神大用则竭，形大劳则敝。形神骚动，欲与天地长久，非所闻也。"这里批评儒家"主劳而臣逸"，就是主张"主逸而臣劳"，人主无为，臣下有为。这种观点在孔子那里早已有了，《论语·卫灵公》载："子曰：'无为而治者，其舜也与？夫何为哉？恭己正南面而已矣。'"舜无为，而天下得到很好的治理。陆贾在《新语·无为》中也说舜是无为而治的。陆贾的无为思想更可能是从孔子那里吸取来的，因为黄老道家一般不讲尧舜，只讲黄帝与老子。在《史记·货殖列传》中，司马迁认为政府的经济政策最好是"因之"，这也体现司马迁受黄老思想的影响。不论儒家与道家，无为而治是他们共同的主张。这种观念盛行，与秦亡的教训有关。

汉初，黄老思想占相对优势。儒学也在起作用，只是没有占上风。汉景帝时，出现吴楚七国之乱，统治者发现中央无为，诸侯王势力渐长，尾大不掉，政治失控，大权旁落。为了防止这种分裂混乱，必须加强中央集权制度。研究春秋战国数百年分裂割据的战乱局面的教训，特别是吴楚七国之乱的教训，董仲舒认为，战乱的根源是分裂，分裂是由于诸侯过于强大。为了人民安居乐业，必须建立大一统政治。要巩固大一统，就必须"屈民而伸君"。所屈的"民"主要是诸侯王。提高君主权威，加强中央集权，才能实现并巩固大一统。秦统一以后，为什么很短时间就亡国？因为皇帝的权力没有受到制约。为了避免重蹈覆辙，必须给至高无上之皇帝加上精神枷锁，这就需要"屈君而伸天"。经过多年摸索，思想家从古代思想中找到天，用天来限制皇帝的权力。天是什么，由儒生按儒学来解释，这个虚拟的天，实质上就是儒家思想。"屈君而伸天"就暗藏"独尊儒术"的意思。这就是董仲舒提出的大一统论、天人感应说与独尊儒术三位一体的汉代新儒学，其理论成果为中国长期维持大国局面做出重大贡献，对后代数千年有重大影响，使他成为与孔子、朱熹并列的三大思想家之一。

在实践上，应该说从汉高祖刘邦就开始了。据《史记·吕太后本纪》记载，汉惠帝、吕后当政的十多年中，"黎民得离战国之苦，君臣俱欲休息乎无为，故惠帝垂拱，高后女主称制，政不出房户，天下晏然。刑罚罕用，罪人是希。民务稼穑，衣食滋殖"。天下安定，生产发展，人民生活逐渐提高。

最突出的是汉文帝与汉景帝时代，实施与民休息的政策。汉文帝从代王被群臣拥戴，卒践天子之位，奖励有功人员，惩治危及刘氏江山的诸吕，不牵连其家属，《史记·孝文本纪》里说他"毋罪之父母妻子"，取消秦以来的"一人有罪，并坐其家室"的法律，实行宽松政策。立皇后，"赐天下矜寡孤独穷困及年八十已上孤儿九岁已下布帛米肉各有数"，这是救助弱者的措施，符合"矜寡孤独废疾者皆有所养"的大同理想。"文帝即位，躬修俭节，思安百姓。"汉文帝特别重视听取民众的意见，他说："古之治天下，朝有进善之旌，诽谤之木，所以通治道而来谏者。今法有诽谤妖言之罪，是使众臣不敢尽情，而上无由闻过失也。将何以来远方之贤良？……自今以来，有犯此者勿听治。"这是广开言路的重要措施，因此，汉文帝能够听到各种批评的声音，对于以后的治理有很大帮助。淳于公少女缇萦上书表示"愿没入为官婢，赎父刑罪"，汉文帝看到上书，"怜悲其意"，认为吏民犯罪，"乃朕德薄而教不明"，作自我批评，自己承担责任，决定"其除肉刑"。汉文帝即位二十三年，宫室苑囿无所增益。有人提出要建一个露台，文帝问需要多少经费，工匠说需要"百金"，文帝说"百金中民十家之产"，百金相当于中产十家的财产,感到太贵了,取消这一小工程。不论臣子,还是外夷,文帝都是"专务以德化民,是以海内殷富,兴于礼义"。一直到死前还惦记不要扰民,反对"厚葬以破业""重服以伤生",葬事从俭。当时也有贿赂现象,官员有受贿的,汉文帝发现以后,"乃发御府金钱赐之",从国库中取出金钱来送给他,让他感觉有愧,不采取惩治的办法。汉文帝首先自己非常节俭,以身作则。如果皇帝自己不正,虽然三令五申,严刑峻法,下面官员仍然前赴后继,腐败就消灭不了。这就是《论语·子路》所说的"其身正,不令而行;其身不正,虽令不从"。

《汉书·食货志》记载:汉文帝登基第二年,接受贾谊的建议,就开始耕籍田,成为以后皇帝在春天带头耕地的先例,表明重视农业生产。晁错提出"贵粟"(提高粮食的价格)之建议,让有多余粮食的富人可以用粮食买爵位,又可以赎罪。粮食价值提高了,可以鼓励粮食生产,富人上交粮食,得到他们想要的爵位(一种荣耀),又可以赎罪。他们交出多余的粮食,政府就可以少从穷人那里征收赋税,减轻穷人的负担。这叫"损有余而补不足"。又根据晁错的建议:"乃下诏赐民十二年租税之半,明年,遂除民田之租税。"平民十二年只收一半租税,第二年取消田地税。过十三年后,到了景帝二年,"令民半出田租,三十而税一也"。一直到汉武帝时代,达到极其富裕的程度:"至武帝之初七十年间,国家亡事,非遇水旱,则民人给家足,都鄙廪庾尽满,而府库余财。京师之钱累百钜万,贯朽而不可校。太仓之粟陈陈相因,充溢露积于外,腐败不可食。众庶街巷有马,仟伯之间成群,乘字牝者不得会聚。守闾阎者食粱肉;为吏者长子孙;居官者以为姓号。人人自爱而重犯法,先行谊而黜媿辱焉。于是罔疏而民富,役财骄溢,或至并兼豪党之徒武断乡曲。宗室有土,公卿大夫以下争于奢侈;室庐车服僭上亡限。物盛而衰,固其变也。"

班固认识到"物盛而衰",富以后会出现什么样的现象?班固在《食货志》中接着说:"是后,外事四夷,内兴功利,役费并兴,而民去本。"然后引董仲舒建议种"宿麦"之说法,重视粮食生产。税收不超过人民收入的1/10,使用民工不超过三天。这样人民的负担就比较轻,各方面都能接受,社会也会安定。过去秦朝取消井田制度,民可以买卖土地,结果,"富者田连阡陌,贫者亡立锥之地"。贫富就这样两极分化。"又颛川泽之利,管山林之饶,荒淫越制,逾侈以相高,邑有人君之尊,里有公侯之富,小民安得不困?"江湖的水面资源与山林的资源,都由执政者所垄断,他们相互攀比,乡村都有土皇帝和亿万富翁,普通百姓怎么会不穷困呢?再加上各种苛捐杂税,负担大大超过古代,力役三十倍于古,租赋二十倍于古,"故贫民常衣牛马之衣,而食犬彘之食"。生活这么困难,又有贪官污吏横行乡里,欺压百姓,平民无法生存,只好逃到山林当盗贼,"赭衣半道,断狱岁以千万数"。这么多的社会问题,如何解决?董仲舒提出解决方案:(一)限民名田,限制民占有土地的数量,塞兼并之路,不允许兼并土地;(二)盐铁皆归于民,国营企业民营化;(三)去奴婢,除专杀之威,保护人的生存权;(四)薄赋敛,省徭役,以宽民力,减轻平民负担。董仲舒的建议,没有得到实行,班固认为,董仲舒死后,情况更加严重。简单地说,富以后,就自然会出现许多问题,需要加以解决。

文、景时代,社会富了,又产生了一系列的问题。除了班固总结的以外,《汉书·贾谊传》也记载了贾谊的一些说法:"可为痛哭者一,可为流涕者二,可为长太息者六,若其它背理而伤道者,难遍以疏举。"这几句话,说明作为哲学家的贾谊有远见卓识,有忧患意识。贾谊所论问题:(一)尾大不掉。贾谊总结历史经验,认为"大抵强者先反,淮南王楚最强,则最先反;韩信倚胡,则又反;贯高因赵资,则又反;陈豨兵精,则又反;彭越用梁,则又反；黥布用淮南，则又反；卢绾最弱，最后反。长沙乃在二万五千户耳，功少而最完，势疏而最忠，非独性异人也，亦形势然也"。诸侯强大了，就会造反，因此，贾谊建议："欲天下之治安，莫若众建诸侯而少其力。力少则易使以义，国小则亡邪心。令海内之势如身之使臂，臂之使指，莫不制从。"但是，现在的情况是："天下之势方病大肿，一胫之大几如腰，一指之大几如股，平居不可屈信……可痛哭者，此病是也。"现在诸侯势力太大，是天下不能安定的主要危险。这一问题，当时汉朝群臣没有意识到，最后酿成景帝时代的吴楚七国之乱。（二）势方倒悬。"凡天子者，天下之首，何也？上也。蛮夷者，天下之足，何也？下也。今匈奴嫚侮侵掠，至不敬也，为天下患，至亡已也，而汉岁致金絮采缯以奉之……足反居上，首顾居下，倒悬如此，莫之能解，犹为国有人乎？"匈奴经常来骚扰，还要给他们送去财物，这也是天下大患。"德可远施，威可远加"，这样才能树立大国的威信。（三）礼义教化。"夫立君臣、等上下，使父子有礼，六亲有纪。……管子曰：'礼义廉耻，是谓四维；四维不张，国乃灭亡。'""夫礼者禁于将然之前，而法者禁于已然之后，是故法之所用易见，而礼之所为生难知也。"富裕以后，出现不安定因素。贾谊说："今世以侈靡相竞，而上亡制度，弃礼谊，捐廉耻，日甚，可谓月异而岁不同矣。逐利不耳，虑非顾行也，今其甚者杀父兄矣。"富以后，就出现攀比现象，上面没有约束机制，抛弃礼义，不顾廉耻，日益严重，形成社会上的不良风气，一切就看是否有利，再不考虑行为之善恶。用现代语言，就是一切向钱看，不顾礼义廉耻。礼义廉耻是维护社会和谐的基础，这一基础毁坏，国家就要灭亡。

总之，文、景时代的特点就是"富"，由于富，有诸多社会问题需要解决，否则将发展成大乱。

三 独尊儒术，重视教育

汉武帝即位以后，召贤良文学之士进行对策，向知识分子征求治理天下的意见。许多人参加对策，董仲舒的对策引起了汉武帝的重视。《汉书·董仲舒传》记载，董仲舒的三次对策重点都讲了教育问题："圣王已没，而子孙长久安宁数百岁，此皆礼乐教化之功也。""南面而治天下，莫不以教化为大务。""是故教化立而奸邪皆止者，其堤防完也，教化废而奸邪并出，刑罚不能胜者，其堤防坏也。"古圣王"立大学以教于国，设庠序以化于邑，渐民以仁，摩民以谊……节民以礼，故其刑罚甚轻而禁不犯者，教化行而习俗美也"。教育可以移风易俗，社会安定，长治久安。习俗美，好的风俗习惯，是社会和谐安定的基础，也是任何统治者的追求。"故养士之大者，莫大乎太学。太学者，贤士之所关也，教化之本原也。"太学是培养人才的地方，也是伦理教育的源头。

汉初儒家大力提倡儒学教育。最早是陆贾向刘邦提倡儒家的经典《诗》《书》，而后叔孙通建立朝廷礼仪，实际上也是加强礼的教化作用。公孙弘用儒学来论证汉武帝的决策，受到汉武帝的赏识。董仲舒提倡独尊儒术。儒家最重要的社会角色就是教师，就是从事教育工作的。因此，从这个角度来看，独尊儒术，就是重视教育。董仲舒在三对策中提出独尊儒术的建议，同样在三对策中一再讲到教育的重要性。汉武帝接受了这一建议，儒学逐渐流行起来，学儒学成为士人的重点追求。《汉书·董仲舒传》："自武帝初立，魏其、武安侯为相而隆儒矣。及仲舒对册，推明孔氏，抑黜百家，立学校之官，州郡举茂材孝廉，皆自仲舒发之。"武帝初立，就开始重视儒学，当时的魏其侯窦婴，武安侯田蚡建议重视儒学，受到窦太后的迫害，因为窦太后喜欢黄老之学。窦太后死以后，董仲舒参加对策，提出建议，推明孔氏，就是独尊儒术，抑黜百家，从中央到地方，都设立学校，并每年要给中央推荐茂材孝廉。儒学教育在全国上下都得到推广，儒家教材成为经典，研究的人多了，产生了中国特有的学术——经学。

四　治、富、教

汉初数十年，先是刘邦打天下，用武力取得政权，建立了汉朝江山，最初将异姓诸侯王一一消灭，稳定了社会秩序，巩固了统治。特别重要的是，刘邦死后，在吕后的策划下，诸吕抢班夺权，控制要害部门，大有篡权的气势，在这样的情势下，文武官员如陈平、陆贾、周勃、灌婴等合谋攻击诸吕，在宫廷政变中，解决了诸吕的问题，立汉文帝以后，宫廷恢复平静。从刘邦建立汉朝到文帝即位，共约27年时间。从此之后，汉朝才进入社会和谐、稳定发展的正轨。

汉文帝即位后，比较重视休养生息，发展经济，勤政爱民，节约开支。到景帝时代，政府逐渐富裕起来，政府富裕后，百姓也富起来了。有些掌握实权的人"能者多捞"，少数掌握垄断权力者，财大气粗，横行霸道，争于奢侈，僭越无限。这就出现了贫富两极分化，导致社会矛盾加剧，上下之间不和谐。汉朝存在严重的贫富不均现象，最主要的是民田并兼、盐铁官营等问题，解决的办法就是"调均"，政府不能"与民争利"。董仲舒认为只有解决了这些关系民生的实际问题，"然后可善治"。

如何解决这些社会问题？除了经济调均之外，具有长远意义的是发展教育，培养贤才。贤才哪儿来的？靠太学教育。董仲舒在三对策中讲了许多教育的问题，最后落实在独尊儒术上。

《论语·子路》载："子适卫，冉有仆。子曰：'庶矣哉！'冉有曰：'既庶矣，又何加焉？'曰：'富之。'曰：'既富矣，又何加焉？'曰：'教之。'"这段记载是非常重要的。后人将这段话归纳为"富而后教"，是孔子儒学的重要思想。富以后，如果不进行教育，那就会堕落、腐败。君子富起来后，不能骄傲，"富而无骄"。普通百姓一旦富起来，容易骄横，因此需要加强对他们的教育，提高他们的文化素质和道德水平。这就是"富而后教""富而好礼"。如果富裕了，不能及时给予教育，新富起来而又缺乏教育的人容易骄横为暴，严重危害社会。按《孟子·滕文公上》的说法，这种人就跟禽兽差不多："饱食暖衣，逸居而无教，则近于禽兽。"

综合起来，汉初三阶段：治、富、教，正好是孔子所说的三个阶段：（1）完善制度，巩固统治，增加人口；（2）让人民富起来；（3）对他们进行教育。按现代的说法，就是巩固统治、发展经济、提高文化。汉初的发展历程，是否有普遍意义，对后代是否有启发作用或者参考价值，值得研究。中华人民共和国成立六十多年了，也大致经历这样三个阶段：毛泽东时代政治挂帅，就是为了巩固政权；邓小平时代以经济建设为中心，使人民富起来；今后就要大力发展教育，提高全民族思想道德素质与科学文化素质，实现文化强国的目标。

（原载《北京行政学院学报》2012年第1期）

旧说新论

"生而知之"正解

孔子说:"生而知之者,上也;学而知之者,次也;困而学之,又其次也;困而不学,民斯为下矣。"(《论语·季氏》)

对于孔子这段话中的"生而知之",一般解释为"生来就知道",即指一个人出生以后,不需要向别人学习,自己就会有知识。但是,这种人出生以后多长时间才会有知识呢?这里可以有两种理解:一种是人一生下来就有了一切知识,不必接触事物,不需要向别人学习;另一种是人生下来以后,经过一段时间,有了某种知识,而这种知识不是从别人那里学来的。这两种理解的共同点是:知识不是从别人那里学来的;不同点是:具备知识在时间上有长短的区别,在内容上有偏全的差异。

首先,我们考察一下第一种理解。人生下来的时候,什么知识都有了。孔子没有其他言论可以作为这种看法的旁证。他一生中,从未说过哪一个圣人、天才是一生下来就什么都知道的,也没有否定过接触实际经验的重要性。人一生下来就什么都知道的说法是违反常识的。如果孔子真有这种观点,当时儒、墨对立严重,到了汉代,在独尊儒术、神化孔子的情况下,才有人利用谶纬的形式,把圣人神化为能够"前知千岁,后知万世",而且是一生下来就有了一切知识的。这种荒谬的说法当时就受到唯物主义哲学家的无情批判。王充说："儿始生产，耳目始开，虽有圣性，安能有知？"（《论衡·实知篇》）圣人之所以有先见之明，料事如神，那是因为他们善于思考、推论，"揆端推类，原始见终，从闾巷论朝堂，由昭昭察冥冥"（《论衡·实知篇》）。王充还引用了《论语》中的许多话来论证孔子并不是一生下来就有知识的。从这里可以看出，在汉代唯物主义哲学家看来，《论语》中也没有可以论证第一种理解的资料。

我们再来考察第二种理解。

孔子的这段话中，虽然把人分为四等，关于知识的来源，实际上他只提出了两种情况："生而知之"，"学而知之"。二者相对，"生而知之"即不是"学而知之"，也就是说，这些知识不是向别人学来的。孔子对于自己的知识来源的看法是"我非生而知之者，好古敏以求之者也"（《论语·述而》）。我的知识是因为自己喜欢古代文化，勤奋学习而得到的。孔子又说自己"述而不作，信而好古"（《论语·述而》）。"非生而知之"即"学而知之"，学习了别人的见解，然后加以阐述，所以叫作"述而不作"。

所谓"述而不作"的"作"是"始作""创作"的意思。王充《论衡·对作篇》中说："造端更为，前始未有，若仓颉作书，奚仲作车是也。《易》言伏羲作八卦，前是未有八卦，伏羲造之，故曰作也。"以前没有的，首先创造出来，这就叫"作"，首创者被称为"圣人"。所以说"圣人作，贤者述"（《论衡·对作篇》）。《礼记·乐记》也说："作者之谓圣，述者之谓明。"《周礼·考工记》说："知者创物，巧者述之，守之，世谓之工。百工之事，皆圣人之作也。烁金以为刃，凝土以为器，作车以行陆，作舟以行水，此皆圣人之所作也。"——因为是首创，所以，这些知识就不是从别人那里学来的，不是"学而知之"，因而被称为"生而知之"。所谓"生而知之"就是指首创。

圣人为什么能够首创呢？他们怎么"作"的呢？孔子虽有实践出真知的某些思想，但还没有明确的论述，而后来的儒家则有明确的论述，如以"伏羲作八卦"为例，《周易·系辞下》说："古者包牺氏之王天下也，仰则观象于天，俯则观法于地，观鸟兽之文，与地之宜，近取诸身，远取诸物，于是始作八卦。"这就是说，包牺氏不是生下来就有一切知识，就能创造什么。而是在仰观俯察中、在长期实践的基础上进行研究，才创造了八卦。

综上所述，我以为第二种理解可能更符合孔子本意。如果这种说法可以成立的话，那么，"生而知之"就是"首创"的意思，孔子的那一段话就不是唯心论的先验论。所谓"生而知之者上也"只是对首创者、发明家的高度赞扬。另外，孔子或许并不了解首创者是如何首创的，因此他做不出明确的论述，只说"生而知之"。这样一来，他的说法就有可能被曲解。在神化孔子的汉代，"生而知之"就被理解为圣人一生下来就有一切知识。笔者以为，这是不符合孔子本意的。我们不应再承袭这种理解。

（原载《光明日报》1984年12月3日）

道家新成员考辨

——兼论《易·系辞》不是道家著作

近些年来，研究道家的人很多，出的成果也很多。这是可喜的现象。有些研究似乎在强调道家重要性的同时，力图扩大道家队伍，把传统认为是儒家的一些人物和著作收入道家，成了道家的新成员。

传统观点并不是一成不变的，但改变应该有确实的理由和充分的根据。根据是否充分？这就需要讨论、考辨。考辨还需要注意方法论的问题。

笔者对近年来被新吸收进入道家队伍的成员进行一次资格审查，考辨一番，发表一下个人看法，供道家研究者参考。

一 讲"道"的就是道家吗？

请专家原谅我这样提出问题，确实有人是这么研究的。

西汉初年的思想家陆贾时常向刘邦称颂、讲述《诗》《书》，被认为是当时重要的儒家，他的代表作《新语》历来都被列入儒家著作。两千多年来，陆贾被公认为儒家，无人怀疑。有的研究者认为陆贾是西汉新道家。我们要审查一下资格问题，对他考辨一番。陆贾是新道家的一条重要根据是他的代表作《新语》一书第一篇就是《道基》,"这一篇名表明,作者认为道是天地万物的基础,是事物的本原,这就是《老子》'天地之始''万物之母'的意思"。这一篇名有个"道"字,又把篇名《道基》理解为"道是天地万物的基础",这样就把陆贾吸收入道家,成了一名新成员。

根据是否充分,首先要看对《道基》的理解是否正确。

《道基》开章明义就说:

> 传曰:天生万物,以地养之,圣人成之。功德参合,而道术生焉。

万物是天生的,不是道家的观点。道术生于天、地和圣人的功德参(三)合,更不是道家的观点。道家认为道生天地万物。那么,这篇文章所谓"道基"究竟是什么"道"呢?它的最后一段话有结论,再抄录如下:

> 骨肉以仁亲,夫妇以义合,朋友以义信,君臣以义序,百官以义承,曾、闵以仁成大孝,伯姬以义建至贞,守国者以仁坚固,佐君者以义不倾。君以仁治,臣以义平。乡党以仁恂恂,朝廷以义便便。美女以贞显其行,烈士以义彰其名。阳气以仁生,阴节以义降。鹿鸣以仁求其群,关雎以义鸣其雄。《春秋》以仁义贬绝,《诗》以仁义存亡。乾冲以仁和合,八卦以义相承。《书》以仁叙九族,君臣以义制忠。《礼》以仁尽节,《乐》以礼升降。仁者,道之纪;义者,圣之学。学之者明,失之者昏,背之者亡。陈力就列,以义建功。师旅行阵,得仁则固,仗义而强。调气养性,仁者寿长,美才次德,义者行方。君子以义相褒,小人以利相欺。愚者以力相乱,贤者以

义相治。《谷梁传》曰:"仁者以治亲,义者以利尊。"万世不乱,仁义之所治也。

陆贾在这一段话中使用了17个"仁"字和22个"义"字,从各个方面、各种角度强调仁义的重要性,最后结论是:"万世不乱,仁义之所治也。"文中提到的书有《春秋》《诗》《书》《礼》《乐》和《谷梁传》,都是儒家的经传。还有一句:"仁者,道之纪。"是否可以这样理解:陆贾认为仁义是治道的基础。这种思想与道家思想当然是大相径庭的。陆贾的这个"道"是治理天下的仁义之道,是儒家传统之道,不是道家作为天地万物本原的那个"道"。《道基》实指治道的根基在于仁义,并非"道是天地万物的基础"的意思。因此,陆贾的《道基》不能作为道家入门证,陆贾没有资格当汉代新道家。

有些人认为西汉董仲舒也是道家。董仲舒有没有资格当道家呢?他在汉景帝时研究儒家经典《春秋》,当了《公羊传》的博士。在对汉武帝策问中,提倡以孔子儒学统一天下人的思想,"诸不在六艺之科孔子之术者,皆绝其道,勿使并进"(《汉书·董仲舒传》),并在三篇对策中19次提到孔子,还多处提到儒家经典《诗》《书》《春秋》以及《论语》。曾从董仲舒问学的司马迁把他列入《儒林列传》,班固《汉书》中称董仲舒为"群儒首""儒者宗",是汉代著名的儒家代表。东汉王充说:"文王之文在孔子,孔子之文在仲舒。"(《论衡·超奇篇》)认为董仲舒是孔子学说的正宗嫡传。南宋儒学大师朱熹称他为"醇儒"。后人还请他入孔庙陪祀。近代康有为说:"因董子以通《公羊》,因《公羊》以通《春秋》,因《春秋》以通《六经》,而窥孔子之道。""若微董生,安从复窥孔子之大道哉！"① 依据董仲舒的学说，"窥孔子之道"，没有董仲舒的学说，到哪儿"窥孔子之大道"？董仲舒是汉代大儒，历代似无争议。如今有人提出他是新道家，理由是他说过："天不变，道亦不变。"研究者认为这里的"天"和"道"都是道家的概念。因此，董仲舒提倡"独尊儒术"的结果，确立了"道家思想在中国传统文化中的主干地位"②。董仲舒讲了"道不变"，就有资格当道家吗？

孔子说："道不同，不相为谋。"（《论语·卫灵公》）诸子百家各有自己的"道"，是互不相同的。道家的"道"是派生天地万物的宇宙本原，道家的哲学是"道一元论"。其他各家的"道"都不是作为宇宙本原的概念。这应该是道家和其他各家讲"道"的根本区别。

陆贾提出"道本于天地"的思想，他说："道不本于天地，可言而不可行也，可听而不可传也，可□玩而不可大用也。"（《新语·怀虑》）就是说：道本于天地，是可言可行、可听可传、可玩可用的。董仲舒提出"道之大原出于天""圣人法天而立道"（《汉书·董仲舒传》）。他们都认为天地比道更根本，哪有资格加入以"道为宇宙本原"为主旨的道家队伍？

二 一个概念可以确证道家吗？

这似乎也是一个不成问题的问题，而实际上已经成了问题。学术界公认秦汉时代有个黄老学派，该学派主张自然无为。因此，有

---

① 《春秋董氏学》自序，中华书局1990年版。
② 周玉燕、吴德勤：《试论道家思想在中国传统文化中的主干地位》，《哲学研究》1986年第9期。

些研究者把"无为"这个概念作为黄老之学、秦汉新道家的标签。当然,提倡"无为"的思想家多数属于黄老学派,或者颇受道家思想影响者。但是,并不是只要一讲"无为",就是道家。对于具体人物要做具体分析,注意考辨,谨防假冒。

例如上面提到的陆贾,这是历代公认的儒家。他在《新语》中还写了一篇题为《无为》的文章。是否可以断定陆贾是新道家呢?这就需要深入了解一下。

陆贾《新语·无为》开头就说:

> 夫道莫大于无为,行莫大于谨敬。何以言之?昔虞舜治天下,弹五弦之琴,歌南风之诗,寂若无治国之意,漠若无忧民之心,然天下治。周公制作礼乐,郊天地,望山川,师旅不设,刑格法悬,而四海之内,奉供来臻,越裳之君,重译来朝。故无为也,乃无为也。

第一,讲"无为"的,有道家,也有儒家。如孔子说:"无为而治者,其舜也与?夫何为哉?恭己正南面而已矣。"(《论语·卫灵公》)因此,讲"无为"的未必就是道家。

第二,黄老道家崇拜的是黄帝、老子,而儒家崇拜的圣人是尧、舜、禹、汤、文、武、周公。陆贾讲"无为",举的是舜,与孔子说法一致。说明他是继承儒家的"无为"。

第三,陆贾讲周公制作礼乐,也作为"无为"的典型例子。这也与道家无缘。因为道家反对"制作礼乐",他们认为:"礼者,乱之首也。""五音令人耳聋"(《老子》)。

第四,陆贾的理想是建立有威望的朝廷,"四海之内,奉供来臻,越裳之君,重译来朝",而不是《老子》所向往的"小国寡民","鸡犬之声相闻,民至老死不相往来"(《老子》)。

第五，陆贾《无为》是反对秦王的残暴、奢侈，提倡仁义、教化。最后引孔子的话说："移风易俗，岂家至之哉？先之于身而已矣。"这是说，移风易俗，不是挨家挨户去做说服劝告的工作，而是靠自身的榜样力量。黄老道家的所谓"无为"是指不管事，曹参用"黄老术"就是"不事事""不治事"（《史记·曹相国世家》），日夜饮醇酒，醉歌呼。谁劝他干事就要挨打。儒家与道家的无为有极大差别，不能混为一谈。实际上，儒家的"无为"是指"其身正，不令而行"（《论语·子路》）。

可见，陆贾讲"无为"是继承了孔子儒家的思想，而不是继承黄老道家的思想。因此，他虽然讲了"无为"却不能证明他就是新道家。

又如，有的人认为精气说是稷下道家的"特产"，提到"精气"的书就一定是道家的著作。传统看法，《周易》是儒家的经典，《系辞》等十大传，又称"十翼"都是儒家的著作。最近，有的文章指出：《系辞》中的精气说乃是继承稷下道家的代表作《管子四篇》而来的，这是《系辞》之为稷下道家之作的第一个确证。①

讲继承，必须有先后的问题。据张岱年先生考证，《系辞》的若干章节，写成于战国前期。《管子》四篇写成，当在《老子》以后，荀子以前。而《老子》书应编成于战国前期。② 如果张先生考证无误的话，那么，《管子》四篇不能早于《系辞》，至多同时，怎么能肯定《系辞》继承了《管子》四篇呢？

《系辞》中只出现一次"精气"这个词。即使按论者的意思，它继承了稷下道家的特产，那么，《系辞》引述儒家祖师爷孔子的话达二十多处，都是用来论证的，为什么不能证明它是儒家著

---

① 陈鼓应：《论〈系辞传〉是稷下道家之作》，《周易研究》1992 年第 2 期。
② 张岱年：《中国哲学史史料学》，生活·读书·新知三联书店 1982 年版。

作呢？

一般的情况，一个词刚开始使用时，用的频率较少，流行以后，使用频率就会不断提高。例如西汉董仲舒使用"元气"这个词较早，他只用了两次，到了东汉，"元气"流行了，王充使用"元气"不下几十处。据此，《系辞》用"精气"只有一次，而《管子》四篇却多次使用，是否可以证明《系辞》用"精气"在先，而《管子》四篇在后呢？

孔、孟没有讲精气，老、庄也不用精气。"精气"一词没有学派性特征，不能作为学派的标志。"道"本来是道家的标志，但因道的内涵各不相同，只在特定的情况下才是道家的标志。另外，各家的思想交流、概念借用，是常有的事，不能据一两个词就可以确证哪个人、哪些书属于哪一家哪一派。孔子讲正名，名家讲名实，名家不是儒家。荀子也讲名实，他也不是名家。

有的人说：《系辞》重占筮，先秦儒家则反对占卜，所以，《系辞》不是儒家著作。而《系辞》重占筮与田齐尚卜之风有密切关系，所以，《系辞》就是稷下道家的著作。我们知道，《老子》《庄子》都不讲占卜，而孔子及其学生还是讲占筮的。在儒家的经书《周礼》中就有《大卜》《卜师》《龟人》《占人》《占梦》《冯相氏》等许多篇讲占卜的文章。《仪礼》《礼记》和《春秋左传》也都讲占卜。难道这些也都不是儒家的著作，都是稷下道家的著作？奇怪的是，居然引《左传》记载占卜的事来证明《系辞》与稷下道家的关系，却说儒家不讲占卜。难道说《左传》也不是儒家著作？另外，《左传》讲占卜未必都是田齐的事，很多是晋国的事，怎么能说讲占卜就与田齐有密切关系呢？再说，稷下是百家争鸣的地方，大儒荀子曾在那里三任"祭酒"。因此，田齐、稷下、占卜、黄老道家、儒家，这些并无必然的联系。占卜即使与田齐有点联系，也不能断定所有讲占卜的书都是与田齐有关系的，与田齐有关系的书，也不能说都是黄老道家的著作。《孙膑兵法》也称《齐孙子兵法》。《汉书·艺文志》列"兵权谋"十三家，有一家就是《齐孙子》八十九篇。颜师古注："孙膑。"孙膑虽然是田齐时代齐威王的军师，并写有兵书，但孙膑及其兵书都难以列入稷下道家或者黄老道家。

《诗》《书》《三礼》《春秋三传》都是儒家经传，都讲占卜，应该说占卜是儒家的传统，虽然不是优秀传统。引一两句话，就断言儒家反对占卜、与占卜无关，那是不妥当的。现在还没有人能够证明以上这些书都不是儒家著作。关于影响的问题，如果确实存在的话，那只能是儒家的占卜传统影响了其他家，包括稷下道家。怎么能将讲占卜的儒家著作判给稷下道家呢？很显然，根据一两个概念，就判定哪一本书哪一个人属于哪一家，是很不可靠的。要通过全面考查、综合分析，才能做出切实的判断。

三 肯定道家一个观点，就能成为道家吗？

有一种相当奇妙的说法："《系辞》中所表现的革新性、进取性及开放精神，也不是日愈衰退的鲁文化的产物，当是齐国社会文化背景的一种反映。"①

这里说的"鲁文化"就是指孔孟儒学。作者认为儒学在战国时代就是保守性、落后性和封闭性的，而且是日愈衰退的。我以为，这种判断是缺乏根据的。

管仲、子产都不是儒家，孔子赞赏管仲的功业，称子产为"古之遗爱"（《左传》昭公二十年）。老子是道家创始人，孔子虽知"道不同，不相为谋"（《论语·卫灵公》），仍然虚心地向他问礼。

---

① 陈鼓应：《论〈系辞传〉是稷下道家之作》，《周易研究》1992年第2期。

他入太庙，每事问。向许多有知识的人学习，学无常师，他说："三人行，必有我师焉。"（《论语·述而》）这难道不是"开放精神"？有什么封闭性呢？

孔子儒学在战国时代，风行天下，成为显学。经过秦火洗礼以后，到了汉代，跃居"独尊"地位，受到普遍的推崇。"自天子王侯，中国言《六艺》者折中于夫子，可谓至圣矣！"（《史记·孔子世家》）从汉代以后，孔子的圣人地位维持了两千多年。他不仅是汉族的圣人，同时也是其他少数民族的圣人，孔庙有元朝和清朝皇帝立的碑。现在，他已经不仅是中华民族的圣人，而且也是世界共仰的圣人，被列为世界历史上十大思想家之一。

奇怪的是，影响如此深远的孔子儒学在两千多年前的战国时代怎么就已经"日愈衰退"了呢？"衰退"了两千年以后，儒学却更加流行起来，流传到更加广大的地区去。这一现象又该作何解释呢？

儒学是不断丰富、发展的。孟子讲性善论是孔子所未言。孟子不失为儒家亚圣。荀子反孟子，提出性恶论，也仍是战国后期的大儒。汉代董仲舒"始推阴阳"，还是被史学家称为"群儒首"。宋代朱熹融合佛、道的一些思想还是公认的儒学大师。如果认为除了孔子的思想，都不是儒家的思想，或者把说了孔子没说过的话的那些人都排出儒家，那么，这就把原本开放型的儒学变成封闭型的，这种封闭性不是儒家固有的，而是后人着意强加的。另外，孔子儒家以博学著称，博学来于好学深思，来于学无常师。自然要吸收许多学派的思想。一个儒家如果学习了别人的思想，使用了别人创造的概念，就不算儒家，就是别的什么家。那也是人为地封闭儒家。封闭结果，秦汉以后的两千多年的中国历史上就没有一个儒家。孔子讲"无为""正名"，按那些人的说法，也应该是道家、名家。孟子讲民贵君轻，违背儒家的尊卑等级观念，荀子讲"制天命而用之"，违背了孔子的"畏天命"思想。他们也都不是儒家。儒家是那么纯而又纯的"怪物",中国几千年的历史上哪有这种儒家?中国就根本不存在儒!把儒家抽象化、概念化,以此来审查实实在在的人,那么,没有一个人是理想的合格儒。

这种思维方法经常出现在极"左"思潮统治的时代,是极容易造成大批冤假错案的。

现实的冤假错案减少了,也不要在历史人物上制造新的冤假错案。这是我的祈愿!

道家人物代不乏人,道家典籍也是汗牛充栋。仅《道藏》就有千余种,四千多卷。由中国社会科学出版社出版的任继愈主编、钟肇鹏副主编的《道藏提要》就是厚厚一大本,一百多万字。道家和道教的典籍还有很多未被人研究,需要挖掘的、有价值的内容还多得很。我想研究道家道教的人是否可以在这些方面下功夫。精力用于把一个个儒家人物变为道家人物,一本本儒家著作变成道家著作,是否能建立起道家主干的地位呢?值得怀疑!从事"转化"工作,一方面浪费精力,另一方面制造混乱,我以为是不值得的。

(原载《周易研究》1993年第1期)

知国才能爱国

对青少年进行爱国主义教育，我以为更重要的是，让他们知道中国古今人物对世界做出了什么样的贡献。而要知道中国人有什么贡献，就要学习历史。知国才能爱国。

"知识就是力量"是流传全世界的名言，大家都说是英国人培根说的。但直到现在，我们还没找到它的出处，不知道培根在何处说的。然而，在中国历史上却有人真的说过这样的话，而且证据确凿、有案可查。东汉时代，哲学家王充在《论衡》中说："知为力。"译成现代文就是："知识就是力量。"王充还进一步作了论述：每个人都有自己的力量，士兵打仗，工人做工，农民种地，知识分子做学问，都是各自的力量。刘邦起义军进入咸阳时，萧何收集文书资料，了解全国物产、形势，为刘邦战胜项羽出了大力。胜利后封赏，第一个是萧何。有些攻城夺地的将军不服气，认为萧何没有军功，不应得头奖。刘邦以打猎比喻说，猎犬虽然出力大，但功劳不及猎人。王充因此认为，知识的力量比筋骨的力量更伟大、更光荣。很显然，王充的"知为力"与培根的"知识就是力量"，思想是一致的。王充生在公元1世纪，比培根早1500年。而我们为什么只知道培根，不知道王充呢？有人说，王充是中国的培根；我以为，应该说，培根是英国的王充。诞生了王充这样伟大的超前觉醒的思想家的中国，难道不值得爱吗？

哥伦布发现新大陆，是洲际航海的里程碑。这也是世界上流行的说法。哥伦布在西班牙国王斐迪南和女王伊萨伯扭的支持下，于1492年8月3日率船三艘、船员87人，从巴罗斯港启航，横渡大西洋，10月12日抵达美洲。之后，1493年、1498年和1502年，哥伦布又三次西行，以为到达印度，把当地居民称为"印第安人"（意为印度的居民）。"哥伦布发现新大陆"就是指哥伦布航海到达美洲。实际上。美洲大陆并不是新的，存在的时间大概比欧洲人要长得多，在那里生活了几千年以上的印第安人怎么没有发现，还要等待欧洲人去"发现"吗？哥伦布只是作为欧洲人，首先到达美洲。

在哥伦布航海之前，明永乐三年（1405年），中国人已经开始了大规模的洲际航海活动。中国皇帝明成祖派遣宦官郑和与王景弘率领27800多人，乘62艘几十丈长、十几丈宽的航海大船开始远航。其中，宝船长44丈，宽18丈。郑和从苏州刘家河出发，先到福建五虎门（今属长乐市），然后启航下西洋。以后的28年中，郑和共有七次下西洋，所经沿途30余国。曾到南亚诸国、阿拉伯地区和非洲东岸各国。船队曾绕过非洲好望角到达西南岸大西洋海域。郑和船队航程涉三洋连两洲，为中国与世界许多国家的相互了解、国际贸易和文化交流都做出了伟大的贡献。中国是当时世界上很强的国家，论实力可以把沿途的任何国家变为自己的殖民地。然而，中国政府没有掠夺沿途各国，只是以友好使者的身份与他们交流，礼尚往来。亚非各国送给中国使者礼物有宝石、玛瑙、水晶、各种香料，以及象和孔雀等动物。中国使者回赠他们各种中国特产，如瓷器、丝绸、茶叶、金银制品和铜铁工艺品等。"所取无名宝物。不可胜计，而中国耗费亦不赀。"（《明史》卷304）中国使者还送给沿途各国一本历书——《大统历》，这是当时世界上最先进的历法，回归年精确度与现在世界通用的公历相同。

把郑和航海与哥伦布航海作一比较可知，郑和航海早哥伦布87年，人数多了三百倍；62艘大船和三艘小船，相差在数百倍以上；一艘宝船乘载一千多人，比三艘小船的运载量，多十倍以上。无论在时间上、次数上、人数上、规模上、装备上、通商贸易上、文化交流上、友好外交上和闯过的海域上，郑和航海与哥伦布航海相比，都有过之而无不及。洲际航海的里程碑，应该说是中国人郑和首先立下的，而不是欧洲人哥伦布。

欧洲中心主义者认为，欧洲是最先进的，欧洲第一就是世界第一，以欧洲发展史取代世界史，欧洲以外的国家似乎不可能有什么发明创造。并且，他们极力贬低世界各国人民在科学文化方面的成就。

欧洲中心主义受到世界各国有识之士的抵制。但是，中国近代一百多年来一直存在一种自卑自贱和崇洋媚欧的思潮：有些人以前"言必称希腊"，后来"言必称欧美"。为什么不看一看自己呢？为什么不了解一下中国的历史呢？我们的"二十四史"是世界上绝无仅有的完整系统的历史长卷，是世界文化的瑰宝，它记载着中国五千年的辉煌历史。不知道中华民族的优秀传统，不了解中国的辉煌历史，就很难建立起强烈的民族自信心、自豪感，也就不会有真正的、深切的爱国心。因此，学习历史，特别是中国历史，是进行爱国主义教育的最基本、最重要的内容。

（原载《科技文萃》1995年第8期）

儒家思想是中国古代哲学的主干

记者：近些年来，哲学界兴起一个比较研究的热潮，涌现出一批有分量的成果，同时也出现了一些值得注意的现象。请谈谈这方面的情况。

周：这个问题提得好。中西哲学经过几年的比较研究出现两个奇怪的现象：一是孔子这么一个大思想家，有人却说他不是哲学家；二是庄子受到历代大思想家的赞赏，但有人却认为他仅仅是哲学史上的一个反面人物，是唯心主义和相对主义的代表。可以这样说，在部分比较学者的眼里，中国古代有没有哲学竟成了一个问题！实际上，有关中国哲学史的专著已经写出了几部，著名的有冯友兰的《中国哲学史》（两卷本）、《中国哲学史新编》（多卷本），任继愈主编的《中国哲学发展史》（多卷本）和张岱年撰著的《中国哲学大纲》。中国若没有哲学，哪里来的哲学史呢？

但是，现在的各种中国哲学史论著中，特别是教科书中，对孔子、孟子、老子、庄子以及董仲舒和朱熹这样影响几代人的大哲学家的评价都不太高。董仲舒独尊儒术，产生了经学，使儒学成为中华民族的精神主干，他的大一统论对于维护统一大国起了一定作用。朱熹理学对中国封建社会后期八百年起着指导思想作用，他的《四书集注》使"四书"的重要性超过"五经"，成为科举考试、入仕当官的必读书。我认为，在中国历史上对整个社会影响最大的有三位思想家，就是孔子、董仲舒和朱熹。孔子是儒学的创始人；董仲舒独尊儒术，成为经学大师；朱熹是宋代理学集大成者。儒学、经学、理学都是历史上不同时期的主流思潮，它们都是承前启后的。

记者：孔子、董仲舒、朱熹都是唯心主义者，在哲学上也都不算太高明，那么，以他们为代表的儒家思想能不能成为中国古代哲学的主干呢？

周：我想用哲学分类的办法来解决这个难题。古今中外，对哲学的分类是多种多样的。我从人类对真、善、美的追求上把哲学分为求真的哲学、求善的哲学和求美的哲学。求真的哲学就是研究客观事物的真实存在及其变化的规律。自然哲学，研究宇宙本体、本原的唯物论哲学，科学哲学都属于求真的哲学。王充是求真哲学的突出代表。求善的哲学就是研究人际关系，包括政治哲学、道德哲学、教育哲学、人生哲学等。求善哲学以孔子、孟子的儒学为代表。求美的哲学主要研究人的情感，艺术哲学就属此类。求美哲学以庄子为突出代表。

中国传统哲学主要是人生哲学。而儒学则是求善的人生哲学。它们讲仁义道德，讲如何做人，如何处理人际关系，被称为伦理型的哲学。儒家修身为了齐家、治国、平天下，读书为了做官。如果看得深一点，儒家的伦理背后是政治，他们的哲学主要是政治哲学，伦理是为政治服务的。因此，孔子才会被后代统治者奉为至圣先师，儒学才会成为封建政治的指导思想，自然就成为中国哲学的主干，道家求真哲学就不能成为主线，而王充哲学还被视为"异端"。庄子的求美的艺术哲学对绘画、书法、文学都有较深的影响，但它在整个社会中的影响，远不及儒家的求善哲学。

在古代中国，求真思想在科学界盛行，而进入政治界则被视为

"异端"。求美思想是落魄佬的精神依托，无法在政界与儒家抗争。求善的儒家思想从汉代独尊儒术以后，始终是中国历代封建统治者的指导思想。中西哲学的差别也因此可以得到说明，西方重求真哲学，讨论宇宙论比较多，对后来的科学发展、逻辑学发展都有促进作用。中国求善哲学成为主流，政治哲学、人生哲学则较为丰富。这是中西哲学的各自特点。当然，真、善、美在哲学家那里并不是截然分开的，只有倾向的差别。

（原载《光明日报》1996年11月9日）

"实事求是"有什么困难？

《汉书·景十三王传》载：河间献王刘德说："修学好古，实事求是。"颜师古注："务得事实，每求真是也。"这是"实事求是"最早出现的地方。后人把说真话，根据实际情况办事，都叫作实事求是。讲真话，做实事，似乎并不难，每个人都讲过真话，做过实事。难的是在某种特定的条件下，一般不肯讲真话，不愿讲真话，不敢讲真话，若讲了真话，则特别可贵。在某种特定的场合，一般人只能按书上写的、领导指示的、群众说的、过去有的即传统观念上有的办事，若能摆脱一切预设，从实际出发办事，则十分难得。

一　真话难讲

谁都要讲真话。有时出于感情爱憎，而不能讲真话。与自己亲密的人，对自己有恩情的人，就不肯说他的缺点，更不愿意揭发他的罪行。与自己有深仇大恨的人，或者仅仅与自己意见不合，有过小恩怨的人，就不肯说他的长处。正因为有这些情况，有些人遇到与自己关系密切的人或与自己有仇恨的人，采取沉默的态度，怕别人说自己"挟恨"和"袒护"之类。由于自己的爱憎感情，又由于怕别人议论指责，对于有关这些人的事情，一般人都不愿意说实话。不过，历史上还是有说实话的。例如，春秋时晋国大夫祁奚就是肯讲真话的人。他要告老还乡，晋侯问他谁可继任，他推荐解狐。解狐是他的仇人。晋侯将要任命解狐，解狐病死了。晋侯再次要他推荐继任者，他推荐自己的儿子祁午。这就是著名的"外举不弃仇，内举不失亲"。不因为自己个人好恶之情，影响实事求是地为国家推荐人才。

讲到自己，似乎比推荐别人更难。中国传统以谦虚为美德。有些人"少年得志，不可一世"，被社会所鄙薄。因此，很多人不敢在口头上说自己的功劳、贡献。特别是在建立了中央集权制度以后，皇帝成了圣人，一切智慧、功劳都要归于皇帝一身。在这个问题上，很难有说实话的人。南宋哲学家陆九渊认为，在这一问题上，能讲实话的，"惟汉赵充国一人而已"（《陆九渊集·与致政兄》）。西方羌族再度入侵，汉宣帝问谁可以领兵去抵御，赵充国说："无逾老臣。"没有比我更合适的人了。这种自我推荐，自有毛遂在先，不足为奇。赵充国领兵出征，打了胜仗回来，有人劝他应该将功劳归于朝廷即皇帝和其他合作者，归于全体官兵。赵充国却说："战争是关系国家利害的大事，应该为后世提供可靠的经验，不能胡说，我怎么能因为怕别人说自己贪功而去欺骗皇帝呢？"陆九渊说他根本不是夸耀自己的功劳和能力，只是"直言其事"，反映事物的客观规律。（《陆九渊集·与致政兄》）也只是讲了真话、实话而已。

讲真话难，原因在于有利害关系。怕的是两项，一是丢官，二是杀头。

齐国一个大臣叫崔杼，杀了齐国国君。齐国太史就写上："崔杼弑其君。"崔杼把太史杀了，让太史的弟弟接任此职。新太史仍然写上："崔杼弑其君。"崔杼又杀了这个太史，让太史的小弟弟继任此职，他还是这么写。这个三弟在两兄被杀的情况下，还要坚持实事求是地写上这个事实。有个叫南史氏的,听说崔杼接连杀太史,自己就拿着竹简要去接着写这一事实,在半路上,听说第三个太史已经把这一事实写上了,崔杼没有再杀,才回去了。为了写真实的历史,为了留下一部信史,史学家们前赴后继,不怕牺牲。这种敬业精神是十分可贵的,这种实事求是的坚定立场值得赞扬。此事记载于《左传》襄公二十五年。

《资治通鉴》记载:魏文侯派乐羊攻下中山国,封给他的儿子击。有一天,他问大家:"我是什么样的国君?"大家都说是"仁君",魏文侯听了很高兴。有一个叫任座的,提出不同的看法,"你得了中山国,不封给你的弟弟,而封给您的儿子,怎么能称得上仁君呢?"魏文侯一听大怒。任座赶紧退出去。魏文侯又问翟璜,翟璜回答:"是仁君。"魏文侯又问怎么知道的,翟璜说:"君仁则臣直。刚才任座敢讲真话,这就可以知道您是仁君。"魏文侯听了很高兴,把任座请回来,亲自下堂迎接,当作贵宾来接待。"君仁则臣直",这一句话,思想很深刻。国君要有仁爱之心,对臣子要宽容,臣子才敢讲真话。各级官员如果都在讲假话,都顺着皇帝的意思讲,就是这个皇帝不能容忍不同意见,谁提反对意见,他就要惩罚谁,这样才造成了从上到下讲假话的风气。

子思认为魏侯不管事情是非,就喜欢别人赞扬自己,各级官员也不论有没有道理,只是一味阿谀求荣,好像上下一致,实际上是亡国的征兆。国君说话自以为是,官员不敢纠正他的错误。谁顺着,就有福,谁批评,就有祸,这样怎么会有正确的决策呢?子思认为经常批评国君错误的人是忠臣。[①] 可惜的是,历代很多敢讲真话的忠臣被诛杀掉了。像明代海瑞那样,为了讲真话,把棺材抬到

---

① "恒称其君之恶者,可谓忠臣矣。"见《郭店楚墓竹简·鲁穆公问子思》,文物出版社1998年版。

宫门前，结果却未被诛。这类事情是很少的。

在关键时刻，能够摆脱自己的观念与情感的束缚，不怕丢官、丢脑袋，说出真话，这是难能可贵的。许多人在这关键时刻，顾虑重重，怕这怕那，说了违心的话，铸成大错，成了历史的罪人，后悔无及。无私才能无畏，无畏才能说出真话。说真话很不容易。要在这里"实事求是"，困难实在太多。但我们又不能因为有困难而不讲真话。

二　实事难办

要办成一件事，要办好几件事，最基本的一点是要从实际出发。除了从实际出发这条路子，还有从什么出发的路子呢？

一是从观念出发。比如，王莽经过几十年的经营，终于代替刘氏，当上皇帝，建国号"新"。封了十一公，它们是：安新公、就新公、嘉新公、美新公、承新公、章新公、隆新公、广新公、奉新公、成新公、崇新公。每一个公都带一个"新"字，他认为这样就可以使新朝兴旺发达。十一公中的奉新公名叫王兴，原来是看城门的门卫，因为名字好听，意思是王莽要兴旺起来，没有什么别的贡献，也没有什么本事，就被封了公，那是比现代部长还要大的官。崇新公，名叫王盛，意思是王莽强盛，虽然是卖烧饼的小贩，也被王莽封为崇新公，没有什么功劳，只是因为名字吉利。在王莽的观念中就有这种迷信，一个好名字会给他带来好运气。这叫从观念出发。

二是从书本出发。王莽在这一方面也是典型，他召集了一大批文人，根据古代典籍《周礼》《王制》的内容，讨论改革。西汉初封了许多王，还封了四夷的领袖人物为王。王莽根据"天无二日，土无二王"的记载，把所有的诸侯都改为公，把四夷的王都改为侯，并收回了汉朝颁给他们的印绶。把匈奴王改为侯，受到匈奴王的反对，因此与匈奴关系紧张，增加了外交上的困难，成为王莽失败的一个因素。王莽还按自己的意愿和古籍上的说法，改了许多地名、官名，如羲和、纳言、秩宗、典乐、共工，这都是书上写的尧舜时代的官名。王莽不是研究社会现实问题，提出相应的改革方案来解决实际问题，他按书上说的进行改革，希望社会回到儒家盛赞的三皇五帝时代。他的失败，是复古改革的失败，是按书本改革的失败。《韩非子》说的"守株待兔"，《吕氏春秋》说的"刻舟求剑"，都批评"以古之政，治今之民"的错误，王莽正是严重地犯了这种错误。中国历史上常有按书本办事的人，王莽是这方面的突出代表。

三是按别人说的办。这个"别人"，可以是天子皇帝，或自己的上级领导，也可以是自己身边的比较亲信的人，还可以是社会上的群众。这些人的指示和意见，当然都要听取，问题在于，当这些指示和意见与实际发生严重矛盾的时候，怎么办？是按这些指示和意见办，还是按实际办？按实际办的，就是实事求是，中国历史也有这样的事例。邹忌是个美男子，他问妻子，与城北徐公相比，谁更美。妻子说他美，徐公比不上。再问妾和朋友，他们也都说他比徐公美。三人成众，都说美，就是群众的意见了。但是，第二天，徐公来，邹忌没有因为有三人说自己比徐公美而产生精神胜利法，藐视徐公，而是认真地考察一下，认为还是徐公比自己美。然后思考这些人为什么不说真话的原因，妻子是"情人眼里出徐公"，妾是畏惧，朋友是有求于自己而说的奉承话，这些情况都在一般人的情理之中，无可厚非。此类假话可听而不可信。邹忌对此颇有感触，以此来劝齐威王纳谏。齐威王下令，鼓励群众给自己提批评意见。开始提意见的人很多，门庭若市，说明存在的问题很多，后来提意见的人渐渐少了，说明许多问题得到了解决。听到好话就相信,不进行实际考察,不是实事求是的态度。邹忌是实事求是的,齐威王也是实事求是的。

齐威王是中国古代实事求是的典型。有一天,他召见即墨大夫说:"你任即墨大夫后,我每天听到有人讲你的坏话,我派人去那里考察,生产有发展,人民生活提高了,官吏没有事故,治安也很好。政治这么好,为什么我身边的人都说你的坏话,是由于你没有贿赂这些人。"齐威王重赏即墨大夫。又召见阿大夫,对他说:"自从你到阿任大夫以后,我每天听到赞扬你的话,我派人去考察,阿那个地方,田野荒芜,人民贫困,赵取鄄,你不去救援,卫攻取薛陵,你还不知道。政治这么糟糕,为什么我身边的人都说你的好话,是由于你用厚币贿赂他们,求他们替你美言。"齐威王当即把阿大夫和身边赞扬阿大夫的那些人都投入油锅炸了。虽然只炸了几个人,这种严厉的办法,对各级官员震慑很大,使他们都不敢讲假话。齐威王不轻信亲近的人说的,重视实际考察,是实事求是的领导。

作为一个领导,听意见很重要,也很有技术。关键有两条:一是要进行实际考察,二是要进行深入分析。齐威王的办法虽然也很高明,还是比较简单明白,容易分析的。子产所面临的问题要复杂得多。

子产叫公孙侨,任郑国相,进行一系列的改革,规定城乡差别、上下差别、地界分明、居民组织等。行政一年,下层群众传出顺口溜"挟我的衣服,存起来;把我的田地,合起来。谁要杀子产,我跟他一起去。"群众的顺口溜反映了群众的意见,怎么办?停止改革,恢复旧制,行不行?子产说:"这怕什么!苟利社稷,生死以之。"只要对国家有好处,将生死置之度外,即使有千难万险,仍然勇往直前,坚决把改革进行到底。过了三年,社会安定,生产发展,人民生活提高了。群众又传出了顺口溜:"我有子弟,子产教育他；我有田地，子产使它高产。子产要是死了，不知道谁来继承他！"群众怕人亡政息，改变政策，改革的成果再次丧失。子产引《诗》曰："礼义不愆，何恤于人言！"礼义没有过失，何必顾虑别人说什么。后来，北宋改革家王安石所谓"人言不足恤"也是从这里来的。《吕氏春秋·不二》说：听众人议以治国，国危无日矣。原因是各人有各人的主张，无法统一，而治理国家必须有所统一。统一才能稳定，稳定，人民才能安居乐业，而君臣也才能当太平官，享太平福。

但是，没有议论，未必是最好的政治，不受批评，也未必是最好的干部。《论语·子路》上载孔子与子贡的对话，很有启发性。孔子的学生子贡问："全乡人都说他好，这个人怎么样？"孔子说："不行。"又问："全乡人都反对他，这个人行吗？""也不行。不如乡里的好人说他好，坏人说他不好。"大家都说好，说明他不坚持原则，从来没有得罪过人，不扬善，也不抑恶，见人都说好。这种人选举时可能得票最多，也可能全票。王充认为："选举多少，未可以知实。""称誉多而小大皆言善者，非贤也。""善人称之，恶人毁之，毁誉者半，乃可有贤。"但是，他又提出，怎么知道誉之者是贤人，而毁之者是恶人呢？如果对拥护者和反对者都不了解，那么投票结果就没有意义了。因此，考察干部不能只看拥护者有多少，反对者有多少，还要看哪些人拥护，为什么拥护，哪些人反对，为什么反对。这样才能真实了解这个干部的全面情况。

三　贤才难得

考察人才，是非常重要的问题，对于领导者来说，就是选拔各级官员的重要方法，对于普通人来说，主要有交友的问题。孔子提出的方法是："听其言而观其行。"（《论语·公冶长》）不能只听他自己怎么说的，要看他的实际行动。如何观察人的行动呢？孔子说："视其所以，观其所由，察其所安。"（《论语·为政》）首先看他的办事动机，其次观察他所采取的措施，再看最终要达到的目的。从全过程来考察一个人，自然会全面一些。

关于这个问题，王充《论衡·定贤篇》有比较多的论述。世俗论贤人约有三十种标准，王充一一加以分析。

其一，朝廷上选拔贤者，大家都说他好，算不算贤人？王充认为未必，有的人出头露面，认识的人多，推举者自然也多。有的人很少出风头，认识的人少，推荐者也少，却未必不贤。这跟他在朝廷担任什么职务有关系。另外，有些人拉帮结派，请客送礼，赞誉者就多，而另一些人正直无私，清正廉洁，可能还得罪过一些人，赞誉者当然就少。

其二，为官一任，受到当地民众歌颂，是贤人吗？王充认为也未必。战国四公子：信陵君、孟尝君、平原君、春申君都有门客数千，成为贤人。古代大将卫青和霍去病，门无一客，称为名将，也是贤人。另外，有的统治者为了自己的目的用虚假的办法骗取民心，让人民歌颂他。例如齐国田成子想夺权，用大斗贷出粮食用小斗收回，这点小恩小惠就拉拢一些群众拥护他夺权。越王勾践为雪会稽之耻，他也吊死问伤，关心人民，讨得人民欢心。王充认为他们是别有用心，不是真正的贤者。

其三，当官取得一定成功见效，能否肯定他是贤者？成功见效，要分情况对待。譬如粮食丰收，有可能是气候起决定作用。风调雨顺，就丰收，不一定是领导有方。水旱虫灾，收成不好，圣贤无可奈何。禹时大水成灾，商汤时大旱灾，不能因为受灾，就说禹、汤不贤。况且，做具体事情，容易见效；高水平的人做长治久安的大事，见效就很慢。从效果难断贤与不贤的差别。同样做一件事，时代不同，有些因素不具备，贤人也办不成。有些人不是贤人，由于条件特殊，却也能获得某些成功。道与事不同，道与术也有差异。吾丘寿王在汉武帝面前出谋划策，十分高明，而出去任东郡都尉，负责治安工作，多次征兵加上灾荒，社会大乱，他无法禁止，受到汉武帝的批评。回到朝廷，又能给汉武帝提供很好的建议。这些说明吾丘寿王了解治国之道，缺乏行政之术。办事有动机与效果的关系，动机，古称"志"；效果，就称"功"。只谋"功"不察"志"是不妥的。许多时候虽然不能成功，已经尽心尽力了，就值得肯定。荆轲刺秦王，虽然未成功，气势撼山岳，夏无且虽然未能救主，尽心尽力了，精神可嘉，不能不奖励。总之，成功见效未必是贤人，功不成、效未见者，也未必不贤。

其四，富贵荣华是人们喜欢追求的，有的人抛弃已有富贵，隐居山林过清贫生活，这是贤人们吗？王充认为，这些辞职的人都是有原因的，或者有所逼迫，或者不得志，如果因为辞职，就认定他是贤者，那么那些顺心称职、得志行道的人就不是贤者了吗？另外，不贪财为贤者，管仲与鲍叔分财时自己多取，就不能算贤者了。其他如凡事礼让，王充认为也未必贤。"子贡让而止善"，鲁国规定，谁从国外赎回一个当奴隶的鲁国人，可以从官府中领取一笔补偿金，子贡赎了人，却不去领取。孔子批评说：今后不会再有人去赎了。子贡的让，阻止了大家的行善。"子路受而观德。"子路救了一个落水的人，那人送他一头牛，以示感谢，子路接受了。孔子赞扬他说：今后鲁国人一定会去救落水的人。如果以让为贤，那么子路就不贤，而孔子却批评了子贡的让。没有缺点、错误的人是不是贤人？有一种人与世俗同流合污，像忠信并不忠信；似廉洁也不廉洁，要反对他，却没有理由，想批评他，找不到充足的根据，大家都喜欢他，他自己也觉得不错。孟子认为这种人是乡愿，是破坏道德的。王充说这种没有错误的人是似贤非贤的人。

世俗确定贤人的标准都是外在的、具体的、局部的、非本质的，王充认为这些表现可以是贤者的表现，而不是贤者的人也可以有这些表现。他认为，贤者的本质在"心"上，心是看不见的，要通过综合考察，去伪存真，去粗取精，由表及里，进行综合的、深入的分析，才能了解贤者的"心"。全面综合考察，才能发现真正的贤才。这是在考察人才上的实事求是的态度。如果只了解某一方面的具体情况，虽然也是"事实"，却未必求得真贤的"是"。

（原载《新视野》1999年第3期）

讨论关于科学的几个问题

五四运动有两个主题：科学与民主。经过几十年的社会实践，选择了有中国特色的民主制度。关于科学的问题，最近几年又有一些新讨论，例如中国过去有没有科学？中国在15世纪以前科技领先于欧洲，到了近代为什么落后了？这是所谓李约瑟难题。中国为什么没有发展出现代科学体系？讨论这些问题，对于我们思想的解放，观念的改变，视野的开阔，创新的启迪，都是有好处的。因此，对于这些尽管是做不出最后结论的问题，我还是有兴趣参与讨论的。

一　中国有没有科学

这个似乎很简单的问题，讨论起来还相当复杂，相当麻烦。因为什么是科学的问题也还有争议。如果我们从古今中外的事实出发，来思考类似的问题，也许不是没有好处的。近代以来，中国的相对落后，在国民的心目中，事事不如人。在30年代，就有一些学者说中国没有哲学，也没有科学。例如贾丰臻在《中国理学史》的序中说："我敢大胆地说中国以前只有理学，没有什么叫作哲学。""我又敢大胆地说中国以前只有理学，没有什么叫作科学。"关于中国有没有哲学,似乎没有什么争议了,因为很多人研究了中国哲学,不但中国学者研究,洋人也在研究。不但东洋学者研究,西洋学者也在研究,并且还有不少成果问世。《中国哲学史》的专著和教材也已经出版了一大批,还培养了一批又一批中国哲学专业的博士、硕士。所以现在不用讨论中国有没有哲学了。至于中国有没有科学,现在看来还有讨论的必要。最后的结果也许跟哲学问题差不多。有中国特色的哲学,也有中国特色的社会主义,是否也有中国特色的科学呢?这就首先要弄清楚什么是科学。

二 什么是科学

什么是科学,这是很有争议的问题。许多人都有自己的定义。有的人说能够被证明的理论,就是科学。有的人又提出能够被证伪的,才是科学。有的人说,凡是被社会实践检验证明了的理论,就是科学的理论。有的人提出"科学"的概念:"一般来说,科学应该是由概念、定律、定理、公式和原理等要素组成的具有逻辑自洽的知识体系。"[①] 很显然,中国没有西方的那些概念、定律、定理、公式和原理,因此就可以说中国没有科学。那么,中国为什么曾经那么强盛过。据说那是因为技术发达,不是科学。这样一来,我们就有了一些疑问:在公元2世纪的时候,西方有托勒密的地心说,中国有张衡的浑天说。两者差别不大,如果说地心说是科学,那么,浑天说自然也是科学。那么,就不能说中国没有科学。当然,就在同一期杂志上所发表的文章(薛风平《浅论伪科学》)说:"原来的'科学'理论随着实践的发展被证明是非科学。如托勒密地心说中认为:地球是宇宙的中心。这一观念统治人们长达几个世

[①] 钱兆华:《对"李约瑟难题"的一种新解释》,《自然辩证法研究》1998年第14卷第3期。

纪,直到16世纪,哥白尼提出'日心说',认为:太阳是宇宙的中心,地球是宇宙中一颗普通的行星。'地心说'才被证明是伪科学。"这里说"地心说"不是科学,而是伪科学。那么,"日心说"是不是科学呢?现代宇宙论认为:日只是太阳系的中心,而不是宇宙的中心。"日心说"是不是伪科学呢?如果"日心说"也是伪科学,那么,西方也没有什么传统科学了,只是进入现代以后才有科学。但是,可以预见,现在的科学,过若干年,又有新的科学出来,现在的这些所谓的"科学",也都将被一一否定。其结果,人类就都没有科学了,有的只是被人们暂时误认为"科学"的伪科学。这位作者还说:"原先的'伪科学'随着实践的发展被证明是科学。如达尔文的'进化论'认为:人类是由古代一种类人猿逐渐发展而形成的,人类的祖先是猿。这违背了基督教的基石'上帝创世学',因而被牛津大学主教说成'毫无根据的造谣'。后来'进化论'被证明是科学的。"这里也有一系列问题:有人否定或反对,能不能说它就是"伪科学"?一切科学结论都不是最后的,都需要发展,都会被否定。恩格斯曾说:现在被认为是错误的东西,过去被许多人认为是正确的,说明它包含一定的真理性。任何科学上的重大发现,都是与人们现有的观念不相一致的。如果都与传统观念相一致,那么,科学还怎么发展呢?

这位作者又说:"科学理论具有可检验性。这种检验在相同的条件下针对不同的人具有重复性。"这种所谓"科学理论",一般指自然科学,不适合社会科学。因为社会发展都是一度性的,没有重复性。例如苏联的十月革命,不可能再重复一次。希特勒在德国也不会再出现一个,第二次世界大战也不可能重演一次。中国革命的农村包围城市这种方式也不可能在他国再现。就是在自然科学领域,关于检验也是很复杂的问题。就用现成的例子来说,地心说"统治人们长达几个世纪"(应该是14个世纪),说明它在至少一千多年中被实践所反复证实。为什么还不是科学呢？过一千多年才被否定，难道就因此被判为伪科学吗？现在我们所知道的科学怎么能保证它们不会被一千年以后的实践所否定呢？所谓反复检验，都无法肯定时间的一致性。时间是重要条件，时间不同，就无法具备相同条件。在一天中有昼夜变化，在一个月中又有月相的盈亏。在一年中有寒暑的更替。由于岁差的问题，北极点每年都有微小的改变，一个周期需要 25800 多年。科学的发展，今后还将会发现时间有更长的周期。当人们没有发现时，以为时间在重复，实际上是不断变化的，从来没有过完全的、绝对相同的重复。因为这些差别都是非常微小的，在现代的一般实验中都可以忽略不计。当人们科学水平发展到了一定阶段，进行更为精密的实验，那时就要考虑这些因素，否则就可能使实验不精确。现在不需要考虑这些因素，说明现在的科学还相当落后。

有的人认为，自然科学没有民族性，文化则有民族性，文化只有特色，没有优劣。实际上，这里仍然有一些误解。从世界历史这样宏观的角度去考察这个问题，我们会发现这个说法还有问题。最简单的事实是，一千多年以前，中国在天文学方面有盖天说、浑天说、宣夜说，西方有地心说。在医学方面，西方有以尸体解剖为基础的医学，中国有以活体功能为基础的医学，至今还称西医、中医。有的人说中医不是科学，为什么？没有概念吗？不是的。中医有经络、阴阳五行、四诊八纲等一大套理论。过去说中国的汉字这种方块字不科学，甚至说是中国科学落后的重要原因。现在许多人发现汉字在电脑中使用时比英文有更多的优越性。现在一些国际学者认为汉字有利于开发右脑，有利于提高人的智力、发展创新思维。汉字没有什么变化，所谓科学不科学，只是人的认识的变化。现在世界上有统一的科学模式，我以为主要的原因有两条：一是西方在近代科学发展比较快，居于领先地位。二是交通发展，使各国之间交流增加。在全世界连成一体以后，先进者自然占优势，居于主导地位。非主导的，就被淹没。

三　科学与技术

科学与技术有什么联系与差别呢？科学是研究客观事物的本质，是以理论的形态出现的，比较抽象，因此，科学是无价的，没有专利。科学、技术、经验，是有一些区别的，但是，由于三者之间联系十分紧密，有时很难分清，经常需要展开讨论，才能逐渐弄清。

例如，许多研究中国科技史的专家，都认为中国古代典籍如《墨经》《徐霞客游记》《九章算术》《齐民要术》《农政全书》《伤寒杂病论》《天工开物》《梦溪笔谈》都是自然科学的重要著作。李约瑟博士说："沈括的《梦溪笔谈》是这类文献（指科学观察的文献）中的代表作。沈括可算是中国整部科学史中最卓越的人物了。"在《梦溪笔谈》中，有很丰富的内容，"科学内容占全书篇幅一半以上"。李约瑟博士还作了详细的统计，他说，《梦溪笔谈》全书26篇，附录4篇，共584节，人文资料270节，人文科学107节，自然科学207节。"广义地说，科学几占全书的五分之三。"这是李约瑟博士研究的结论。

一个谈"李约瑟难题"的哲学硕士钱兆华副教授认为李约瑟博士在这里有"误解"，"把经验总结和对现象的描述当作科学"。他认为："中国历史上的《墨经》《徐霞客游记》等著作只是对自然现象进行了较为细致的描述；《九章算术》《齐民要术》《农政全书》《伤寒杂病论》《天工开物》等著作也只是对解决有关计算问题，如何长好农作物，如何医治疾病和如何进行各种手工业等问题所做的较为系统的经验总结，而《梦溪笔谈》则兼有以上两者，它们都不能算作自然科学著作。事实上，在这些著作中不仅没有任何科学的概念、定理、定律和公式，也没有提出任何定型的学说，更没有形成系统的科学理论。很显然，用科学的标准来衡量，它们既不能与欧几里德的《几何原本》，托勒密的《天文学大全》，亚里士多德的《物理学》同日而语，甚至也不能与阿基米德的静力学理论相提并论。"因此，这位钱硕士认为，李约瑟所说的"在十六世纪前中国的科技一直处于世界领先水平就完全站不住脚，因为事实上，在十六世纪前中国只是在技术和在对社会实践经验的总结上走在了世界的前头，而在自然科学方面从来就没有走在过世界的前头，甚至根本就没有出现过西方意义上的独立的系统的自然科学理论"①。这里有两点奇怪的事：一是沈括的《梦溪笔谈》，中国的钱硕士认为它不是"西方意义上"的自然科学著作，不能与西方的科学著作同日而语、相持并论；而西方的著名科技史专家李约瑟博士却认为它是科学著作，因此沈括"可算是中国整部科学史中最卓越的人物了"。评价如此悬殊，而且是东西方的学者身上，岂非大怪事？二是托勒密的《天文学大全》。此书的核心内容是他的地心说体系。钱硕士认为，"用科学的标准来衡量"，它既有"科学的概念、定理、定律和公式"，也提出了"定型的学说"，"形成系统的科学理论"。是沈括的《梦溪笔谈》所不能"同日而语"的。可是，就在钱硕士发表此文的同一期杂志上，后面十多页，有一位更年轻的哲学硕士认为，"地心说"已经被证明是"伪科学"。同一本书，同样是中国培养出来的两位哲学硕士，也一样用"科学的标准来衡量"，却得出相差甚远的结论，怪不怪？

---

① 《自然辩证法研究》1998 年第 14 卷第 3 期，第 55—56 页。

四 科学在发展

科学的产生需要许多步骤。大体上说，第一步是观察，没有对自然现象的观察，就没有自然科学，没有对社会现实的观察，也就没有社会科学。汉代论天三家，就是在长期观察天象的基础上产生的分歧，是以不同的假说来说明观察的结果。还有一个典型的例子，关于北极点的位置，由于前后观察的结果不一致，在几百年的连续观察中，发现有不同的变化。如何看待这种差异？有四种可能：一是过去观察有误，后来观测是准确的；二是过去观测是正确的，由于方法失传，后来观察不准确；三是前后观测都不准确；四是前后观测都是准确的，只是客观现象有了变化。晋代的天文学家虞喜进行研究，认为北极点是缓慢移动的，岁岁有差，故称"岁差"。关于日食，关于哈雷彗星，关于太阳黑子，中国历史上的认真观察和详细记录，为天文学研究提供了丰富的资料。特别是我国1054年观测到的天关附近的客星，并作详细记录，为现代天文学研究提供了非常珍贵的资料，为宇宙天体的演化提供了重要依据。因此，董光璧先生提出"历史记录的科学价值"应该受到应有的重视。[①] 观察、记录，形成经验。经验总结，加以理论化，就产生科学。在科学的指导下，才产生了一系列的科学技术。

经验的总结，并将其系统化，提出一种假说来概括这些经验，就是科学。只要当时能够受到一些实践的检验，并为同行专家所接受，那么，它就有合理性，它就是科学的。科学是不断发展的，因此它必将被后来更新的科学所取代。例如，汉代的盖天说，提出天是一个整体，像拱形的车盖（伞形），并提出七衡六间的假说，来

---

① 《自然辩证法研究》1998年第14卷第3期，第52页。

说明日月运行、昼夜更替、寒暑变化以及夏季昼长夜短和冬季夜长昼短的现象，还能解释北极六月见日、六月不见日的现象，以及中衡（赤道）左右冬天长着夏季的植物，一年不落叶。而在北极附近，夏季有不化的冰。这里有概念、公式、原理等，也有"系统的科学理论"，算不算科学呢？如果算，那么就不能说中国没有科学。汉代另一派天文学家认为天地结构像一个鸡蛋，天像蛋壳，地如蛋黄，天大而地小，天包地，在外旋转，地在内不动。浑天家还可以用实验来证明这种说法的合理性。从汉代以后的一千多年中，中国古代天文学一直是浑天说占统治地位。因为它能指导制订日益精确的历法。根据它可以解释并预告日月之食。历代天文学家反复检验，都一再证实它的正确性。浑天说算不算科学呢？如果托勒密《天文学大全》中的"地心说"是科学，那么与它相类似的张衡《浑天仪注》中的浑天说为什么就不是科学呢？天文学的发展，先有地心说（浑天说），后有日心说，再有现代天文学，以后还有更新的天文学。这些理论连接起来，就是科学发展的过程。地球自转，地心说和浑天说用天球旋转来解释，曲折地反映了客观实际。这里包含合理性是无疑的。简单地否定过去，是缺乏科学史的辩证法观点；轻信现实，也是缺乏辩证历史观的素养。学历史使人明智。历史知识贫乏和缺乏辩证法素养的人也就不那么明智，要么全盘否定，要么全盘肯定，缺乏的就是认真分析。现在有些人用简单化的眼光看待科学发展史，好像以前都是错误的，只有现在的才是正确的。殊不知再过几十年，现在所谓正确的东西，到那时又会有一批变成错误的了。如果过一千年，后来人会将我们现在认为是金科玉律的东西当作笑柄，会认为我们是多么幼稚无知，还处于启蒙前的那个阶段。

五　中医是科学

前面提到的钱硕士认为,《伤寒杂病论》只是讲了"如何医治疾病",是"经验总结",不是科学著作。奇怪的是,作者不提《黄帝内经》。《黄帝内经》成书于西汉以前,班固将其收录于《汉书·艺文志》。《伤寒杂病论》是东汉张仲景所著,在班固之后。《黄帝内经》以阴阳五行、脏象、经络等内容建立自己的医学理论体系。西医以尸体解剖为基础,以化学药品为治病药物。中医以活体功能为基础,以草木矿石等自然物为治病药物。《黄帝内经》奠定了中医理论的基础,以后的医家逐渐补充、完善这个医学体系,发展医学。中医有五脏六腑、阴阳五行、四诊八纲、经络体系等一些概念、原则。在药物方面,《神农本草经》,共载365味药,分上中下三品。中经孙思邈等药学家,到明代李时珍撰成《本草纲目》,收有1892味药,配成11096种药方。每一味药都有性、味、入经、主治、发明、附方等项内容,形成中国特色的药物本草学的体系。中医与中药形成完整的中医药体系。与西医比较各有优劣,但都是科学的理论。

中医把人体看成一个活生生的整体,人体的健康是由生理和心理两方面决定的。人体与环境又构成一种复杂的联系。中医认为,人产生疾病的原因主要有两方面:内因与外因。外因指环境的变化,如风、寒、暑、湿、燥、火等六淫邪气侵入体内所导致的疾病,所谓伤寒、伤湿、伤风都会引起疾病。内因,指喜、怒、忧、思、悲、恐、惊等七情所导致的疾病,所谓喜则伤心,怒则伤肝,忧则伤脾,思则伤肺,恐则伤肾。在中医看来,人的情绪对于健康影响极大,许多疾病都是由于情绪过度强烈而导致的。望、闻、问、切,是中医的四诊,有特色的是"切"。切脉是表明中医是以功能为基础的医学。如何治病，原则是八纲辨证施治。八纲是阴阳、表里、寒热、虚实。最根本的是阴阳，其他六纲都可以归结为阴阳。也就是说，各种疾病的产生，都可以说是由于阴阳失衡，治病就是要调理阴阳，使之平衡。草药配伍成方剂，有君臣佐使，即有主治的药，配上次要的药，配成一种既能治病，又没有或很少副作用的良方。董光璧先生称中医学范式本质上是"生物心理社会医学模式"，这种模式包含系统论、全息论的思想萌芽，也包含生态原理、自组织原理和意念反射原理。中医中的扶正祛邪的原理可能给治疗免疫力丧失的艾滋病提供一种可能与希望。中西医结合，将成为医学今后发展的方向。说中国没有科学的人认为中医只有"如何医治疾病"，不承认中医是科学。如果从汉代开始，中医治病已达两千多年之久，而且现在还在几十亿人口中进行治病、养身、食疗。在如此广大的地区、这么长的时间中治疗了许多疾病，凭什么说它不科学？我们应该树立社会实践的权威，据此，我们有理由认为，这种所谓的"科学标准"本身就不科学！

自然科学是关于自然界的知识体系，医学就是关于人体的知识体系。这个知识体系受到不同文化的影响而有很不相同的表述，也有各不相同的内容。例如体育，美国人爱打篮球，日本人喜欢相扑，中国人重视武术，蒙古人爱骑马，各有所好，但不能说打篮球才是体育，相扑、武术、骑马都不是体育。这种狭隘的观念在发达国家很流行，以欧洲中心主义者最为典型，他们"认为任何一种重要的发明或发现都绝对不可能在欧洲以外的任何地方诞生"（李约瑟语），他们在科学史上，将欧洲科学史当作世界科学史，以为欧洲第一的，就是世界第一的，无视世界其他各国的任何科学贡献。这是很不公平的。遗憾的是，"中国科学工作者本身，也往往忽视了他们自己祖先的贡献"（李约瑟语）。

六 一种现象的解释

有人提出，在中小学教材中能见到几个中国人？数理化各学科中，发明创造者几乎都是欧洲人。这种现象应该得出什么结论呢？能得出中国古代没有科学吗？

首先，应该肯定的是欧洲在近代以来，科学走在了世界的前列，特别是近三个世纪以来，发明创造很多。

其次，应该说这些教材，包括课堂制教学，都是欧洲人创建的，因此，教材充分反映了欧洲人的科学成果，对欧洲以外的各国科学研究成果了解很少，这是情有可原的。谁也不能在全面掌握全世界科研成果以后才来编写中学教材。如果这样苛求，恐怕至今也编不出教材来，但是，几亿学生正等着用书哩！另一种情况是，某种发明创造产生于欧洲以外的地方，编者虽然也知道，却觉得不那么重要，不予采纳。这里有认识问题，也有某种偏见。例如，测雨器是朝鲜李朝英宗四十六年庚寅（中国清朝乾隆三十五年，公元1770年）最先制造的。下雨时，从内壁刻度上就能读出降水量。欧洲人认为不重要，没有在教材中提到。由于上有"乾隆庚寅五月造"字样，致使有些人误认为这是中国人所创造的。实际上这只是当时朝鲜使用中国的历法，只能说明中国当时的历法水平比较高。

另外，还有一种情况，中国与欧洲有同样的发明创造，中国人虽然发明在前，编者却选了后者的欧洲人。这当然是欧洲中心主义者的偏见。例如，关于航海的问题，哥伦布于公元1492年率船三艘，船员87人（一说90人），从巴罗斯港启航，横渡大西洋，到达美洲。后来又有三次航海到美洲。在哥伦布航海之前87年，于公元1405年，中国明代郑和奉命率庞大的航海船队从福建太平港（闽江口）启航，下西洋。船队有二百余艘船，大船62艘，长44

丈（合140多米），宽18丈（合60米），可乘一千多人。全体人员共有27800多人。经过30多个国家，沿途与各国进行广泛的文化交流与经济贸易。后来又六次下西洋。

郑和航海与哥伦布航海相比，时间早了87年，船队规模大一百倍以上，人员多了三百多倍，航海次数为七次，所经过的国家和航程也都比哥伦布多。郑和航海表明中国在造船业和航海业上都居于当时世界的前列。但是，欧洲人写的航海史和一些非欧洲人写的航海史，几乎都没有提到郑和航海，而对哥伦布航海却给予了特别重视并大加宣扬。甚至一些中国人写的航海史，也是详细介绍哥伦布的情况。对于郑和航海，介绍很简略，甚至不提。总之，我们对本国的历史研究还是很不够的。郑和航海的船队航海几万海里，没有发生任何海难事故。那么大的船队，那么大的海船，却没有科学而只有技术，哥伦布那三艘小船不但有技术，而且还有科学。这不也是很奇怪的事吗？

关于风的等级，现在世界上流行的是"蒲福风级"。蒲福（1774—1857年）是英国人，于公元1805年拟定风级。蒲福分为十二级。中国清代大型丛书《古今图书集成》中收有署名"李淳风"的著作《观象玩占》中也有风的等级，风分十级，几乎可以与蒲福风级一一对应。李淳风是唐代初年的天文学家，生于隋代，比蒲福早11个世纪。清朝花几十年时间，于雍正三年（1726年）编成《古今图书集成》。《古今图书集成》也比蒲福早诞生几十年。因此中国李淳风的风级比蒲福风级至少早一百年以上。世界科学史上却没有"李淳风风级"，只有"蒲福风级"。由此可见，中国许多发明没有署名，与西方重视个人专利不同。欧洲人写科技史时经常没有提到中国，也是情有可原的。但是，我们应该心里有底，这是有多种原因的，并不能说明中国古代没有科学而只有技术。

综上所述，我们认为，中国古代不是没有科学只有技术。主要的原因：一是中国古代的科学技术，人们研究不够，却用西方的科学模式来衡量有中国特色的科学技术和发明创造。二是欧洲中心主义者故意不提中国的发明创造，另一原因是中国古人没有专利的观念，所有发明创造都没有署名。我们如果抛弃某种错误的、狭隘的观念，重新认真地、实事求是地研究中国古代的发明创造，那么，将会有许多新的发现。

（原载《自然辩证法研究》1999年第6期）

天地有正气

在中国哲学史上，气是一个非常重要的、使用非常广泛的概念。它的内涵不尽相同，主要有两种用法：一是探讨宇宙本原的求真哲学把它作为物质性的概念来使用，相当于西方的原子概念。二是在探讨人际关系、社会治理的求善哲学中，用来描述精神状态、思想境界的精神性的概念。所谓"浩然之气""正气""神气"等都是这一类概念。

孟子说的"浩然之气"，北宋二程认为这就是"天地之正气"。什么是"正气"？因为它是精神性的概念，所以，提出"浩然之气"的孟子也认为是很难说清楚的。但是，还是要说的。

孟子讲"浩然之气"，"集义所生"，"配义与道"，"至大至刚"。用现代语言来讲，"浩然之气"即"正气"，其本质内容是"义"与"道"，其表现形态是"至大"又"至刚"。义者，宜也，是合理、恰当的意思。简单地说，义，就是指利国利民的原则。道指客观规律。道与义结合，就是古人所说的"天理良心""合情合理"。用现代的话说，就是利国利民和实事求是。所谓"至大"，就是最大，"塞于天地之间"，"无所不在"。人的精神怎么会无所不在呢？这是说，人在任何场合，在任何情况下，都要坚持合情合理，不做不合情理的事，不说不合情理的话。这个所谓的"任何情况"，孟子分为两种：得志与不得志。他说："得志，与民由之；不得志，独行其道。"贫贱与富贵，他说："富贵不能淫，贫贱不能移"（《孟子·滕文公下》）。"至刚"，就是最坚硬，任何压力都不能使它弯曲、屈服。孟子讲："威武不能屈"（《孟子·滕文公下》）。威武，是指一种强大的压力。

一个人能够做到"富贵不能淫，贫贱不能移，威武不能屈"，能够坚持为国利民和实事求是，就算是有了正气。

富贵不能淫

自然界有客观规律，社会生活也有规矩和法则。在古代，中国人称这些规律、规矩和法则为"道"。并且认为应该学道、知道、循道，就是要按客观规律和法则办事。官大家富的人讲究生活、追求享受，往往超出一定的度，背离规律和法则，不但无益，而且有害。例如，出入都坐车，车就成了损害两腿的机械；肥肉美酒、美味佳肴，满足了口舌的欲望，却是腐蚀肠胃的药；美色淫声，可以满足耳目的视听享受，却是损害健康的东西。因此，古人说："贵富而不知道，适足以为患，不如贫贱。"（《吕氏春秋·本生》）富贵人家不能遵循道，钱财成了损害健康的东西，还不如贫贱，因为贫贱者没有财力，无法追求过分的享受。贪图享受，背离规律与法则，就是"淫"。正确的态度应该是"富贵不能淫"。

淫，也表现在观念上。有一些人富贵以后，脾气见长，就产生骄傲情绪，目空一切，不能平等待人。也不与穷朋友来往了，只跟与自己地位相当的人交往。贫贱时的妻子也不中看了，需要换一个年轻漂亮的伴侣。古代叫作"贵易交，富易妻"。有的人不是这样，虽然升了官发了财，还是能平等待人，谦虚谨慎。他们也有一种说法："贫贱之交不可忘，糟糠之妻不下堂。"（《后汉书·宋弘传》）

结交新朋友，不忘老朋友。

在国际关系中也存在这个问题。有的国家一直处于比较贫穷落后的地位，甚至在不久以前还是外国的殖民地，近一二百年才富起来，就想称霸世界，自认为什么都比别人好，地理风水是最好的，社会制度也是最优越的，似乎什么都比别人强，还要把自己的价值观强加于别人。动不动就要用武力干涉别国的内政，侵犯别国的主权，为谋取本国的私利，提出一些针对别国的理论，搞实用主义。这也是"淫"的表现。过去欧洲稍微富一点，就在世界各地开辟殖民地，哥伦布航海以后，欧洲人就在美洲开辟了许多殖民地。在四五百年前，中国比欧洲各国都要强大，至少在造船业与航海业方面远远超过当时的欧洲。凭当时的实力，中国人可以把一些小国占为殖民地。但是，中国人没有这么做，因为他们认为那是不义的。这是"富贵不能淫"的表现。中国人民有爱好和平的传统，中国是充满正气的国家。中国政府提出"和平共处五项原则"，提出不首先使用核武器，不畏强暴，永远不称霸。浩然正气，公正态度，为世人瞩目。

（原载《北京日报》1999 年 8 月 18 日理论周刊第 9 版）

政治哲学是中国传统哲学的中心

中国传统哲学是以儒家哲学为主要代表的。儒家讲内圣外王，内圣是仁义道德、心性修养，外王就是政治哲学。这种政治哲学讲德治、仁政、王道，因此可以说是追求善的政治哲学。儒学也是产生于社会与政治的需要。春秋战国时代，礼崩乐坏，社会陷于混乱，各诸侯纷争，以强凌弱，以众暴寡，人民陷入苦难的深渊。这时有许多有识之士奋起，提出各自的政治主张，目的在于消除战乱，恢复社会正常秩序，同时探讨战乱的深层原因，设计长治久安的治国方略。儒学创立者孔子及其弟子特别关注社会现实问题，提出自己的政见，周游列国，目的在于说服诸侯王施行仁政，拯救苦难的人民，从而形成了有特色的政治哲学。孔子的终极关怀应该是天下太平，他的理想人格就是古代圣王。例如，尧，"唯天为大，唯尧则之"（《论语·泰伯》）。舜，"无为而治者，其舜也与？"（《论语·卫灵公》）尧、舜都是古代圣王，伟大的政治家。这正是孔子极力推崇的对象，是他的理想人格的偶像。

孔子所提倡的仁、义、礼、智、信，过去都把它们只看作伦理的范畴，实际上都与政治有密切的关系。仁，孔子及其学生都有一些论述。子贡问："如有博施于民而能济众，何如？可谓仁乎？"孔子说："何事于仁！必也圣乎！尧、舜其犹病诸！夫仁者，己欲立而立人，己欲达而达人。能近取譬，可谓仁之方也已。"（《论语·雍也》）"博施于民而能济众"的人，能"立人""达人"的人，自然不是普通百姓，应该是有一定权力的政界人物。如果说这里还有疑义的话，那么，我们可以从《论语》的另一段话中得到明确的论述，仲弓问仁，孔子说："出门如见大宾，使民如承大祭。己所不欲，勿施于人。在邦无怨，在家无怨。"（《论语·颜渊》）诸侯统治的国称为"邦"，卿大夫统治的封地称为"家"。这里讲的就是统治"邦""家"的主宰者，就是诸侯、卿大夫。上述"使民"更明确了他们统治者的地位。所谓"己所不欲，勿施于人"，就是不要对百姓滥施淫威。

关于义，孔子讲到"君臣之义"，讲"君子喻于义"，"其使民也义"，就是说掌握权力的君子要知道义，"使民"也要符合义，总之，"君子之仕也，行其义也"（《论语·微子》），当官的实际内容就是行义。行义，包括对上级的忠诚，与同僚的和谐，也包括合理地"使民"。礼，主要是等级制度。"君使臣以礼"（《论语·八佾》），臣"事君尽礼"（同上），"上好礼，则民易使也"（《论语·宪问》）。礼是用于处理人际关系的仪式，特别是处理君臣关系以及君臣与民的关系。这些关系主要也是政治关系，是统治与被统治的关系。

智，就是知人，知人是为了善任。任贤使能，这是政治活动中的一项重要内容。樊迟问知，孔子说："知人。"樊迟不明白，孔子又作解释："举直错诸枉，能使枉者直。"樊迟还不明白，又去问同学，子夏说："富哉言乎！舜有天下，选于众，举皋陶，不仁者远矣。汤有天下，选于众，举伊尹，不仁者远矣。"（《论语·颜渊》）拿直的木板放在弯的木板上面，能使弯的木板变直。提拔正直的人去管理百官，百官中有些邪念歪风的人也会变成正直的人。信，守信用，主要是对人民守信用，取信于民。作为国君，要取信于民。

当子贡问政时，孔子说："足食，足兵，民信之矣。"孔子又说："上好信，则民莫敢不用情。"（《论语·子路》）对于士人来说，首先要取得上级的信任，才能当官任职，"信则人任焉"（《论语·阳货》）。对于人民，也要在取得信任以后，才能役使他们，否则，人民就会以为是虐待他们："君子信而后劳其民；未信，则以为厉己也。"（《论语·子张》）

说天讲命，论道议德，圣贤、礼乐、忠孝、刑政、教化、学思，几乎讨论一切问题，孔子及其弟子都围绕着政治这个中心。可以说，春秋末期，孔子和弟子们所创立的儒学，就是以政治为中心的学说，就是关切社会的政治哲学。

子夏说："学而优则仕。"（《论语·子张》）孔子说："诵《诗》三百，授之以政，不达；使于四方，不能专对；虽多，亦奚以为？"（《论语·子路》）把《诗》三百篇都背诵了，委任他官职，他处理不好政务；派他当外交使节，又不能独立应对；背的诗虽然多，又有什么用呢？孔子认为学《诗》不是为了背给别人听的，而是为了提高处理政务和外交的实际能力。这就是"学而优则仕"的道理。如果让没有学好的人去当官，孔子就会说："贼夫人之子。"（《论语·先进》）这简直就是害人子弟。后世有权有势的官僚总喜欢做这种害人害己的事，前仆后继地把自己不争气、不成才的子弟安插到各级官职上去，最后招致身败名裂，甚至破家灭族之祸。孔子提倡的就是"读书做官论"，读书为了做官，读好书是为了做好官。

战国时代的孟子提出仁政学说，完全是明确的政治哲学的思想体系，他所讲的人性有善端，是给仁政的政治哲学奠定了理论基础。战国后期的大儒荀子提出隆礼重法，把礼、法作为整个政治哲学的两大理论支柱。他的学生韩非和李斯强调法、忽视礼，成为很偏颇的"一断于法"的法家理论。法家理论使秦胜六国而一统天下，也使秦败于农民起义，可以说是"成也萧何，败也萧何"。

汉代大儒董仲舒继承孔、孟、荀和《公羊学》的思想，并吸收从先秦到汉初诸子百家的思想，推衍出一套天人感应说、灾异谴告说，提出天人三对策，著成《春秋繁露》一书，大讲阴阳五行，颇似方术之士的论调。深入探微，就会发现，这些烟幕之下掩盖着的正是适应汉代现实需要的新的政治哲学。他的大一统论是为了加强中央集权，巩固统一政权。他的独尊儒术是强调用孔子的思想统一天下思想，以维护政治的统一。这是一套比较系统的政治哲学。它在汉代几百年中对政治有指导作用，对后来的两千多年封建社会有深刻的影响。

南宋朱熹是理学集大成者，他的理学，核心是政治哲学。他成为继孔子、孟子和董仲舒之后对中国封建社会后期几百年的政治影响最大的一位哲学家。他所著《四书集注》成为几百年科举考试的必读书，他的思想成为儒学正宗，作为统治者的指导思想。理学家的理就是治国之理。康熙皇帝读了宋儒性理之书，颇有体会。他说："临莅日久，玩味愈深，体之身心，验之政事，而确然，知其不可易"（康熙《性理精义·序》，见《四部备要·子部》，中华书局版）。他命令大学士李光地去编《性理精义》，自己为此书写序。朱熹思想能够指导几百年的政治活动，说明他的思想是深刻的政治哲学。

近代的康有为也是著名的儒家，他和弟子梁启超合作的康梁变法正是以儒家政治哲学为指导的政治活动。他的《大同书》正是政治哲学的重要组成部分——政治理想。他的《新学伪经考》和《孔子改制考》是以儒家政治哲学为根据，提出一系列改革现实政治的理论，对近代动荡社会起了推波助澜的促进作用，在政治思想界产生了振聋发聩的作用。从孔夫子到康先生，儒家思想以政治哲学为核心，大概还是可以说通的。中国哲学为什么是以政治哲学为主呢？这与它产生的社会背景有关系。中国传统哲学产生于春秋战国那个乱世环境中（胡适《中国哲学史大纲》和冯友兰《中国哲学史》都是从春秋末期开始讲中国哲学的。此前有一些哲学思想，一般还没有形成影响巨大的哲学体系），哲学家都是以救世济民作为自己的历史使命，提出的都是关于社会国家如何组织、如何管理以及人际关系的原则等问题。因此，百家争鸣中的各家学说多是政治哲学。儒家认为，管理国家的人，应该是高素质的、道德高尚的、精神境界比较高的人。他们强调伦理学或道德哲学，是作为政治哲学的一部分。所谓修身、齐家、治国、平天下，修身是根本，终极目标是治国平天下。所谓"内圣外王"，内圣就是修身，外王就是平天下。修身是为了治国平天下，伦理是为政治服务的。道家的《道德经》被称为"君王南面之术"的书，也是政治哲学的著作，其中政治权术常被后代政治家所采用。墨家十大主张都是治国方略。法家依法治国，更是不言而喻的政治哲学。纵横家的所谓合纵连横，都是政治战略，并有外交家的特色。研究天文历法的阴阳家原是科学家，在中国古代天命论、天人感应说的影响下，阴阳家也与政治发生密切的联系。阴阳家成为天命的代言人，为政治家提供精神支柱。先秦诸子百家都在探讨治理国家的方略，提出了各自不同的理论，形成了丰富多彩的政治哲学。在秦汉建立中央集权制度以后，诸子思想融会为新的庞大体系，形成相对完善、内容丰富的政治哲学。而这种哲学是中华民族精神的主干，决定了中华民族的历史和文化，绵延到明清时代，也一定程度地影响到当今中国的现实。

西方哲学主要指思辨哲学。他们思考、探讨深奥的宇宙本原的问题，形成哲学思想体系。因此，这些哲学与现实生活距离很远，可以说是不食人间烟火。有一帮人一起讨论深奥的问题，互相指出对方论述中的漏洞，促进了理论思维的发展，使参加讨论者语言清晰，概念明确，论证严密。内在的精神却在于超越，超越现实，使自己的思想有超凡脱俗的倾向。这种哲学距离现实比较远，因此不能马上产生什么实际有用的结果，只能对人的精神产生陶冶的作用，使人高尚，提升境界。

两种不同社会条件下产生的不同哲学，特点各不相同。西方哲学是与现实政治脱离的，与现实生活距离比较远。不过，西方的哲学也是丰富多元的，不是单一的，纯而又纯的。美国一所大学的哲学系主任说，研究黑格尔的教授要是到美国去，就会找不到工作，因为美国各大学都不开设黑格尔哲学的课程。德国人说美国没有哲学，只有实用主义。可见所谓西方哲学也不是一致的，也有很多差别。甚至有的学者说，中国哲学与德国哲学的差别还没有德国哲学与英国哲学的差别大。

（原载《哲学研究》2000 年第 11 期）

中国的四大创新

中国几千年来能够维持大一统的泱泱大国局面，说明她不但具有很强的生命力与适应性，而且还有一个不断改革创新的传统，否则，中国的历史就得不到合理的解释。无视这一基本事实的人，企图找出个别事例来断言中国是封闭的、保守的、落后的，我认为是站不住脚的。为了深入详细地了解中国创新的传统，我们应该研究历史，以确凿的事实来证明我们的观点。

按陆贾《新语》的说法，中国历史的发展是历代圣人创造的。由先圣、中圣、后圣共同努力的结果。先圣是指伏羲、神农、黄帝等，中圣是指夏商周三代统治者，后圣是指孔子。所谓圣人，就是有重大创新者，为人类的生活、生产以及社会发展、文明、进步，做出重大贡献者。古代所谓"圣人作，贤者述"，作，就是创造、创作、创新的意思。这个说法的大意是历代的发明创造者推动历史的发展与进步，这就是所谓"圣人史观"。过去我们批判"圣人史观"，现在看来，我们不能否定有重大发明创造的圣人对人类发展进步的卓越贡献。

一　物质文明的创新

中国人生活、生产以及社会其他物质文明都是先圣发明创造的。伏羲作八卦，神农尝百草，这是最早的创造。从黄帝时代，到三代，是中国历史上物质文明的创新高峰。当时有很多创造，涉及中国古代人民生活的方方面面，包括衣食住行，也包括其他最原始的科学萌芽。根据《世本》记载：仓颉作书，史皇作图，容成造历，大桡作甲子，隶首作数，羲和占日，常仪占月，臾区占星气，伶伦造律吕，芒作网，蚩尤作兵，夙沙氏煮海为盐，随作笙、竽，胡曹作衣，於则作扉履，挥始作弓，牟夷作矢，共鼓货狄作舟，雍父作舂，乌曹作博，胲作服牛，祝融作市，尧修黄帝乐名咸池，舜造箫、作乐，伯夷作刑，后益作占岁之法，化益作井，垂作规矩准绳，垂作耒耜、铫耨、钟，毋句作磬，夷作鼓，巫彭作医，巫咸作筮，鲧作城郭，禹作宫室，奚仲作车，仪狄造酒，杜康造酒，逢蒙作射，少康作秫酒、箕帚，杼作甲、矛，昆吾作陶，相土作乘马，韩哀作御，纣为玉床，武王作翣，等等。

《世本》所载，可能都是一些传说，不尽可靠。但是，中国古代确实有这些东西，而且都是中国人自己发明的，尽管名字未必准确。过去有一种观念，认为这些都是劳动人民创造的，不是哪一个圣人创造的。实际上，任何一种创造都只能是少数人的创造发明，不可能一大批人同时发现一个什么原理，同时创造出一个什么东西。我们不能否定历史上群众的作用，社会就是群众组成的。但是，推动历史发展的应该主要是那些有所创造的智者。在《周易》系辞下，提到许多发明创造与《周易》都有关系，认为都是在《周易》思想的启发下，才有的创造发明。但它没有讲具体的发明人，只提到黄帝与尧等人。在陆贾《新语》中，对于历史的发展，认为圣人起了决定性的作用。中国历史的发展就是先圣、中圣、后圣共同努力的结果。"先圣乃仰观天文，俯察地理，图画乾坤，以定人道。民始开悟，知有父子之亲，君臣之义，夫妇之道，长幼之序。于是百官立，王道乃生。民人食肉饮血，衣皮毛，至于神农，以为行虫走兽,难以养民,乃求可食之物,尝百草之实,察酸苦之味,教民食五谷。天下人民,野居穴处,未有室屋,则与禽兽同域,于是黄帝乃伐木构材,筑作宫室,上栋下宇,以避风雨。民知室居食谷,而未知功力,于是后稷乃列封疆,画畔界,以分土地之所宜,辟土殖谷,以用养民。种桑麻,致丝枲,以蔽形体。当斯之时,四渎未通,洪水为害,禹乃决江疏河,通之四渎,致之于海,大小相引,高下相受,百川顺流,各归其所,然后人民得去高险,处平土。川谷交错,风化未通,九州绝隔,未有舟车之用,以济深致远,于是奚仲乃桡曲为轮,因直为辕,驾马服牛,浮舟杖楫,以代人力。铄金镂木,分苞烧殖,以备器械。"(《新语·道基》中先圣指伏羲、神农、黄帝、后稷等远古时代的圣人,陆贾的说法与《世本》的记载可以相互印证。)

中国古人还有很多创造发明。中医中药就是非常重要的发明。大约在秦代成书的《神农本草经》是第一部中药的著作,其中记载了365种中药及其性能与药用。到明代李时珍编《本草纲目》时,中药增加到1892种,大约平均每年增加一种,速度很慢。但是,中药的特点是积累,至今有两千多种,经过配方,可以治很多病。西药每年增加许多种,同时淘汰许多种,更新快,各不相同。中药由于配方、药性互相制约,副作用比较小,用的是草根,是绿色药品,比西医的化学药品,有特色,也有一些优越性。

我们还可以从衣食住行等几个方面来考察中国古人的创造发明。关于衣的问题,先是裸体,后以兽皮披身以御寒,穿树叶以遮羞,那是衣服的开始。后来能用丝麻和棉布来裁剪衣服,就前进了一大步。王充在《论衡·宣汉篇》中说:"古之裸人,今被朝服;古之露首,今冠章甫;古之跣跗,今履高舄。"就是说古代人没有穿衣戴帽,没有穿鞋,到了汉代,人们都穿衣服与鞋帽,说明汉代比过去有了巨大进步。后来又将衣服染上颜色,画上花纹,一是为了美观，二是为了表示人的社会地位与身份的差别。服装的变化是巨大的，开始服装比较简单，后来越来越复杂。有所谓"长袖善舞"的说法，于是就有袖长丈余的服饰。后来又从复杂转为简便。清代的服饰还比较特殊，男人穿长衫重马褂，当官的则有许多象征性的图画，标志着官阶品级。女人更需要打扮得漂亮一些，于是就有更加复杂的化妆内容。但是，高底靴则是满族的特点。清朝皇帝宣布退位以后，孙中山开始创制中山服，流行至今。现在中国人的服装已经融入世界潮流，年年都有新的款式出现，有进口的，有出口的，除了少数民族，汉族可以说已经没有本民族的特殊服饰了。

关于食的问题。原始时代，据《礼记·礼运》载："未有火化，食草木之实，鸟兽之肉，饮其血，茹其毛。"这就是"茹毛饮血"成语的雏形。有了火以后，在饮食方面有了突飞猛进的发展，特别是水生动物如鱼类与蚌蛤类都变成可以食用的美味，从此在"山珍"之后增加了"海味"。饮食是人生的一件大事，所谓"国以民为本，民以食为天"，说明饮食的重要性。中国人的食文化就这样发展起来了。一方面，人民需要饮食；另一方面，养尊处优的人讲究饮食，两方面结合，不断推动饮食文化的发展。对于各种可以食用的生物，包括动物与植物以及真菌，都加以认真研究。中国人对于食品的研究，比较注重形色香味。不同的颜色搭配，形成各种图案，给予带有文化的名称。还有与名人有关系的菜，由于名人效应，也得以传播，古代有东坡肉、东坡肘子，现代则有毛家红烧肉，以及特殊的叫化鸡、马氏烧鸡等。中国菜的讲究，形成了许多菜系，如川菜、粤菜、鲁菜、淮扬菜、闽菜等许多菜系，各有特色。闽菜中有一道"佛跳墙"，将山珍海味放在罐中煨烂，气味特别好，说是和尚闻香也会跳墙过来，说明诱惑力之大。还有许多山珍海味的特殊烹调技术，可以说数不胜数。也许这也是中国在饮食文化方面的天下奇观。世界比赛烹调技术，不了解中国这些饮食文化的特色，只在营养上讲究，实在失之偏颇！现代由于环保的需要，中国有些菜的原料是濒危动物，或者珍稀动物。这些菜就不能再有了。

二　文明制度的创新

古代圣人创造了物质文明以后，人民知道享受，想躲避劳苦，皋陶因此制定了赏罚的制度。按陆贾的说法，有了物质文明以后，"于是民知轻重，好利恶难，避劳就逸，于是皋陶乃立狱制罪，悬赏设罚，异是非，明好恶，检奸邪，消佚乱，民知畏法而无礼义，于是中圣乃设辟雍庠序之教，以正上下之仪。明父子之礼，君臣之义，使强不凌弱，众不暴寡，弃贪鄙之心，兴清洁之行，礼义独行，纲纪不立。"（《新语·道基》）中圣指夏、商、周三代的圣人。夏商二代都有一些社会制度方面的创新，更为突出的是周代。周公制礼作乐，建立了西周的社会新制度，也就是创造了文明的制度。孔子认为这个制度是在借鉴夏、商两代制度的基础上，经过研究，选择和修改，才建立起来的。孔子认为这个制度"郁郁乎文哉，吾从周！"（《论语·八佾》）他最欣赏的就是西周的文明制度。

按孔子的说法，社会制度是不断改革创新的，因此也是不断进步的。从大的方面讲，西周初年的分封制，就是一大进步，因此周朝能延续八百年。春秋战国是动乱的时代，西周的制度受到冲击，礼崩乐坏，经过长期纷争，秦始皇统一了中国。由于社会的进步，科技的发达，以至于秦始皇有可能进行社会制度的重大改革。秦始皇取消分封制，建立了郡县制。到底分封制进步，还是郡县制进步？经过几百年的讨论，由唐代柳宗元作了结论。他在《封建论》中雄辩地论证了郡县制比分封制的进步性和优越性。从此可见，秦制比周制进步。秦朝以杀敌的多少来定军功，以军功的大小来封不同等级的官位。这比周代的世袭制进步，则是非常明显的。秦能够吞并六国，一统天下，不能说与此制度没有关系。但是，正如韩非所说，让打仗立功的人当官，就像让木匠当医生一样，立功不恰当。打仗靠的是勇敢，而当官必须有行政能力。打仗只要能杀敌就行，当官要能够处理政务，能够调解民事纠纷，能够公正地处理上下级的各种关系。当官面对的不是敌人，如果将人民当作敌人对待，这个政府就不会长久。有鉴于此，汉代的统治者采取了用荐举的办法来选拔人才，选拔那些孝子与廉吏来当官，他们对自己的父母孝顺，对人民也会有仁爱之心，就可以为人民做点好事，受到人民的爱戴和拥护。廉洁自然也是好品质，当官能够廉洁，就不会贪污受贿，就会公正无私。正如岳飞所说，"文官不爱财"和"武官不怕死"一样重要。汉代要选拔孝廉来当官，就没有秦代那种"木匠治病"的弊端。汉朝能稳定几百年，不像秦朝那样只能维持短短的几十年。荐举办法实行以后，对社会的影响很大，孝与廉成为大家都特别注意的个人品德。时间一长，没有这种品德的人也想假冒，于是出现一些假孝子，假廉吏。另外，推荐的时间长了，又没有制约机制和监督机制，就一定会出现腐败，利用推荐，假公济私，互相推荐亲朋好友，甚至推荐自己的子女。因为推荐没有什么客观标准，或者标准并不是硬性规定，主观性比较强。"说你行，你就行，不行也行；说你不行，你就不行，行也不行。"大官的儿子被推荐当了大官，小官的儿子被推荐当了小官，百姓只能永远当百姓。到了魏晋时代，把这种做法制度化了，于是有了九品中正的制度。这种制度造成了当时的社会混乱。到了隋唐时代，创造了新的制度，即被西方人称为中国第五大发明的科举制度。这个制度一直延续到清代末年。虽然时有科场舞弊事件发生，它毕竟是比较公平的竞争，有更多的合理性。从历史事实上可以看到很多平民也能通过科举进入仕途。

除了选拔人才方面，在任用人才方面也逐渐增加了监督机制，实行回避制度，任期制度，等等。在培养人才方面有所创新，大概从夏商周三代开始就有政府办的学校，"设为庠序学校以教之……夏曰校，殷曰序，周曰庠。"（《孟子·滕文公上》）在社会结构的不同层次也有不同的教育机构，"古之教者，家有塾，党有庠，术有序，国有学。"（《礼记·学记》）从孔子开始有了私立的教育机构，以后诸子百家，各自讲学，各立门户。到了汉代，中央集权制下，政府又要抓教育，中央成立太学，各级政府也办了不同等级的学校，以培养更多的政府需要的人才。以后，历代都是公私同时办学。特别是到了宋明时代，私学相当流行，一位名师就吸引一批学生，形成自己的学术队伍和理论体系。这就是当时特殊的书院制度。著名的书院，名师及其学生形成自己的学派。以朱熹为代表的学派，称为考亭学派，后又称闽学。还有洛学、关学、蜀学、新学、浙东学派等。

除了教育，在行政、工商、管理诸方面都有制度的创新，使社会正常运转，发挥应有的功能。这么个大国，能够维持安定的局面，没有健全的社会制度，是不可想象的。

三　理论的创新

过去，有些人说孔子和孟子都是保守的，没有创新，甚至认为全部儒家都是保守的。实际上，孔子是主张改革创新的。他有两方面思想被人所误解：一是他常歌颂古代，批评现实，后人以为他是复古倒退的人物。二是他自称"述而不作"，好像只是传述前人的意见，自己并没有什么创新。陆贾说："后世衰废，于是后圣乃定五经，明六艺，承天统地，穷事察微，原情立本，以绪人伦，宗诸天地，纂修篇章，垂诸来世。被诸鸟兽，以匡衰乱，天人合策，原道悉备。"(《新语·道基》)后圣指孔子。陆贾认为孔子"定五经，明六艺"，使治理天下的理论臻于完备，这是巨大的理论创新。

关于颂古非今。孔子对于三代的看法，认为周代比夏代、商代都好，这就不是倒退的理论。另外，他对于周代了解比较多，对于夏、商的制度了解不多，三代以前的事，了解得更少。因此他对尧、舜、禹就更加生疏。但是，他却常常歌颂他们。这不是很奇怪吗？他颂古，是为了非今。他颂古的时候，心中却是在批评现实，批评当时的统治者、社会管理者。这种批评以颂古的形式表现出来，对于他自己当然是比较安全的。这种批评就是社会改革的前提。如果没有对现实的不满情绪，那么改革就没有思想基础。因此，我们认为，孔子颂古就是为了非今，非今的背后就是改革创新。从此可见，孔子有改革的思想。康有为著书《孔子改制考》，以大量的、确凿的证据证明孔子是主张改革的。以后的儒家也多是这样，以颂古的形式批评社会弊端，反对现实的统治者。秦始皇下令："以古非今者，族！"(《史记·秦始皇本纪》) 于是演出了焚书坑儒的闹剧。

关于述而不作。孔子自己认为主要继承了前人的思想，自己并没有提出什么新的理论。我们如果详细研究一下，可以发现，他的许多思想都与前人有关系，都是继承了前人的思想。孔子"学无常师"，把前人的思想都融汇在一起，形成新的思想体系。这个体系就是儒学。孔子不是具体观点的提出者，而是综合创新的思想大家。对前人的思想一一经过分析批判，然后选择组合，重新创建新的体系。这是古今大思想家的共同道路。孔子很谦虚，很平淡，没有突出之处，没有奇特的地方。他讲的道理也很简单明白，通俗易懂，似乎没有什么伟大之处。但是，伟大正体现在这平凡之中。有人说孔子以述代作，是有道理的。我以为，综合就是他的创新。他综合的儒学，正是他的创新，因此，他才被后儒尊为圣人，我们才会称他为儒学的创始人。

春秋时代有两位大改革家：管仲与子产。管仲是齐国相，他在齐国实行一系列改革，使齐国很快强盛起来，使齐桓公成为春秋时代的第一位霸主。他们九次召集诸侯开会，解决当时诸侯间的矛盾，维持了相对稳定的局面。孔子对管仲做出肯定的评价："桓公九合诸侯，不以兵车，管仲之力也！如其仁！如其仁！"（《论语·宪问》）孔子认为仁是很高的道德，不轻易给予任何人。因此，他的学生子贡有不同看法，认为管仲原来支持公子纠，反对公子小白。双方争夺王位时，子纠失败，小白杀了子纠，管仲不能自杀殉难，又去当小白即齐桓公的相，辅助他治国平天下。孔子说："管仲相桓公，霸诸侯，一匡天下，民于今受其赐。微管仲，吾其被发左衽矣。岂若匹夫匹妇之为谅也，自经于沟渎而莫之知也？"（同上）孔子认为管仲对后代人民有很大的贡献，他这样的人物就不应该在遇到灾难时就自杀，就不能像普通百姓那样自杀在野外没有人知道。孔子对于管仲的肯定，就是对改革的肯定，也是对改革家的肯定。现存的《管子》一书有一部分保存着管子的思想，有一部分是这个学派的论文，反映或发挥管子的思想。从中可以看到管子学派关于治国安邦平天下的基本内容，包括政治、经济、外交、文化等方面的思想。这些思想对儒家，对后代政治家，都有一定的影响。

据《春秋左传》记载，子产任郑国相，实行重大改革，国人诽谤他，说他父亲被人杀于道路上，他自己想对人民进行报复，才做出这些损害人民的规定。国家将会怎么样？有人向子产报告，子产说："何害！苟利社稷，死生以之。且吾闻为善者不改其度，故能有济也。民不可逞，度不可改。《诗》曰：'礼义不愆，何恤于人言？'吾不迁矣。"（昭公四年）子产对自己的政策有信心，实行改革很坚定，不怕别人议论，将生死置之度外。附带指出的是，林则徐的对联有一句"苟利国家生死以",就是从子产的"苟利社稷,死生以之"来的。他们的献身精神是相通的。子产坚持改革几年以后,郑国的社会秩序好转,人民生活提高。人民开始歌颂子产的功德,怕子产死后政策改变,希望有一个能继承子产政策的人来接班。子产在弥留之际,对他的接班人子大叔说:"我死,子必为政。唯有德者,能以宽服民,其次莫如猛。夫火烈,民望而畏之,故鲜死焉;水懦弱,民狎而玩之,则多死焉。故宽难。"(昭公二十年)对于子产的政治理论,孔子作了整理发挥,提出完整的政治理论:"善哉!政宽则民慢,慢则纠之以猛。猛则民残,残则施之以宽。宽以济猛,猛以济宽,政是以和。"(昭公二十年)孔子听到子产死亡的消息,痛哭地说:"古之遗爱也。"(昭公二十年)子产这样的改革家,孔子给予了很高的评价。他认为子产"有君子之道四焉:其行己也恭,其事上也敬,其养民也惠,其使民也义。"(《论语·公冶长》)对于改革家及其改革都有很高评价的人,怎么会是保守的人呢?孔子在政治思想和教育方面有很多创新,他是政治上的圣人,也是教育上的圣人。孔子以后的儒家如孟子、董仲舒、朱熹、王阳明等也都在理论上有重大创新。

在历史上,有重大发明创造者,都可以称为圣人。在医学方面有重要创造的张仲景,被称为"医圣"。此外还有药圣、书圣、画圣、诗圣、词圣。孔子是大圣人,是个文圣。还应该有一个武圣,有人提出关羽可以当武圣。我以为孙武更为合适。孙武著兵书《孙子兵法》,已经被学术界公认为第一部武经或兵经,是军事理论的重大创造。经与圣人是对应的。关羽没有著作存世,他的功绩也一般,只是由于《三国演义》小说的艺术形象,提高了关羽的历史地位和社会影响,因此全国各地都有关帝庙。开始说,关羽不入东吴的地方,后来,东吴的一些地方也建了关帝庙。群众受到通俗艺术的影响比较大,而《孙子兵法》与孙武,知道的人就少一些。《孙子兵法》在国外还有很大的影响，在日本被一些企业家当作商战的指导思想，或者创业的精神支柱。在美国被一些政治家当作研究国际关系、全球战略的参考书。当代学术界还有一些学者把《孙子兵法》作为政治学、管理学、哲学的古代专著来研究。《孙子兵法》中的竞争原则和道理，在当代或后代，在21世纪经济竞争时代，都将有指导意义和较大影响。它的影响在扩大，在延续。而关羽所体现的伦理也渐渐失去崇高的价值，关帝庙也在逐渐减少。孙武著《孙子兵法》是一大创新，至今还是军界兵家的经典著作。据此，我以为孙武是武圣的较佳的候选人。

四　科技的创新

中国古代有许多科技成就。例如，中国的造船业与航海业都是比较先进的。秦代有徐福带千名童男女驾船东渡到日本，汉代就能造出十几丈高的大楼船。唐代富强名闻天下，长安简直成了东半球许多人向往的天堂。汉唐盛世就不必多说了，就是宋代以后，偶有西方人到了中国，也都盛赞中国的繁荣昌盛，制度文明。到了明清时代，中国仍然是雄踞东方的大帝国。明朝前朝，郑和首次下西洋，比哥伦布航海早了87年，第一次出航的人数达27800多人，比哥伦布第一次航海的87人，多出三百倍。大小不等的200多艘航海大船，最大的长44丈，宽18丈，也是哥伦布那三艘小船不可同日而语的。直至明朝中期，中国的航海业、造船业都是世界一流的，无与伦比的。如果说有蓝色文化，那么，中国在几千年中都是蓝色文化的最先进的代表。英国科学史专家的权威专著，梅森的《自然科学史》和李约瑟的《中国科学技术史》都列出中国的四大发明之外的许多发明与创新。李约瑟博士还说："中国的这些发明和发现往往远远超过同时代的欧洲，特别是在十五世纪之前更是如此（关于这一点可以毫不费力地加以证明)。"

按这种说法,中国在 15 世纪以前,实际的科学水平超过同时代的欧洲。这些资料充分说明中国确实有创新的传统,在科技方面也不例外,而且得到世界著名的科学史专家的承认。但是,欧洲在 16 世纪以后就诞生出近代科学,而中国文明在近二三百年中却没有能够在亚洲产生出与此相似的近代科学,其原因又是什么?这就是所谓"李约瑟难题"。这是海内外学者都在讨论的重大问题,至今没有公认的结论。

中国的四大发明(指南针、火药、造纸、印刷术)受到西方人的重视,是由于这些发明对西方的发展起了重要的作用。对他们作用不大的,他们自然不会提到。但也有例外,李约瑟及一些认真的科学史专家都认为中国古人有很多发明创造,并在自己的专著中一一列出。有些欧洲人以为世界上任何重要的发明都不可能发生在欧洲以外的地方。对于有这种偏见的人,对于这种无知与狭隘观念,我们怎么能以他们的讲不讲、认可不认可来确定自己是否创新呢?

在天文学上,西方有托勒密的地心说,中国有张衡的浑天说,发生在东西方 2 世纪的两个学说有很多相似之处,都是以人类生活的大地为静止的中心。天体是如何绕地旋转的,他们又用不同的方式解释所观察到的现象。如何对待地心说?有的人认为,由于地心说被哥白尼的日心说所否定,因此认为它是"错误的理论",甚至有人认为它是"伪科学"。如果我们承认这种观点,那么,我们应该同时肯定日心说也是"错误的理论",也是"伪科学",因为它也被现代天文学所否定。太阳只是太阳系的中心,不是宇宙的中心。而现代天文学对于宇宙的看法,到若干年以后,或一百年,或一千年以后,是否也会被更新的学说所否定呢?这有两种情况:如果会,那么,现代天文学也将变成"错误的理论""伪科学"。这么一来,只要科学在发展,就不可能有"正确的理论""真科学";如果不会，那么，科学就不会有大的发展，科学的发展就只有在原有的基础上增加新的成果，不可能推翻或改进原有的基础理论或理论基础。我们认为，日心说、地心说都是科学，只是代表不同时期的水平而已。同样道理，张衡的浑天说也是科学，因为它与地心说一样，代表公元 2 世纪世界天文学的发展水平。这些都只是一小部分例子，中国科技创新可以写成厚厚的一本书。解决了观念问题，中国有科学就不成问题。中国有科学，自然都是中国人创新的成果。那么，中国科技有创新的传统也就没有问题了。

（原载《孔子研究》2001 年第 5 期）

儒家被误解举例

一　愚忠愚孝

儒家提倡孝，特别是汉代独尊儒术，以孝治天下，每个皇帝去世以后，在谥号前都加一个孝字，如孝文皇帝、孝武皇帝等。儒家也提倡忠，孔子讲："君使臣以礼，臣事君以忠。"（《论语·八佾》）后代流行于世的一对口号是：君叫臣死，臣不死，臣为不忠；父叫子亡，子不亡，子为不孝。今人称此口号为愚忠愚孝。人们以为孔子孟子都提倡这种愚忠愚孝。其实不然。孟子说："君之视臣如手足，则臣视君如腹心；君之视臣如犬马，则臣视君如国人；君之视臣如土芥，则臣视君如寇仇。"（《孟子·离娄下》）君臣关系是对等的关系。虽然说"君为臣纲"，但并不是绝对服从的关系。儒家有的说："君不正臣投别国"，有的说无道之君，要诛之，或者换掉。关于孝的问题，孔子也不是主张愚孝。在《韩诗外传》有这么一个故事：孔子的学生曾参是著名的孝子。一天，曾参有了过失——锄草时，误伤了苗，他的父亲曾晳就拿着棍子打他。曾参没有逃走，站着挨打，结果被打休克了，过一会儿才渐渐苏醒过来。曾参刚醒过来，就问父亲："您受伤了没有？"鲁国人都赞扬曾参是个孝子。孔子知道了这件事以后告诉守门弟子："曾参来，不要让他进门!"曾参自以为没有做错什么事,就让别人问孔子是什么原因。孔子说:"你难道没有听说过舜的事吗?舜作儿子时,父亲用小棒打他,他就站着不动;父亲用大棒打他,他就逃走。父亲要找他干活时,他总在父亲身边;父亲想杀他时,无论如何也找不到他。现在曾参在父亲盛怒的时候,也不逃走,任父亲用大棒打,这就是王者的人民。使王者的人民被杀害,难道还不是罪过吗?"

在父亲失去理智的时候,拿着大棒乱打,如果打死、打伤或者打成残废,他冷静后会感到十分懊悔。这会给父亲的心灵上留下沉重的阴影,永远无法摆脱。这是"不逃"给父亲造成的精神创伤。真正的孝子要逃避父亲的盛怒,避免给父亲造成精神伤害。不管当时鲁国人怎么夸奖曾参,孔子还是严肃地对待此事,以便给后人留下正确的意见。很显然,上述父叫子死的说法,孔子是不同意的。不该死的,就不能轻易地死去,即使有父命。

战国后期的大儒荀子认为:"从道不从君,从义不从父,人之大行也。"(《荀子·子道》)当鲁哀公问孔子:"子从父命,孝乎?臣从君命,贞乎?"孔子没有回答,出来告诉他的学生子贡说:"子从父,奚子孝?臣从君,奚臣贞?审其所以从之之谓孝、之谓贞也。"(《荀子·子道》)子从父,怎么能说是孝子呢?臣从君,怎么能说是贞臣呢?要看在什么样的情况下从命,才可以说是孝、是贞(忠)。可见,听话、盲从的,孔子不认为就是忠孝的臣子。

二 义利之辨

孟子讲"何必曰利",荀子说"羞利",董仲舒主张重义轻利,"正其谊不谋其利,明其道不计其功"。于是,后世就根据这些说法,认为儒家不要利,特别是市场经济条件下,不要利,不讲利,怎么行呢?这也是严重的误解。

《论语·雍也》记载:"原思为之宰,与之粟九百,辞。子曰:毋!以与尔邻里乡党乎!"原思就是孔子的学生原宪。他很穷,当了官,觉得"九百"薪水太多,不要。孔子批评他,认为不要是不对的,朱熹的解释:"言常禄不当辞。"如果自己消费有剩余,那也可以用于周济周围邻居贫乏者。不接受正常的薪水,也是不义。并不是"辞"钱财就是对的。孔子的学生子贡是很会预测市场的,他从事商业活动,赚了很多钱。鲁国规定谁能花钱把在外国当奴婢的鲁国人赎回来,可以到政府那里领取一些钱,作为赔偿金。子贡赎了一些人回来,因为他自己钱多,就不去政府那里领取赔偿金。受到孔子的批评,孔子说,不能因为你有钱,就不去领取赔偿金。做事情,要考虑如何合适,才能作为别人的榜样。你这么做,今后鲁国人在外国当奴隶,就没有人去赎了。在这里,不拿钱是不义,拿钱才是义。王充认为子贡"让而止善"。孔子的另一个学生子路救了一个落水的人,那人用一头牛来表示感谢之情,子路接受了。孔子说:"鲁国人今后一定很热心于拯救落水的人。"当时,一头牛是价值十分昂贵的酬谢品。王充说"子路受而观德"(《论衡·定贤篇》)。

从以上这些事例,可以看出孔子儒家重义轻利,并不是不要钱,只是强调应该拿钱才拿,不应该拿的不要拿,"非其有而取之,非义也。"(《孟子·尽心下》)该拿的不拿也不对。当然讲义利之辨,儒家主要反对当权者贪污受贿,那是"不义之财"。简单地说,儒家主张"君子爱财,取之有道"。

公仪休任鲁国相,他办完公事,回家,吃饭的时候,就问葵菜价钱,家里人说不要钱,是自己家种的。他听后很生气,说:"我们拿了俸禄,还要自己种菜,这不是夺了菜农的利益吗?"说完就到菜园里,把葵菜都拔掉。他有一次回家,看见夫人正在织布,他认为她夺了女工的利益,就把夫人休了。这是有名的"拔葵出妻"

的故事。公仪休任国相，有人投其所好，给他送鱼来，他不受。了解他的人说："您不是很喜欢吃鱼吗？给您送鱼来，为什么不要哟？"公仪休说："我收了鱼，以后当不成国相，就没有人给我送鱼，我就吃不上鱼了。我不收鱼，一直当着国相，还怕没有鱼吃吗？正因为我爱吃鱼，所以我不收别人的鱼。"有人议论，认为公仪休真正会为自己打算，真正懂得珍爱自己。我们现在的干部也应该这样珍爱自己。何必为了一点小利而污了一身清白。

三 大德小惠

过去常有人说儒家用小恩小惠来拉拢百姓。实际上，儒家虽然讲过对人民要施以恩惠，但并不是讲小恩小惠。例如，《论语·雍也》记载："子贡曰：'如有博施于民而能济众，何如？可谓仁乎？'子曰：'何事于仁？必也圣乎！尧、舜其犹病诸！'"孔子认为"博施于民而能济众"者，就是圣人。这里讲的是"民""众"。对于民众能够博施，就是大德，不是小惠。孔子讲的"德治"，孟子讲的"仁政"，都是属于大德的范围。

《孟子·离娄下》载："子产听郑国之政，以其乘舆济人于溱洧。孟子曰：'惠而不知为政。岁，十一月，徒杠成；十二月，舆梁成，民未病涉也。君子平其政，行辟人可也，焉得人人而济之？故为政者，每人而悦之，日亦不足矣。'"子产任郑国相时，溱、洧是两条河。由于没有桥梁，人民不能过河。子产用自己的马车放在河中，让百姓过河。可谓方便群众。孟子认为这种做法只能叫作"惠"，即给一些人民带来好处，还不能叫作善于"为政"。为什么呢？朱熹注这句话时说："惠，谓私恩小利。政，则有公平正大之体，纲纪法度之施焉。"（《四书集注·孟子·离娄下》）为政需要法度，对于全体人民都能带来好处。他的马车有限，需要渡河的地方很多，不能根本解决群众的普遍问题。周历比夏历早两个月，周历十二月即夏历十月。周朝规定每岁十一月修筑小桥，十二月修大桥。这是农忙以后的时间，让农民修桥梁，解决群众的过河问题。这也是为政的一项工作。这件事情做好了，就不必用自己的马车放在河里当桥用。孟子又说，如果政治做好了，出门的时候让百姓避开也是可以的。怎么能让每一个人都感到方便？所以说如果当政者要使每个人都方便的话，时间就不够用了。对于这句话，朱熹是这么注的："言每人皆欲致私恩以悦其意，则人多日少，亦不足于用矣。诸葛武侯尝言治世以大德，不以小惠，得孟子之意矣。"（同上）为政如果没有法度，规则，谁来要求什么，就答应什么，对这个有了私恩，他高兴了，原则丧失了。这样做，老实人吃亏，爱哭的小孩多吃奶，爱吵的人占便宜。不能出以公心，不能主持公道，不能"平其政"，不能公平地处理与群众有关的所有事情，就不能树立当政者的威信。总之，儒家主张行大德，忌行小惠。这是君子之道。行小惠者，是小人之道。在一个领导班子中，常有这样的人，凡是群众提出看法，他都表示同意，凡是有人提出要求，他都表示同情、支持。群众感觉他是一个好人。而在会上讨论的结论，他也表示同意，没有意见。就是不愿意向群众做出解释。领导讨论谁的事，他就向当事者透露，以此讨好别人。时间长了，他的威信也就下降了。这是小聪明，口头施小惠，终究成不了大事。

四　欺骗人民

许多教科书讲到中国古代哲学家时，经常讲到他们欺骗人民。例如，说董仲舒的天人感应是欺骗人民的精神工具。董仲舒是在对汉武帝策问时提出天人感应说的，他不是对人民说的，如果说他骗人，那么他首先骗的是当时最高统治者汉武帝，而不是人民。人民以及百官都无缘看到董仲舒的对策内容，因为这是保密的，汉武帝说："朕将亲览焉"，内容不会泄露出去，"书之不泄"，请各位大胆讲出自己的所有想法，"靡有所隐"。从此可见，董仲舒如果欺骗的话，那就是欺骗汉武帝一个人，没有欺骗人民的意思。陈亮对宋代皇帝说的话与董仲舒极为相似，却从来没有听谁说过陈亮也像董仲舒一样在欺骗人民，为什么？因为陈亮被列入唯物主义阵营。

朱熹讲"存天理，灭人欲"，于是有人也说朱熹要人民放弃任何欲望，不让老百姓活下去。所谓"存天理"，就是保存封建伦理，维护封建制度。朱熹明确说"饮食者，天理也；要求美味，人欲也。"（《朱子语类》卷13）要求美味是从饮食中产生出来的，人欲是从天理中产生出来的，所以，他又说："人欲中自有天理。"（《朱子语类》卷9）对于统治者来说，天理就是天下为公，人欲就是一己之私。在处理各种政务时，就要出以公心，公正处事，主持公道。这就是天理，就是所有当权者应当遵循的。损人利己，损公肥私，贪赃枉法，贪污受贿，穷奢极欲，这些都是"人欲"，都是朱熹所反对的，也是一切正派人所反对的。这哪里是不让老百姓吃饭呢？他反对贪官污吏，是为了巩固封建政权，这又有什么不好呢？

五 唯心主义

许多中国哲学史教科书把中国历史上重要的哲学家特别是大儒家列为唯心主义者。原来，唯心主义和唯物主义都只能用于关于宇宙的本原。孔子没有讨论宇宙论的问题，当然也没有唯心主义与唯物主义的问题。有的人认为关于形神的问题也有唯物主义与唯心主义的问题。据此，孔子讲："不知生，焉知死！""不知人，焉知鬼？"孔子不语乱力怪神。是在2500年前迷信盛行时反对迷信的唯物主义言论，为什么还给孔子定为唯心主义呢？孟子也没有研究宇宙论，只是多谈心性修养，谈浩然正气，谈大丈夫精神，也被定为唯心主义。据此，研究心理学的学者都应该是唯心主义者。研究艺术哲学与美学的人重视人的情感，讲审美情趣，也都应该是唯心主义者。真是荒唐！

　　董仲舒被定为唯心主义者，是因为他讲过天人感应。董仲舒没有探讨宇宙本原问题，他讲的天包括天、地、阴阳、五行和人类。人生在天地之间，上面具体的天通过阴阳、五行之气与人产生感应作用。从唯物主义哲学家王充的说法来看，天与人会产生感应作用。只是这种感应是天对人的感应作用，人不能对天产生感应作用。因为天大而人小。人在这个自然界产生、发展起来的，人的生理与这个自然界有千丝万缕的关系，天会对人产生感应作用是必然的。夏天，气温升高，人就采取各种方法避暑；冬天，气温下降，人就采取各种方法御寒。这就是感应。董仲舒所讲的感应，除了这些内容之外，还加上精神感应的内容。他只是用这种方法来论证他的政治思想。他的政治哲学就是大一统论。他认为这种理论可以消灭分裂混乱的政治局面。为了使大一统论正常发挥正面的作用，他还提出许多配套的理论。为了实现政治上的大一统，就要反对地方割据分裂势力，强调各地诸侯要服从皇帝，"屈民而伸君"。这个民当然包括普通百姓，主要是指有分裂倾向的那些诸侯国。从秦朝情况来看，皇帝有了至高无上的权力，就可能出现皇帝私欲的高度膨胀，那也要乱天下的。因此，对皇帝的权力应该有所制约。民众没有权力，百官也没有权力，让谁来制约呢？皇帝只怕祖宗和上天，于是，董仲舒就推演出一套天人感应理论，作为皇帝的精神枷锁，来制约皇帝的权力。这是儒家传统的"神道设教"。好像是有神论，而实际上完全是政治哲学，为了宣传自己的政治主张，借用天神的权威来讲自己的政治道理。无论是出发点还是归宿，都在现实政治生活中。因此，应该说董仲舒政治哲学的内容是实际的。从实际出发，为了解决实际问题，而进行的理论探讨，与唯物论思维有什么不同呢？

朱熹没有讲天人感应，就定为唯心主义者，原因是他说了"理生气"。相反，他的论敌陈亮却像董仲舒那样，经常给皇帝讲天人感应。而学界认为陈亮是功利学派，属唯物主义者。汉代讲天人感应是唯心主义，到了宋代，讲天人感应，却变成了唯物主义。这是怪事。同样在宋代，讲天人感应的陈亮是唯物主义，而不讲天人感应的朱熹成了唯心主义。又一怪事。有的人可能说，陈亮虽然讲天人感应，而所要论证的观点却是功利性，有实际意义，内容是现实的，天人感应只是为了论证而采取的理论形式。董仲舒也正是这样。陈亮是唯物主义的，董仲舒也当然是唯物主义的。这里只提到几个人，我们就可以看到，由于滥用唯物主义与唯心主义，造成怎样的思想混乱。如果把中国所有的哲学家都加以这样分析，那就可以使人头昏脑胀。

明代哲学家王守仁提出要破心中贼，就是要解决思想问题，要改变观念。不是探讨宇宙本原，而是做思想政治工作。当然不存在唯物主义与唯心主义的问题。我们现在也经常要做思想政治工作，怎么会是唯心主义哟？他讲心性修养，又带兵打仗，是明一代文人带兵的杰出人物，在浙江余姚有后人为他立的"三不朽"碑，认为他是立德、立功、立言三不朽的典型人物。这样重要的人物岂可以一个"唯心主义"了得？

有的人认为，过去把唯心主义贬得太低，今后提高唯心主义的地位，也就没有问题了。我的本意不在地位高低问题上，我认为用西方的、简单的方法来评论中国古人，容易抹杀这些人物的特殊性，掩盖了他们的优点与长处，使他们变成不完全的人物。哲学是个性化的，任何两个哲学家都不可能是完全一样的，如果一样，就没有存在的必要。因此，我以为，研究这些人物，应该从现存的资料出发，客观地研究他们的思想，然后加以分析，肯定好的，剔除过时的，才能比较真实地再现中国历史上的思想家的面貌，对现代也才有参考价值。过去半个世纪，已经给社会留下一批很不完整的中国哲学家的面貌，我希望学术界今后花一些气力，来纠正这种不正确的偏向，恢复很有特色的中国哲学家的真面目。

（原载《中国书院论坛》，中国戏剧出版社2001年版）

中国哲学将成为世界思想的明灯

一　哲学的分类

　　哲学家对于各种哲学进行分类，由于角度不同，可以有不同的分类法。胡适认为哲学就是从根本上研究解决人生最切要问题的学问。我以为追求真、善、美，就是人生的最切要的问题，因此，哲学也可以分为求真的哲学、求善的哲学与求美的哲学三大类。以此标准来综观世界的哲学，西方传统哲学以求真的哲学为主流，它以科学为基础。着重探讨宇宙的性质与本原，分为唯物主义与唯心主义两大阵营。重视逻辑，分析仔细，推理严密，是其特点与长处。缺点是把人也当作机器。同时也有求善的哲学与求美的哲学，但不是主流。中国传统哲学以求善的哲学为主流，它以政治为基础，着重探讨社会的治理问题，分为王道仁政与霸道暴政两条路线，重视人伦礼教，注意修身养性，善于协调人际关系，是其特色与长处。缺点是比较模糊，难于把握。虽然也有求真的哲学与求美的哲学，但不是主流，一般被视为异端。

二　中国有传统哲学

　　过去，不论东西方，学问都没有分科。后来，西方人逐渐地对于各种学问进行分科，才有了哲学、科学、史学、文学、宗教等。学科越分越细，现在不知道世界上有多少学科。西方人按西方历史上出现的学问来分，于是，哲学就有了西方哲学的面貌。科学也有了西方科学的面貌，宗教也有了西方宗教的面貌。有些学者不能了解这些学科的精神实质，只是从形式上看问题，以为西方的就是标准的。以这种欧洲地区性标准来衡量中国的学术，认为中国没有哲学，也没有科学与宗教。精通西方哲学的胡适提出自己的想法，写出了《中国哲学史大纲》（上）。同样精通西方哲学的冯友兰先生也写出了《中国哲学史》（上下册）。基本上确立了中国哲学史的体系，否定了中国没有哲学的错误说法。现在，有些人用西方哲学的模式套用在中国传统哲学上，把许多没有探讨宇宙本原的哲学家都归入唯心主义阵营，恐有张冠李戴的错误。中国传统哲学的主流派是儒家，他们主要探讨社会治理问题，所建构的是政治哲学。而要治理好社会，首先必须先修养好自己的心性，这就在大量的篇幅中讨论社会政治问题与个人心性修养问题，因此就被扣上唯心主义的帽子，作为反面人物，加以贬低。这显然不公正。牟宗三先生在《中国哲学的特质》一书中说，说中国没有西方形态的哲学可以，"说中国没有哲学，便是荒唐了"。他认为根据西方哲学的标准，说中国没有哲学，是"霸道和无知"，"那是自己太狭陋"。我以为这种批评虽然比较尖锐，还是很恰当的。

中国有哲学，这是不需要再作论证的，因为有一批中国哲学的研究专著出版了，既有中国学者写的，也有外国专家写的。现在，中国设立了许多中国哲学博士点，每年培养出一批专门研究中国哲学的博士生。有更多的硕士点，培养更多的中国哲学硕士生。这些事实已经有力地证明了中国哲学的客观存在，事实胜于雄辩。中国哲学的水平是不是低呢？以前用西方哲学的标准来衡量，以他之长比己之短，似乎事事不如人，见人矮三分，自卑自贱。过去说"贫穷夫妻百事哀"，现在是"国家贫穷民族悲"。因为贫穷，好像百事不如人。有的人认为财富就是一切，我不以为然。庄子向监河侯借钱。他穿着褴褛衣裳，流浪在野外，遇到从秦国回来带着装载礼物的一百辆车的曹商。庄子与监河侯、曹商相比，是很贫穷的。我们不能说庄子的思想水平、理论水平或哲学水平不如临河侯和曹商。同样，东汉哲学家王充，他的财富远不如当时的高官富贾和皇亲国戚，正相反，他的哲学水平远高于那些人，甚至也高于当时名声很大的文化人。现在，我们发现中国哲学与西方哲学有不同的性质，也有自己的长处，用自己的长处与他人比较，改变了过去的观念，全面审视世界各国、各民族的哲学，就有了平等的感觉。各有长短，这才能进行平等的交流，以便取长补短，建设自己的新文化。有些人对此很不理解。贬低自己祖先的贡献，否定本民族的传统，已经成了习惯，只要有人说本民族的什么长处，他马上就会想到阿Q的精神胜利法。这种人的特点是，在外国人面前是一副奴才相，点头哈腰，低三下四；在同胞面前则是冒充优等洋人的模样，神灵活现，盛气凌人。现在出国的人多了，没有真本事，靠出洋镀金的人已经渐渐吃不开了。有更多的人从不同角度、不同渠道了解到全世界的信息，大家眼界都开阔了，境界也提高了，认识事物也更全面了。对于中国传统哲学的新认识就是在这种现实中产生的。

三　中国哲学的性质

世界精神不是一个国家、一个民族所能创造的，它一定是全世界各民族人民共同努力创造的。这样，世界精神才可能是丰富多彩的、五光十色的。如果世界精神只是某一个民族创造的，它就只有某一个民族的特点，不可能像现在这样丰富，这样多彩。思想界是这样，文化艺术界也是这样，哲学界当然也不能例外。在我们这个世界上，有产生于欧洲的西方哲学，也有产生于中国的儒家哲学和道家道教哲学，还有产生于印度的佛教哲学、伊斯兰教哲学与以色列的犹太教哲学等。

中国传统哲学以儒家哲学为主流，道家道教哲学和佛教哲学也都有相当大的影响，但相对于儒家哲学，影响要小一点。儒家哲学以政治哲学为中心。儒家哲学的创立者是孔子，他就生活在战乱的春秋时代。当时礼崩乐坏，社会一片混乱。他带着学生周游列国，企图说服各地诸侯实行仁义，"为政以德"（《论语·为政》）。这就是他在当时提出的救世济民的政治哲学。为什么许多诸侯不听从他的主张？他认为这些诸侯思想品德有问题。于是，又提出个人的修养问题。他认为要做好政治工作，主要不是技术问题，而是自己的思想境界的问题。中国的政治管理是以自身的榜样作用来进行领导的，"其身正，不令而行；其身不正，虽令不从。"首先提高自己的素质，也就是提高伦理道德水平。言教小于身教。所以要从修身、齐家开始，然后才能治国、平天下。儒家培养学生也是为了当官，从事政治工作，所以有"学而优则仕"的说法。

孟子生于更加纷乱的战国时代，诸侯之间战争不断，"争地以战，杀人盈野；争城以战，杀人盈城。此所谓率土地而食人肉，罪不容于死。故善战者服上刑"。（《孟子·离娄上》）孟子认为善战者应该受上刑，因为他们杀人最多。他提出仁政的主张，认为国君不施仁政，臣子帮他富起来，是违背孔子的思想。他还提出民贵君轻的思想，也是想通过政治的办法消除战争。他认为得民心者得天下，为了争取民心，就要为天下人民除害兴利，保证人民的正常生活。如果不能给人民带来幸福，还给人民带来灾难的统治者，那么，人民就有充分的理由推翻他的统治，甚至可以把他诛灭。后代统治者读到《孟子》这些话感到心惊肉跳，像明太祖朱元璋那样，曾经把孟子轰出孔庙，并让学者删节《孟子》。但是，孟子的义正词严、浩然正气，使历代统治者不敢忽视人民的力量。

战国后期的荀子提出隆礼重法的主张，强调教育与惩罚并重，先进行礼乐教化，不遵循教化而又破坏社会秩序者，要加以严厉惩罚。这套理论是建立在性恶论基础之上的。对于社会的治理，都必须使用两手：一手软的，即教化，一手硬的，即刑罚。儒家很多人物，只是当教师，没有实际掌权。据说孔子掌过一小段时间的权，又听说他杀了少正卯。他平时所讲的"为政焉用杀"，只是一种理想，或者说只是一句空话。荀子所讲的比较切实可行，因此历代统治者都基本上采取荀子的软硬兼施的办法。谭嗣同因此认为中国两千年的历史就是"荀学"的发展史。荀子有两名最杰出的弟子李斯和韩非，李斯是政治家，任秦始皇的相国，韩非是理论家，为秦始皇提供法家的理论。作为秦朝的指导思想，他们对于秦始皇取得政权都做出了突出的贡献。秦始皇以秦国的实力吞并六国，统一天下，自认为无敌于天下，可以传之于万世。但是，出乎秦始皇意料的是，由于人民的不满意，官逼民反，秦王朝勉强传到三世就亡国了。以后的汉代思想家总结历史教训时说："仁义不施，而攻守之势异也。"（贾谊《过秦论》）贾谊总结秦朝灭亡的教训，重新提出孟子的民贵君轻思想，再加以升华，提出民本思想。他说："闻之于政也，民无不为本也。国以为本，君以为本，吏以为本。故国以民为安危，君以民为威侮，吏以民为贵贱。此之谓民无不为本也。"（《新书·大政上》）董仲舒对汉武帝的策问，当然都是政治问题以及与政治关系密切的其他社会问题，都是政治哲学的重要内容。"天人三策"中提出天人感应、灾异谴告说，也提出办太学培养人才的教育问题，不与民争利的经济问题。统治需要两手，应该以德为主，以刑为辅。要广施德政，刑罚最好"设而勿用"。从此以后，德刑并用者，政局稳定，社会有序。专用德者，权臣作乱；专用刑者，官逼民反。两种情况不同，亡国是一样的，也是一种殊途同归。

朱熹虽然也当过官，在五十年中换了四个皇帝，他"仕于外者仅九考，立朝才四十日"（《宋史·朱熹传》）。整年都在外地考察，在朝廷只有四十天。实际上是考察回来，马上又走，好像是专职考察员。为什么？因为他爱提意见，皇帝喜欢听颂歌，所以只好委屈他在野外辛苦了。他在外了解很多民间疾苦，也知道很多当官的不称职，一回到朝廷，马上又向朝廷提各种建议，又发一通议论，于是，又得出去考察了。后来大概也跑不动了，不当官了，回到武夷山区从事教学活动。他与学生创立了闽学。他所撰著的《四书集注》受到统治者的重视，作为官方科举考试的重要参考书。在宋以后的几百年中，《四书集注》成为全国知识分子必读书。他对四书的解释成为权威解释。朱熹的学问与宋以后的几百年中的政治有了极为密切的关系，朱熹的哲学思想是当时的政治哲学，成为意识形态，成为君臣讨论问题的指导思想。可以说，在封建社会后期，朱熹哲学成为统治者的统治思想。

20世纪的中国产生了巨大的变革。影响最大的有孙中山、毛泽东与邓小平。他们都是政治家，也都有哲学思想。他们的哲学都是政治家的哲学，也都是政治哲学。这一百年中的哲学家也都是关心国家命运、人民疾苦的救世济民的哲学，没有脱离现实政治的纯哲学。

总之，中国传统哲学的主流是政治哲学，这些哲学都是为政治提供指导的理论。它们与政治是有着密切联系的，都是以救世济民为崇高目标的。为了救世济民，就要治理好社会。为了治理好社会，就要回顾历史，总结经验。中国传统是重视历史的，所以才有连续不断的《二十四史》，这是世界上仅有的。中国的史学可以与德国的哲学、英国的经济学、俄国的文学并称世界四大文化瑰宝。中国哲学是怎么产生的？中国古代智者从大量的历史事实中总结出历史经验，这些经验经过加工提升，再与自然现象相附会，形成抽象理论。这种理论带有明显的历史痕迹，因此也可以称它为历史哲学。孔子说："我欲载之空言，不如见之于行事之深切著明也。""夫《春秋》，上明三王之道，下辨人事之纪，别嫌疑，明是非，定犹豫，善善恶恶，贤贤贱不肖，存亡国，继绝世，补敝起废，王道之大者也。"①。这个"王道之大者"，就是中国传统的历史哲学。司马迁写《史记》也是为了"究天人之际，通古今之变，成一家之言"。② 这个"一家之言"，就是司马迁的哲学。这种哲学产生于历史事实，是从历史事实中概括出来的。与西方哲学不同。西方哲学先确定一个概念，以此为起点，用逻辑方法推导出一个哲学体系。历史哲学是哲学家个人的直观体验而产生的，有模糊性，缺点是不严密。没有丰富的社会生活经验与没有政治生活经验的，就很难理解。因此，一些年轻人都比较反对，到了老年，生活经验丰富了，能够理解了，也就不反对了。章太炎就是这种情况。过去有的人说他的思想变化是由于脱离实际，值得商榷。因此，我们可以说，西方哲学是逻辑的哲学，中国哲学是历史的哲学。古为今用，历史哲学是为现实服务的，因此也是政治哲学。中国哲学与社会关系密切，西方哲学与科学联系紧密。中西哲学有不同的特点，不能用一种哲学的标准来衡量，从而否定其他形式的所有哲学。有的人认为只有不为功利的理论，才可以是哲学，于是认为中国传统哲学不是哲学，或者说中国20世纪的一百年中只出现过一个真正的纯粹的哲学家，那就是王国维。其他人不是为了救国保种，就是为了改革社会，或者为了救世济民，都有明确的功利性，因此，他们都不是哲学家。但是，这正是中国哲学的特点。在中国不能用于社会的哲学

---

① 《史记·太史公自序》。
② 《汉书·司马迁传》。

就会被冷落,甚至被遗弃。没有用的哲学,大家为什么要学习它,研究它呢?虽有"无用之用,是为大用"的说法,还是强调用,只是"人用之用"!哲学有人用,孤陋寡闻的人不善于用大,以为哲学无用。庄子才有如此讥讽。如果不能用于大,也不能用于小,那么,这东西就是废物,就是绝物。既不能令,也不能受令,是绝物也。将绝物视为有大用的哲学,当然就相当荒唐了。庄子哲学可能启人心智,摆脱局限,超然自处,平衡心理。用处是有的。只是有些人不善于用大,故有疑惑。王国维是不是没有任何功利心?我也表示怀疑。他如果没有任何功利心,也就没有什么欲望。没有欲望的人就不会失望。不会失望的人当然没有理由自杀。但是,王国维切切实实的自杀了。这怎么理解呢?在20世纪的一百年中,著名的哲学家就有孙中山、毛泽东、邓小平、章太炎、梁启超、熊十力、张君劢、张东荪、李大钊、胡适、汤用彤、梁漱溟、金岳霖、冯友兰、牟宗三、徐复观、唐君毅、贺麟、张岱年等几十位。这些哲学家都有自己的思想体系,都有思想创新,都对中国传统哲学的发展做出过自己的贡献,怎么能都加以抹杀呢?

四 中国哲学对世界精神的贡献

中国哲学是政治哲学。中国传统的政治哲学有自己的特色,对世界精神也有自己的特殊贡献。我以为它的天人观、天下观、大一统观、仁义观、心性修养观、孝道观等都可以为世界精神提供有价值的内容。

第一,天人观。经常有人说是天人合一。我以为天人合一只是天人关系中的一种,而不是唯一的一种。对于天人关系,到底有多少种?很难说清楚,不过它们大同小异,可以归入两大类:一是人与自然的关系,二是人与天神的关系。人与自然的关系还可分为许多种，在现在最有价值的是关于人与自然的协调关系的思想。老子提出的自然无为的思想，"五色令人目盲，五音令人耳聋，五味令人口爽，驰骋田猎，令人心发狂，难得之货，令人行妨"。凡是能满足人欲望的东西都不能要太多，不能太贪，太贪了，对自己的身体不好，对自己的心理也不好。老子由此提出节俭朴素，提出"啬"的思想，反对奢侈，反对"泰"的行为。无限制地消耗天下资源，已经成为当今世界的一大祸害。孔子、孟子以及后代儒家都认为人比万物都"灵"，都"贵"，所谓"天地之性人为贵"。但他们都认为应该爱惜万物，都反对"暴殄天物"，反对任意浪费，还提倡向大自然索取要有节制，不要"竭泽而渔"，要选好时间、季节。例如春天砍的竹子做成器皿可以使用一年，而秋天砍的竹子做成的器皿可以使用十年。注意季节，可以节省很多资源。只有注意节省资源，才能保证丰富资源不致枯竭。现在说是可持续发展。庄子的提法更为深刻，他认为人与各种生物都是平等的，应该和平相处，互相尊重，不能以人的价值观来衡量一切。他说："毛嫱丽姬，人之所美也。鱼见之深入，鸟见之高飞，麋鹿见之决骤。四者孰知天下之正色哉？"（《庄子·齐物论》）这里将人与鱼、鸟、麋鹿并称"四者"。"天下之正色"指天下最美丽的颜色。人与鱼、鸟、麋鹿，四者到底谁最懂得美丽？这是不确定的疑问。也就是说，人未必最懂得美丽，在审美方面不能替代鱼、鸟、麋鹿。它们有自己的审美情趣。人认为毛嫱丽姬最美丽，它们并不赞成。这与西方所说的"人是万物的尺度"，显然是相反的，也是可以互补的。佛教认为人与万物都是有灵魂的，人的灵魂与万物的灵魂是可以互相转世的，人的灵魂可以转世成马，马的灵魂也可以转世成羊，羊的灵魂也可以转世成人。人与万物的灵魂是平等的。总之，中国传统的儒、释、道三家在人与万物的关系上，观点是可以相通的。至于人与天神的关系，正相当于西方的人与上帝的关系。差别在于，西方的上帝观念在百姓心目中有深刻的影响，在日常生活中不断起着作用。而在中国，老百姓并不太关心上天的事，因为上天长期以来只是跟天子皇帝交往，也只有天子才有资格祭天。这个天好像与老百姓关系不大，因此，中国人的心目中的天的观念并不像西方人心目中的上帝观念那样浓厚。

第二，天下观。中国传统认为处理事情，都要考虑整个天下的情况。一切从天下这个现实出发。对于处理天下大事，处理国际争端，都要有宽广胸怀，都能照顾到方方面面的不同利益和意愿，善于协调各种关系。例如中国哲学中有"和"的思想，儒家主张"和而不同"。就是说，每一个人都应该有自己的独立思考、独立意识、独立人格，有自主观念，即不随声附和，同流合污，也不拒人于千里之外。既不盲从别人，也不强迫别人盲从自己，既自尊，也同样尊重别人的独立人格，允许别人保留自己的意见。在独立自主的基础上，又要善于与他人合作，同心协力，做好共同的事业。举一个浅显的例子，假如日本只顾本国的利益，绿化搞得很好，使用木材，都从中国进口，舍不得砍本国的树。中国砍树太多，破坏了生态，结果刮起沙尘暴。沙尘暴不但笼罩了北京城，也会刮到韩国和日本。如果水土继续流失，沙尘暴继续发展，那么，强烈的沙尘暴也会笼罩首尔和东京。地球是一个小村，利害相关，环境搞好了，大家都有好日子过。如果只顾自己，不管别人，那么，不久的将来，灾祸也会落在自己的头上。只是来早与来晚，只是一百步与五十步的差别。有些日本友人很关心中国西北的水土保持，积极支持并参加改造工程，也体现了这种天下观。

第三，大一统观。作为国家，就必须有一个中心，才能形成一个整体。这个观念深入人心。每一个国家或民族都有一种凝聚力，否则就形不成国家与民族。中国之所以会形成如此大国，与这种大一统观念是有一定关系的。中国历史上对于国家统一事业有过贡献的人，就是人们崇拜的民族英雄；相反，一个给国家造成分裂、给人民带来灾难的人，就是民族败类，就是卖国贼，就要受到历代人的唾骂，诗人陆游在弥留之际写的一首诗，充分反映了这种民族心理："死去原知万事空，但悲不见九州同。王师北定中原日，家祭无忘告乃翁。"谁破坏国家的统一，全民族会跟他拼命。这就是几千年来形成的民族心理。

第四，仁义观。中国传统思想的主干是儒家思想，儒家主张仁义，又称仁义之道。中华民族因此有了这种仁义观。"仁者爱人，义者宜也。"仁者爱人，所爱的人是全人类的人，韩愈所谓"博爱之谓仁"。仁，就是博爱的意思。这种爱，孔子提出两条原则：一是"己欲立而立人，己欲达而达人"。二是"己所不欲，勿施于人"。这是全世界公认的最崇高的道德之一。义者，宜也。宜，就是适宜，合理。这个义，可以包含西方所谓的公正、正义、合理、正当。但这些概念是发展变化的，每一个时期应该有不同的"义"。因此，义也就有了历史性、辩证性，并不是僵化的、固定不变的、死的。

第五，心性修养观。中国传统政治哲学是宏观的社会管理学。西方管理是把群众当作自己的管理对象实施管理。中国则不同，是以自身的行为作示范、表率，来引导群众，实施管理。要群众做到的，自己要先做好。身教重于言教。天子，后来都叫皇帝，是国家的象征，是政治权力的最高代表，因此，全国人民都盯着他。他的一举一动、一言一行，都是人民的榜样。"君人者，国之元，发言动作，万物之枢机。枢机之发。荣辱之端也。失之毫厘，驷不及追。故为人君者，谨本详始，敬小慎微，志如死灰，形如委衣，安精养神，寂寞无为。"（董仲舒《春秋繁露·立元神》）国君是国家的元，元相当于原，即源，俗话说源头。他的一言一行、一举一动是万物的关键，这个关键关系到人的荣辱。也就是说国君的一句话或者一个决策会严重影响到全国许多人的命运。因此，国君说错一句话或者办错一件事，就会给许多人造成无可挽回的损失。这叫"失之毫厘，驷不及追"。因此，当天子的人要"谨本详始，敬小慎微"，小心谨慎，不随便说话，更不随便作决定，以免别人从这些言语与动作中领会出什么道理，窥探出什么秘密，造成不良后果。这就是"志如死灰，形如委衣，安精养神，寂寞无为"。国君要表示出自己没有什么爱好，"夫大人者与天地合其德"（《易·乾卦·文言》），只是与天地好生之德保持高度一致。皇帝可以这样无为而治，当官的就不能也这么无为，因为政府中确实还有很多事情必须有人去做。所以，君无为而臣有为。臣有为，要做事，就要做得公平合理，就要公正廉明。这就要求各级官员要有正义感、公正心、廉洁奉公的精神和洞察秋毫的眼光。这些就都需要认真学习圣贤的书，好好地修身养性，提高自己的道德修养和文化素质。否则，就很难称职。理论是这么要求，一到实践中去，就会发现，现实与理论距离甚远。理论是理想性的，是一般不容易达到的，但提要求还不能降低标准。尽管这是很难做到的，由于有这些提倡，总是好一些。虽不能及，心向往之。我们从人类发展来看，初级阶段，大概主要是弱肉强食、优胜劣汰。人类进步以后，思想境界有了提高，人们认识到"以强凌弱，以众暴寡，以智欺愚，以富诈贫"都是不道德的。提倡保护弱者，抑制强暴，形成相对平衡和谐的环境，以便人家都能生活下去。虽然在对立斗争的年代，提倡除恶务尽，穷寇要追，来不得半点"费尔泼赖"，进入和平环境以后，一片和谐声浪很快就掩盖过斗争的声音。真诚、和谐、高雅、宽容成为多数人的思想行为，就是高素质人的高水平的生活。在专制制度下形成的这些思想在民主时代就不太适用了，皇帝没有了，法制逐渐完善了，个人的权力都受到各方面的制约。但是，提倡心性修养，勇负社会历史的责任，对于现代社会乃至未来社会也都是有价值的。

第六，孝道观。这是中国传统的特色。孝道要求作为子女的赡养父母，还要尊敬父母，推而广之，也要尊敬别的老人，形成尊老的风俗。这种风俗是文明进步的，有利于社会的安定、和谐、幸福。在20世纪的一百年中，孝道长期受到批判与鞭挞，好像孝道是万恶之源，是中国落后的根本原因，是社会前进的重大障碍。西方没有孝道，因此，科技先进，社会文明，发展很快，成为发达国家。我们如果进行一下历史回顾，就会改变过去的看法。中国提倡孝，大概至少从孔子生活的春秋时代就已经有了。孔子以后，中国曾经有汉唐盛世。如果提倡孝就会妨碍社会发展。那么为什么有盛世？而且正是汉代统治者提倡以孝治天下，当时汉朝是世界上最强盛的国家。这又如何说明呢？明清时代，实际上只是在清代晚期，中国国力才逐渐衰弱，受到西方列强的侵略。这不能说就是中国传统不好，而是当时的统治者腐败无能。日本也有两千年以上的传统，过去一直落后，明治维新以后，日益强盛，至今也还有一些传统文化保留着，并没有进行什么彻底的改革传统的行动，明显的事实是他们还有天皇。英国人进入现代化也不是一味否定传统，至今还有女皇作为国家的象征，便是明证。

世界上的事情是需要实事求是的。任何一个社会都不可能没有改革，但同时也不可能没有继承。改革就是去掉不合时宜的东西，继承就是保留仍然有价值的东西。以上提到的这些中国传统哲学的特色内容，如果还可以作为精神要素加以应用的话，那就是它对世界精神的贡献。有些人认为中国现在很落后，什么东西都不可能有什么价值。那是愚昧的观念！而一些先进的国家以优秀民族自居，常有这种观念。这种观念正是种族歧视的基础，对世界安定的破坏，也必将给自己带来损害。

我们的结论是：中国哲学与欧洲哲学及世界其他哲学都各有优长。20世纪由于中国经济与科技的落后，中国的文化与哲学都受到牵连。至今还有许多人没有把中国哲学摆在应该有的位置上。21世纪，由于大批学者的共同努力，给予充电，将使中国哲学这盏华灯更加明亮，中国哲学也必将随着中国经济的发展，基础的提高而提高地位，增加亮度，照得更远。研究中国哲学的学者在21世纪的使命也就这样确定了：一方面继承弘扬中国优秀的哲学传统，另一方面积极吸收世界各国的哲学研究的优秀成果，经过潜心研究，创造出适合现代社会的新的哲学体系。由于国内外中国哲学研究者们的共同努力，中国哲学必将重振雄风，再度辉煌，成为世界精神的一盏明灯！2500年以前，被称为轴心时代，古希腊、古印度和古代中国差不多同时都出现了影响巨大而久远的伟大思想家，21世纪是否有可能成为世界第二个轴心时代呢？如果可能的话，那么，中国绝不会甘居局外，袖手旁观！

(原载《21世纪中国哲学走向》，商务印书馆2003年版)

"大师"杂想

"中国为何缺乏世界级大师？"一方面常从报刊上读到这样的感叹；另一方面经常看到"大师"的称呼。著名某某家，应该是大师。例如某个著名表演艺术家，当然就是艺术大师。于是，我便有了一些零散的想法，因为这些想法实在连不起来，于是就称它们为"杂想"。

其一，什么样叫大师？钱学森那样的科学家算不算？还是教育家、社会科学家？清华大学过去说有四大名师，那都是很有学问的。教学不是一门技术，是将自己研究的学问传授给学生，培养学生完善自我，成就人才。自己没有研究出什么学问，只是在教学方法上下功夫，即使全按凯洛夫教学法进行教学，会培养出名师吗？古今中外没有教书匠成为名师的。中国古代著名的教育家，都是思想家、哲学家，那才是大师。不讲学问，哪有什么"教学名师"？孔子说"君子欲讷于言"（《论语·里仁》），张岱年先生"木讷"，讷，就是说话迟钝，与"巧言令色"相反。从孔子到张岱年，很多大师都不一定是口才很好的人，但都很有学问。品德高尚，就成为大师，也才能成为大师。孔子说自己"述而不作"，实际上是综合前人的文化，经过整理创新，创立了儒学思想体系。说是"不作"，综合创新，是大思想家的大手笔的"作"。而现在每天都可以从电视看到的"大师",也许是自封的,或电视主持人封的。或者是领导批准的,或者通过其他渠道选拔的。总之,很难说是公众认可的。

其二,"世界级"有什么标准?得了诺贝尔奖的科学家才够格吗?日本田中耕一得了诺贝尔化学奖,算不算是世界级大师?所谓"世界级大师",这个标准还比较模糊,很难界定。如果说杰出人才,那就比较容易讨论一些。全世界每年出几个大师?还是每十年出几个大师?

其三,有的人从教育方面来讨论这个问题,认为教育上强调全面发展,忽视了个性化特点。教育强求一律,制定了许多标准化、规范化的东西,使某一方面有特长的人才得不到成长、发展的良好环境。考研究生,外语和政治两门有一门不及格,就不能录取。考博士生,有创新思想,也有可能不被录取,就是这一类例子。

其四,从中国历史上看,乱世出的思想家比较多,例如春秋战国时代,就涌现一大批杰出人才,才有百家争鸣的局面。魏晋乱世也是人才辈出的时代,而且多是年轻人,如王弼二十岁就开了一代新风,死时才二十三岁,流传至今还有五本书。汉代虽然有很多太学生有太学博士(相当于大学教授),真正著名的思想家却不多;唐代盛世出了不少著名诗人,在近三百年中,可以称得上哲学大家的却不多。一般哲学史教材中提到柳宗元、韩愈和刘禹锡三人,他们只是对天进行一场小小的争论。还有李翱的《复性论》。政治方面,唐太宗与魏征的君臣议论,有一些值得称道的思想。还有一些著名的佛教家、道教家、科学家、医学家、药学家和天文学家。宋代国势比较弱,出的思想家就比较多,北宋就有一大批,宋初三先生(孙复、胡瑗和石介),北宋五子(周敦颐、邵雍、张载和程颢、程颐)以及苏氏父子的蜀学、王安石父子的新学。所谓唐宋散文八大家,就有六名在宋代,只有两人在唐代。南宋有以朱熹为代表的理学家，以陆氏兄弟为代表的心学家，以及陈亮、叶适为代表的功利学派。我国20世纪30年代出了一批大师，是否也因为当时我国正处于内忧外患的时代？过去说"愤怒出诗人"。我以为"忧患出哲学家"。所谓"乱世英雄起四方"，国家危难，社会动乱，人们就要思考如何救国保种，如何恢复平静，这样就孕育并产生了一批思想家。

其五，有的大师并不是当时就出了名的，例如汉代的王充。当时没有名气，过了两百年，他的著作就流行起来，他也就出了名。现在看来，他可以说是东汉时代最伟大的思想家之一，在中国思想史和世界思想史上都有不可忽视的地位。我们现在说这个时代没有大师级思想家，结论未免下得过早了点。现在大家公认毛泽东、邓小平是大思想家。过一百年，后代人回首看今天，也许他们又会发现一些伟大的思想家。而这些思想家现在还在非常落后的地方艰难度日，没有地位，也没有影响。四川有一位著名画家，是一位中学教师，贫病交加、英年早逝。他的作品在他死后才被名人发现。这种情况，也可能存在于思想界、哲学界。古今中外，都有这种实例。

鉴于以上种种原因，我以为，不能说现在中国没有世界级大师，也不能说现在中国有很多世界级大师。现在中国有没有大师，五十年之后就可能知道了。不能说有"大师"头衔的就是大师，也不能说没有"大师"头衔的就不是大师。要知道谁是真正的大师，大约也要过五十年之后，才可能知道。

（原载《人民政协报·学术家园》2004年6月30日第1版）

优秀的哲学史家必定是哲学家

张岱年先生的《中国哲学大纲》是20世纪中国哲学研究最重要的名著之一。笔者读了这部巨著，有一些想法，不知是否妥当，提出来请教读者，欢迎批评指正。

一 作者心目中的"中国哲学"

胡适的《中国哲学史大纲》与张岱年先生的《中国哲学大纲》有什么不同呢？差一个"史"字。这个差别究竟有多大呢？

蔡元培给胡适的《中国哲学史大纲》写的"序"中说对于古代学术的叙述形式有两种：一是平行法；二是系统法。他认为中国古代的典籍如《庄子》的《天下篇》，《汉书·艺文志》的《六艺略》、《诸子略》，均是平行的记述。而胡适是从西洋人的哲学史中学习来的系统法，"适之先生此编，不但孔墨两家有师承可考的，一一显出变迁的痕迹。便是从老子到韩非，古人划分做道家和儒、墨、名、法等家的，一经排比时代，比较论旨，都有递次演进的脉络可以表示"①。所谓系统法，是思想发展变化的过程，顺序演进的

---

① 胡适：《中国哲学史大纲》，东方出版社1996年版，"序"第2—3页。

脉络，也可以叫发展法。胡适在《中国哲学史大纲》的"导言"中说："把种种哲学问题的种种研究法和种种解决方法，都依年代的先后和学派的系统，一一记叙下来，便成了哲学史。"① 哲学史就是哲学的系统论或者发展论，就是哲学的发展过程。因此，胡适的《中国哲学史大纲》就是用系统法即发展法来写中国哲学的发展历史。所谓"大纲"，就是宏观研究，抓住主要的线索来叙述。这是胡适著作的特点。

张岱年先生的《中国哲学大纲》与胡适著作不同，但也不是蔡元培所说的"平行法"。那是什么法呢？张先生在"序论"中列出四条标题：（一）哲学与中国哲学；（二）中国哲学之区分；（三）中国哲学之特色；（四）中国哲学之发展。讲的都是"中国哲学"，都是从整体上讲中国哲学的区分、特色与发展。以下正文分三部分：第一部分宇宙论，第二部分人生论，第三部分致知论。这里没有说哪一家的宇宙论，哪一派的人生论以及哪个哲学家的致知论。

《宇宙论》中分两篇：《本根论》和《大化论》。《人生论》中分四篇：《天人关系论》《人性论》《人生理想论》《人生问题论》。《致知论》中分两篇：《知论》与《方法论》。每一论中又分若干章，最多的是《人生问题论》，共分九章。每一章讲一个人生的问题。一个问题还要叙述发展过程，例如，讲义与利，从先秦的儒家孔孟荀和墨家，汉代的董仲舒，宋代的二程、张载、朱熹、陆九渊等，直到明清时代的儒者关于义利的论述，最后，张先生进行概括，"关于义与利的思想，可以说主要共分三派。孔子、孟子、朱子等，尚义，别义与利为二。墨子重利，合义与利为一。荀子、董子、张子、程伊川尚义，而不绝对排斥利，有兼重义利的倾向；而明确兼重义利的，是李泰伯、陈同甫、叶水心及颜习斋。在历史

---

① 胡适：《中国哲学史大纲》，东方出版社1996年版，"导言"第2页。

上，此三派中，以第一派势力最大。"①

在张岱年先生的心目中"中国哲学"是什么样子的呢？还是从《中国哲学大纲》书中看，首先是宇宙论的问题。张先生在《宇宙论》的开头，就引《庄子·天下篇》中惠施的"至大无外，谓之大一"。《墨经上》里的"久""宇"，《尸子》中的"宇""宙"，以及《庄子·杂篇·庚桑楚》中的"宇""宙"，再加上儒家的天命、墨家的天志、道家的道。将各家的关于宇宙的说法都罗列出来，说明中国哲学关于宇宙论的基本说法。② 在《宇宙论》的《本根论》篇，先从《庄子·外篇·知北游》中摘出"本根"一词作为"宇宙中之最究竟者"③ 的名称，用以代替西方哲学中的所谓"本体"或"本原"。接着列出道、太极、阴阳、气、理气、心等，这些都是中国历代哲学家用来表示"宇宙最究竟者"的"本根"。最后，《本根论综论》对各种本根论进行综述，归纳为三种：一是理则，二是气体，三是心。这三种类型，"即唯理论，唯气论，与主观唯心论"④。对于"唯"，张先生注云："所谓唯者，非谓一切为何，乃表示最究竟者为何。"这三种类型"实相生互转"⑤。中国的本根论，不同于西方的原子论。接着叙述本根论在历史上的兴衰变化的过程。全书各篇后面都有"综论"，实际上就是张先生所提倡的"综合创新"中的综合的部分内容。在这个基础上，再吸收国外的各种有合理性的理论思想，做更广大的综合。在综合的基础上创新，创造一个新的哲学体系。

宇宙是怎么发展变化的，张岱年先生从《荀子·天论》中的

---

① 张岱年：《中国哲学大纲》，中国社会科学出版社1982年版，第398页。
② 同上书，第1—5页。
③ 同上书，第6页。
④ 同上书，第89页。
⑤ 同上书，第90页。

"阴阳大化",用大化来讲宇宙的变化,"大化即自然的变化"。① 张先生认为,中国哲人对于变化多有深刻的见解。多数学者认为变易是普遍事实,变化是有规律的,对变化的根源也多有精深研究。认为反复是变化规律,两一是变化根源。对于有无的讨论,"天地万物为有,物之未生或已灭为无,有无孰为根本?"② 这种讨论提高了哲学思辨水平。最后张先生在《大化论综论》中说:"中国哲学关于宇宙大化之根本见解,即在于认为宇宙是变动的,宇宙是一个生生不已的变易历程,所以名之曰大化。西洋哲学中有认动为假相者,印度哲学家更多认变化为虚幻,在中国固有哲学中则认变动是实在的;虽或认为究竟本根乃'寂然不动'者,而亦必认为'感而遂通'。变易是现象,但中国哲学家皆认为现象即是实在。""在西洋哲学,大化论之中心问题是目的论与机械论之争。在中国既无纯粹的目的论,亦无纯粹的机械论。"中国最发达的是"一种非机械论的自然论,即神化论"。③ 这种神化论认为一切变化都是自动的,起于内在的能变的动力。这个动力经常被认为是阴阳。所以,荀子称"阴阳大化"。

中国对于宇宙论的研究起步晚,而且始终不在中心位置上。中心是在人生论上。所以,张岱年先生《人生论》的第一个标题就是《引端 人生论在中国哲学中之位置》,开章明义就是:"人生论是中国哲学之中心部分,其发生也较早。中国哲学的创始者孔子,及继起者墨子,都是谈论人生问题,而未尝成立宇宙论系统。孔子所以是中国哲学的开端,乃因为他是第一个提出一个人生论系统的。"④

---

① 张岱年:《中国哲学大纲》,中国社会科学出版社1982年版,第92页。
② 同上。
③ 同上书,第162页。
④ 同上书,第165页。

在《人生论》中，张岱年先生分别谈"天人关系论""人性论""人生理想论"和"人生问题论"。天人关系论，在历史上多与政治有关，天命论、天人感应论以及天人交相胜，都在为政治作论证。人性论是圣人制定政策的依据，孟子从人性善出发，推导出仁政思想体系，民为贵，君为轻，得民心者得天下，以及许多具体的仁政措施。荀子从人性恶出发，推导出一套隆礼重法的政治理论体系，成为后代政治操作的指导性理论。以后"性三品说"也是与政治密切联系的。韩愈《原性》中的说法最有代表性。人生理想论，以孔子、墨子、道家、荀子、子思、朱熹、陆九渊以及清初的王夫之为代表，讲了八种理想类型。将《礼记·礼运》中的大同理想作为墨家兼爱理想的体现。人生理想，实际上就是社会理想，是政治哲学的重要内容。中国哲学中的人生论包含个人修养的问题、人际关系的问题，更重要的是政治问题。按郑昌淦先生的说法，孔子大半生最关心的是政治，政治是孔子思想的核心。孔子带弟子周游列国，为的也是做官行道，他教弟子六艺：礼、乐、射、御、书、数，也都是为从政做准备。孔子理想政治是"道之以德，齐之以礼"，他的弟子子游当武城宰，就是以礼乐教化民众。射御都是当时为政者所必备的素质。在六经中，学《诗》似乎主要是文学方面的素质，但在孔子看来，学《诗》也是从政所必需的。他说："诵《诗》三百，授之以政，不达；使于四方，不能专对。虽多，亦奚以为？"（《论语·子路》）子路问：如果卫君请孔子执政，孔子应该先干什么？孔子的回答是：必定先正名，然后讲正名的理由："名不正则言不顺，言不顺则事不成，事不成则礼乐不兴，礼乐不兴则刑罚不中，刑罚不中则民无所措手足。故君子名之必可言也，言之必可行也。君子于其言，无所苟而已矣。"（《论语·子路》）这里所说的正名、言论、礼乐、刑罚，都是治理人民的工具，也就是指导人民行动的方针。要指导人民，首先自己要学好礼乐刑罚一套制度，要提高自己的素质，否则就做不好官。因此，孔子儒学强调修身，是为了齐家、治国、平天下。也就是说，孔子强调个人修养是为了从政，伦理学从属于政治学。张岱年先生虽然也讲到志功的问题，着重于讲个人修养，对于政治哲学着墨不多，没有突出孔子思想的核心内容——政治哲学。孔子、孟子、荀子、董仲舒等人讲的政治比较多，而宋明以后讲心性修养比较多，冯友兰先生接着朱熹讲，自然也比较重视心性问题，重视精神境界。也许张岱年先生也受此影响，比较重视心性修养方面。

在第三部分的《致知论》中，分知论与方法论两篇。知论论述了知之性质与来源，可能与限度以及真知的问题，可谓相当全面。没有讨论"知之力"，也许是不足之处。王充讲"知为力"，而且说知的力量比筋骨之力更伟大、更光荣。在培根之前1500多年，有此超前觉醒的科学精神，实在难能可贵！

在各章中，既有平行法的排列，也有发展法的顺序。既有横的，也有纵的，将中国古今各家综合起来，作为一个系统来论述。如果说古人是横的、空间的、平行的方法；胡适是纵的、时间的、发展的方法；那么，张岱年先生的方法可称为包括时空、结合纵横的、综合平行与发展的系统方法。蔡元培所谓的发展法，应该说是直线型的小系统法。概括张岱年先生的综合性的大系统法，张岱年先生心目中的"中国哲学"就被描述出来了。共分三大块：宇宙论、人生论与致知论。各论又分若干篇，各篇还分若干章，每章又综合古今各家的思想，做出系统的综述。

日本人翻译这本专著时，书名改为《中国哲学问题史》。1990年3月中华书局出版了方立天先生的《中国古代哲学问题发展史》。张岱年先生于1985年1月为此书写序说他的《中国哲学大纲》与这一本都是"问题解析体"的中国哲学史专著。虽然如此，我认为二者还是有区别的。以问题为纲，张岱年先生将中国哲学分为三大块，构成一个体系。每一块还包括许多内容，这些内容也是相关联的，是浑然一体的有机整体。而方立天先生所论述的12个问题，是相对独立的，虽有内在联系，并不是有机的整体。依笔者的看法，张岱年先生的《中国哲学大纲》是用系统法撰写的综合性的问题解析体。方立天先生的《中国古代哲学问题发展史》才是真正的"问题发展史"，是比较单纯性的问题解析体。该书选12个问题：每一个问题又按时代顺序来叙述。一般分为三四节来叙述，最长的分为六节，如第七章"中国古代人性论"，下分六节，分别是先秦时代人性论，两汉时代人性论，魏晋南北朝时代人性论，隋唐时代人性论，两宋时代人性论，明清时代人性论。笔者的《中国传统哲学》（北京师范大学出版社2000年版）又是一种形式，先是介绍主要概念如天、气、阴阳、五行；接着介绍学派，儒家、道家、墨家、名家、法家等；再下来介绍思潮，经学、玄学、佛教、理学、心学；最后是问题，如形神论、人性论、义利论、心力论、德才论、知识论、历史观、大一统论、分合论以及现代化的问题。相对于前二者，它应该是复合性的问题解析体。应该说"问题解析体"的写法，区别还是比较大的。现在已经出版的有这三种不同的形式，当然还可以有更多的其他形式。相对于平行法，问题解析体则是发展法。张岱年先生认为这种体的长处在于："较易于体现历史与逻辑统一的原则"，"可以比较清楚地阐明某一哲学问题的提出、争论、演变与解决的历史过程，就可以比较明确地表述关于某一问题的若干观点之间的肯定、否定与否定之否定的螺旋演进过程，如此，哲学思想的逻辑发展也就彰显了，从而许多哲学范畴的创立、分化、融合、发展的轨迹也就随之厘然莹澈了。"① 张岱年先生说自己研究的方法与胡适、冯友兰都不同，"不是史，是论。"史，是按时代按

---

① 张岱年：《中国哲学大纲》，中国社会科学出版社1982年版，序，第2页。

人物逐一加以描述，穿插一些评论。这是至今多数中国哲学史教材的写法。而张岱年先生是从理论上概括中国历史上的哲学思想，形成一个完整的体系。这个体系是张先生"综合创新"的结果，也是张先生心目中的"中国哲学"，还是张先生创立的新的中国哲学体系。

二 中国哲学的特色

张岱年先生在《中国哲学大纲·序论》中说："中国哲学，在根本态度上很不同于西洋哲学或印度哲学。我们必须了解中国哲学的特色，然后方不至于以西洋或印度的观点来误会中国哲学。"① 然后提出中国哲学的特色，重要的有三，即合知行，一天人，同真善；次要的有三，即重人生而不重知论，重了悟而不重论证，既非依附科学亦不依附宗教。他在附注中又说："中国哲学的特点是一个比较艰深的问题，此处所论，简而未晰，今后当另撰专文论述。"②

在 20 世纪 50 年代，张岱年先生写了一篇文章《中国古典哲学的几个特点》发表在《北京大学学报》1957 年第 8 期上，认为中国哲学的特点与中国哲学的民族特点、民族的共同文化上的共同心理素质是一致的。有四个基本特点是："第一，本体与现象统一的观点；第二，生活与思想一致的传统；第三，在唯物主义方面，唯物主义与辩证观念相互结合的传统；第四，生死自然的观点与无神论在哲学发展中的深刻影响。此外，中国古典哲学有自己的一套独特的基本范畴，基本概念，在思想发展的过程中曾经提出并争论过一些有特殊

---

① 张岱年：《中国哲学大纲》，中国社会科学出版社 1982 年版，"序论"第 5 页。
② 同上书，"序论"第 9 页。

提法的问题，也都可以说是特点，但都是比较次要的了。"① 讲到唯物主义观点与辩证观念互相结合时，提到《老子》《周易》，认为它们的宇宙观"既是辩证的，又是唯物主义的"。② 提到的哲学家有王充、范缜、刘禹锡、张载、王夫之、戴震等。张先生认为张载"把唯物主义与辩证学说都提到新的高度"；王夫之"对于唯物主义与辩证学说都做出了巨大的贡献"。③ 张先生后来出版了论述中国唯物主义传统的专著《中国唯物主义思想简史》（中国青年出版社1957年版），同年在湖北人民出版社出版了《张载——中国十一世纪唯物主义哲学家》。总之，张先生认为中国有唯物主义的传统，而且唯物主义是与辩证学说相结合的。他认为中国古代有辩证唯物主义哲学家。

改革开放以后的20世纪80年代，张岱年先生再次谈到中国哲学的特点，著有《中国古代哲学的基本特点》（载《学术月刊》1983年第9期）。文章讲了中国传统哲学四个基本特点：（一）本体论、认识论与道德论的统一；（二）整体与过程的观点；（三）现实生活与道德理想统一的观点；（四）经学与哲学的结合。在（一）中又分两节：1. 宇宙本体与道德伦理的联系；2. 求知方法与修养方法的一致。这两个问题，相当于"天人合一"和"知行合一"。整体与过程的观点，经学与哲学的结合，都是过去没有说过的。可见，张先生对于中国古代哲学的特点的认识是逐渐加深的，越来越全面、越深刻。④

20世纪80年代的另一篇文章是《试论中国传统哲学的思维方式》（《百科知识》1988年第10期），共分五个问题：（一）中国传统哲学的辩证思维，包括两个方面：一是整体思维，二是对待

---

① 《张岱年全集》第5卷，河北人民出版社1996年版，第124页。
② 同上书，第131页。
③ 同上。
④ 同上书，第498—510页。

观点；（二）中国传统哲学的直觉方法；（三）分析方法在中国传统哲学中的地位，也包括两点：一是思与辨，二是模糊性。（四）传统思维方式中的具体思维模式，值得注意的有二，一是阴阳五行模式，二是经学模式。（五）思维方式变革改进的正确方向。在这里张先生提出了中国传统哲学的思维特点：辩证思维、直觉方法、模糊性、具体模式（阴阳五行、经学）。这些特性确实是西方哲学和印度哲学所罕有的，而在中国传统哲学中却又是相当普遍的。

张岱年先生在其他许多文章中还具体讨论了中国哲学的某些特点，例如，理性的问题，价值观的问题，本体论的问题，民主思想的问题，主体观念问题，人与自然的问题，人格观念的问题，人学问题，德力、刚柔、心物、义利、理欲的问题，终极关怀的问题。在《中国哲学基本问题辨析》一文中，他列出的问题有名实问题、道器问题、有无问题、理气问题等归入思维与存在的关系问题，在精神与物质方面则有天意与自然、形神问题、心物问题、能所问题。中国传统哲学在这些问题上的论述与西方哲学有相似之处，又有自己的特色。这些特色应该说就是中华文化民族性的特点决定的。张岱年先生说："在中国哲学中，理气问题可谓相当于西方所谓思维与存在的问题，心物问题可谓相当于西方所谓精神与物质的问题。这都是对于哲学基本问题的明确表述。"[①]

张岱年先生在非常广泛的领域对中国传统哲学进行多方位的考察、分析、研究，探讨中国传统哲学的特点，批判继承，综合创新。

---

① 张岱年：《论现在中国所需要的哲学》，《张岱年文集》第 1 卷，清华大学出版社 1989 年版，第 167 页。

三　张岱年先生的哲学

中国古代典籍非常丰富，一般人都能够从中找出哲学语录，加以排列，对号入座。哪个是唯心主义者，哪个是唯物主义者，或者形而上学，或者辩证法。但是，要进行全面的综合整理，做出令人信服的分析、评论，进行全面的概括、总结，没有很高的哲学理论思维的能力是根本做不到的，张岱年先生的《中国哲学大纲》就是按照自己的哲学思维，辩证唯物主义的观点方法，来研究中国古代哲学的成果，没有高水平的哲学思维，这样的著作是写不出来的。所以，笔者认为优秀的中国哲学史家必定是哲学家。

笔者曾问张岱年先生："您的代表作是哪一本书？"他说："是《天人简论（人与自然）》。"我又问："那么，《中国哲学大纲》是什么地位？"他回答："《中国哲学大纲》是我研究中国哲学史方面的代表作。"[①] 现在这只是一篇文章，没有写成书。所列的小标题有 10 个：一、天人本至；二、物统事理；三、物源心流；四、永恒两一；五、大化三极；六、知通内外；七、真知三表；八、群己一体；九、人群三事；十、拟议新德。这应该是张岱年先生的"哲学大纲"。这个大纲可以看出张岱年先生深受中国古代辩证唯物主义哲学的影响，他要用中国古代的哲学概念，综合古代的哲学思想，吸收外来思想，在新时代建构一个新的哲学体系。实际上做的就是综合创新的工作。这个体系就是按辩证唯物主义的方法，利用中国古代的哲学概念，建构自己的新体系。以后的研究成果基本上都是在这样的观念指导下进行的。

[①] 《天人简论（人与自然）》，收入《张岱年学术论著自选集》，首都师范大学出版社 1993 年版，第 265—279 页。

我上大学时，方立天老师告诉我，张岱年先生是研究中国哲学史的大专家，给我留下了深刻印象。1979年到太原参加第一次中国哲学史大会，我到张岱年先生住的房间拜访。与张岱年先生一起住的是金景芳先生。这是我第一次认识这样两位著名大师。回到北京以后，我就多次登门拜访，主要送文稿去，请教张岱年先生。20世纪80年代，开放的形势引发了学者们的开放心态，那是学术气氛最浓的时期。当时，我正在撰写硕士论文《王充哲学思想新探》。我去太原参加会议时带的论文是《王充天论的哲学意义》。这一篇文章写了差不多一年，修改十稿。每次用复写纸誊抄5份，分别送给5位专家，请他们提意见，然后参考专家的意见，作了修改，再送出。除我的导师钟肇鹏先生，还曾经先后送给过容肇祖、王明、陈克明、石峻、方立天、陈元晖、陈遵妫、张岱年诸位先生。《王充天论的哲学意义》这篇文章是修改到最后一稿，才送到张岱年先生手中。过了一周，我到张岱年先生家取稿，张岱年先生一开门见我，就热情地拉着我的手进入房间。接着就告诉我，你的这篇文章写得很好。有人来跟我打招呼，说不要支持你的这篇文章。我不管人事关系，只根据文章内容，我认为这篇文章写得很好。说着，张岱年先生就拿出笔在一张信纸上写下一段话：

这篇文章写得很好，对于汉天文学和王充的天文学说作了较深刻的研究，对于王充天文学说的优缺点进行了分析，论证详明，文笔流畅。希望作者更前进一步，对两汉天文学与哲学的关系做出更广泛的研究。

张岱年
1980年5月22日

需要特别注明的是，我没有请求张岱年先生支持我的文稿，更没有请他写这种评语。这是他主动写的评语。以后，他看我的文稿，从来没有再写过什么评语，说明这次的特殊行动是有针对性的。《王充天论的哲学意义》经过一些曲折，1981年4月收入太原会议论文集《中国哲学史论》。后来，我的《王充哲学思想新探》要在河北人民出版社出版时，当时的责任编辑许爱仙女士要我将学术界的评价和已经发表的论文寄给她，我将张岱年先生写的字条和我发表的文章的复印件都寄给出版社。出版社很快来信说决定将此书稿列入出版计划，于1984年3月出版。这一系列事情给我印象最深的不是学术问题，而是人品问题。这种人品正是中国哲学的体现。张岱年先生的哲学是"知行合一"的。在中国哲学的研究者中，也有少数人不能真正做到"知行合一"。有的人智力并不差，由于整天思考的是关系问题，浪费了自己大量的精力和时间，严重影响了自己的学术研究，还可能破坏了自己的形象，实际上得不偿失，写到这里，想起孔子的一些说法："巧言乱德"（《论语·卫灵公》）和"君子欲讷于言而敏于行"（《论语·里仁》），又想到老子的说法："信言不美，美言不信。善言不辩，辩言不善。"（《老子》第81章）于是，我想既往不咎，希望后来者能够吸取前人的教训，以先哲的名言，时常提醒自己，在正道上专心致志，努力为学术的发展做出贡献。我愿以此与诸位读者共勉！

张岱年先生在讲到中华民族优秀传统时，说到"自强不息"和"厚德载物"，也讲到独立人格，引孔子的话说"三军可夺帅也，匹夫不可夺志也"（《论语·子罕》）。这些话，我是多次听到过，是张岱年先生比较重视的格言。谈到庄子哲学，张岱年先生说："庄子提出的问题多而且深刻，是汉代以后所不及的。"后来我看到鲁迅、顾颉刚、闻一多等许多名家都对庄子哲学评价甚高，都认为是先秦时代最高的代表。鲁迅说"晚周诸子之作，莫能先也"，顾颉刚说"《庄子》是战国时代最高的哲学代表"，闻一多认为自己崇拜庄子超过所有其他圣贤，达到疯狂的程度。但是，全国流行的中国哲学史教材中都是将庄子作为反面的角色，说他的宇宙观是唯心主义的，方法论是相对论的，认识论是不可知论，人生观是悲观厌世的，是没落奴隶主阶级的思想代表。为什么评价如此悬殊？我苦苦思索了几年，后来写了一篇《庄子新论》阐述自己的研究成果。

在一次中华孔子学会的前身中国孔子研究所的会议（北京孔庙）上，我问张岱年先生："学术界有人想将您也列入当代新儒家。您有什么看法？"张岱年先生大声说："我不是新儒家！"又指着我说："你也不是新儒家！"我说："我们都是用辩证唯物主义的观点方法来研究儒家思想，并不是新儒家。也像宗教研究者不是宗教信徒那样。"张岱年先生同意我的意见，只说了一声"是"。

有一次，我到张岱年先生家拜访。张岱年先生告诉我，有人要他支持《周易·系辞传》是道家的著作。张岱年先生表示不能同意。后来，《周易研究》1992年第2期发表了一篇《论〈系辞传〉是稷下道家之作》的文章。我就针对这一篇，也写了一篇《道家新成员考辨——兼论〈易·系辞〉不是道家著作》的文章刊登在《周易研究》1993年第1期上。张岱年先生的题字："周易经传都是儒家的经典著作。"只是表个态，没有写文章阐述这一观点。不能因为有人请求，更不能由于有高稿费，就可以违心地写一些文章支持自己不同意的观点。直道而行，不能因为情面和金钱而丧失学术良心。

在一次中国哲学史学会的年会上，张岱年先生说，大家给冯友兰先生庆祝九十大寿时，冯友兰先生引了庄子的话："举世而誉之而不加劝，举世而非之而不加沮。"表示很受启发，应该以此为座右铭。张岱年先生说："我给加个横批：早该如此。"理论坚定性是很必要的，做到也很不容易。我想尽量不说自己不愿意说的话，尽量不为了某种个人利益而说讨好权势者的话。张岱年先生做学问，做人一生坚持：不多说，不少说。这才是彻底的唯物主义者。

我到日本讲学时曾经提到庄子这句话，说明庄子思想的深刻，绝顶聪明的冯友兰先生到 90 岁才悟出庄子这句话的深刻性。冯友兰先生最后撰写的《中国哲学史新编》（修订本）第 7 册按自己的想法写，没按别人的意思进行修改，表明了冯友兰先生不以举世的毁誉为念的理论坚定性，保持了理论家的晚节，令人钦佩！

有一次，讨论关于中国哲学与辩证唯物主义的关系问题时，张岱年先生认为张载是唯物主义者，又有辩证法思想，他的唯物主义与辩证法有机地结合在一起，形成的体系为什么就不是辩证唯物主义？王夫之也是将唯物主义与辩证法有机地结合在一起，为什么不能说他是辩证唯物主义者呢？有些文章一讲到中国古代的唯物论和辩证法，都要在前面加上"朴素的"，张岱年先生说："如是真理，朴素何害？如非真理，纵讲得精微，亦不过善于诡辩而已。"[①]

由于张岱年先生的推荐，我于 1985 年获得美国王安研究院首届汉学研究奖助金的资助，花了两年比较完整的时间研究董仲舒哲学思想。1987 年写成，请张岱年先生写序。1989 年 1 月出版。可惜的是在河北人民出版社出版的《张岱年全集》第 8 卷没有收入这一篇序。

我在与张岱年先生接触中，听其言，观其行，一举一动，一言一行，张先生都表现出大哲学家的哲学特点，都表现出特殊的智慧与正气。没有发现任何不妥之处，真是达到所谓"从心所欲，不逾矩"的思想境界！

根据哲学家的不同风格，张岱年先生将哲学家分为三大类型：散文型、诗歌型和戏剧型。在中国古代哲学家中，他认为孔子是散

---

① 张岱年：《中国哲学大纲》，中国社会科学出版社 1982 年版，第 589 页。

文型哲学家，老子是诗歌型哲学家，墨子是戏剧型哲学家。张岱年先生说自己是散文型的。散文型哲学家平凡而伟大，平实而崇高，为世人的楷模，是道德的导引。孔子为"万世师表"，张岱年先生也是"学为人师，行为世范"。

（原载《清华大学学报》（哲学社会科学版）2004年第4期）

交通与文化

中国第二次载人航天飞船"神六"发射成功，使中国进一步巩固继美国和俄罗斯之后的"航天大国"的地位。全世界有三个国家能发射载人飞船，中国是其一。从这里我想到，交通与文化的关系。交通工具的发展水平表明文化交流的方式与水平，也标志着文化发展与传播的程度。因此，交通发展是文化发展的重要方面。

十多年前，有所谓的"黄色文化"与"蓝色文化"之说，说中国在黄土高原上，是黄色文化，黄色文化是落后、封闭的代表；而西方是海洋的蓝色文化，是先进、开放的代表。实际情况如何，还需要综观世界历史，展开详细讨论。

地理决定论，是风水先生的学说。地理对人类生活有着重大影响，但不是决定因素。理由一：现在发达国家，以前都曾经长期居于落后地位。两百多年前，美国还是英国的殖民地。澳大利亚曾是英国犯人的流放地。中国在汉唐盛世的时候，英国还处于相当落后状况。理由二：现在也有许多海洋国家，并没有因为它的海岸线长而成为发达国家。没有一寸海岸线的一些国家，却也曾经称霸过。理由三：日本的地理没有大变化，在甲午战争以前的几千年中，一直落后于中国，如今却是世界上的富国。这些都说明地理不是决定因素。地理变化是以亿年计，而各国的盛衰则是经常变换的。许多文明古国，现在多已中断，光辉不再。地理不同，在不同的历史阶段会有不同的价值。

地理影响交通，交通影响文化、科技发展的不同程度，这种影响是不同的。人类的早期都是生活在陆地上，陆地上交通就是车与路。中国两千年前的秦代，开辟了道路，并规定"车同轨"，统一车轴长度，使车辆可以通行天下。从现在保存的栈道遗迹，以及出土的秦始皇陵陪葬的铜车马来看，那时的中国是陆地交通的先进国家，也是先进文化的代表。在那个时代，大江还是天堑，并没有变成通途，主要还是陆路交通阶段。车与路为统一大国创造了交通条件。海洋是交通的最大障碍。一千年后，唐朝高僧玄奘从陆地往印度取经，虽经千辛万苦，一次成功。同是唐代的鉴真和尚东渡日本，九死一生，失败五次，第六次才成功。

社会发展以后，航海业与造船业的水平不断提高。中国秦代就有徐福带数千名青少年航海到达日本。从秦到明的一千八百多年中，中国航海业不断进步。到明代，郑和奉命下西洋，第一次航海在公元1405年，至今已经整六百年！当时有大船二百余艘，率众27800多人，大船长44丈、宽18丈。七下西洋，航行数万里，经过三十多个国家，没有发生海难事故，没有开辟一块殖民地，是文明之旅、和平之旅。87年以后，哥伦布才开始航海，只有88人（一说90人），驾三艘小船，西行到美洲。无论从时间、规模、人数以及造船业与航海业的任何方面，哥伦布航海都远不及郑和航海。郑和航海一百年以后，在造船业与航海业方面，欧洲还达不到这个水平。如果有所谓的蓝色文化，中国应该是蓝色文化的优秀代表。可以说，从秦代到明代，中国一直是海洋交通的先进国家，是海洋文化的杰出代表。

近代以来，中国在科技方面特别是交通工具方面落后了，没有发明自行车、火车、汽车和飞机。经过20世纪一百年的觉醒与奋斗，中国人民站起来了，开始奋发图强，奋起直追，迎头赶上。经过半个多世纪的团结努力、艰苦奋斗，终于实现了航天梦想，跻身于航天大国。"神舟"六号发射成功，标志着中国在空间交通方面也进入了先进行列。从历史事实可以看到，中国在陆地交通、海洋交通方面都曾经是先进国家的代表，我们的祖先无愧于我们；而现今的空间交通，中国也跻身大国之列，我们也将无愧于祖先。

（原载《科学时报》2005年11月11日《科学周末》B3版）

"优胜劣汰"与"和而不同"

——东西方传统政治哲学突出差异的比较

哲学是智慧之学。东西方都是有智慧的,因此也都有哲学。说中国没有哲学,几千年的中华文明怎么能没有智慧呢?这是局限于西方哲学的模式,而不知天下之大,有各不相同的智慧之学。西方哲学重视探讨宇宙本原,根据科学成果,通过逻辑推导,构建完整的思想体系。中国哲学产生于乱世,目标是救世济民,总结历史经验,结合实际生活体验,提出治理天下的方略,形成开放的、与时俱进的、日益丰富的庞大思想体系,主要是治理社会的政治哲学。西方长于宇宙论哲学和科学哲学。中国则长于政治哲学和历史哲学。从东西方政治哲学来比较,也是非常复杂的问题。我们取其一点,即文化传统的不同,特别突出的差异,就是"优胜劣汰"与"和而不同"的比较,来研究二者的差异与优劣。

一 优胜劣汰

西方传统哲学的主流是主客二分,就是人与自然的对立。这种哲学强调征服自然,改造自然,是积极进取的,表现为"阳刚之气",也可以称为有"雄性"的特征。在这种哲学指导下,形成了特点非常突出的传统，这就是"优胜劣汰"。在自然界是这样，在人类社会也是这样。因此，黑格尔说，大海邀请人类从事征服和贸易。征服和贸易似乎是上帝的意志，大海的愿望。这也说明上帝是人塑造的，有什么样的文化传统，也就有什么样的上帝形象。在"优胜劣汰"的文化传统下，孕育出了生物进化论和社会达尔文主义，出现了世界贸易与殖民主义，发扬了探险精神，产生了斗争哲学，爆发了两次世界大战，同时也促进了科技的发达、经济的发展、社会的进步、制度的完善，刺激出竞争意识。这种文化传统推动世界发展，功不可没。总之，西方"优胜劣汰"文化传统是一把"双刃剑"，既有促进社会发展的作用，也有很强的破坏性。它像放射性物质，可以用于治疗疾病，发展核电工业，也可以用于制造原子弹这样的大规模杀伤武器。很多药物也是这样，使用适当，可以治病救人；使用不当，可能有害健康。所谓是药三分毒，这里指的是中草药，绿色药品尚且如此，西方化学药品的副作用更大。因此，凡事不能盲目迷信，都要好好分析，分清性质，正确使用，发挥优点，抑制弊端。

西方人讲"优胜劣汰"，自然界把好的、优质的物种保留下来，淘汰那些劣质的、不能适应自然界变化的物种。万物在那里竞争，由天即自然界来选择，所谓"物竞天择"。这个理论原本是对自然现象的概括。人类就是自然界选择的结果。

但是，现在对于"优胜劣汰"有两个误区：一是"天择变成人择"。科学进步，人的作用大了，人有了选择权，在一些范围内，人择取代了天择。例如种庄稼，可以选择优良品种，养鸡养猪也选择优良品种。这样大大提高了产量，为人类创造了很多财富。所谓优良品种，都是以人的需要为标准。人想吃肉，长肉多而且快的，就是优良品种。这就是所谓"人是万物的尺度"。什么叫益鸟，就是对人类有益的鸟。什么叫益虫，就是对人类有益的虫。对人类有害的鸟和虫,都是害鸟、害虫。由于人类的选择,当然就淘汰了一部分生物。人类还要用杂交或者其他科学技术如改变基因等方法改良物种,选择经过改良后的物种,新种被保留下来了,它的母本和父本都被淘汰了,被认为是劣等物种包括尚未发现优良品质的物种也都被淘汰了。人类活动的范围不断扩大,改造自然的力度加强,破坏了自然环境和生态平衡,使很多生物失去了生存条件,物种每年以上百种的速度灭绝。长此以往,几百年或者1000年以后,几十万种的生物也就差不多被淘汰光了。也许那时还剩下少量的物种,例如会下蛋的鸡、能挤出奶的奶牛、伴人玩的宠物——哈巴狗和为了吃肉而养的猪羊以及一些鱼类、贝壳类。那时的人类是否太孤单了。也许动物园还会养一些观赏动物,例如20只斗不过一头水牛的变态狮子,3只咬不死一头病牛的没有野性的老虎。被人类留下来下蛋的鸡也只能被关在那里吃食、下蛋,变成与自然界的鸡完全不同的、只能生产蛋的生物机器。丰富多彩的自然界一旦变得如此单调,人类生活的兴趣也就索然无味了。这当然是很不好的情景。更严重的是,千万年形成的生态平衡可能被破坏,甚至可能破坏人类生存的基础,使人类成为地球上的新世纪的恐龙,将在地球上灭绝。二是在人类社会中搞"优胜劣汰"即所谓社会达尔文主义。据最新的科学研究成果,人类的基因99%以上是相同的,差异非常小。从人类发展史也可以看到非常明显的事实,一个国家,一个民族,在某一时期可能很发达、很进步,过一段时间就会走向没落。美国现在是最强盛的国家,可是在200多年前,它还是英国的殖民地。英国曾经是"日不落"帝国,但当中国处于盛唐时代时,它却是很不起眼的小国、弱国。中国5000年前有黄帝时代,创造了许多物质文明。在此之前,古埃及、古希腊、古罗马和苏美尔都已经有了青铜与石器并存的奴隶制时代,古巴比伦在公元前2000年就能够解含三个未知数的方程式。许多民族都在不同的历史时期辉煌过,也都衰败过。哪个民族是优等民族呢？不能只看一时的情况。同样道理，一个家族，有时富强，成为豪族名门；有时又衰败，成为破落户。事实与科学研究结果是一致的，人的内在本质差别不大。但是，一些西方人以为自己是优等民族，例如，希特勒认为自己的民族是优等的，犹太人是劣等民族。第二次世界大战期间，希特勒屠杀了上千万犹太人，就是这一理论的恶果。犹太人还没有杀完，希特勒就完蛋了。如果没有斯大林领导的苏联顶住纳粹的进攻，如果没有苏联红军攻入柏林，历史也将重写。如果纳粹杀完犹太人，当然还杀其他"劣等民族"，最后只剩下一个民族。这个民族中的个体也还有优劣之分，自然还要继续杀下去，最后当然只能剩下极少数的一些人。剩下的人越来越单纯，也越来越无能。这些人会在一般的自然灾害面前无能为力，最终使人类彻底灭亡。所以，"优胜劣汰"，先淘汰了别人，最后也会淘汰了自己。总之，西方的"优胜劣汰"，为生产的发展和科学技术的进步做出过贡献，重视其贡献而忽视其弊端，已经给自然界生态平衡造成严重破坏，也给世界的安定带来严重的威胁。"恐怖"的问题，最终的根子也在这里。

　　人类应该说有一定的共性，以前只讲阶级性，不讲共性，这是不太全面的。人类是非常复杂的，对于个体来说，水平有高低，能力有大小，但是，每个人都有他的长处，都有生存的权利，别人没有淘汰他的理由，也就是说没有不让他生活的理由。例如在体育比赛中，可以通过竞争或比赛，选拔跑步冠军或足球冠军，被淘汰的人可以继续努力，争取下一届比赛当冠军。如果自己确实不行，没有信心，可以另找出路，不一定要在一棵树上吊死。只要找到适合自己的位子，就可以谋生，就可以发展，就可以做出与自己付出相应的成绩来。所谓"天无绝人之路"。智力有高低，体力有大小，人各有长处，不要在一根独木桥上挤。让围棋棋圣聂卫平打排球，不是郎平的对手，在排球场上被淘汰，是很正常的。但不能杀了他，因为在围棋比赛中，他可以得冠军，当棋圣。郎平要在围棋赛中必定不是聂卫平的对手，在围棋赛中被淘汰的郎平可以在排球赛中发挥自己的特长。其他人大多类此，寻找自己合适的位子，树立信心，经过努力，都有成功的希望。从一定意义上说，每个人都是某一方面的天才，放在适当位置上，经过努力，都可能创造出奇迹。在一种竞争中被淘汰，就自杀，那是错误的。考不上大学，可以当农民，当工人，也可以干一番轰轰烈烈的事业。考不上博士，就更不必悲观了。对于似乎什么作用都没有的人，养活他们，也是人道主义的体现，对其他人也是一种精神教育。总之，人生在这个世界上，就不应该被抛弃。但是，优胜劣汰理论用于社会领域以后，产生了强盗逻辑，弱肉强食，使弱者经常挨打，受剥削，受欺负，受贫困，受歧视。世界人口中的少数人消费了世界财富的大部分，这是多么的不平等！多么的不公平！他们何曾都比别人本事大，智力高？不平则鸣，弱者就要反抗。哪里有压迫，哪里就有反抗。以邻为壑的人，必然祸及自身。损人利己的人，最后必将损害自己。"优胜劣汰"文化传统培养出来的霸权主义，给天下带来诸多不安定因素，也制造了大量的恐怖现象。不让天下安定的人，自己也绝对安宁不了。马克思说得好，不解放全人类，就不能解放自己。因此，无产阶级的口号是：解放全人类！现在世界上发达国家的政治家有这种胸怀吗？他们以本国利益为至高无上，哪还有什么公正、道义，一心想着如何统治别人，掠夺别人资源，一心想着如何用武力压服别人，为本国谋取利益。其结果都是压而不服，然后恼羞成怒，公然发动战争。霸权主义是恐怖活动的根源，不消灭霸权主义，要消灭恐怖活动，难矣！霸权主义本身就是在搞大规模的恐怖活动。美国轰炸阿富汗，进攻伊拉克，不是最大的恐怖活动吗？

二　和而不同

中国有"和而不同"的文化传统。这一原则有三条主要内容：一是自己要独立思考，要自主，不能随波逐流，更不应与坏人同流合污；二是允许别人有自主权，不能强迫别人服从自己；三是要善于与别人合作，善于协调关系，特别是要保护弱者，帮助弱者，使不能劳动又失去依靠的矜、寡、孤、独以及残疾者都能享受人间的幸福。因为强者要以弱者为基础，智者也要以愚者为基础，失去这个基础，自己也就失去优势，强者不强，智者不智。按这一原则，在人群中，每个人既不当奴才，也不做霸主，也不是各自孤立的个人，而是组织成和谐整体中的一员，这个整体使每个人的生活幸福，安全得到保障。按这一原则，人类也不应随便杀害动物，也不能乱砍树木，这对于保护生态平衡有好处，最终也对人类有好处。中国古人规定，春天不能打鸟，怕打死雌鸟，饿死雏鸟；春天也不许打野兔，怕伤了孕兔的胎儿；反对竭泽而渔，捕鱼要用大眼的网，好让小鱼逃走。"采葑采菲，无以下体"，采野菜时，只采叶子，不要连根拔掉，这样才能保证以后还能采到叶子。这些都是保护生态平衡的措施，也是可持续发展的要求。对于人类则应该有更多的怜悯之心，贯彻仁爱的原则："己欲立而立人，己欲达而达人"；"己所不欲，勿施于人。"跟所有爱好和平的人友好相处。和平共处是我们的愿望，但是，如果有的坏人想欺负我们，那么，我们该怎么办呢？那就要起而反抗。国际关系更为复杂，但是，"和而不同"仍然是一项重要原则。"和而不同"是尊重各国领土和主权、平等互利的保证。"和而不同"原则有三方面重要的内容：一是独立自主，提出自己的见解，不随声附和，也不屈服武力威胁。二是尊重各国的自主权，不搞霸权主义。三是在平等的基础上，讨论大家共同关心的问题,求同存异,协商解决各种冲突和争端,处理政治问题。

20世纪50年代,中国政府提出和平共处五项基本原则,即:互相尊重领土主权;互不侵犯;互不干涉内政;平等互利;和平共处。中国政府于1954年在处理与印度、缅甸两国的关系时提出这五项原则,后来,中国政府把它作为处理国与国之间关系的普遍原则。周恩来1955年在印度尼西亚的万隆会议上代表中国政府提出"求大同存小异",对于正确处理国际争端,提供了非常有意义的方法。中国政府处理与周边邻国的关系,继承了我国古代"和而不同"的优秀文化传统。"和而不同"与"求同存异"两者都有一个"同"字。这两个"同"字有什么不同呢?前者指完全的同,后者指部分的同,因为还有异。和,只是强调独立性,并非与别人毫无共同之处。和,表明与别人相比,有同有异。在充分讨论以后,解决不了所有的问题,只能用"求同存异"的办法,把共同的内容统一起来,不同的意见暂时各自保留。"和而不同"的同,是指与别人完全相同,没有异,因此没有存异的问题。

几十年以后,如果我们国家强大了,也不要称霸,也不要去打其他弱国,强迫它们服从我们。不称霸也是我们国家的优秀传统。因此,我们的发展不会成为周边国家的威胁。如果我们的后代违背这个传统,富了就对别国进行经济制裁,强了就对他人进行军事威胁,那也会遭到外国的报复,自己必然得不到安宁。总之,我们要继承优秀的传统,为世界和平做出自己应该有的贡献。"优胜劣汰"与"和而不同"是可以统一的。优胜,不是说强大者必定会胜利。地球上那么多恐龙都是强者,最后为什么都灭绝了呢?倒是那些弱者如蜻蜓、蜜蜂、蚂蚁,却能保存下来。自然界的"优胜劣汰"也不是"强者胜",而是适者生存。恐龙虽然是强者,却不能适应变化了的自然界,所以灭绝了。蜻蜓、蜜蜂、蚂蚁虽是弱者,但由于能适应变化了的环境，故能保存下来。在人类社会中，强者如果违纪犯法，与别人都合不来，不能调整好人际关系，就会遭到大家的抛弃。一个国家，如果仗着军事实力与经济实力，不讲道义，称霸世界，欺侮小国弱国，就会遭到弱者的强烈反抗。横行乡里的恶霸，掠夺财富的强盗，不讲道义，滥杀无辜的霸权，都属于应该淘汰的"劣者"。有爱心，又善于与其他人合作，受到大家的欢迎，那么，他就会在大家的支持下生存下去。主持正义，维护和平的国家，就会与世界其他国家和平共处。实行"和而不同"的人和国家就是优秀者，就能胜利，就能生存下去。优者，就是坚持"和而不同"者。作了这样的解释以后，中西方的文化传统也就可以接轨了。

（原载《学习论坛》2006年第1期）

今天，我们如何读《论语》

孔子是中国历史上最具影响力的人物之一。他是最早最好的民间教师，将传统文化传播到平民那里。《论语》是记载孔子与弟子的言行，是中国历史上影响最广泛的一本书。

《论语》上的一些话，现在看起来不好懂，要结合别的古籍，参考一下，也就不难读懂。如孔子讲的"君子和而不同，小人同而不和"（《论语·子路》）。"同"跟"和"有什么区别？一个君子一个小人，这"同"有什么不好？"和"有多好？《左传》中，晏婴就很好地解释了"和"与"同"的区别。他给齐景公讲，什么叫"和"？就像做菜那样，各种肉、菜、咸的、酸的，配合好了，放在一块，煮出来的菜很好吃，汤也很好喝、可口，这叫"和"；另外一种做法就是放水，水再加水，什么味道也没有，这就不好喝。这就是"和"与"同"的区别，"和"就是不同的东西合理的搭配，形成最好的状态。比如说音乐，音调有高有低，有各种不同的频率或者各种不同的乐器，它们组合成一首优美的曲调。它就很悦耳，听了就是一种享受。如果只有一个声音、一个音调，没有变化，那就很难听，按现在说法叫噪声，对健康不利。这就是"同"。晏婴举这样的例子，是为了说明：国君提出一个意见，臣子从不同的角度给他提出批评，提出修改意见，然后经过反复讨论修改以后，形成最佳方案,这个方案是集思广益的结果,这是"和";如果国君提出一个意见,所有人都不敢反对,上下同声,这就是"同"。

孔子在这个基础上来讲"和而不同"是什么意思?就是说一个人如果做官,国王不管提出什么意见,他不是马上就赞成,而是先考虑考虑,意见还有什么不完善的地方,然后给国王提出来,提出来再商量,有的吸收,有的不吸收,这就是"和"的态度,就是君子应该坚持的原则。有人为了保自己的乌纱帽,只要是上司说的都表示同意,这就是小人的做法。小人从来不提意见,你说什么他都说好,而且抢先说这个方案最好。这个"同"就是同于上级的意见,同于君主的意见。有人将"同"理解为平等,并以墨子"尚同"为证据,那是错误的。

还有,《论语》里面讲诤友,就是最好的朋友是能够给你提意见的人,什么意见都不提的,因为你现在还有酒还有肉,他就跟你交朋友,那是酒肉朋友,当你肉吃完了,酒喝光了,他就走了,利尽而绝。有利的时候就是朋友,利没有了就断交了,这不是真朋友,也不是好朋友。这是小人之交,"小人之交甘若醴"。

关于君子和小人,在《论语》里面,只要看到君子什么什么,这就是孔子提倡什么;如果说小人怎么怎么,就是孔子批评什么。孔子提倡和而不同,反对同而不和,反对什么都听上级的,提倡跟上级共同探讨问题,提倡独立思考。有的人说中国的传统没有独立人格,什么都听皇帝的。实际上,这是对中国的文化太不了解。孔子非常强调独立人格,比如他说:"三军可夺帅也,匹夫不可夺志也。"(《论语·子罕》)匹夫就是普通老百姓。普通老百姓心里面的志向和想法,你不能用强制的办法把它剥夺了。

现在我们国家出版业很发达,一年大概出几万种书,报纸每天出几十万或者几百万份,但是哪一个纸片能留下来?很难。而像《论语》这样一本书,一共就1万多字,却流传了2000多年,直到现在许多人都在学它，这才是精品。席泽宗的一篇文章说，他的老师叶企孙告诉他，文章发表30年后，还站得住脚，那才算过硬。按此推论，300年后还有人研究，就是精品。能传3000年呢？那就是经典！

现在书多得不得了，真正能流传下去的，必须是精品。第一，要精练。第二，很通俗。第三，要非常深刻，具有普遍意义。孔子的话都是很通俗的，又非常深刻，这才能流传下来，像"和而不同"这句话，就符合以上三条。还有"己所不欲，勿施于人"（《论语·颜渊》），你自己不愿意接受的，也不能强加给别人，这个道理非常简单，谁都能听懂，又非常深刻，是反对霸权主义的理论武器。

有一些说法，过去被认为是错误的，并受到了批判。我们如果结合社会现实进行深入研究后会发现，它并不是错误的，而是我们有误解。《论语》上有这样的例子。《论语·子路》载："叶公语孔子曰：'吾党有直躬者，其父攘羊而子证之。'孔子曰：'吾党之直者异于是，父为子隐，子为父隐，直在其中矣。'"说的是有一个叫叶公的去跟孔子说，我们那个地方有一个小孩，叫直躬，"其父攘羊，而子证之"，他父亲偷了别人的羊，他去证实它。孔子说，我们村里面的正直人不是这样的，子为父隐，父为子隐，正直就在其中。就是说儿子没有揭发他父亲，他父亲也不揭发他儿子，这里面也有正直。孔子讲的这个正直的意思，后来有很多人批判他，说这个违法了，犯了包庇罪，这是与当今法制社会不协调的。韩非说法，如果父子相隐，那就是"父之孝子，君之叛臣"。好像直躬的表现对国家有利，对家庭不利。而孔子的说法对国家不利，对家庭有利，所以，统治者都不会支持孔子的观点。实际上不是这样。《汉书》记载汉宣帝下的诏书，《汉书·宣帝本纪》地节四年夏五月，诏曰："父子之亲，夫妇之道，天性也。虽有患祸，犹蒙死而存之。诚爱结于心，仁厚之至也，岂能违之哉！自今子首匿父母，妻匿夫，孙匿大父母，皆勿坐。其父母匿子，夫匿妻，大父母匿孙，罪殊死，皆上请廷尉以闻。"子女匿父母，妻匿夫，孙匿祖父母，均无罪。反过来，长辈隐匿晚辈，如果罪行要判死刑的，也要上报廷尉请示。这里明确的是子隐匿父母是无罪的。作为统治者居然下这样的诏书，说明亲情与法律两相比较，孝与忠的关系，在一些情况下，亲情更为重要，孝高于忠。《三国志·魏书·邴原传》载：魏文帝曹丕问大臣："君父各有笃疾，有药一丸，可救一人，当救君耶？父耶？"邴原则勃然对曰："父也！"这也是孝亲重于忠君的典型例子。因为亲情维系着社会的和谐，一旦破坏人际的亲情关系，社会失去孝的道德，对于和睦家庭与和谐社会来说，无异于釜底抽薪。20世纪批判孝过了头，"文化大革命"又是一次大规模的破坏亲情的运动，结果出现许多不和谐因素，伦理道德沦丧，社会风气败坏，现在需要花大力气去拨乱反正。人文缺失，后患无穷。往往一时看不出来，若干年后，严重影响社会的和谐与安定，最后只好慢慢地消化恶果。

父子相隐，在法律上叫容隐制度。据说，全世界绝大多数国家都有容隐制度，容许直系亲属不做证。中国也开始施行这一制度。前几年学术讨论这个问题，发表了几十篇文章，最后郭齐勇主编成论文集，有70多万字，多数人支持容隐制度。国家领导采纳这个意见，所以出台了这个制度。父子相隐的问题，有合理性，再次得到证实。于是，过去的误解得到了澄清。

（原载《学习日报》2012年9月3日）

人物品评

论齐桓公之力

齐桓公成为春秋第一霸主，是谁的力量？孔子说："桓公九合诸侯，不以兵车，管仲之力也。如其仁，如其仁。"又说："管仲相桓公，霸诸侯，一匡天下，民到于今受其赐。微管仲，吾其被发左衽矣。岂若匹夫匹妇之为谅也，自经于沟渎而莫之知也？"（《论语·宪问》）上一句明确说桓公称霸是"管仲之力"，下一句把桓公称霸，为民造福，也都归功于管仲。很显然，按孔子的说法，齐桓公的事业，主要是管仲的力量。由于孔子的权威，这种评价成为许多人的共识，被一些人视为定评。最近，我反复思考一些问题，对此有点新的想法。

齐桓公让管仲治国，管仲说："贱不能临贵。"人微言轻，地位低的人管不了地位高的人。齐桓公就任命管仲为"上卿"。但是，国家并没有治理好。齐桓公责问管仲："为什么没有治理好？"管仲说："贫不能使富。"贫穷的人指挥不动富裕的人们。齐桓公将一年中从市场上收来的租税全部交给管仲。管仲还是没有把齐国治理好。齐桓公又问究竟为什么。管仲说："疏不能制亲。"疏远的人制约不了亲近的人。齐桓公把管仲立为"仲父"。结果，齐国治理好了。全国大安，于是就称霸天下。齐桓公问管仲："何如而害霸？"怎么做会妨碍称霸。管仲说："不知贤，害霸；知而不用，害霸；

用而不任，害霸；任而不信，害霸；信而复使小人参之，害霸。"（《说苑·尊贤》）在用人中，首先是知贤。知而能用，用而能任，任而能信，信而能专，才能充分发挥贤者的才华，使他成功立业，名垂千古。在这个问题上，孔子也承认"管仲之贤，不得此三权者，亦不能使其君南面而霸矣。"（同上）孔子所谓"三权"，就是法家所谓"势"。慎到说："尧为匹夫不能治三人，而桀为天子能乱天下，吾以此知势位之足恃，而贤智之不足慕也。"（《韩非子·难势》引）尧是圣人，没有势位，不能够管理三个人。管仲即使是圣人，没有势位，也只能管理三个人。因此，管仲如果没有齐桓公知贤善任，也将埋没了自己的才华。管仲一而再、再而三地提出要权，提出几乎是别人不敢想象的要求，齐桓公能一再答应他的要求，才使他得以成功。如果齐桓公不是那样绝对信任他，只要有一点动摇，都将前功尽弃。像管仲这样，伸手要官，再伸手要钱，还要名誉地位，如果在现在，管官的人会怎么想？也许会认为他是十分贪婪的名利之徒，不能给予满足。但是，贤人伸手要条件，是为了干事业，而不是为了自己的个人享受。当政者如果不能分别这两种完全不同的情况，就可能对贤人伸手产生怀疑。古人说"疑人不用"，用则无功。

　　巧媳妇难为无米之炊。要贤人建功立业，就要为他创造必要的条件。齐桓公不给管仲"三权"，管仲即使有天大的本事，也立不了大功。因此，齐桓公称霸诸侯，既是管仲的出力，又是齐桓公的善任，是君臣协同合作的结果。与此相反，有些君王做不好一件事，就认为是臣下的过失。总埋怨下属无德无能，不能像管仲那样创功立业，却没有反省自己，究竟为下属创造了什么条件？能不能像齐桓公对待管仲那样对待自己的下属？要马儿跑得好，又要马儿不吃草，那是办不成事的。

　　管仲提出三权，都是非常必要的。高官厚禄虽然不能给人以真理。但是，百姓仰慕高官厚禄者，所以，官大禄厚者说话的影响力就大。相反，官小禄薄者，人微言轻，说话没有人听，即使是真理，也会被人忽视。我们从现在的追星族身上也可以体会到这种情况。有很多知识的人包括教师，由于社会地位低，工资少，原来崇拜教师的学生，现在也不怎么看得起自己的老师了。而那些文化素质比较低的演员，由于经常在电视上露面，收入又十分可观，吸引了一大批学生，特别是中学生，形成了一个特殊的群体——追星族。明星唱歌，一个晚会唱几首，就可以收入几万元，这是其他职业的人都达不到的。因此，以前崇拜的作家、科学家、政治家也都退居明星之后。

管仲官大禄厚以后，还不能治理好齐国，原因何在？齐桓公的三亲六故仗着与齐桓公的亲近关系，不把管仲放在眼里。所谓"公章碗口大，不如熟人一句话"，管仲的政令在实施过程中，受到严重的抵制、破坏、干扰。俗话说"疏不间亲"。齐桓公尊管仲为"仲父"以后，齐桓公所有的亲戚、朋友、故旧对管仲都要敬畏三分，齐桓公的亲友的所有优越感在管仲那里，全都失效了。齐桓公给管仲"三权"，实际上是将自己的绝对权威授予了管仲。没有高度信任，绝对不会这么做的。

（原载《学习时报》（教育专刊）2001年3月12日）

如何评论贾谊

贾谊，洛阳人，是西汉文帝时代杰出的青年思想家和政治家。十八岁，便以才华闻名于郡中。由于吴公的推荐，文帝召贾谊为博士。当时贾谊二十出头，年龄最小。文帝每一次下诏让大家议论某一件事，许多老先生提不出自己的意见，贾谊却能够对答。汉文帝很喜欢他，不断破格提拔，一年之中，贾谊被提到太中大夫。贾谊认为汉朝建立二十多年，天下比较稳定，应当进行改革，改变历法的正朔，变易服色制度，改变官的名称，提倡礼乐文化，并且起草了改革的内容。主要有颜色尚黄，数字用五，官员的名称全部改变新的，报给汉文帝。汉文帝赞成，但不主张全面改革。朝中许多老臣对贾谊的改革亦不赞成，所以当汉文帝想任贾谊为公卿，主持改革，提出来让百官议论，征求意见时，便遭到了绛侯周勃、灌婴、东阳侯张相如、御史大夫冯敬等一批人的强烈反对，他们诋毁贾谊说："洛阳之人，年少初学，专欲擅权，纷乱诸事。"年轻的皇帝看到这么多老臣反对，也就不再提关于改革的事，与贾谊的关系也就渐渐疏远了。《风俗通义·正史》中记载刘向的说法：汉文帝与邓通特亲近，又喜欢游猎。待诏贾山谏，以为不应该经常跟官员出去游猎，受到汉义帝的冷落。"太中大夫贾谊亦数陈（谏）止游猎。是时谊与邓通俱侍中同位，谊又恶通为人，数廷讥之，由是疏远，迁为长沙太傅。既之官，内不自得。及渡湘水……亦因自伤为邓通等所愬也"①。这就是说，汉文帝疏远贾谊，主要原因有两个：一是谏游猎，扫汉文帝的兴趣；二是与邓通不和，邓通在汉文帝面前说贾谊的坏话。汉文帝听信自己的佞幸邓通，就让贾谊到长沙任长沙王的太傅。贾谊被贬出去，心里不愉快，在渡湘水时，想起屈原被放逐，作《离骚赋》，最后说"国家没有人理解我"，就投江自杀。贾谊感到自己与屈原的命运有点相似，很是感慨，也作一赋来抒发自己的悲愤。贾谊当了三年太傅，有一天鹏鸟飞入贾谊住处，并且停在他的座位上。鹏鸟是不吉利的，贾谊似乎看到自己快要倒霉了，于是又写了《鹏鸟赋》。一年以后，汉文帝又召见贾谊，问了关于鬼神的事，贾谊作了回答。文帝不太满意，任他为梁怀王太傅。当时匈奴强盛，侵犯边疆；制度不完善，诸侯王占地超过古代的制度，在礼仪方面也多有僭越行为，淮南王、济北王都由于叛逆被诛灭。贾谊深感社会问题、政治问题、制度问题、边疆国防问题以及太子教育问题，都存在危机，因此，贾谊在上疏的开头就说："臣窃惟事势，可为痛哭者一，可为流涕者二，可为长太息者六，若其它背理而伤道者，难遍以疏举。进言者皆曰天下已安已治矣，臣独以为未也。曰安且治者，非愚则谀，皆非事实知治乱之体者也。夫抱火厝之积薪之下而寝其上，火未及燃，因谓之安，方令之势，何以异此！"②（《治安策》）毛泽东曾将贾谊的《治安策》视为奇文。他读《新唐书·马周传》时的批语：（马周给唐太宗上的疏文），"贾生《治安策》以后第一奇文。"认为马周的疏文与贾谊的《治安策》都是历史上难得的奇文。

贾谊还针对汉文帝的行为提出一些批评。例如，周勃被免就

---

① 这一资料由日本京都大学池田秀三教授提供。
② 《汉书·贾谊传》。

国,有人告周勃造反,就将周勃关入监狱,后来查无实据,恢复原来的爵位。贾谊认为对臣下有节,不应该随便将大臣下狱。他说:"夫尝已在贵宠之位,天子改容而体貌之矣,吏民尝俯伏以敬畏之矣。今而有过,帝令废之可也,退之可也,赐之死可也,灭之可也……死而死耳,贱人安宜得如此而顿辱之哉!"(《治安策》)大官曾经受到皇帝与吏民的礼敬,有过可杀不可辱。文帝听取贾谊的建议,从此以后,大臣有罪过都不受刑罚侮辱,最多让其自杀。说明"刑不上大夫"的古制,还有一定的合理性。淮南厉王因叛逆遭贬,自己病死。汉文帝又要封淮南厉王的四个儿子为王。贾谊认为此事不妥。"淮南王之悖逆亡道,天下孰不知其罪?陛下幸而赦迁之,自疾而死,天下孰以王死之不当?今奉尊罪人之子,适足以负谤于天下耳。"而且这些人都还年轻,他们不会忘了为父报仇,或者像伍子胥那样起兵反叛,或者像荆轲那样进行暗杀,都会留下严重的后患。汉文帝没有听进这些意见。梁王胜从马上摔下死了,贾谊感到不得志,又遇上这样倒霉的事,伤心至极,经常啼哭,一年后也死了,当时才三十三岁。到了汉景帝时,吴楚七国叛乱,其中就有淮南厉王的两个儿子所治理的诸侯国参与造反。事实证明了贾谊的预见是正确的。汉文帝不能接受正确的意见,给汉景帝留下了麻烦。

贾谊年轻,才华横溢,三十三岁英年夭折,令后人痛惜不已!后代学者对此议论颇多。

司马迁与班固的评价

司马迁在《史记》中,将贾谊与屈原合传,说明二人有相似之处。最后,太史公曰:"余读《离骚》《天问》《招魂》《哀郢》,悲其志。适长沙、观屈原所自沈渊,未尝不垂涕,想见其为人。及见贾生吊之，又怪屈原以彼其材，游诸侯，何国不容，而自令若是。读《鵩鸟赋》，同死生，轻去就，又爽然自失矣。"① 屈原与贾谊都是很有才华的，两人又都死于南方。读屈原的作品，"悲其志"，为他的坚贞志向所感动。但是，战国时代的屈原有条件游诸侯，他为什么没有出游，非要"自令若是"，自沈深渊？而贾谊生于大一统的时代，无处可游，"同死生，轻去就"，是必然的也是唯一的选择。

关心国家大事，愿意为国分忧，像贾谊这样又有为国出力的实际本事，能够为国家做一些有益的事，立一些功，不论大小，都是国家的幸事，也是个人的幸事。汉文帝任用了贾谊一段时间，贾谊也为此做出自己的努力，并在实际中产生了实实在在的影响。汉文帝虽然不能说充分信用贾谊，也不能说没有任用贾谊。贾谊的才华虽然没有充分发挥出来，崭露头角已经展示了部分的才华，贾谊也就不枉此生了。机会难得而易失，有机会就要抓住，赶紧发挥才能，大干一番事业。他的《过秦论》《鵩鸟赋》《吊屈原》以及《新书》都能流传后代。他的一生，比那些得势朝廷的庸臣，更加幸运，也更加辉煌！班固在《汉书》中赞说："刘向称'贾谊言三代与秦治乱之意，其论甚美，通达国体，虽古之伊、管未能远过也。使时见用，功化必盛。为庸臣所害，甚可悼痛。'追观孝文玄默躬行以移风俗，谊之所陈略施行矣。及欲改定制度，以汉为土德，色上黄，数用五，及欲试属国，施五饵三表以系单于，其术固以疏矣。谊亦天年早终，虽不至公卿，未为不遇也。凡所著述五十八篇，掇其切于世事者著于传云。"传中有"其大略曰"下引贾谊文有二十段话，可能是班固从贾谊所著的书中摘录出来的对当时还有意义的内容。这些内容，在今天看来，许多还是很有价值的。值

---

① 《史记·屈原贾生列传》。

得注意的是,刘向称"庸臣"当然包括妒忌贾谊的周勃、灌婴、张相如、冯敬之流,还有一个在《史记》被列入《佞幸列传》的邓通。听信庸臣的,当然也应该是"庸主"。但,汉文帝原来还是很重视贾谊的"明君",何以变成"庸主"了呢?这也是值得研究的问题。二书均未提到贾谊与邓通的关系,刘向所说可能另有所本。在《风俗通义·正史》中,汉成帝问刘向:"(汉文帝)常居明光宫听政……治天下致升平,断狱三百人,粟升一钱,有此事不?"刘向对这些说法都作了否定的回答。在王充《论衡·艺增篇》中也有类似内容。文曰:"光武皇帝之时,郎中汝南贲光上书,言'孝文皇帝时居明光宫,天下断狱三人。'颂美文帝,陈其效实。光武皇帝曰:'孝文时不居明光宫,断狱不三人。'"西汉末说的"三百人",到东汉初又夸张为"三人"。刘向在刘秀、贲光之前。说明贲光不是始作俑者。因此,我以为刘向说,不为无据。贾谊的才能是杰出的,他的夭折实在可惜,虽然才华不能充分发挥,但也不能说没有发挥。司马迁与班固基本上就是持这样一种矛盾的有保留的态度。

苏东坡的议论

后来的学者对贾谊的遭遇,也有一些看法。影响很大的苏轼《贾谊论》说:"非才之难,所以自用者实难。惜乎贾生,王者之佐而不能自用其才也。"贾谊有王佐的大才,很可惜不能很好地用自己的才能。

苏东坡对此感到痛惜,是对的。说贾谊不能用自己的才,或者说不善于用自己的才,恐怕还要商量,难下定论。当事后诸葛亮是比较容易的。议一议也很简单,真正处于那个时代那个环境中,能否成功也很难说。凡事都有主客观的问题,贾谊再有能耐,也不能决定自己一生的命运。如果说贾谊不能用才，那也不是他个人的原因，或者说主要责任也不在他自己。陈平是成功者，被司马迁评为"善始善终"的贤相。他是否善于用才呢？我们设想，如果他遇到汉文帝，又有受金盗嫂的问题，那一定倒霉。他在项羽家里就遇到这种情况，那时他可以改换门庭，弃暗投明。而在汉文帝时代，建立了大一统国家，君主只有一个，没有选择的余地。又是继世之君，即使有十个孔子百名勇士，也无能为力。作为一介书生的贾谊又有什么办法呢？陈平如在汉文帝时代也不知道如何是好。

苏轼认为汉文帝是明君，在明君当政的时代还不被重用，那就是臣子自己的过错，是自己不善于用才。理论上似乎可以这么讲，实际要比理论复杂得多。例如，共同创造文景之治，与文帝并称的景帝，何尝不是明君？晁错又何尝不善于用才，却穿着朝服斩于宫前，比贾谊更惨！东汉光武帝是中兴之主，何尝不是明君？桓谭却因反对谶纬，被判为"非圣无法"，应该杀头，后因多人劝谏，才免于杀头，贬出京城，死于路上。桓谭何曾不善于用才？魏征在唐太宗那里也不是一帆风顺的。生时想杀，死后还曾经扑碑。唐太宗是明君，魏征是否善于用才呢？东坡先生以后观前，随便指责，难以服人。东坡先生的才华，是无人怀疑的，到底是否已经很善于用才了呢？也不见得！他所知道的王安石、司马光、欧阳修，是否也善于用才呢？

东坡先生还提出"待"与"忍"的问题。认为有王佐之才的人要等待机会，要忍耐，不要着急。人生苦短，几十年很快就过去了，应该"只争朝夕"，不能失去良机。良机难得而易失。既然得到皇帝的赏识，贾谊怎么能不抓住这难得的机遇呢？董仲舒得到汉武帝的赏识，虽然等待了很长时间，最后还是写了《士不遇赋》，而归隐终老。没有"待"出什么结果来。至于"忍"，东坡以为贾谊是"有狷介之操，一不见用，则忧伤病沮，不能复振"。贾谊是这样的人吗？他被贬后，先任长沙王太傅，再任梁怀王太傅，也曾与汉文帝谈鬼神事，还一再上疏，建议削诸侯的领地，认为这不是古代的制度，强调这将成为后患。他并没有因为被贬就一蹶不振。在这里，东坡先生还是有猜想的成分。二三十岁的青年人，从天上落到地下，心理不平衡是正常的，能够处之泰然，才是不可理解的。历史上，中老年被贬，也很少能那么平静，那么不在乎。如果贾谊从一开始就能"待"且"忍"，也许还不会登上天子之庭，也不会写出《过秦论》《治安策》《大政》之类的雄文。虽然可能寿命长一点，但也未必就会留名青史了。因此，我以为苏东坡用"志大而量小，才有余而识不足"来评价贾谊，是不太恰当的，也是不公平的。

贾谊想改革，他的方案必定要损害王公贵族的利益，自己要受到既得利益者的反对。这是古今中外毫无例外的。苏轼以为："为贾生者，上得其君，下得其大臣，如绛、灌之属，优游浸渍而深交之，使天子不疑，大臣不忌，然后举天下而惟吾之所欲为。不过十年可以得志。"这是天真的想法，至少是书生气十足！如果与绛、灌深交，就会同流合污，还怎么能去改革！如果真想改革，即使是深交，也会因为利益冲突而断交。改革是利益的再分配，就是要从既得利益的当政者、权势者手中将其中一部分的利益拿出来分配给其他应该获得利益的人。当政者如何不反对？商鞅、吴起的改革，虽然得志，君主一死，他们就遭殃。管仲、子产也搞过改革，没有待且忍，仍然得到成功，因为死在支持改革的君主之前。所谓"十年可以得志"，也是靠不住的。十年，世事变迁，三十多岁的贾谊如果真的得势，位居众臣之上，七八十岁的老臣岂能不忌？怎么能"举天下而惟吾之所欲为"？完全是幻想！王安石的情况，苏轼应该相当了解，难道不知道他罢相的事实？毛泽东在评点《马周传》时，说："宋人万言书，如苏轼之流所为者，纸上空谈耳。"(《毛泽东读文史古籍批语集》,《新唐书》卷九十八《马周传》批语。）宋代名臣上万言书，是一种时髦。很多人空话连篇，苏东坡可能最为突出，所以毛泽东举他为典型代表。

我以为，后世有贾谊之才者，应该大胆地展示自己的才华，要进行改革，就要坚持到底，不管别人说什么，坚定地走自己的路，必须将自己的生命置之度外，甚至将身家性命都置之度外，也应该将后人可能的议论放在一旁，他们爱说什么就让他们随便说去，你该干什么照样干去。不要因为苏轼的议论而错过良好的机会，要"待"、要"忍"，可能失去难得而易失的机遇。

王夫之在《读通鉴论》卷二《文帝》中说："贾谊、陆贽、苏轼之三子者，迹相类也。贽与轼自以为类也，人之称之者亦为类也。贽盖希谊矣，而不能为谊，然有愈于谊者矣。轼且希贽矣，而不能为贽，况乎其犹欲希谊也。奚以明其然邪？谊之说豫教太子以端本，将廉隅以善俗，贽不逮焉，而不但引傅梁怀王，王坠马毙，谊不食死。贽弗能也。所以知其不能者，与窦参为难之情胜于忧国也。"王夫之认为这三个人有相似之处，陆贽、苏轼是这么看的，别人也这么看。陆贽虽然不如贾谊，还有比贾谊高明的地方，而苏轼比陆贽都比不上，更何况跟贾谊比。这是王夫之对他们的总的评价：贾谊高于陆贽，陆贽高于苏轼。

王夫之认为贾谊的思想不纯粹是儒家的，"而不纯"，"而任智任法，思以制匈奴，削诸侯，其三表五饵之术，婴稚之巧也。其削吴楚而益齐，私所亲而虑贻他日莫大之忧，是仆妾之智也。贽之所勿道也。故辅少主，婴孤城，仗节守义以不丧其贞者，贽不如谊。而出入纷错之中，调御轻重之势，斟酌张弛以出险而经远也。谊不如贽，是何也？谊年少，愤盈之气未履艰屯，而性之贞者略恒疏，则本有余而末不足，斯谊与贽轻重之衡有相低昂者矣。"用智法想制匈奴，是指贾谊向汉文帝的建议："陛下何不试以臣为属国之官，以主匈奴行臣之计，请必系单于之颈而制其命，伏中行说而笞其背，举匈奴之众唯上之令。"汉文帝没有采纳这一建议，也许认为是幼稚的想法，不过是"婴稚之巧"。这大概是对的。但是，在贾谊之后，已经退休的董仲舒也有类似想法，班固在《汉书·匈奴传》中说董仲舒"亲见四世之事，犹复欲守旧文，颇增其约，以为义动君子，利动贪人，如匈奴者，非可以仁义说也，独可说以厚利，结之于天耳。故与之厚利，以没其意，与盟于天，以坚其约，质其爱子，以累其心。匈奴虽欲辗转，奈失重利何，奈欺上天何，奈杀爱子何？"班固"察仲舒之论，考诸行事，乃知其未合于当时，而有阙于后世也"。班固认为，对于匈奴这样一个"政教不及其人，正朔不加其国"的群体，平时要做好防备，并且还要友好来往，以礼相待。这才是"圣王制御蛮夷之常道也"。说明在汉初，贾谊、董仲舒都是想用一些非常的方法对待匈奴，认为匈奴是不懂礼义的野蛮民族。后来的事实说明匈奴并非不懂礼义，对他们友好相处，他们也采取友好的态度。王莽采取不讲理的办法对待他们，结果引起大乱。班固亲历了王莽的教训，做出新的总结。

关于削藩问题，贾谊最早提出这个建议，他在详细论证以后说："臣窃迹前事，大抵强者先反，淮阴王楚最强则最先反……势疏而最忠，非独性异人也，亦形势然也。……然则天下之大计可知已，欲诸王之皆忠附，则莫若令如长沙王；欲臣子之勿菹醢，则莫若令如樊、郦等；欲天下之治安，莫若众建诸侯而少其力。力少则易使以义，国小则亡邪心，令海内之势如身之使臂，臂之使指，莫不制从。"（《汉书·贾谊传》）贾谊的这一建议，恐怕不能说是"仆妾之智"。他建议"削吴楚而益齐"，显然是认为吴楚太大，后来的事实，正是吴楚先反。晁错也提削藩，遭杀身之祸。最后主父偃以明智的分恩办法来达到削藩的目的。从此巩固了汉朝中央的集权制度，使社会稳定了较长时间。应该说削藩是当时明智者的共识，贾谊最先提出这一看法，应该说有先见之明，怎么反成了"仆妾之智"？

从以上可以看出，贾谊还是比较知道治国之大体的。这一点也得到王夫之的肯定。王夫之对苏轼的评价就远不及贾谊了。他说："若夫轼者恶足以颉顽二子乎？酒肉也，佚游也，情夺其性者久矣；宠禄也，祸福也，利胜其命者深矣；志役于雕虫之技以耸天下而矜其慧，学不出于揣摩之术，以荧天下而雠其能习于其父，仪、秦、鞅、斯之邪说，遂欲以揽天下而生事于平康之世，文饰以经术而自白曰：吾谊矣，诡测夫利害而自白曰：吾贽矣。迷失其心而听其徒之推戴，且曰：吾孟子矣。俄而取道于异端，抑曰：吾老聃矣。吾瞿昙矣。"苏轼无法与贾谊陆贽相比，一会儿酒肉，一会儿闲游，比较浪漫。关于祸福的问题，多半是自己招惹来的。志在"雕虫之技"，却以为是天下最大的智慧而矜持。学问不出于"揣摩之术"，荧乱天下的视听，使人误以为他能继承其父的学问。其实，他用张仪、苏秦、商鞅和韩非的各种邪说，企图控制天下，在安定的社会生事、捣乱，有时自称贾谊，有时又自称陆贽，也自以为是孟子、老聃、瞿昙。这种人特别傲慢，将治理当儿戏，根本做不了政治工作，只能说一套，没有真正的组织和领导能力。没有做过政治工作的人，也许还以为苏轼有多大的本事。实际上，诗人的浪漫，与政治家的实干，完全是两回事。王安石那样的全才，既有诗人的浪漫，又有政治家的实干，实在是难得的。学问家的学问也是实在的，不同于文学家的浪漫。学问家讲学问，很重视根据。没有根据，不能随便说。而苏轼却是爱随便说的人，因此创造了"想当然"的奇迹。苏轼的文学成就不可低估，至于他的政治理论和学术水平都不可轻信。

周勃、灌婴批评贾谊说："擅权纷乱"。王夫之认为，"于谊为诬，于轼允当之矣"。对贾谊来说是不合适的，是诬陷，对于苏轼来说则是公允正当的。"藉授以幼主危邦，恶足以知其所终哉？"如果真的将"幼主危邦"委托苏轼去料理，结果会是什么样子呢？王夫之认为："王安石之于谊似矣，……然而世无逆求于己，己未豫图其变，端居臆度而欲取四海而经营之，未有能济者也。充谊之志，当正学之世，尽抒其所蕴，见诸施行，殆可与齐黄并驱乎？"（《读通鉴论》卷二·文帝）贾谊与王安石有相似之处，他们都想经营四海大事，从来不考虑自身的安全问题，结果遭人陷害，导致失败。如果有明君能够信任他们，充分发挥他们的才智，肯定会做出一番大事业，"功不在禹下"。

贾谊与陈平的比较

陈平与贾谊，都是西汉的政治思想家，都是智力非常高的杰出青年，命运却大不相同。

陈平从楚投奔刘邦以后，由魏无知推荐，先当都尉，后升亚将。绛侯周勃和灌婴等都向刘邦告状，说陈平不行。他们说："平虽美丈夫，如冠玉耳，其中未必有也。臣闻平居家时，盗其嫂，事魏不容，亡归楚；归楚不中，又亡归汉。今日大王尊官之，令护军。臣闻平受诸将金，金多者得善处，金少者得恶处。平，反复乱臣也，愿王察之。"刘邦听说陈平是盗嫂受金的人，就责问推荐者魏无知。魏无知说自己只是推荐奇才，有用于当前的纷争，不是推荐德行高尚者，在这纷争的时代，德行有什么用呢？刘邦又找来陈平，问他有没有这些事。陈平供认不讳。问其原因，陈平说魏王不能用我的建议，项王任人唯亲，所以来投奔汉。刘邦听后，厚赐陈平，尽护之于诸将，诸将才不敢再议论陈平。以后，陈平屡立奇功，为刘邦得天下做出了特殊的贡献。刘邦死后，吕氏由于吕后而不断扩大势力。吕后一死，陈平就与周勃等合谋，卒诛诸吕，为刘氏江山的巩固，天下的稳定，也做出了重大贡献。这次平吕活动，主要是陈平策划的，但是，世俗的见解，以为周勃掌握军队，所起的作用大，功劳也大。陈平就让周勃任右相，自己任左相，屈居第二。过一段时间，汉文帝问周勃："天下一岁决狱几何？""天下一岁钱谷出入几何？"周勃都答不上来，"汗出沾背，愧不能对。"同样的问题，也问陈平，陈平说都有具体负责的官员，决狱由廷尉负责，钱谷由治粟内史负责，需要了解这些情况可以问他们。汉文帝说："苟各有主者，而君所主者何事也？"各事都有人具体负责，那你干什么呢？陈平说："主臣！……宰相者，上佐天子理阴阳，顺四时，下育万物之宜，外镇抚四夷诸侯，内亲附百姓，使卿大夫各得任其职焉。"宰相的作用是统御百官，协调各方面的关系，内政外交，宏观管理。周勃说陈平平时都没有告诉他这样应对。陈平说居什么位就应该知道自己有什么职责。很显然，周勃的水平远不如陈平。司马迁在《史记·陈丞相世家》中说：陈丞相"常出奇计，救纷纠之难，振国家之患。及吕后时，事多故矣，然平竟自脱，定宗庙，以荣名终，称贤相，岂不善始善终哉！非知谋孰能当此者乎？"（以上引文均见《史记·陈丞相世家》）陈平与贾谊，才华差不多。陈平屡立奇功，成了善始善终的贤相。水平不在于其下的贾谊就不那么幸运了，没有立什么奇功，英年夭折。因有《过秦论》那样的雄文，才能名垂千古。

  差别在哪儿？同样有奇才，同样在年轻时展示出来，同样有人告状，而告状者同样是周勃、灌婴这些文盲或半文盲的武夫。不同的是君主，刘邦与汉文帝。是君主的态度，刘邦经过了解，认为陈平的受金盗嫂只是小节，他的才智正是当前激烈竞争所急需的，因此，不但没有责备陈平，还给予厚赐，并赋予特殊的权力。为陈平以后立奇功创造了有利的条件。这叫良匠不因小节弃大材。刘邦因此战胜项羽建立汉朝江山，陈平也因此成为善始善终的贤相，这是

"合则两利"的双赢效果。刘邦也没有惩罚告状者,因为他们也是出于忠心和忠君。只是水平不行,认识不足而已。汉文帝就不一样了,他对于周勃等一般老臣特别尊重,不敢得罪先帝时代的老臣,开国元勋,只好牺牲青年学者。而且,当时没有对立面的压力,不用贾谊暂时还没有亡国的危险。另外,汉文帝没有远见卓识,也缺乏刚毅果断的气魄,实在顶不住那些老臣的进攻。刘邦是创业之君,汉文帝是继业之君,区别还是相当明显的。刘邦如果像汉文帝那样,就不能夺取天下。总之,由于时代的不同,君主的不同,决定了陈平与贾谊的命运不同。

(原载《湖南社会科学》2003年第6期)

汉武帝是否"独尊儒术"

关于汉武帝是否独尊儒术,传统的说法,是肯定的。从20世纪以来,常有学者提出否定的意见。主要有两个问题,一是绝对化理解,认为当官的只要有人不是儒家,就不能说"独尊儒术";只要任用了其他学派的人,就不能说"罢黜百家"。二是根据宣帝一句话,而忽视了其他资料,特别是《史记》《汉书》中所反映出来的大量史实。传统说法不是哪个人杜撰的,而是历史上许多研究者的共识。

传统说法,董仲舒提出独尊儒术的建议,汉武帝采纳实行。有的学者怀疑汉武帝是否真的独尊儒术。我们可以从《史记》中看到独尊儒术的影响。司马迁生活于汉武帝时代,开始按他父亲司马谈的说法,还是独尊黄老道家的,从《六家要旨》中可以看出。后来独尊儒术,说明在汉武帝统治的这几十年中产生了这一巨大转变。这可以认为,在汉武帝时代,儒学开始独尊。《史记》中有《孔子世家》《仲尼弟子列传》和《儒林列传》,分别记载孔子身世、孔子弟子的情况以及孔子以后直至汉代研究儒学的状况。

独尊儒术反映在《史记》中。《孔子世家》详细叙述了孔子的家世以及他的成长过程,东游各国,所遭遇的困难。与诸侯王对答中,讲了一些话,有的就是现在《论语》中的语录。司马迁记述这些内容时，字里行间透露出一种崇拜心理。他在最后说："《诗》有之：'高山仰止，景行行止。'虽不能至，然心向往之。余读孔氏书，想见其为人。适鲁，观仲尼朝堂车服礼器，诸生以时习礼其家，余只回留之不能去云。天下君王至于贤人众矣，当时则荣，没则已焉。孔子布衣，传十馀世，学者宗之。自天子王侯，中国言《六艺》者折中于夫子，可谓至圣矣！"以历代天下君王作为这个布衣的陪衬，可见他的崇拜心情。"至圣"的说法，这也是第一次。从此以后，历代称孔子、大成、至圣不断，帽子越来越大越高。有的人看了这些帽子有点眼红。但中国只有这一个最高的圣人，作为中华民族的文化象征，帽子怎么高也不过分。

《仲尼弟子列传》列了35人有年龄的，又列了42人无准确年龄的，共77人。这也是其他各家所没有的特殊待遇。

《儒林列传》列了孔子最主要的弟子，战国时代的儒家代表人物，直到汉代的经学博士，最后是董仲舒。司马迁还听过董仲舒的讲学，他在《史记》中多次提到董仲舒。记载了从孔子到董仲舒的儒学传授过程，以及儒家人物。在《太史公自序》中，有这么一段记载：太史公曰："余闻董生曰：'周道衰废，孔子为鲁司寇，诸侯害之，大夫壅之。孔子知言之不用，道之不行也，是非二百四十二年之中，以为天下仪表，贬天子，退诸侯，封大夫，以建王事而已矣。'子曰：'我欲载之空言，不如见之于行事之深切著明也。''董生'，服虔曰：'仲舒也。'"这就是说，司马迁撰写《史记》的指导思想，与董仲舒和孔子的说法有一定的关系。这就是说，司马迁倾听董仲舒的教诲。

先秦诸子百家，著名的有管子、孙子、老子、墨子、商鞅、庄子、公孙龙子、惠施……诸多名人名家，哪一位学者也没有进入"世家"与侯并列，哪一位大师的众多弟子也没有专门列传，研究哪一派的历代学者也没有专门列传，道、墨也称为学，却没有《道林列传》，也没有《墨林列传》。要不是独尊儒术，《史记》的这些写法，就很难解释。

当然，也有学者引述《史记》中的一些说法，证明司马迁还是黄老道家的代表人物。如何说明这个矛盾呢？如果前面的现象都是肯定的，那么就是说司马迁既有黄老道家的思想，也有儒家的思想。由于汉代的思潮是先有黄老道家的思想盛行，后有儒家思想的独尊。那么，如果承认司马迁的思想是随着时代的变化而变化的，那么，我们可以推测司马迁开始受到他的父亲的影响，也是受到时代的影响而有黄老道家的思想，后来受到董仲舒等儒家的影响，也是受到时代的影响而有儒家的思想。这就是说，司马迁先有黄老道家的思想，最后归入独尊的儒术。这里有一个转变的过程。这个转变过程，就是独尊儒术开始形成的时期。这就证明汉武帝时代正是独尊儒术产生的时代，汉武帝是独尊儒术的。

独尊儒术的影响：一是奠定中华民族的民族魂，二是增强民族凝聚力，三是稳定了和谐社会，四是坚固了统一大国的局面，五是为世界和平提供一种思想资源。独尊儒术的弊端在于，从而导致思想僵化，搞教条主义，或者片面强调仁爱，不重视国防建设而遭外来侵略，宋代国势软弱就反映了这种弊端。任何一种思想一旦僵化，都是会有弊端的。孔子强调"机"的意义也就在这里。多年来，在阶级斗争的观念影响下，将所有的统治阶级都作为批判的对象，没有可以歌颂的地方。一概非古而颂今，这与秦代儒生一味颂古而非今正相反，都是走极端，殊途同归，归于错误。现代有些人批评司马迁有"扭曲的国家意识"，"天真的观念"。用现代西方的观念批评两千多年前的大史学家，到底谁更"扭曲"？谁更"天真"？

儒家产生于乱世，谈的多是伦理与政治问题。在政治伦理上，最重要的是培养人才与选拔人才。选拔人才标准与方式，突出表明统治者的思想倾向。西汉初期，各级官员大多数是跟随刘邦打天下的元勋，只有像陈平、陆贾等少数人是文人，绝大多数是武将出身。"公卿皆武力有功之臣"。每一个新朝初期多用武将，是很自然的事。天下是将军们打出来的，打天下自然就要坐江山。这时候少数文人（主要是谋士）也会得到重用，例如运筹帷幄的张良、陈平，游说诸侯的郦食其、随何、陆贾，专集物资、建立制度的萧何、叔孙通，都属于这类少数被重用的文人。他们在战争中的作用也是非常重要的，楚汉战争的胜负关键就在这些文人的作用上。在军事方面，汉军还不是楚军的对手。建国之初，需要协调各种关系，调整利益分配，稳定社会秩序，建立必要的制度，没有这些文人也不行，社会的坚固与否，关键在这里。到了文帝时代，有一位杰出的文人就是贾谊。汉文帝非常欣赏他，一再提拔他，还想提他"任公卿之位"，主持变法改革。结果树大招风，还活着的将军们（周勃、灌婴、张相如、冯敬等）群起反对，年幼的皇帝顶不住，只好牺牲年轻的文人贾谊，向老将军妥协。汉景帝时代，异姓王已经没有了，同姓王也都是在优越的环境中泡大的，养尊处优，只会享受，没有经历磨难锻炼，不能胜任政治斗争。在下层官员中，他们的子孙却往往由于父母当小官吏的方便条件，有较多机会接触社会各阶层的人物，比较能够表现出自己的才华，得到上层人物的赏识，得以出人头地。到了汉武帝时代，汉朝建立已经七八十年，跟随刘邦打天下的开国元勋都死光了，他们的后代也开始分化，有的因为犯罪被诛杀，或者免为庶人，降为平民。少数人物由于不同的原因，再次立功封爵。但是，这个时候，贵族出身的子弟与平民的子弟，基本上处于相对平等的地位进行公平竞争。由于条件差别，官吏的子弟机遇多一些，创功立业的比例大一些。平民也并不是没有机会。朱买臣就是一个典型。他是一个贫民，靠卖柴为生。在男尊女卑，只有丈夫休妻子的时代，他却被妻子休了。后来，由于他刻苦读经书，研究儒学思想，有机会在皇帝面前，"说《春秋》，言

《楚辞》",汉武帝一高兴,就"拜买臣为中大夫",一再展示才华,最后官位"列于九卿"(《汉书·朱买臣传》)。汉武帝唯才是举,不拘一格,所以涌现了一大批杰出人才。

班固在《汉书·公孙弘卜式兒宽传》赞中说:"汉之得人,于兹为盛。儒雅则公孙弘、董仲舒、兒宽,笃行则石建、石庆,质直则汲黯、卜式,推贤则韩安国、郑当时,定令则赵禹、张汤,文章则司马迁、相如,滑稽则东方朔、枚皋,应对则严助、朱买臣,历数则唐都、洛下闳,协律则李延年,运筹则桑弘羊,奉使则张骞、苏武,将率则卫青、霍去病,受遗则霍光、金日䃅,其馀不可胜纪。是以兴造功业,制度遗文,后世莫及。"汉武帝所立的业功伟业,与这些贤才的奉献和创造分不开。汉武帝时代人才最盛,汉宣帝时代也很盛,"孝宣承统,纂修洪业,亦讲论六艺,招选茂异,而萧望之、梁丘贺、夏侯胜、韦玄成、严彭祖、尹更始以儒术进,刘向、王褒以文章显,将相则张安世、赵充国、魏相、丙吉、于定国、杜延年,治民则黄霸、王成、龚遂、郑弘、召信臣、韩延寿、尹翁归、赵广汉、严延年、张敞之属,皆有功迹见述于世。参其名臣,亦其次也。"为什么会如此之盛?班固又说:"汉兴六十馀载,海内艾安,府库充实,而四夷未宾,制度多阙。上方欲用文武,求之如弗及,始以蒲轮迎枚生,见主父而叹息。群士慕向,异人并出。卜式拔于刍牧,弘羊擢于贾竖,卫青奋于奴仆,日䃅出于降虏,斯亦曩时版筑、饭牛之朋已。"天下太平,需要人才来参与政治,帮助建立制度。汉武帝虚心诚敬,以蒲轮迎接枚乘,见到主父偃,十分感慨,相见恨晚。汉武帝这种求贤的态度,封贤才具有强大的吸引力。"群士慕向,异人并出。"汉武帝又从社会最底层发现、提拔一些优秀突出的人才。如果没有汉武帝的积极态度,那么,他们就不可能得以发挥自己的才华,创立丰功伟绩。"公孙弘、卜式、兒宽皆以鸿渐之翼困于燕爵,还跡羊豕之间,非遇其时,焉能致此位乎？"选择这些人才不拘地位，就像过去殷代武丁从版筑中发现傅说，"举以为相，殷国大治。"也像齐桓公将饭牛于车下的甯戚提拔出来当大夫，"任之以国"。古代统治者能够从地位很低的人群中选拔优秀人物，委以国政，就是非常不容易的事情，也是被传为美谈的英明之举。汉武帝也能这么发现贤才，选拔杰出人物，当然也是英明之举。汉武帝的英明，众多贤士才有机会比较充分地发挥自己的才华。众多贤士的才华的充分发挥，才有汉武帝时代的盛世和功业。

以上五十多人是史家认定的杰出人物，查他们的传记，他们出仕的方式主要有因父亲而出仕的、明经的、被当政者发现提拔的、当官推荐的、自为的、参加对策的、察廉的、奉献财物任官的。因父亲而出仕的，称为"任子"，共有12名；明经出仕者有9名；被当政者发现并提拔的和封策的，各有5名；推荐的，察廉的，捐钱的各3名；自荐的有2名。还有个别是种功劳的、经商出身的、靠外戚关系的、好黄老之言的各一人，还有6名情况比较复杂，难以归类的。"任子"，占四分之一。明经加上对策，最多，14名，也占四分之一。提拔、推荐、察廉，这三种方式，都是政府通过规范形式选拔的有11名，也是四分之一强。明经与对策，主要是儒家学派的。其他学派只有一名是好黄老之言的。从这些杰出人士中，可以看到儒家人物占绝对多数，这显然是独尊儒术的结果。如果以为只用儒家人物，才算独尊儒术，只要用了其他学派的人物，就不算独尊儒术，那是绝对化、纯粹化的观点，是不能成立的。

汉武帝用人成功经验有二：一用儒生，二用下层有能力的人。选拔方式主要采取理论与实践相结合的办法。他一上台就招贤良文学进行对策，就是直接讨论政治问题，看理论水平与思维能力如何，然后再在任用中进行实际考察。例如对策中选上公孙弘，派他出使匈奴，回来后，汉武帝不满意，有意罢免。以后再次选上，在实际决策中，汉武帝很满意，不断提拔，直至天子三公、封侯。汉武帝能够大胆起用卫青、霍去病、金日䃅，说明汉武帝有眼光，自己素质比较高。

所谓"独尊儒术"，并非只用儒生治理天下，应该说是以儒学为指导思想，当然有较多儒生从政。其他人才各得其所。汉武帝是以法治国与以德治国兼用，因此有公孙弘与张汤这样两类人才并存。找几句话，否认汉武帝独尊儒术，是不明智的。按绝对化的理解，可以说中国从来没有过独尊儒术。

经学是怎么产生的？汉朝统治者经过几十年的当政实践，选择了儒学作为指导思想，给予了独尊的地位。从儒家中选拔大批人才参加政府工作，充当政府官员。由于儒学绝对处理人际的关系有其长处，也由于这种利禄的引导，士人读经成为一个成功立业的重要途径。整个社会都极端重视学习经书。于是教学经书的教育机构也都普遍成立，有机会有条件的年轻人都到那里学习经书。著名的经师在当时非常时髦，学生众多。董仲舒在景帝时代就当了博士，他的弟子很多，先来的弟子教后来的弟子，有的弟子没见过董仲舒。经学教师都在讲解经书，全国教师只讲这五本经书，于是就产生分歧、辩论、深入研究，逐渐形成一个专门的学问，即经学，这是中国特殊的学问。经学是独尊儒术的结果。

独尊儒术以后才有经学，经学是中国传统文化所特有现象。中国远古时代就尊崇上天，称为天命，认为天命主宰整个世界，包括自然界和人类社会。天命的意思，只有圣人知道，圣人代表上天说话。圣人死后，思想就保存在他们的著作中。他们的著作就是经。因此，这些经就是圣人的思想，上天的意思，具有极高的权威性。从天子到平民百姓都相信经书上的每一句话都是正确的。研究这些经，小可以修身，齐家，大可以治国、平天下。研究过程中形成一门专门的学问，就是经学。

统治者独尊儒术，就要选精通儒家经典的人当官，这就自然产生明经取士。公孙弘就由于研究《春秋》而从平民当上了天子三公，封平津侯。学习好经书，做官就非常容易，有一位经学教师对学生说："士病不明经术，经术苟明，其取青紫，如俯拾地芥耳。"（《汉书·夏侯胜传》）大意是："读书就怕不理解经书中的思想，如果理解透彻了，那么，想当太尉御史大夫之类的大官，就像弯腰从地下拾取土芥那样容易。"所以社会上流传这样的说法："遗子黄金满籝，不如一经。"（《汉书·韦贤传》）留给子女黄金一筐，不如教儿子学会一本经书。总之，儒家经书成了汉代社会的灵魂。经学成了当时的时代精神。前面提到的朱买臣，就是很穷的学生，由于刻苦读书，精通经书，后来当上大官。因儒家经典而当上官的人很多，特别是元帝以后，"公卿之位未有不从经术进者"（皮锡瑞《经学历史》，第101页）。

有些学者否认汉武帝独尊儒术，常引汉宣帝的一句话："汉家自有制度，本以霸王道杂之，奈何纯任德教，用周政乎！"汉初到宣帝共七帝，包括高祖、惠帝、文帝、景帝、武帝、昭帝、宣帝。都是王霸并用的。我们从本纪上可以看到，惠帝如何"王霸并用"？文帝和景帝，也谈不上"王霸并用"。如果说有王霸并用，恐怕也只有高祖与武帝。宣帝说法表明治理天下需要用两手，不能只用德治。按董仲舒的说法，以德为主，以刑为辅。儒家并不主张"纯任德教"。"纯任德教"者应该是迂儒、陋儒、腐儒。

另外，王霸并用就是儒法并用的说法，也值得商榷。荀子思想在汉代的影响超过孟子，荀子认为王道是最高理想，其次是霸道。《荀子·强国》："君人者，隆礼尊贤而王，重法爱民而霸，好利多诈而危，权谋倾覆幽险而亡。"王霸之道是儒家不同层次的追求，类似于小康与大同的关系。还有，春秋时代法家代表人物如管仲，帮助齐桓公称霸天下，得到孔子的赞扬。《论语·宪问》载孔子说：

"桓公九合诸侯,不以兵车,管仲之力也!如其仁,如其仁!"孔子认为管仲不以兵车,使齐桓公称霸,是仁德的表现。仁是儒家核心价值观。子产虽然没有创造霸业,也是著名法家人物,孔子称认他是"古之遗爱",不相信别人说他没有仁爱思想。可见孔子本来就吸收了法家思想。汉朝治理天下用了一些法家的思想,也不能证明不是独尊儒术的。总之,儒家不是绝对排斥法治的。

(原载《国学新视野》2012 年 3 月春季号)

今天来看董仲舒

我研究中国哲学,主要研究秦汉哲学。重要的又是王充哲学和董仲舒哲学。王充哲学是我研究的起点,董仲舒哲学是我研究的重点。

一

我上大学时读《中国哲学史》,那里面董仲舒几乎是一无是处的哲学家:宇宙观是天人感应的神学目的论的唯心主义,方法论是"天不变,道亦不变"的形而上学;董仲舒讲大一统,提倡独尊儒术,都是为反动的统治阶级服务的。总之,董仲舒是反动思想家,他的思想都是封建糟粕,应该扔进历史垃圾堆。当时我有一定的疑惑:一无是处的董仲舒为什么要编入教科书?20世纪70年代批儒评法,董仲舒成了批判的重要对象。而法家人物成了正面形象,前有荀子,后有王充。书店也有他们的书出售,我就买下《荀子》和《论衡》。感觉《荀子》理论比较强,而《论衡》在分析具体问题时,实事求是,令人信服。通俗、生动的文风更吸引人。后来,我考上研究生,就选择王充哲学作为学位论文的研究对象。当时有人说董仲舒与王充是针锋相对的。我在《论衡》中,没有看到他们的针锋相对。王充 62 次提到董仲舒，多是表扬的，如说"董仲舒虽无鼎足之位，知在公卿之上"。认为他的对策，"策既中实，文说美善"（《别通》）。王充甚至把董仲舒列入圣人，他说："文王之文在孔子，孔子之文在仲舒。"（《超奇》）还说：董仲舒论"君臣政治得失，言可采行，事美足观"，"虽古圣之言，不能过增"（《案书》）。只有"土龙致雨"一事，王充认为"颇难晓"，"非实"，还为之辩解，说他"为之致精诚"，说"仲舒览见深鸿，立事不妄"（《乱龙》）。我觉得有必要深入研究一下，为什么唯物主义哲学家王充对他有那么高的评价，却没有什么批评。唯物论与唯心论是根本对立的，在这里，他们为什么对立不起来？

二

后来，我仔细阅读《史记·儒林列传》中的董仲舒传，《汉书·董仲舒传》，再读《春秋繁露》，以及《史记》《汉书》中其他篇章提到董仲舒的章节，一方面考证董仲舒的生平资料，另一方面整理他的思想。

徐复观国学基本功相当扎实，他的《两汉思想史》被学生奉为经典，在学术界颇有影响。我对他的关于王充生平资料的意见提出过批评，花了不少考证的功夫。关于董仲舒的生平资料，古今有一大批著名学者参与讨论，他们水平高，但下的功夫不够，得出许多似是而非的结论。例如，董仲舒生于何时，清代学者苏舆在《春秋繁露义证》的《董仲舒年表》中将生年定于汉文帝元年。历文、景、武三世，而《汉书》中明确说董子"亲见四世"。只要细心读《汉书》，就可以发现苏舆的错误。难以理解的是许多学者没有发现，将这错误写入专著、论文，编入教材，迷信权威于此可见一斑。

董仲舒何时出生,哪年不窥园,对策之年,任相之年以及致仕之年,都有争议,都需要考证。许多名家说法也相互矛盾,我首先将董仲舒的生平资料抄录在一张大纸上,进行整理,描绘出董子一生的基本轨迹,得出一系列不相矛盾的结论:董仲舒生于公元前198年前后;不窥园在对策之前;65岁对策在元光元年;而后任江都相,其间废为中大夫,后复为江都相,不久转为胶西相,致仕悬车约在77岁时。

汉代典籍都说从高祖到武帝为五世,董仲舒"亲见四世",应该包括惠、文、景、武四世,不包括高祖。说董仲舒生于高祖时期,是否成立?董仲舒在《春秋繁露·楚庄王》中说孔子"见三世"。昭公元年至鲁亡,昭定哀三世61年,而孔子寿至73岁,有12年在昭公之前,却没见四世。这大概是古人的说法,12岁的小孩不懂世事,不能算又见一世。董仲舒虽然少年生活于高祖时期,但不算又见一世。古人的说法,不能按现代人的观念理解,用现代观念解读古人的说法,常出现误解。古人的说法,如何正确理解,不是权威说了算,要有可靠可信的证据。在这里,孔子73岁,只见三世61年,就是这样的证据。一般学者受到现代观念的束缚,不能接受比较深刻的学术成果。只有能够会通的高水平学者才能产生和理解这一类深层次的学术成果。相对来说,苏舆的错误,是硬伤,是低层次的,容易理解。

中国古代语言中有很多数字,要真正理解,也有一定难度。例如"三"字,有时是具体量词,有时又是多数的意思,这要在具体语句中,做出恰当的理解。其他如"二十曰弱冠""三十而立,四十而不惑,五十而知天命,六十而耳顺""大夫七十而致仕",许多学者以为这些数字都是整数,产生了误解。我们查《汉书·叙传》,班固称自己"弱冠而孤",他成为孤儿时已经23岁。他在另一处称自己弱冠时已经27岁。这些资料都有力地证明"二十曰弱冠",不是整二十。古人也有这种误解，因此，唐代经学家孔颖达注称："二十曰弱冠者，二十成人，初加冠，体犹未壮，故曰弱也。至二十九通得名弱冠，以其血气未定故也。"（《礼记正义》）按孔颖达的说法，二十岁至二十九岁，都可以称"弱冠"，班固23岁、27岁，都自称弱冠，有力证明孔颖达的说法是正确的。后代人怎么能根据自己的观念否定它呢？同样道理，三十至三十九岁，都是而立之年；四十至四十九岁，也都是不惑之年；七十至七十九岁，是致仕之年。怎么能说七十七岁不是致仕之年呢？对于董仲舒"亲见四世"以及"致仕悬车"，不能正确理解，不能接受我对董子生平的考证，以致影响对董子的认识，使董子生平有关资料得不到正确解释。如对桓谭所说"年至六十余，三年不窥园"，董子自称"犬马齿衰"，毛病就出在将"四世""七十"都理解为整数。

三

董仲舒任《春秋》博士，对《春秋》经传有深入研究，同时对于战国、秦以及汉初几十年社会状况，政治利弊，都联系起来作综合思考，认为治世存在于统一，乱世产生于分裂割据。秦代用郡县制取代封建制，皇帝有至高无上的权力，无法用人力制约他，最后导致动乱。董子用天来限制皇权，提出"屈君而伸天"，这就给皇帝戴上了精神枷锁，让他不敢无法无天，胡作非为。这样才能稳定巩固大一统的政治局面。儒家将人民的愿望说成天意。人民看到的，听到的，也是天看到的，听到的。皇帝对天敬畏，就会关注民生，这样才能达到长治久安。这是对双方都有利的。过去，过分强调统治者与被统治者的对立，认为封建制度和意识形态，都只对统治者有利，都是十恶不赦的，既违背事实，又背离马克思主义。马克思主义基本观点，一个社会形态，初创时期有巨大的进步意义，处于上升期，统治者仍然是先进生产力的代表。最残酷的奴隶社会，奴隶来源于部落战争的俘虏，以前都被杀掉，甚至被吃掉。先进生产力的代表将俘虏留下干活，因此可以活命。这个制度显然是奴隶主创立的。两千年前的西汉时期，地主阶级建立起中央集权的封建专制制度，是当时全世界最先进的制度。整个欧洲那时还处在奴隶制社会，甚至原始社会。董仲舒哲学为封建制度服务，应该是先进文化的代表，也可以说，董仲舒哲学是西汉时期精神的精华。

汉武帝时期是中国历史上的盛世。盛世有盛世的问题，如贫富两极分化，人才培养、选拔、任用、监督都存在问题，论资排辈，贤才不能充分利用，于是出现冯唐易老，李广难封这类问题。董仲舒在对策中，在其他著作中，对当政者有建议、劝谏、批评、警告、威胁，不像后代佞臣那样，对皇帝阿谀奉承，一味歌功颂德，有人说董仲舒是"犬儒"，大概没认真看过他的贤良对策，只是凭文化大革命批儒留下的印象。

董仲舒的对策，切中时弊，论君臣政治得失，中肯深刻，深受王充赞赏。董子理论的出发点和归宿都是现实社会。这种理论上的实事求是态度，就体现了唯物论精神。因此，我称董子哲学"形式是唯心的，内容是唯物的"。

四

胡适说对人生切要问题从理论上进行探讨，这门学问就是哲学。我以为，真善美就是人生切要问题，哲学可以分为求真哲学，求善哲学和求美哲学。西方主流是求真的科学哲学，探讨宇宙本原，认为本原是物质性的，就是唯物论，如果是精神性的，就是唯心论。恩格斯认为唯物、唯心只能在宇宙本原上运用，否则就会造成思想混乱，中国许多哲学家，特别是主流派哲学家多不探讨宇宙本原，关注的主要是社会治理问题，是求善的政治哲学。政治哲学的主要议题是治与乱，仁政与暴政，王道与霸道，文明与野蛮，道义与功利，以及人才的培养、选拔、任用与监督诸问题，基本上没有涉及宇宙本原问题。六合之外，存而不论。因此，中国哲学家少有唯物、唯心之分，给中国古代主流哲学家如孔子、孟子、董仲舒戴上唯心论帽子，是错误的，是张冠李戴。中国哲学史上许多哲学家都被学者认为是辩证法理论家。董仲舒有极其丰富的辩证法思想，五行循环相生相克是高于西方的辩证法。"有常辞，无通辞"，讲辞指之辨，义利之辨，提倡比较、联系地看问题。董仲舒辩证法思想极为突出，却因"天不变，道亦不变"一句话被定为形而上学。在西方哲学中，形而上学在日常生活中可是正确的适用的，而在中国却成了一种错误的代名词。唯心主义与形而上学在中国被认为是错误的，以此观念对中国文化进行解读，产生许多误读，制造了诸多冤案。

董仲舒在《贤良对策》的最后说："《春秋》大一统者，天地之常经，古今之通谊也。今师异道，人异论，百家殊方，指意不同，是以上亡以持一统，法制数变，下不知所守。臣愚以为诸不在六艺之科，孔子之术者，皆绝其道，勿使并进。邪辟之说灭息，然后统纪可一，而法度可明，民知所从矣。"（《汉书·董仲舒传》）

统一国家，必须有统一的意识形态，这是古今各国都一样的。统一的内容、程度是有差异的。在这里，董仲舒强调要统一到六艺、孔子之术，即儒学上，其他思想不能并进。后人概括为独尊儒术，罢黜百家，应该说是准确的。但是后人的绝对化的理解，只要儒术，消灭其他各家。在独尊儒术之前，司马谈讲了六家，到独尊儒术之后，班固撰写《汉书·艺文志》时，一家没少，还增加了几家。这说明罢黜并非消灭，独尊不是独存。于是，有人据此说，汉武帝没有采纳董仲舒的建议，独尊儒术，任用的官员也不全是儒生。非此即彼,如何研究复杂的社会问题?从司马谈论六家要旨,可以看出来,他是尊黄老道家的。而司马迁写《史记》,将孔子列入《世家》,与诸侯并列。孔子的弟子有专门《列传》,连汉代儒者也专列《儒林列传》,而其他思想家均无此独尊的待遇。这一变化就在汉武帝时代。如果不是汉武帝独尊儒术,那该怎么解释这种现象?

五

我在研究董仲舒哲学的四十年中,不断重新定性,改变评价。最初按学术界共同说法,定董仲舒哲学为唯心主义。真正的哲学是时代精神的精华。唯心主义是错误的,怎么会是精华?董仲舒哲学不是真正的哲学,那为什么要编入《中国哲学史》教科书?我说董仲舒哲学是西汉时代精神的精华,自然不被接受。经过一段时间读书、研究,认为董仲舒哲学形式是唯心主义的,内容是唯物主义的。又经过十多年的研究、思考,对哲学有了新认识,再次改变了对董学的定性,认为它是求善的政治哲学。最近,重新思考董学,从世界历史宏观视角,对董学进行综合性评议。在两千年前的秦吞并六国,结束分裂割据局面,建立起中央集权的郡县制国家,废除导致分裂的封建制。这么一个强盛王朝,以法治国,不施仁义,不久便被人民所推翻,有力证明了孟子的说法:得民心者得天下。

汉朝继承了秦朝的郡县制,又提倡道德教化,纠正了秦朝单纯以法治国的偏颇。董仲舒概括为"德教为主,刑罚为辅"。从此以后,两千多年中,中国一直实行这种制度,不再出现单纯法治的政治。

董仲舒政治哲学的核心是大一统论,包括领土完整、政治统一和意识形态的统一。"屈民而伸君",就是要削弱地方政权,加强中央集权。加强中央集权，才能防止分裂，平息战乱，让百姓过安居乐业的生活。在两千多年前建立中央集权制度，是当时世界上最先进的制度。董仲舒又提出独尊儒术，也是为中央集权制度服务的理论。此后的中国，国家的统一成为全民族的共识，又以儒学为民族精神的主干，可以说，奠定了中华民族魂。汉代，特别是董仲舒为中华民族长期维持统一大国政治局面，以和为特点的文化传统绵延不断，持续丰富发展，做出巨大贡献。

如果将中国文明史分为三个阶段：先秦为前期，汉唐为中期，宋元明清为后期。儒学是中华传统文化的主干，前期，孔子创立儒学，是公认的大圣人。董仲舒独尊儒术，承上启下，起了关键的作用。班固在《汉书》中称董子为"为群儒首"，即头号儒家，又称"为儒者宗"，即儒家崇拜的大师。在汉唐中期只有董子被史学家这么高度肯定。他代表这一时期最高水平，也可以称为圣人。过去，董仲舒故里群众称"董二圣"，指仅次于孔子，参加科举考试，先拜孔子，后拜董二圣。现在河北景县广川建起"董圣殿"，塑了董子圣像。从历史和社会现实来看，董仲舒已经被奉为圣人。后期最突出的儒家是朱熹。孔子、董仲舒、朱熹在中华文明史中并列为大圣人，大约一千年出一个这样的大圣人。

孔子生于乱世，朱子生于末世，只有董子生于盛世。董子在"对策"与《春秋繁露》中讲了很多盛世的社会问题，包括政治问题、经济问题、文化教育问题，对于我们现在都特别有借鉴意义。

（原载《光明日报》2015年5月18日国学版）

王充哲学与东汉社会

王充（27—97？），会稽上虞（今浙江省上虞市）人。他是东汉时代杰出的哲学家，也是中国历史上颇具特色的思想家，我们把王充的哲学思想放在东汉那个特殊的具体的历史背景下进行研究，就会发现东汉前期的社会如何产生了王充的哲学思想，王充哲学思想又如何影响了东汉末期乃至三国、魏晋的社会。从此又可以探讨哲学思想与社会的复杂的相互关系。哲学家、哲学思想与社会是否存在一种普遍性的联系呢？

一 社会繁荣与《宣汉》《须颂》

王莽新朝在农民起义中崩溃，以光武帝刘秀建立东汉作为战争结束的标志，那时是公元25年，过了六七十年，进入章、和时代的全盛时期。东汉前期是上升发展的时期，是充满希望的时期。王充就生活在这个上升发展的时期。

现实的存在决定人们的意识，汉代的繁荣决定了王充对朝廷的歌功颂德。汉朝确实有可歌颂之处。首先从疆土方面讲，"周时仅治五千里内，汉氏廓土收荒服之外。"（《论衡·宣汉》，下引《论衡》，仅注篇名）"古之戎狄，今为中国。"其次，从人民生活的提高来看，汉代也远超前代。"古之裸人，今被朝服；古之露首，今冠章甫；古之跣跗，今履商舄。"整个社会也从野蛮变成文明，"以盘石为沃田，以桀暴为良民，夷坎坷为平均，化不宾为齐民。"（《宣汉》）"以盘石为沃田"，指开垦荒地，发展农业生产。"以桀暴为良民"，指改变社会风气，也指对有暴行的人的一种改造。"夷坎坷为平均"，指修路铺桥，改善交通条件，促进社会交往。"化不宾为齐民"，指那些原为戎狄的人民不能够来中国作客，现在由于汉疆域的扩大，使他们也成了中国人。周代时，越常国来献白雉，被视为外交上了不起的事件；而汉代匈奴、鄯善、哀牢等国送来优良品种的牛马，价值大大超过白雉。这说明汉代的外交比周代也有了很大发展。

王充认为统治者关心人民，爱护人民，使人民安居乐业，就是道德高尚的表现。汉代统治者使人民生活超过前代，就证明了道德高尚，用不着什么祥瑞来证明。即使讲祥瑞，汉代也比古代盛世周朝有过之而无不及。特别在灾荒年代，如何对待人民，就成为重大问题。汉朝统治者能关心灾民，从无灾区调运粮食到灾区救济灾民。汉章帝建初元年（公元76年）出现大旱灾，灾情十分严重，牲畜死亡，百姓逃荒流浪。汉章帝在司空第五伦等官员的协助下，采取"转谷振赡"的救灾措施，把收成较好的地区的粮食运到灾区去，救济穷困的灾民，使他们能够在半饿的情况下度过灾年。灾民虽然食不果腹，由于感激政府的雪中送炭，没有出去抢劫，治安仍然很好。外出逃荒的人也赶回家乡，接受救济。这样，第二年就恢复生产，经济很快好转。不像过去那样，一年大灾荒，需要好几年才能恢复。王充认为，在大灾之年，社会稳定，很快恢复生产，很少死人，这是过去三皇五帝也都难以做到的。这种为百姓谋利的德政不是很值得歌颂吗？

汉代的政治斗争，也说明了统治者的仁政。在夺权斗争中，互相残杀是必然的，但这里也有分别。例如，殷纣王作为君，把作为臣的周文王囚禁，相比之下，王莽作为臣把作为君的平帝毒死，纣王罪轻而王莽罪重。周武王攻进殷都时，纣王已赴火自尽。武王还把已烧焦的纣王的头砍下来，悬挂在白旌上示众。而光武帝入长安并没有砍王莽的头示众。秦夺周国，王莽篡汉，都是臣篡君，按邹伯奇的说法，桀、纣之罪恶不如秦王，秦王之罪恶不及王莽，周武王对待殷纣王"何其忍哉！"（《恢国》）而汉高祖不戮二世和子婴的尸体，光武帝也不对王莽尸体再加兵刃，可见汉代的仁德显然高于周代。

对于叛将乱臣，如何处置，也可以看出政治文明的不同程度。管叔、蔡叔等怀疑周公篡位，流言惑众，起而作乱。周公出兵镇压，诛灭管、蔡。《春秋》提出："君亲无将，将而必诛。"君王对有作乱的念头、将要作乱的臣子，就一定要处死。这是周朝的规矩，也是公羊家阐述的一条政治原则。但是，重视施仁政的汉代就不同了。广陵王荆和楚王英谋反的事实都很明显，汉明帝还再三宽恕他们。后来，他们二人服毒自尽。

永平元年（58年），汉明帝封阴兴子阴傅（《东观记》同，袁宏《后汉纪》与范晔《后汉书》"傅"均作"博"，形近而讹，未知孰是）为隐强侯。（见《后汉书》卷三二，又见《后汉纪》卷九）《后汉纪》载：建初元年（76年），三月，隐强侯阴博坐骄溢，免为庶人。"骄溢"究竟指什么？王充说："隐强侯傅悬书市里，诽谤圣政。"（《恢国》）原来，"骄溢"是指他"悬书市里，诽谤圣政"，是贴了大字报，批评朝政。但不知批评的是什么内容。封建时代，在中央集权制下，不管对朝廷提什么意见，都是不允许的。诽谤朝政，都可以判死罪。但是，东汉章帝并没有处死阴傅，只是"免为庶人"。"今上海恩，弗夺爵土"，又封阴兴子阴员为隐强侯。为此，章帝还下一道诏书："盖褒德赏功，兴亡继绝，所以昭孝事亲，以旌善人。故仁不遗德，义不忘劳，先王之令典也。故特进胶东侯复佐命河北，列在元功；卫尉阴兴忠贞爱国，先帝休之。今兴子博、复孙敏顽凶失道，自陷刑以丧爵土，朕甚怜之。其封复子邯为胶东侯，兴子员为隐强侯。"（《后汉纪》卷一一）让阴员继承隐强侯，就是"弗夺爵土"。王充认为，根据阴傅的罪行，汉朝廷即把阴氏灭绝，也不能算不义，但是，汉朝廷还保存阴氏，可见恩惠滂沛。这样的恩惠，连唐尧、虞舜也不能超越。骦兜、共工、三苗和鲧，都是犯了过失的人，尧、舜都把他们流放到不毛之地去，并死于边远地区。而阴傅犯上作乱，罪恶大于上述四人，明帝加恩，只是罢职为民，流放边疆。章帝登基后，更加宽惠，让他还归州里。"开辟以来，恩莫斯大。"（《恢国》）天地开辟以来，从未有过这么大的恩惠。

汉代兴盛，政治清明，一切都比过去任何时代的"盛世"好，难道不值得歌颂？王充认为，无论从哪一方面看，汉朝都比前代好，所以，他主张应该歌颂当代。他为此写了《齐世》《宣汉》《恢国》《验符》《须颂》等篇，总之，汉代盛世，产生了王充颂歌，而王充的颂词反映了他重视人治的理性思考，不再盲目地颂古非今。

文人对于当代政府，有批评，也有歌颂。有三分成绩，夸大为七分，乃至十分，进行过分的歌颂，是阿谀谄媚；有七分成绩，只说三分，甚至贬得一无是处，就是诽谤。另有一些文人对当代政府不卑不亢，有几分成绩，就说几分成绩，既不夸大，也不缩小。王充就是这种实事求是的真诚的文人。孔子说："事君尽礼，人以为谄也。"（《论语·八佾》）王充的真诚也容易被误解，特别是那些与政府处于对立地位的文人。徐复观反对政府的专制，就极力抨击从秦汉以来的封建专制制度，于是也批评王充对汉朝的歌颂。这自然也在情理之中。王充在汉代批评先秦诸子不歌颂朝廷，也是由于处境不同而产生的误解。王充没想过，战国时代的六国之君究竟有多少功绩值得歌颂？"齐景公有马千驷，死之日，民无德而称焉。"（《论语·季氏》）战国之君多似齐景公，无德可以称颂。徐氏误解王充，也像王充误解先秦诸子，都在情理之中。哲学需要理解，一旦真正理解，就无可厚非。古今许多人有胆无识，有气无量，虚无历史，否定一切，结果是"尔曹身与名俱灭，不废江河万古流"（杜甫诗句）。

二 虚妄盛行与"九虚""三增"

虚指不合事实的虚假说法，妄指不合逻辑的谬妄言论。王充说，当时社会风气流行虚妄，"众书并失实，虚妄之言胜真美"，"浮妄虚伪，没夺正是"（《对作》）。"伪书俗文，多不实诚"，"失实之事多，华虚之语众"（《自纪》）。

王充那个时代为什么虚妄特别多呢？这恐怕需要从多方面加以分析探究。首先，社会安定，经济繁荣，百姓温饱，自然就要歌颂朝廷，歌颂一旦过头，就成了虚妄。例如，光武帝时代，郎中汝南贲光上书，言"孝文皇帝时居明光宫，天下断狱三人"。为了歌颂汉文帝，夸大事实。光武帝纠正说："孝文时不居明光宫，断狱不三人。"王充对此发出感慨："夫贲光上书于汉，汉为今世，增益功美，犹过其实，况上古帝王久远，贤人从后褒述，失实离本，独已多矣。不遭光武论，千世之后，孝文之事，载在经艺之上，人不知其增，居明光宫，断狱三人，而遂为实事也。"（《艺增》）当代人的夸大说法，一旦写入书中，后代人就以为是真事。根据这种情况，以前书中所记，也未必是真事。这就导出第二种原因。

其次，古代典籍中所记的事本来就是有真有假的，无碍生活。但是，汉代独尊儒术以后，儒家说法就带法典性。西汉董仲舒以

《春秋》决狱，按《春秋》说的道理来判案，就是儒学法典化的一个典型例子。儒家又是"信师而好古"的，对于古代的各种记载、老师的各种说法都信以为真，一点不敢怀疑。这样一来，古籍中的所有记载，对社会就会产生严重的影响。本来无碍生活的虚妄内容，却变得十分重要。当时谶纬多以经典的形式宣传虚妄的内容，桓谭按儒家精神，拒斥谶纬迷信，却被定为非圣无法的大罪，被迫害至死。这是显例，社会上因虚妄导致各种不切实的迷信，所造成的危害，更不计其数。有鉴于此，需要探究的虚妄说法就显得特别多。

再次，人们在物质需要得到满足以后，追求精神方面的享受。王充对此有所分析。他在《艺增》中说："著文垂辞，辞出溢其真，称美过其善，进恶没其罪。何则？俗人好奇。不奇，言不用也。故誉人不增其美，则闻者不快其意；毁人不益其恶，则听者不惬于心。"写文章总要夸张，称赞美德超过善行，揭露作恶超过罪行。为什么要这样呢？世俗人好奇，不奇的话，没有人爱听。因此，作文者要投世俗所好，赞誉一个人总要说得比实际更好，这样，听众才高兴。说谁不好也要加油添醋，这样，听者才满意。世俗好奇，就是人们对精神方面的需求。而说好说坏都加以夸张，就是为了满足这种精神需求。社会安定以后，精神需要提高，虚妄言论也就盛行了。

称赞现代的人物和事件，要受到现实的检验。前面提到的贡光想歌颂汉文帝，说他断狱三人，被汉光武帝所否定。歌颂古代圣王盛世，就像画鬼那样，随便怎么说，也没有人出来纠正。因此，古代尧、舜、禹、汤、文、武、周公，都被高度夸张，乃至神化。"为言不益，则美不足称；为文不渥，则事不足褒。"（《儒增》）经过加油添醋，又层层加码，"儒者称圣泰隆，使圣卓而无迹；称治亦泰盛，使太平绝而无续也。"（《宣汉》）把圣人吹得太高，脱离实际。把古代太平盛世也夸过了头，使后世怎么努力也达不到。

虚假的反面是实事，谬妄的反面是实诚，是合符情理。王充写《论衡》，就是"疾虚妄"而"求实诚"。

《佚文》表明了王充写《论衡》的宗旨："《诗》三百，一言以蔽之，曰：思无邪。《论衡》篇以十数，亦一言也，曰：疾虚妄。"王充用"疾虚妄"来概括写《论衡》的宗旨。他在《对作》中说："虚妄显于真，实诚乱于伪，世人不悟，是非不定，紫朱杂厕，瓦玉集糅。以情言之，岂吾心所能忍哉！""今《论衡》就世俗之书，订其真伪，辨其实虚。""铨轻重之言，立真伪之平。"辨真伪虚实的目的又是"冀悟迷惑之心，使知虚实之分。实虚之分定，而华伪之文灭。华伪之文灭，则纯诚之化日以孳矣。"（同上）也就是"匡济薄俗，驱民使之归实诚也。"（同上）"疾虚妄"的目的在于移风易俗，使社会风气"归实诚"。

王充为了"疾虚妄"，写了"九虚"：《书虚》《变虚》《异虚》《感虚》《福虚》《祸虚》《龙虚》《雷虚》《道虚》，又写了"三增"：《语增》《儒增》《艺增》。这些篇章所批评的内容包括天人感应说、民间迷信、古代传说等，主要有儒家经传中的言论，先秦诸子以及秦汉时代流行的书籍，包括《吕氏春秋》《淮南鸿烈》《史记》等重要典籍。也包括汉代新出的一些书，王充称为"儒书""传书""短书"。

王充的"九虚""三增"，反映了当时社会习俗，虚妄盛行，也反映了有识之士对实诚的追求。有识之士是先觉者，他们的识见代表了社会思潮的新趋势。一百多年以后的魏晋时代，玄风盛行，强调真情，讥笑虚伪，成为一种新风气，有的学者认为这股风是王充吹来的。

社会稳定日久，自然形成某种风尚。风尚一成，人们就随着风尚行动、说话，社会上形成了风尚观念。对同于风尚的，不以为非；对于反风尚的，不以为是。是非由风尚观念所定。当多数人为风尚所驱使的时候，少数哲学家参较实验，逻辑分析，理智地做出新的判断，而视那些被众人熟视无睹的、不言而喻的真理为虚妄。经过几百年，风尚变了，风尚观念也改了，哲学家的理智才得到承认。魏晋时代，汉代的经学大师乃至圣人贤者都受到贬斥，而王充及其《论衡》却得到赏识。从中可以看出，风尚的变化，对于理论的评价也会发生变化。所谓"大江东去，泥沙俱下"，大趋势总要裹挟一大批虚妄。先见虚妄者难免受到众人的讥笑，但是，历史是先见者的丰碑的排列，丰碑就立在无名的土地上。

三 大一统国家与儒、吏之争

秦始皇统一中国以后，按法家的理论建立起中央集权的封建制度。法家理论以皇帝为政权的集中代表，以法、术、势来驾驭整个封建国家机器，所有官吏都要忠于皇帝，按法令办事，做到令行禁止，其他如人情、文学、道德等均不得妨碍执法。各个官吏都有自己的职责和权力，既不许失职，也不许越权。像一部机器，各个零件有各自的位置和作用，协调关系，机器才能正常运转。秦代建立、汉代完善的大一统国家，各官有各自的位置和作用，协调关系，国家机器也能正常运行。正常运行的时候，国家是巩固的，社会是安定的，生产和文化都得到发展。

大一统国家是一部庞大的、复杂的政权机器，各级官员各安其位，各司其职，就显示出强大的威力。某一部门、某一官吏，一旦违反预设的规则，越位和越权，都会影响全局，甚至引起连锁反应，导致严重的破坏性后果。因此，各级官员都要监视政权机器的运行情况，一旦发现某处运行不正常，或有不安定因素，就要千方百计加以排除，调整关系，恢复正常运行。

我们介绍大一统国家政权机构的这些特点，就可以了解到，在这个政权机构中的每一个成员，都不能随心所欲，自行其是，都要服从整体的利益，进行协调的活动。协调活动就是服从法令，"能去私曲就公法者，民安而国治；能去私行行公法者，则兵强而敌弱"（《韩非子·有度》），为了整体的利益，各级官员都必须"顺上""从主"，"有口不以私言，有目不以私视"（同上）。主上就是唯一的圣人，"事在四方，要在中央，圣人执要，四方来效。"（《韩非子·扬权》）

大一统国家是中国传统的制度，大一统观念也是中华民族的传统精神。它不是哪一家的专利，应该是融合了儒、道、墨、法各家的思想形成的综合观念。

在这样一个大一统的国家里，容不得不协调成分。王充是一位特立独行的理智思想家，进入稳定时期的大一统国家机构中，就成为不协调分子，他自己也感到不适应。他很有学问，对古今典故能记诵很多，对诸子百家都能融会贯通，说起道理来，逻辑性很强，也很有说服力，但是，在实际工作中还是"世俗轻之，文吏薄之，将相贱之"（《程材》）。王充因此很不服气，一定要跟文吏论个短长，连篇累牍地讨论儒生与文吏的优劣。为此，他写了《程材》《量知》《谢短》《效力》《别通》《超奇》《状留》等一组文章。在《程材》篇提出："论者多谓儒生不及彼文吏，见文吏利便而儒生陆落，则诋訾儒生以为浅短，称誉文吏谓之深长。是不知儒生，亦不知文吏也。"他主要反驳"儒生不及文吏"的观点，认为他们不知道儒生和文吏。在王充心中，儒生和文吏是什么样的呢？二者区别略有以下数端：

（一）儒生学道，文吏理事，道重于事，因此儒生比文吏高贵。如果当政者"志在修德，务在立化，则夫文吏瓦石，儒生珠玉也"。

（二）儒生以学问为力，有仁义之文，古今之学。文吏以理事为力，没有学问，学问比理事深奥复杂，"文吏之能，诚劣不及，儒生之不习，实优而不为"。

（三）儒生学经书，受圣人教育，有忠良道德，敢于直谏，有匡救作用。文吏从小在官场上混，没有接受圣人教化，"长大成吏，舞文巧法，徇私为己，勉赴权利，考事则受赂，临民则采渔。处右则弄权，幸上则卖将。一旦在位，鲜冠利剑，一岁典职，田宅并兼。性非皆恶，所习为者违圣教也"。文吏对于上级的行为，"一则不能见是非，二则畏罚不敢直言"。总之，"文吏少道德而儒生多仁义也"。

（四）儒生分许多等级，儒生、通人、文人、鸿儒，一级比一级高。最高级的是能够著书立说的鸿儒，文吏在一般儒生之下，属于俗人之列。一位鸿儒的才能千万倍于文吏。

（五）贤儒方节而行，无针锥之锐，不善于钻营，不敢妄进苟取，故有稽留之难，需要别人推荐才能出仕，常有大器晚成的情况，文吏善于钻营，虽然进锐，"轻躁早成"，必将退速，"祸害暴疾"。

王充讲论儒生与文吏的区别还有一些。《程材》认为儒生才高，节优；《量知》认为儒生知虑光明，见是非，审尤奇；《谢短》揭示儒生与文吏各自的短处，有些儒生知古不知今，或者知今不知古；《效力》指出，儒生的知力大于筋骨之力；《别通》认为必须博览通明，才称得上儒；《超奇》以能著书立说的鸿儒为"奇而又奇"的超奇人物，是"世之金玉"。孔子、董仲舒都是这样的鸿儒。

王充讨论儒生与文吏的关系时，总是站在儒生的立场上，说"彼文吏"如何如何。因此，他讨论时总是比较偏袒儒生，对儒生的优点、长处、作用，总是估计得比较充分，有时还过了头。有的可以说完全出于论证的需要而加以曲解。例如，他把萧何当作儒生的代表，事实上萧何完全是一个典型的文吏，别人与王充辩论，就可以用萧何、曹参的例子驳王充。王充常用好的儒生跟坏的文吏相对比，乃至把好文吏也拉入儒生队伍。当然，他也把一些儒生追随文吏而堕落，列入批评对象。

当时的政治制度，不允许文吏有更多的个性，最重要的是服从。王充看到许多无德无才的文吏受到上级的赏识，得到百姓的赞誉；而包括自己在内的儒生有修养有学问，却得不到重视，心理很不平衡，发了许多不平的议论，但他没有认识到自己与大一统政治不协调的问题，而且到了晚年尚未认识，还以为是命运、机遇的问题。

大凡人有两种类型：善与人同、善与人异。如果一个人善与人同，那么，他考虑问题的思路就跟绝大多数人一样，他想说的正是大家都要说的。这种人做学问没有什么独到见解，很少创新，而从政，当个文吏，一言一行，都跟上下左右一致，上级赏识，下级拥护，左右响应，一切都会十分顺利。如果一个人善与人异，当个文吏则比较困难，他的想法得不到上级认可，也得不到下级支持，左右也难以协调，寸步难行，还怎么能开展工作？让这种人做学问，却经常能提出新见解，新问题，即使有偏激之处，也可以给人以启迪。王充和徐复观可能都属于这种类型，因此，他们在官场上是失败者，而在学术思想上都是成功者。他们生前苦难备尝，死后却能永垂千古。

四　尊师重教与世儒、文儒之争

儒是有各种不同分法的，有君子儒与小人儒之分，也有儒生、通人、文人、鸿儒的等级区别，还有世儒与文儒的不同。按王充的说法，"著作者为文儒，说经者为世儒。"（《书解》）著书立说的是文儒，解说儒经的是世儒。

汉代独尊儒术成为时尚，解说经典的世儒受到社会的普遍重视。朝廷上立了经学博士，说经者可以入太学教授诸生。整个社会也都重视经师，因为明经者可以入仕为官，这是获取利禄的捷径。在利禄引诱下，当时社会是尊师重教的。王充概括当时社会的世俗观念："文儒不若世儒，世儒说圣人之经，解贤者之传，义理广博，无不实见，故在官常位，位最尊者为博士，门徒聚众，招会千里，身虽死亡，学传于后。文儒为华淫之说，于世无补，故无常官，弟子门徒，不见一人，身死之后，莫有绍传，此其所以不如世儒者也。"（同上）世儒解说圣经贤传，是扎实的学问。这种学问又是当政者所提倡的，朝廷常设经书博士官。经师教授一批弟子，自己死后，弟子们可以继续传授自己的学问。文儒没有官位，也没有弟子，自己写的书没有圣贤的依据，对社会没有什么作用，所以不如世儒。

王充虽然也教授过弟子，但没有出名的，他的主要功绩还在于著述。因此，他就站在文儒的立场，进行这一场辩论。第一，王充认为文儒与世儒一样，都是崇信圣贤、宣扬经传的。只是在方式方面有所不同。"夫世儒说圣情，（文儒著圣意），共起并验，俱追圣人。事殊而务同，言异而义钧。何以谓之文儒之说无补于世？"（同上）为什么说文儒的工作没有社会效果呢？第二，世儒门徒多，并非高明，而是由于世儒那些章句之学容易学。文儒事业没有一定的天赋，是根本学不会的。第三，不是世儒与文儒可以分出等级来，世儒与文儒都有高中下之分，朝廷专门为少数高级的世儒设了博士位置，并不说明所有世儒都比文儒高明。第四，文儒虽然不专门讲哪一本经书，也没有门徒，只要他书写得好，也会流传后世。另外，世儒通过语言，口耳相传，文儒通过文字，进行传播，两相比较，哪一种更好呢？孔子说："言之无文，行而不远。"（《左传》襄公二十五年）后来的事实是，汉代经师讲授经传的内容以及经师本人多已不传，而王充著《论衡》而名垂千古。王充以当时人们所能领会的道理和所认可的事实，讲了这么一段很雄辩的话：

> 案古俊乂著作辞说，自用其业，自明于世。世儒当时虽尊，不遭文儒之书，其迹不传。周公制礼乐，名垂而不灭。孔子作《春秋》，闻传而不绝。周公、孔子，难以论言。汉世文章之徒，陆贾、司马迁、刘子政、扬子云，其材能若奇，其称不由人。世传《诗》家鲁申公，《书》家千乘欧阳、公孙，不遭太史公，世人不闻。夫以业自显，孰与须人乃显？夫能纪百人，孰与廑（仅）能显其名？（《书解》）

这段话的大意是：著作的文儒靠自己的业绩（指著作）闻名于世。讲授经书的世儒虽然在门徒的崇拜下显得很尊贵，没有得到文儒写书宣扬，也不会流传。周公制礼乐（主要指著《周礼》《仪礼》等），孔子作《春秋》，他们都以著述而名垂千古。就以汉代来说，陆贾著《新语》、司马迁写《史记》（当时称《太史公书》）、刘向编《说苑》《新序》、扬雄著《太玄经》《法言》，他们都不依赖别人，靠自己的本事，靠自己的著作，声闻天下，名传后世。现在世上流传的著名的讲授《诗》的专家鲁申公，讲授《书》的专家千乘欧阳、公孙，如果不是司马迁把他们写入《史记》，那么，世人也不知道他们的事迹。靠自己的业绩显名天下和必须别人宣传才能扬名于后世，二者比较，谁更高明呢？能记百人业绩，扬百人善名，与仅能传扬自己的名字，二者比较，哪一种更伟大呢？王充这两句问话，都是对文儒的肯定与赞扬。司马迁的《史记》流传2000年后，意义更加伟大。这更证明了王充对文儒的评价。

王充不是经师，他虽学过儒经，后又谢师而专门，不守章句之学。他虽然也回家教授过弟子，这些弟子没有成名者，不值一提。

他自己是典型的"著作者"文儒，王充肯定文儒较多，对世儒缺乏研究，有一定的偏颇。

王充所列举的文儒有周公、孔子、司马迁这些典型人物，这都值得商讨。周公是大政治家、大思想家，岂是一般著书的文儒？孔子虽然修了《春秋》，同时他也教授弟子三千多，培养出了72贤人，应该是大教育家，名副其实的世儒，岂可作为文儒的代表？司马迁是大史学家、思想家，也是文学家，绝非一般文儒可比。对于世儒，王充列举的是鲁申公、千乘欧阳、公孙弘。这些人虽有业绩，显于当时，后来却没有太大影响。而董仲舒这位教授门徒甚众，著名的有褚大、段仲、吕步舒、嬴公、司马迁、吾丘寿王等。嬴公又教授众多弟子，传至王充时代，董仲舒的公羊学仍有大批信奉者。独尊儒术，在很大程度上尊的是《春秋公羊学》。历史会选择，时间能淘汰。汉世能著书百万言的文儒和教授弟子千百人的世儒，不下千百人，经过历史的选择、时间的淘汰，能够流传至今的寥寥无几，可见，文儒并非都那么高明，绝大多数被淘汰以后，只剩下数十人。有一些杰出人物与鸿篇巨制，由于不幸遭遇而失传。多数人身名俱没，多数书淹没不传。世儒为人类的文化传播做出一定的贡献。中国文化的源远流长都与世儒的教学分不开。民族文化既需要圣贤创造，也需要教师传授。

在王充那个时代，由于独尊儒术，世儒的社会地位比较高，而文儒不受重视。王充替文儒辩护，认为文儒不比世儒差，甚至更高。反映了当时社会现实以及他的反潮流精神和求实的科学态度。从现在社会来看，当教师的社会地位被贬得很低的时候，肯定教师的作用，则成为应该重视的问题，需要提倡尊师重教。从整个人类历史来看，不论世儒文儒，也不管教师作家，都是人类文化事业的人才，是重要的，不可或缺的。只要兢兢业业创造性地工作，做出显著成就，都是值得称道的。

五 复杂原因与逢遇幸命

儒家讲选贤举能，尊贤使能，有道德有能力的人受到重用，享有高官厚禄，名满天下，声闻后世。王充受到这种教育，深信这种因果关系。年轻时，努力学习，深入研究各种典籍，探讨人生一切问题。虽然任一些属官，总与自己的才能不相称，因而常感到不那么顺心。中年以后，他又常用古代晚年显名的吕望、百里奚自况："吕望之徒，白首乃显，百里奚之成，明于黄发；深为国谋，因为王辅，皆夫沉重难进之人也。"（《状留》）又用"大器晚成，宝货难售"（同上）作为自己的精神安慰，一方面自认为学问大，像大木、大石，沉重难进。另一方面又埋怨长官无能，"咎在长吏不知贤，而贤者道大，力劣不能拔举之故也。"（同上）"长吏妒贤，不能容善，不被钳赭之刑，幸矣！焉敢望官位升举，道理之早成也？"（同上）王充到了晚年，生活穷困，身体衰弱，对升官发财已经无望，回顾一生，反思世事，许多无德无才，不贤不能的人，却能步步高升，青云直上，甚至仅仅由于长相，就得到当权者的欣赏，封官授爵。而德才兼备的贤能之士却老死山林，或者屈于卑位。王充无法解释这些社会现象，就认为这是逢遇、偶会、幸偶，而这些偶然性的逢遇又是命里注定的，命也是天决定的。最后，他推导出这么一套理论：天施下气而生万物，星气随天气而下，人禀了哪个星的气，就有了那个星的性命，这就决定了他的智愚、贤否及一生的强弱寿夭、吉凶祸福。天施气，星放气，人禀气，都是自然的、无意志的、偶然巧合的。人禀气以后，性命都确定了，一生祸福就是必然的、不可改换的。如果人知道自己的命运早已定了，那么，是否不努力，等待命运的安排呢？这是过去反对有命论的主要观点。王充解释说，这是有好运的人，本性就是积极进取的，运气不佳的人，自然有消极懒惰的本性。因此，人的本性与命运是相应的，"胜成命定"（《无形》）。

王充无法解释社会现象，企图从社会之外寻找社会一切现象的根据和原因，陷入天气宿命论。

有了人，就有了社会。研究人的问题，就是研究社会问题，这是一切社会科学研究的永恒主题。

从总体上看，社会进程是否有发展的规律。认为无规律，是偶然论；认为有规律，则是必然论。在必然论中，又有自然论和决定论的区别。自然论认为社会发展是自然过程，没有什么东西可以决定历史进程，又称非决定论。决定论认为历史进程是由某种东西决定的。决定因素是什么？在中国古代有各种说法，或曰天命，或曰圣意，或曰时数，或曰气运，或曰势、理势，或曰民心。后来，有人说是矛盾斗争、阶级斗争、农民起义，马克思主义认为是生产力，而科技又是第一生产力，自然科学也成了决定因素。当然，也有人认为社会发展的决定因素是人，是人的本性，是人的欲望。王充看到社会的发展，看到汉朝比周朝进步，但他不认为这是有规律的，只觉得由于文化的积累，社会会进步，后世比前世文明繁荣。对于治乱的出现，他认为其中有"时""数"，但时数是很神秘的东西，王充自己也说不清楚。

从世界各国历史来看，有许多相似性，说明人类历史是有规律性的。决定或影响历史进程的因素是多方面的，各因素的作用大小不同，使各国历史具有多样性，使世界各国各地区发展不平衡，呈现出丰富性、复杂性。过去，一些学者从某一种因素入手，研究世界历史进程，取得一些成果，也遇到一些难题。各种说法都有一定合理性，但也有某些不足之处，从秦统一中国的历史来看，法家的理论和秦始皇个人素质起了决定作用。如果由秦二世胡亥掌权，不会任用贤才，怎能战胜六国？个人是历史的产物，历史又是由生产力决定的，生产力又是按人的欲望需要而产生并发展的。穷根究底，似乎人的欲望即物质需要和精神需要是历史发展的终极原因和最后动力。人如果不需要吃饭穿衣，何必种谷纺纱？人无欲望，就不需要生产，哪有生产力？荀子及其学生韩非就是从人欲来研究社会历史的，荀子认为，人性"生而好利"，"生而有耳目之欲"，圣人据此制订礼义、法度，来治理社会。韩非认为人生而要吃东西，古代东西多，人少，自然界足以供人享用，所以比较平定。后来，人口迅速增加，自然食品供不应求，这就产生了争夺，同时也有了生产。由于争夺，产生混乱，危及人类生存，所以圣人面向实际，制订法度。"事因于世，备适于事"（《五蠹》）。

总之，社会是极其复杂的，各种因素交互作用，使社会出现纷繁的现象。一种现象的出现，可能是由多种原因共同作用的复合结果，一个事件又可以产生直接和间接的无数种结果。特别是一种思想在漫漫历史长河中对后代产生什么样的影响，是任何人都无法估量的：复杂的、交错的社会联系，产生出许多社会现象，形成人生的吉凶祸福。古人不知原因，以为其中有命，以为冥冥中有神灵主宰者。王充虽然不承认有神灵主宰者，又无法解释复杂的社会现象，企图以天气、星精、偶然、必然来解释，现在看来似乎天真幼稚，当时却是十分新鲜的想法。我们现在以为千真万确、天经地义的科学，若干年后也许会被后人视为天真幼稚乃至极其可笑的想法。

综上所述，王充在虚妄盛行的时代提出了求真的哲学，在科学不发达之时，用时、数、命来填补认识的空白，来构筑自己完整的思想体系。东汉社会产生了王充哲学。王充哲学针对东汉社会的时弊，反映东汉社会的现实，概括东汉社会的思想成果，树立东汉社会的哲学丰碑，成为东汉时代精神的精华。

（原载《北京师范大学学报》（社会科学版）1996 年第 5 期）

柳宗元天论研究[*]

本文详细分析了柳宗元对自然之天的探讨和对神学之天的批判。认为柳宗元继承了古代唯物论哲学的传统，吸取古代天文学的成果，提出天人不相预的观点，丰富和发展了唯物主义哲学。这是柳宗元的历史贡献。作者主张，既不可因为柳宗元在哲学上有贡献而拔高他的天文学思想水平，以及说他在许多方面都是"第一次"创见，也不可只是根据一两句话，不作具体分析，就把他说成是唯心论者。

天是中国古代天文学研究的对象，也是哲学家探讨的重要课题。天是怎样产生的？天究竟是什么样子的，是有形的还是无形的，是有限的还是无限的？四季变化、昼夜更替是怎么形成的，日月运行与天有什么关系？天对人间是否有主宰的作用，人应当如何对待天，天和人的关系如何？对于这些问题的回答，历代哲学家可以分为两大派别，一派持自然之说，一派持阴骘之说，前者认为天是自然之天，后者认为天是神学之天。唐代柳宗元的好朋友刘禹锡说："世之言天者二道焉：拘于昭昭者，则曰：天与人实影响，祸必以罪降，福必以善徕，穷厄而呼必可闻，隐痛而祈必可答，如有

---

[*] 本文作者周桂钿、郭绍明。

物的然以宰者，故阴骘之说腾焉；泥于冥冥者，则曰：天与人实刺异，霆震于畜木，未尝在罪，春滋乎堇荼，未尝择善，跖蹻焉而遂，孔颜焉而厄，是茫乎无有宰者，故自然之说腾焉。"① 阴骘之说是唯心论的重要观点，这是有传统的，从先秦的天命论、汉代的天人感应说，直至唐代韩愈等人所主张的天能赏功罚祸的说法，都属于这一派别。自然之说也是有传统的，可以说代不乏人。在先秦，有荀子的"天行有常，不为尧存，不为桀亡"②的天人相分说；在汉代，有王充的"人不能以行感天，天亦不随行而应人"③的天道自然说。到了唐代，柳宗元提出天人不相预的观点。这些都是在论天问题上的有代表性的唯物论观点。章士钊说："谓自汉逮唐，吾国唯物理论萌芽，实以此二人（指王充和柳宗元——引者注）为中枢，应是天下方闻之士所公认。"④ 刘禹锡的概括是很精当的，章士钊的评论也是有道理的。持自然之说的唯物论哲学家往往吸取天文学的研究成果与传统的唯物论哲学相结合来论证自然之说，丰富和发展唯物论哲学，同时批判阴骘之说的唯心论神学观点。柳宗元也正是这样的一位唯物主义的哲学家。

柳宗元关于天的论述很多，主要有《天说》，《天爵论》，《时令论》上、下，《断刑论》下，《贞符》并序、答屈原《天问》的《天对》以及《答刘禹锡〈天论〉书》等。从这些论著中，我们可以看到，柳宗元认真吸取了古代天文学的研究成果，并继承和发展了古代唯物论的传统思想，深入探讨了自然之天，深刻地批判了神学的天，形成了自己的天论思想体系。

---

① 刘禹锡：《天论》上，《刘宾客文集》卷五。
② 《荀子·天论》。
③ 《论衡·明雩篇》。
④ 《柳文指要·答刘禹锡天论书一》，第935页。

一　对自然之天的探讨

柳宗元对自然之天进行了一系列的探讨：

1. 天的起源问题

天是怎么产生的？古人有过许多探讨。例如屈原在《天问》中问道：天有九层，是谁营造的呢？这么伟大的功绩，是谁创建的呢？（"圆则九重，孰营度之？惟兹何功，孰初作之？"）柳宗元在回答这一问题时说：天是自然产生的，"无营以成"，"无功无作"①。天既不是营造成的，那就没有什么功绩可言。这就否定了任何形式的创世说。天不是神或圣人所创造的，那它是怎么产生的呢？天和地有没有形成的过程呢？柳宗元对这个问题明确表示自己是无法知道的。他说："天地果有初乎？吾不得而知之也。"② 古人对于天地形成的问题有过各种不同的说法。有的说道生天地，在天地之前只有道。有的说是太极生天地，所谓"易有太极，是生两仪"③，两仪就是天地。董仲舒认为在天地之前只存在着"元"，扬雄说是"玄"。王充认为天地本来就这么存在着，并没有产生、形成的过程，天地是无始无终、不生不灭的。王符认为天地都是由元气在长期的演化过程中形成的。元气是混沌的气体，经过长期的演化过程，清浊分开，清的气升浮上去形成天，浊的气沉淀下去结成地。这是汉代元气一元论的宇宙观。柳宗元虽然认为无法知道天地是否有形成的过程，但他认为："有初为近。"④ 天地很可能有开始。过去既有的许多说法，他认为由混沌的元气演化成天地的这种说法是

---

① 《柳宗元集·天对》，以下凡引此书，只注篇名。
② 《封建论》。
③ 《易·系辞上》。
④ 《封建论》。

可取的，因此他说：在没有天地之前，是"厐昧革化"时期，那时宇宙间"惟元气存"①。后来，元气经过"吁炎吹冷"的作用，阴阳"交错而功"，轻清的阳气和重浊的阴气分开，阴气"冥凝"为地，阳气"玄厘"成天。另有一部分元气仍然处于游离状态，在天地之间飘流着，"彼上而玄者，世谓之天；下而黄者，世谓之地；浑然而中处者，②世谓之元气"③，这里都说是"世谓之"，说明这些说法到了唐代已相当普及，是汉代以来比较流行的唯物主义的元气一元论观点。柳宗元继承了这一唯物论的传统思想。

2. 天的形态问题

天是什么样子的？是有形的还是无形的？是气还是体？是什么形状的体？这是汉代的天文学家和哲学家热烈讨论过的问题。当时有所谓"盖天说"，认为天像一个圆盖子，有的说这个盖子是平圆的，像磨石；有的则认为是拱形的，像斗笠；有的根据天的中央在北极的说法，认为天像斜倚于地的盖子，天的北缘接触地面，形成南高北低的形态。主张"浑天说"。认为天像一个鸡蛋壳，地在中央，天有一半在地上，有一半在地下。还有一种"宣夜说"，它认为天根本没有固定的形体，只是无边的气，日月星辰都悬浮在虚空中，"无所根系"④。后来又有所谓"安天论""穹天论""听天论"⑤等真是众说纷纭。

柳宗元在《天对》中的基本看法认为天就是气，没有形体，与"宣夜说"的观点比较一致。他在回答屈原关于天极架在什么地方、八根天柱支在哪里等问题的时候，说：天是无极无垠的，只是无边

---

① 《天对》。
② 同上。
③ 《天说》。
④ 《晋书·天文志》。
⑤ 同上。

无际的运动不息的气，天不是连成块的形体，根本不需要八根天柱的支持。他认为，天是"无中无旁""无限无隅"[①] 的，也是无法固定在某一个地方的。因此，它才是最大的，"或形之加，孰取大焉"[②]。如果说天是有形体的，像盖子一样盖在上面，那怎么能说它是大的呢？就是说，任何固体都不可能是无穷大的。对于"日月安属？列星安陈？"的问题，柳宗元的回答是：日月星辰，"太虚是属"[③]。天不是固体，那么日月星辰附着在哪里呢？日月星辰就悬浮在太空之中。很显然，柳宗元在这一问题上是吸收了"宣夜说"的观点，否定了"盖天说"和"浑天说"关于屈原在《天问》中提到"圆则九重"，反映了先秦时期曾有过这种说法：认为天像圆形车盖那样，有九层叠起来，最高一层叫"九天"。这当然是很古老的说法。后来虽然也讲"天圆""九天"，但是已经不是原来那种意义了。

九层圆天变成只有一层圆天，又跟方形的地相配合，构成"天圆地方说"。据说孔子的学生曾参对此提出怀疑：天是圆的，地是方的，那么怎么能掩盖住地的四角呢[④]？后来，古人把地也改成圆的，来解决这个矛盾，提出"天象盖笠，地法复盘"[⑤]。这就是所谓"盖天说"。另一些人认为天是没有形体的，只是一种气。这样，他们对"圆"就要做出新的解释。正是提出"四角之不揜"的曾参，说"参尝闻之夫子曰：天道曰圆，地道曰方"[⑥]。夫子指孔子。如果这一条资料可信的话，那么孔子已经对"圆"作了新的解释。关于"天道曰圆"的具体内容，我们却是从《吕氏春秋》中首先看到的。

---

① 《天对》。
② 同上。
③ 同上。
④ 《大戴礼记·曾子·天圆》，宋高似孙《纬略》引，见《丛书集成》卷八。
⑤ 《周髀算经》卷下。
⑥ 《大戴礼记·曾子·天圆》，宋高似孙《纬略》引，见《丛书集成》卷八。

《吕氏春秋·圆道篇》说："何以说天道之圆也？精气一上一下，圆周复杂，无所稽留，故曰天道圆。"这样，"天圆"变成了"天道圆"。天的形体圆，改为精气作循环运动的轨道圆。他们所讲的"圆"，既不是盖天说"天象盖笠"的"圆"，也不是浑天说所谓"天如鸡子"的"圆"，只是对循环运动的称呼。柳宗元就是采纳《吕氏春秋》的这种说法来解释屈原"圆则九重"中的"圆"，他说：浓厚的阳气作旋转运动，才得到这个"圆"的称呼。（"转輠浑沦，蒙以圆号"①）

关于"九"的问题，先秦讲天有九层。到了汉代，天只讲一层，不承认有九层。这样，对传统的"九天"也要做出新的解释。在《淮南子·天文训》中，把"九天"说成是八方和中央九块不同颜色的天拼成一个完整的天。东汉王逸就是用这种说法来注释屈原的"九天"。另外，古代象数学有一种说法，认为单数是阳，双数是阴。九是单数中最大的个位数，因此被称为"老阳"，即阳气极盛的意思。认为天是阳气积聚而成的。当时的人自然就用这种说法来注"九天"。柳宗元在《天对》中既认为天是气，自然不能同意《淮南子》的说法，而采取了后一种说法，认为天是积聚了浓厚的阳气而被称为"九"的（"沓阳而九"②）。

柳宗元对屈原"圆则九重"的解释，说明他在天的形态问题上，基本上同意宣夜说的看法。

另外，柳宗元在《天说》中却认为天是有形体的。他说：天地虽然非常大，不过也只是一个大的物体。"天地，大果蓏也。"天地就像极大的瓜果一样。因此，他对刘禹锡所谓的"天有形之大者

---

① 《天对》。
② 同上。

也"① 没有提出异议，对"天形恒圆而色恒青""苍苍然者，一受形于高大，而不能自还于卑小"② 等说法，也予以默认。他还认为刘禹锡的《天论》只是为他的《天说》作了"传疏"。他说：《天论》和《天说》"不识何以为异也"③，不知道二文有什么不同之处。这说明刘禹锡《天论》中的观点，是柳宗元完全同意的，也代表了柳宗元的观点。

柳宗元对天体的不同说法，自然引出对宇宙无限性的不同理解。如果说天地都像瓜果那样的形体，那么天地就是有限的。因为任何固体不能理解为无限大的。像大瓜果的天地悬浮在空中，空间却是无限的。这就是古代常见的天地有限宇宙无限的观点。东汉天文学家张衡主张浑天说。他认为天地像一个鸡蛋。至于鸡蛋壳外面是什么的问题，他说："过此而往者，未之或知也。未之或知者，宇宙之谓也。宇之表无极。宙之端无穷。"④ 就是说，在有限的天地之外，还存在着无限的宇宙。以《周髀算经》为代表的盖天说也是天地有限宇宙无限的支持者。它所设想的七衡图，其外衡直径为四十七万六千里。日在外衡时，可照及的天体平面直径为八十一万里，周长为二百四十三万里，这就是所谓可见天体。在这个可见天体之外，也是一个未知的领域。"过此而往者，未之或知。"因此，存而不论。

如果说天就是无边的气，那么，天地就是宇宙，是无限的。这种观点，汉代宣夜说已经有过明确的表述。它说："天了无质，仰而瞻之，高远无极，眼瞀精绝，故苍苍然也。"⑤ 天是气，高远无

---

① 刘禹锡：《天论》上，《刘宾客文集》卷五。
② 刘禹锡：《天论》中，《刘宾客文集》卷五。
③ 《答刘禹锡天论书》。
④ 张衡：《灵宪》，见《后汉书·天文志》上刘昭注补引。
⑤ 《晋书·天文志》引。

极,所以看起来是苍色的,而实际上天是没有颜色的。继宣夜说之后,虞喜提出"安天论",认为"天高穷于无穷。地深测于不测"①。天无限高,地无限深,虽不尽科学,但毕竟表达了天地即宇宙的无限性思想。

关于宇宙无限性的问题,古人多有论述。先秦时代的《尸子》已有"四方上下曰宇,往古来今曰宙"的说法。西汉的《淮南子·齐俗训》和东汉高诱注《淮南子·原道训》都有同样说法。

柳宗元在《天说》中说天地像个大瓜果,在《天对》中认为天是无边的气,这两种说法都是继承了以前的说法。他没有增加什么新的内容。

另外,宇宙在时间上的无限性问题,王充明确讲过:天地不生不灭,无始无终。而柳宗元的观点呢?首先,他在《封建论》的开头就说:"天地果无初乎?吾不得而知之也。生人果有初乎?吾不得而知之也。然则孰为近?曰:有初为近。"他认为天地有个开始的说法可能更接近正确一些。虽然人无法知道天地的开始,却可以从一切事物都有开始推导出来。这种见解对于像大瓜果那样的天体来说,是可以说得通的。现在宇宙间任何大小的星球都有个开始,但是整个宇宙则不可能有开始。其次,柳宗元认为元气是没有开始和终结的,他认为天地产生之前,元气就已经存在了,"一气回荡茫无穷,其上无初下无终"②。柳宗元这种天地有初和元气无初的观点只是对古代天地有限宇宙无限论的继承。因此,我们不能认为,柳宗元"在中国哲学史上第一次论述了世界在时间上和空间上的无限性"③。他的这些思想并没有"超过了前人"④。

---

① 《晋书·天文志》引。
② 《南岳弥陀和尚碑铭》。
③ 见《哲学研究》丛刊《中国哲学史论文集》第二辑,第229页。
④ 肖萐父、李锦全主编:《中国哲学史》上卷,第499页。

3. 昼夜成因的问题

关于昼夜形成的问题,古代人有过许多设想。比较早的说法大概有两种。一种认为,天一开就明亮,一合就黑暗,昼夜就是由于天的一开一合形成的。因此,屈原就此提出疑问:"何阖而晦?何开而明?"① 另一种认为,日从大地东方汤谷那个地方出来,照亮了人间,就是白天。日从东到西,最后进入西方的蒙汜,就成了黑夜。根据这种说法,屈原问道:"出自汤谷,次于蒙汜,自明及晦,所行几里?"② 太阳从早晨到傍晚走了多少里呢?后来,阴阳学说盛行起来,人们又用阴阳来解释昼夜更替现象。认为日早晨从阴气中出来,所以看得见。晚上进入阴气中,就看不见了③。这就是昼夜形成的原因。汉代论天三家又有各自的说法。宣夜说认为太阳在太空中自由运动。这样当然无法解释昼夜的规律性变化。浑天说认为太阳在运转的天体中有自己的运行轨道。鸡蛋壳似的天体绕地一周为一日。太阳在地上为昼,随天体转入地下为夜。这种说法可以用仪器很精确地加以验证。因此,它认为昼夜是日出入地下的结果。盖天说对于天体如何能够进入地下表示怀疑,它采取了另一种说法:人站在大湖的岸边,看不见对岸;而对岸实际上是存在的。据此认为,日也是转远了,看不见,并非能够进入地下。盖天说认为,日在天体上作圆周运转。运行到某地的上空,某地就是白天;离开该地一定距离以后,该地就进入黑夜。它还设想出日光的射程为十六万七千里。当人与日距离超过这一数字时,就看不到阳光,进入黑夜。在日光射程以内,都是白天。这样,日运行远近成了昼夜形成的原因。这种说法可以解释冬日短、夏日长的变化;也可以

---

① 屈原:《天问》。
② 同上。
③ 《论衡·说日篇》载:"儒者曰:日朝见,出阴中;暮不见,入阴中。阴气晦冥,故没不见。"

说明在同一时刻，有的地方是早晨，有的地方是中午，有的地方是晚上的问题。① 如果用地面曲率代替日光射程的假说，就接近于现代科学所了解的情况了。

唐代疆域扩大，为研究天文提供了很有利的条件。贞观年间（公元627—649年），唐朝人走到北方某地，记载当地的情况是："昼长而夕短。既日没后，天色正曛。煮一羊胛才熟，而东方已曙。"② 一羊胛煮熟的时间大约只要一个小时，说明当地的夜只是一小时左右。这一发现否定了浑天说日入地下为夜的说法，证实了盖天说关于昼夜长短与季节、纬度相关的说法。夏天，越往北，夜越短，北极附近则长昼不夜。开元十二年（公元724年），唐朝派使者到交州（即今越南河内一带）去测日影，却有意外发现：从交州望北极，才出地二十余度。（浑天说认为北极出地三十六度。）从海上看南方的老人星特别高，老人星下面还有许多星图上没有记载的明星。大约离南极二十度以上的星都看得见，而这些星都是古代浑天家所谓"常没地中，伏而不见"③ 的。这两项发现，完全否定了浑天说的见解：昼夜是日出入地中的结果；却证实了盖天说的看法：日的远近是昼夜变化的根本原因。

半个世纪以后，柳宗元在答对《天问》时，全面阐述了对昼夜变换的看法。首先，他否定了古老的说法。认为天明不是什么地方开了，天黑也不是什么地方合起来（"明焉非辟，晦焉非藏"）。那

---

① 《周髀算经》卷下载："日运行处极北，北方日中，南方夜半；日在极东，东方日中，西方夜半；日在极南，南方日中，北方夜半；日在极西，西方日中，东方夜半，……昼夜易处"。又说："极下不生万物，北极左右，夏有不释之冰，……物有朝生暮获。""中衡左右，冬有不死之草、夏长之类，……五谷一岁再熟。"赵君卿注《周髀算经》云："北辰之下，六月见日，六月不见日。从春分至秋分六月常见日，从秋分至春分六月不见日"。王充《论衡·说日篇》说人们"皆以其上者为中，旁则为旦夕"。日在头顶上为中午，在两旁时为早晚。

② 《旧唐书·天文志》上。

③ 同上。

么天亮之前，太阳藏到什么地方去了呢？他说：不论早晚，太阳都沿着一定的轨道运行，根本就没有藏起来过。那么，昼夜是怎样形成的呢？柳宗元采取了盖天说的说法：日作圆周运动，这个运行轨道像一个平放在天上的车轮。轴心固定在北极上，车辐从南面旋转过去，即"辐旋南画，轴奠于北"[①]。这个象车轮的轨道平放在天上，日在同一高度上沿着四旁运转，这就是"平施旁运"[②]。日转到一个地方的上空，那个地方便是白天。日转到别的地方去了，离这里远了，阳光照不到了，那么，这里就进入夜晚。这就是所谓"当焉为明，不逮为晦"[③]。也就是说，昼夜只是日远近造成的，中午和早晚也只是日在人的正中或侧边的不同，根本没有日出入的问题，当然也就不存在日出入的"汤谷"和"蒙汜"了[④]。很显然，柳宗元对太阳运行情况的描述和对昼夜形成原因的解释都来源于盖天说。

同一《天对》，柳宗元对天体的看法与宣夜说一致，对日的运行和昼夜更替的解释却采取盖天说的观点，对浑天说倒是无缘的。可见柳宗元是采取古代各家天说来解释《天问》中提出的各种问题，并没有自己系统的天文学理论。因为他本来就不是天文学家，而是哲学家。

刘禹锡在《天论》下说：有人问，古代讲天的有宣夜说、浑天说、盖天说，还有邹衍谈天，你的观点出于哪一家呢？答曰："吾非斯人之徒也。"说明刘禹锡在天文学上并不只信某一种学说，而是采诸各家的思想。柳宗元也是这样。这说明他们的天文学思想并不是照搬汉代论天三家中的任何一家，只是吸收其中某些思

[①] 《天对》。
[②] 同上。
[③] 同上。
[④] 同上。

想资料来论证自然之天,这是哲学家论天的特点。但是,在批儒评法的年代里,这位曾因参与改革而遭贬官的柳宗元被人捧为"大法家",被吹得天花乱坠,甚至根据本节所引述的一些话,并没有完全弄明白,更不作具体分析,就断定:"柳宗元以为,在围着太阳运移的过程中,圆形的大地本身又不断地从这一侧向另一侧转动着……把地圆说和地动说结合了起来。"[①] 就是说,柳宗元已经知道地球绕着太阳运行了。这大概是柳宗元自己做梦也没有想到过的吧!

4. 天文学的发展和柳宗元的误解

天是否可以认识以及如何认识,在科学相当落后的古代是一个很渺茫的问题,并因此走过许多弯路,受过一些曲折。

远古时代的人们以为天是有意志的,把天当作神来崇拜,产生了天命论。又以为天是世界的主宰,人是天之骄子,最为天下贵,天人有许多一致性,即所谓天人合一说,从迷信的角度去窥探天意,去祈求天命,怠于人事,起着消极的作用。荀子从而提出不求知天的思想,主张发挥人的主观能动性去改造世界,争取幸福。与此同时,在神学影响下,有一部分人仍然注意观察天象,为研究天文积累了丰富的资料。天文学却在神学的外衣下发展了起来。公元前3世纪成书的《吕氏春秋》说:"民无道知天,民以四时寒暑日月星辰之行知天。"[②] 又说:"夫审天者,察列星而知四时","推历者,视月行而知晦朔"。[③] 人们知道通过对四时寒暑的变化和日月星辰的运行作长期研究可以知天。总之,天是可以认识的。

---

① 《天问天对注》,上海人民出版社1973年版,第9页。
② 《吕氏春秋·当赏》。
③ 《吕氏春秋·贵因》。

汉代浑天家制成浑仪在密室中转动，从浑仪上看到的星象与天文台上观察到的星象完全一致。恩格斯说："当我们按照我们所感知的事物的特性来利用这些事物的时候，我们的感性知觉是否正确便受到准确无误的检验。……如果我们达到了我们的目的，发现事物符合我们关于该事物的观念，并产生我们所预期的效果，这就肯定地证明，**在这一范围内**，我们对事物及其特性的知觉符合存在于我们之外的现实。"① 浑天家根据自己对天文的认识制成浑仪，在实验中又能产生预期的目的，说明他们的认识在这一点上与客观现实是相符合的。这是中国历史上第一次用实验来证实人们对天的认识。

盖天说认为天像磨石一样在上空旋转，他们企图测量天的高度。日在天上，日影是可测的。他们立八尺高的表，在中午观测日影长度。测量计算的结果认为南北地隔千里，影长差一寸。然后又在洛阳测得夏至中午日影长为一尺六寸，说明洛阳以南一万六千里的地方是在夏至日的底下。表高八尺，是影长一尺六寸的五倍，按相似三角形相应边的等比关系，计算出日高八万里。日在天上，日高就是天高，因此天高也是八万里。东汉蔡邕说："《周髀》术数具存，考验天状，多所违失。"② 为什么"多所违失"呢？计算的方法和数字都保留下来，问题在哪里呢？问题就在传统的"千里一寸"的结论。唐代初期的天文学家李淳风根据历代天文学家观测日影的数据进行推算，发现有的地方竟然不到五百里，日影长就差了一寸，有的则接近千里差一寸。因而他得出结论说："夏至影差，降升不同，南北远近，数亦各异，若以一等永定，恐皆乖理之

---

① 《马克思恩格斯选集》第3卷，人民出版社2012年版，第758页。
② 《晋书·天文志》。

实。"① 就是说，夏至日影的长度与地南北距离不成正比关系，硬把它作为定理来加以运用，那就会得出错误的结论。为了验证李淳风的说法，开元十三年，即公元724年，南宫说选择河南平原地区作实地测量，为了精确，以水准绳，树八尺表观测日影。观测计算结果，大约南北地隔五百二十六里多，影长差两寸有余。这就用精确的测量推翻南北地隔千里影长差一寸的传统论断。天文学家据此对盖天说"多所违失"的原因也给予总结："古人所以恃勾股之术，谓其有征于近事。顾未知目视不能远，浸成微分之差，其差不已，遂与术错。"② 用眼睛看不出微小的差别，微小的差别在广阔的宇宙间就会"谬以千里"！由于唐代疆域的扩大，天文学的进展，发现了盖天说和浑天说在理论上的许多错误，使宇宙论有了新的进展。他们说："宇宙之广，岂若是乎？"③ 宇宙难道只有这么大吗？这说明对宇宙有了新的认识。另外，一行等人制定的新历——《大衍历》比过去历法又有了很大进步。一行还为新历写了十二篇论文，对天文学的研究成果作新的理论概括和经验总结。他还写了七篇历术④，具体介绍了《大衍历》的计算方法。这些都说明天是可以认识的。唐代天文学的巨大进展，纠正了许多传统的错误定论，对天的认识更深刻、更正确了。

　　唐代天文学的可喜成果，却引起了柳宗元的误解。例如：关于日运行和昼夜形成问题，柳宗元基本上采取了盖天说的观点，但在回答屈原提出的日从早到晚运行多少里的问题时，他却说："度引久穷，不可以里。"⑤ 经过长期度量计算，什么办法都用尽了，仍然

---

① 《周髀算经》卷上，李淳风注。
② 《旧唐书·天文志》。
③ 同上。
④ 《旧唐书·历志三》。
⑤ 《天对》。

得不出正确的答案，误以为是无法用"里"来度量的。他进而认为："天地之无倪，阴阳之无穷，以澒洞轇轕乎其中，或会或离，或吸或吹，如轮如机，其孰能知之？"① 就是说，天地广大无边，又变化多端，没有一定的规律，那怎么能认识它呢？这明白地表达了不可知论的观点，认为天地是不可知的，至少是不能彻底认识的。天文学的巨大进展，否定了某些传统的见解，却使外行人产生一种错觉，以为前人的天文学成果都错了，都要加以否定，进而认为天文学不应该成为一门科学，因为天是无法认识的。柳宗元正是这种天文学的门外汉。他在这里的不可知论观点同在别的问题上的可知论观点是矛盾的。

天文学的发展，为什么会使柳宗元产生这种误解呢？这大概是由于他对天文学家的研究工作缺乏具体的了解，对天文学的发展史也缺乏必要的系统的知识。例如，屈原问："天何所沓？十二焉分？"② 王逸注："沓，合也。言天与地合会何所？分十二辰，谁所分别乎？"这里的"十二"，王逸认为是指"十二辰"。什么叫"辰？"据《春秋左氏传》昭公七年记载晋侯与伯瑕的对话："公曰：'多语寡人"辰"，而莫同。何谓"辰"？'对曰：'日月之会是谓"辰"。'"日月相会叫作"辰"。一年中，日月相会十二次，因此叫"十二辰"。另外，还有一种说法叫"十二次"。我国古代认为岁星（即木星）十二年运行一周天，因而把周天分为十二次，用以表示岁星每年所在的位置。现代天文学家陈遵妫先生认为："十二次的创立，应该在战国中期对于五星特别注意的时代，殆无庸疑。"③ 那么，战国后期的屈原当然有可能知道十二次并提出疑问。

---

① 《非国语·三川震》。
② 《天问》。
③ 陈遵妫：《中国天文学史》第二册，第十一章"十二次"。

长沙马王堆三号汉墓出土的帛书《五星占》，被认为是"研究古代天文学史极有价值的一部天文书籍"①。陈久金、何幼琦同志在研究《五星占》中，一致认为，古代"十二辰"是指"地面十二辰方位"。他们认为"岁星有一个影子称作太阴、岁阴或太岁"②。王充《论衡·难岁》云："冀州之部有太岁耳"，可以作为佐证。依此来看，十二次是天上的划分，十二辰却是与天上相应的地面方位。《旧唐书·天文志》下云："天文之为十二次，所以辨析天体，纪纲辰象，上以考七曜之宿度，下以配万方之分野。"下配分野而有十二辰。如果十二辰是指地面方位，那么，屈原《天问》中的"十二"则应指"十二次"。柳宗元在回答屈原的问题时，对于"十二"竟然毫无所知。他说："折箄刿筳，午施旁竖，鞠明究曛，自取十二，非余之为，焉以告汝！"③这段大意是，天文学家拿着小竹片，中午摆下，早晚竖起，来观测研究日影的变化，推断太阳运行的规律，十二次是他们自己定的，不是我搞出来的，我怎么能告诉你呢？这说明他对"十二"，不管是"十二次"，还是"十二辰"，都不知道是怎么回事，所以作不出具体的回答，只好用"焉以告汝"来搪塞屈原的"十二焉分"问题。

汉代天文学各家进行过热烈的争论，可称为天文学的"百家争鸣"时代。由于实践检验的结果，浑天说逐渐占了优势，东汉末年蔡邕对汉代言天的主要三家作了如下评述："宣夜之学，绝无师法；《周髀》术数具存，考验天状，多所违失；惟浑天近得其情，今史官候台所用铜仪则其法也。"④宣夜说无人继承，盖天说又与天象观测的结果不合，只有浑天说比较符合天象实际，官方设立的天文观

---

① 陈遵妫：《中国天文学史》第二册，第十三章"五星占"。
② 《学术研究》1981年第3期，第102页。
③ 《天对》。
④ 《晋书·天文志》。

察台上所使用的铜仪就是根据浑天说的理论制造的。以后浑天说日益盛行，历代天文学家几乎都是信奉浑天说的，并且在浑天说的理论基础上又有所发展。唐代天文学家也都主张浑天说。例如：李淳风制造木浑天图，一行和梁令瓒制造黄道铜浑仪，梁令瓒造水运浑天俯视仪，甚至连当时的天文机构也以"浑天""浑仪"来命名，叫做"浑天监""浑仪监"① 等。这说明唐代天文学中占统治地位的是浑天说。

柳宗元不管在《天说》中，还是在《天对》中，都没用浑天说的观点来解释过任何问题，这说明他置身于当时的天文学之外。过高估计他的天文学水平，是不符合实际情况的。他在解答屈原《天问》时，运用了古代天文学的某些观点，但也属碎义断见，有时还把相互矛盾的观点掺合在一起，没有系统的天文学思想。然而，他把天文学思想应用到哲学上去，给中国哲学史留下了光辉的一页。

二 对神学之天的批判

从先秦两汉以来，阴骘之说颇盛行。自然之说与阴骘之说的斗争也从来没有停止过。柳宗元对历代的阴骘之说所谓"神学之天"进行过系统的批判。

1. 主张自然论，不是偶然论

柳宗元认为天地是像瓜果一类的自然物，是没有意志的，因此对人间的善恶功祸不会产生喜怒之感，更不会赏善罚恶、赏功罚祸。山川都是属于天地的自然物，当然也没有意志。由于阴阳之气的"自动自休，自峙自流"，山川有时会产生"自斗自竭，

---

① 《旧唐书·天文志》。

自崩自缺"的变化。这完全是自然的现象,既不能"与我谋",也不是"为我设"的。因此,山川有时发生震动,与人事无关,跟社会政治没有什么必然联系。据《国语·周语》记载:西周幽王时,山川震动,伯阳父说:这象征着西周要灭亡了。柳宗元不同意这种见解。他认为山川震动是自然现象,是当时人们所不认识的。说这就表明西周"国必亡",我实在无法理解("吾所不识也"),也是我所不能同意的("吾无取乎尔也")。① 有人说,雷霆霜雪是代表上天的意志来惩罚罪恶的。柳宗元认为"言天而不言人"是没有道理的。雷霆霜雪只是一种自然的气,"非有心于物者也"。既不会喜怒,也不会赏罚。例如,在春天和夏天,经常发生打雷现象,有时轰破巨石,有时劈裂大树,难道石头和树木也犯了什么大罪吗?秋天冬天有霜雪,使草木凋零,难道草木也有什么非常之罪吗?总之,"苍苍者焉能与吾事"②?天"乌能赏功而罚祸乎?"③ 王充在《雷虚》篇中说:打雷是"太阳用事,阴气乘之"而产生的"气激毁裂"声音。这当然不是天发怒要惩罚有罪过的人。公元79年夏天,会稽觐县,一次打雷击死五只羊。王充问道:"羊何阴过而雷杀之?"他又说:"千秋万夏,不绝雷雨"④,如果说打雷是天发怒,那么,皇天年年岁岁都发怒吗?

以上可见,柳宗元和王充的见解何其相似乃尔。他们都是用气的自然作用来解释自然现象,因此,他们都是自然论者。

有一些自然现象比较少见,被认为是怪异现象。主张阴骘之说的那些人就说这些怪异现象表达了天意,象征着吉凶祸福。如古代

---

① 《非国语·三川震》。
② 《断刑论》下。
③ 《天说》。
④ 《论衡·感类篇》。

传说有"致雨反风"①"蝗不为灾"②和"虎负子渡河"③等三件怪事。有人就根据这三件怪事,向柳宗元提出问题:"然则致雨反风、蝗不为灾、虎负子而趋,是非人之为则何以?"④这些怪事如果不是人的施行德政的结果,那是怎么回事呢?柳宗元说:你要知道这些事是怎么回事吗?"所谓'偶然'者,信矣。"⑤柳宗元相信这些现象是偶然的说法。以上这三件怪事,王充在《论衡》中都分别说到过,而且也都做了"偶然"的解释,例如他认为"致雨反风"是"天偶反风"⑥,"蝗不为灾"只是"蝗虫适不入界"⑦,虎负子渡河则是"偶""适""自然"⑧,都不是天意的反映。柳宗元的说法很可能来自王充的《论衡》。

柳宗元认为这三件怪事只是偶然的现象,有的教科书就据此说柳宗元有"偶然论的缺陷"⑨,这是值得商榷的。

我们认为,一切事物的发展变化,既有必然性,又有偶然性。一切现象有必然的,也有偶然的。只承认必然性而否认偶然性,那

---

① 事见《尚书·金縢篇》。事情是这样的:周成王时,有一年,"秋,大熟,未获,天大雷电以风,禾尽偃,大木斯拔,邦人大恐",以为是"天动威,以彰周公之德"。周成王拿着金縢之书哭泣,表示悔改。然后,"天乃雨,反风,禾则尽起","岁则大熟"。

② 事见《后汉书·卓茂传》。东汉"平帝时,天下大蝗,河南二十余县皆被其灾,独不入密县界"。卓茂是密县令,因此,持阴骘之说的人又认为蝗虫不到密县为灾,是由于卓茂在密县"数年,教化大行,道不拾遗"。

③ 事见《后汉书·儒林列传》。刘昆当弘农太守。"先是崤、黾骆道多虎灾,行旅不通。昆为政三年,仁化大行,虎皆负子渡河。"主张阴骘之说的人以此认为行仁政使虎逃避远遁。

④ 《褅说》。

⑤ 同上。

⑥ 《论衡·感类篇》。

⑦ 《论衡·感虚篇》。"适"是刚好、恰巧的意思,也包含偶然的意义,所以,王充常用"适偶"来表示偶然性。

⑧ 《论衡·初禀篇》。

⑨ 九所高等师范院校编的《中国哲学史稿》第238页载:柳宗元"在回答一些难以解释的问题时说:'子欲知其(何)以乎?所谓偶然者信矣。'这说明他有偶然论的缺陷。"北京大学哲学系中国哲学史教研室编的《中国哲学史》上册,第403页载:"当他对有些问题无法回答时,便暴露出偶然论的缺点,例如他在《褅说》中,对一些难于回答的问题,他就说:'子欲知其以乎?所谓偶然者信矣。'"

是形而上学的机械决定论。中国哲学史上的命定论则属此类。只承认偶然性而否认必然性,那就是偶然论。也就是说,把一切现象都看作是偶然的,认为偶然性支配一切,这才是偶然论。在偶然现象上使用"偶然"这一个概念,就不是偶然论。王充和柳宗元在这三个例子上使用"偶然"概念是恰当的,不能因此说他们有"偶然论的缺陷"。如果不承认这些现象的偶然性,那必将陷入命定论,必将同意天人感应说。这是我们所不敢苟同的。我们认为,讲偶然未必就是偶然论,具体分析是十分必要的。

上述几种现象本来并不奇怪,只是与人事在时间上的偶然巧合,给人以怪异的感觉。再加上胡编渲染,就神乎其神了。还有另一类怪异,它本身就是罕见的,少见多怪,由于科学水平低下,再加上迷信宣传,它也就具有了神秘性。

例如,有一个叫吴武陵的人,发现树皮上有"怪文",感到奇怪。有的说是"气之寓",是树皮里含有的气所造成的。有的说是"为物者裁而为之",是造物主——神有意制做出来的。究竟哪一种说法对呢?吴武陵写信向柳宗元求教。柳宗元明确回答说:"余固以为寓也。"① 就是说,树皮上的"怪文"是气自然形成的,不存在什么神的作为。

柳宗元的这种说法与王充颇接近。王充在《自然》《纪妖》等篇也讲到"怪文"的问题。他认为是"气自成"的,是"性自然"的。他们虽然都认为是气自然形成的,但也有不同之处。王充认为,这些怪异现象是妖祥之气自然形成的,虽然成者无心,却可能是某种吉凶的征兆。他说:"皆妖祥之气,吉凶之端也。"② 这里有一种神秘性的气味,容易为迷信论者所利用。而柳宗元则认为怪异

---

① 《复吴子松说》。
② 《论衡·纪妖篇》。

现象就像天上云团变幻、地面草木奇异那样，既不是有心制做出来的，也不象征着吉凶祸福。这就割掉了这一问题上的神秘性尾巴。

2. 坚持唯物论，批判天命论

柳宗元主张"不穷异以为神，不引天以为高"①，就是说，不要用怪异现象来把现实问题神秘化，也不要拿天意之类来抬高自己理论的地位。他主张从社会现实研究人生祸福、社会治乱的问题，因此，他反对古代的瑞应说和天人感应说。

柳宗元当尚书郎时写了《贞符》，被贬为永州司马后又作了"序"。《贞符》及序系统地批判了瑞符感应说。他认为，黄帝、尧、舜、禹、汤、武王都是以德治天下的，那些历史功绩，"非德不树"。后世好怪之徒却用怪异现象来说明这些历史事实，"不足以知圣人立极之本"。刘邦、刘秀以德治天下，而学者们也"上引天光"，"以玷厥德"。柳宗元以大量的历史事实说明，"受命不于天，于其人；休符不于祥，于其仁"②。这里用人事来说明社会现象，否定天命论，简单地论述了唯物论的观点。

柳宗元在这里系统地批判了天命论、天人感应说，提出"受命于生人之意"的命题，认识到人民是历史的决定力量。这是民本思想的重大发展。他在《送薛存义之任序》中说：官吏的职责，"盖民之役，非以役民而已也"。是为民办事的仆役，不是驱使老百姓的老爷这种思想不仅是民本思想，而且已经接近民主的思想了。与英雄史观相比，它是光辉的历史唯物主义的火花。谁是历史的主宰者？不是天，不是神，不是英雄，也不是圣人，而是人民。这是柳宗元思想的最精华之点。柳宗元的这种思想超越了在他之前的所有思想家，对于后代思想家来说也是很先进的。例如，跟被称为"达

---

① 《时气论》上。
② 《贞符》。

到了中国古代朴素唯物主义哲学发展的最高水平"的王夫之相比，不但毫不逊色，而且显然还要高出一筹。

柳宗元当尚书礼部员外郎时年仅三十三岁。写作了《贞符》名篇。王夫之三十七岁时写了《黄书》，其中有瑞应说思想，如《原极》篇说："故礼乐兴，神人和，四灵集，为朱草、醴泉相踵而奔其灵也。"又如《任官》篇说："天地之气，刑德相召，祸喜相感。甘草兆熟，苦草兆饥。醴泉甘露，不流桀池。夹珥阴风，不凄尧宇。"这些符瑞感应的思想跟《贞符》相比，真是望尘莫及！

齐桓公九合诸侯，成为春秋一霸。有人认为这是出于天意。后来，齐桓公五子争立，奸佞作乱以致尸寝寿宫，虫流户外，据说也是出于天命。既有天命，为什么又有兴败？因此屈原在《天问》中说是"天命反侧"，柳宗元认为齐桓公的兴败不关天命，完全是自己所造成的。他说："桓号其大，任属以傲，幸良以九合，逮孽而坏。"① 齐桓公骄傲自大，任用人不慎重，偶然用了贤良的人就能九合诸侯，功盖天下。碰到奸佞的人，他就倒霉了。这说明齐桓公的兴败不是出于天命反侧，而是他用的人贤佞不同造成的；用人不当又是他自己的骄傲自大所决定的。

韩愈不敢参加编写史书的工作。认为写史者"不有人祸，则有天刑"②。柳宗元对此很不以为然。他说：孔子道不行，不遇而死，不是由于写了《春秋》。那时，他即使不写《春秋》，也会是不遇而死的。周公、史佚虽然也写了史事，却很显贵。范晔、司马迁、班固、崔浩，都遭到不幸，又都是写史的人，但是，他们的不幸都是由于其他原因，都不因为写史。左丘明有病失明，不是因为写史。子夏不写史也失明。这些都不能得出不应该写史的教训来。其他史

---

① 《天对》。
② 柳宗元《与韩愈论史官书》引。

学家情况与这些都差不多。柳宗元认为写史担心的应该是"不直","不得中道";"道苟直,虽死不可回也","刑祸非所恐也"。① 只要秉公写史,死都不怕,还怕"人祸"、"天刑"么?何况这些鬼神事是渺茫无实的,是"明者所不道"的。在这一点上,柳宗元表现了比韩愈更坚定的理论立场。柳宗元的理论坚定性在《贞符》并序中也有突出的表现。当他正在尚书郎任上的时候写了《贞符》,被贬之后写了"序",得志失意,观点一致。韩愈不是这样。当未得志时,慷慨激昂,自谓正直行之。一旦当上史官,则与"往年言史事甚大谬",跟过去说法大不一样,怕得罪人,怕惹祸,不敢直书;又用"我一人也,何能明?"②来为自己不敢直书作辩解。总之,完全变成另外一个韩退之了。

柳宗元是天命论的坚决反对者,他说:"圣人之道,不穷异以为神,不引天以为高,利于人,备于事,如斯而已。"③讲怪异,讲天命,都不是圣人的道理。圣人的道理是从实际出发的,能够办好事情,有利于人民。这是圣人理论的出发点和目的。他坚决反对把通俗的道理神秘化。但是,古代圣人不是也讲天命吗?柳宗元并不否认这种事实。但他认为:"古之所以言天者,盖以愚蚩蚩者耳,非为聪明睿智者设也"④。古圣人讲"天命"是为了欺骗愚蠢的人,不是对聪明人说的。总之,柳宗元继承荀子"天人相分"的思想,认为天人是不相预的,天是无意志的,既无喜怒,也不能赏功罚祸。人世间的事情有它自己的规律,"功者自功,祸者自祸,欲望其赏罚者,大谬!呼而怨,欲望其哀且仁者?愈大谬矣!"⑤希望得

---

① 《与韩愈论史官书》。
② 《与韩愈论史官书》引。
③ 《时令论》上。
④ 《断刑论》下。
⑤ 《天说》。

到上天的赏赐，这是愚人的幻想，大喊大叫，希望上天可怜他，那就更加荒谬了。柳宗元彻底反对天命论，使后来的天命论者感到震惊。如宋代的黄震曾说："何言之无忌惮若是哉！"① 而黄震则说：对于天人感应、符瑞报应，柳宗元"欲一举而尽废之，岂古人所谓惟德动天，作善降祥之意乎？"② 明代的方鹏在《责备余谈》中说：柳宗元的文章"于理则或激之太高，拘之太迫，奇古峭厉则有之，而舂容隽永之味则不足，其甚者，《天说》是也"③。总之，他们都是反对柳宗元彻底否定天命论的，总想给天命论保留一席之地，以便延续下去。

3. 怎样看待柳宗元的"呼天"和"瑞应"之说？

柳宗元是否完全否定了天命论呢？这里有两个问题需要提出来讨论。

柳宗元在《祭吕衡州温文》中写道："呜呼天乎！君子何厉？天实仇之。生人何罪？天实仇之。聪明正直，行为君子，天则必速其死。道德仁义，志存生人，天则必夭其身。吾固知苍苍之无信，莫莫之无神，于今化光之投，怨逾深而毒逾甚。故复呼天以云云。天乎痛哉！"吕温，字和叔。一字化光。曾任衡州刺史，是柳宗元好友。吕温死时，柳宗元极端悲痛，写了这篇祭文。这里再三呼天，是否表达了天命论的思想呢？我们的看法是否定的。司马迁的慨叹："所谓天道，是邪非邪！"④ 王充的责问："天不命善人常享一百载之寿，恶人为殇子恶死，何哉？"⑤ 柳宗元的呼天，与此相仿。他们都是出于感情的激动，说了一些这类话，不可用理论来规范。

---

① 《黄氏日抄·读柳文》。
② 《贞符》注引黄震语。
③ 章士钊：《柳文指要》（第937页）引。
④ 《史记·伯夷列传》。
⑤ 《论衡·福虚篇》。

对于这一点，章士钊是颇有见地的。他说："文人说理，同时亦复言情，情之与理，相反而又相成。子厚之文，说理刻至，而言情抑又沈挚。非天者理之事，呼天者情之事，情理统一，鸿文以生。"①章氏以情理的异同来说明柳宗元"非天""呼天"在表面上的相反而在实质上的一致，我们以为是很恰当的。用这一观点同样可以解释历史上许多人物的类似现象。当然，任何思想家的思想都是有矛盾的。因为一个人的思想有产生和发展的过程，有不成熟和成熟的差别。思想又是在各种不同的环境中表现出来的。由于环境的不同，各种客观因素会使一种思想以曲折的形式表现出来。人的地位、处境不同，往往也会使同一个人有很不相同的表现。所以，我们对于一个思想家的思想评价，首先当然要注意他的总的倾向，要注意他比较一贯的思想，特别要注意他在多年冷静考虑以后所表达出来的思想。如果不作具体分析，那就无法全面评价思想家的思想。柳宗元在天论问题上也表现了矛盾的思想。例如：他在《非国语上·料民》中，对仲山父谏宣王料民时所说的"无故而料民，天之所恶也"提出了批评。料民，就是统计人口。仲山父认为不应该无缘无故就统计人口，说这是上天所厌恶的事。柳宗元说："君子之谏其君也，以道不以诬，务明其君，非务愚其君也。"就是说，应该用道理来谏君，不应该用欺骗方法来谏君，目的是使君聪明，而不是使君愚蠢。柳宗元指出仲山父用神怪愚诬之说谏君是极大的错误，而左丘明还用后来的史实来附会，更是不可取的。我们以为，这些说法是对的，是唯物主义的。

但是，柳宗元对君又是怎么样的呢？进谏表不多见，一般都是"上尊号表""贺表"之类，极尽歌功颂德之能事。表中有大量的天命论的陈词滥调，诸如："天地神祇""皇天大礼之日""天实命

---

① 《柳文指要》，第500页。

之""上承天命"云云。又有许多瑞应之说,如说什么:"黄龙皓兔,甘露庆云,神禾嘉瓜,祥莲瑞木,万木畅遂,百谷茂滋,此天之至灵也。"① 又说什么:"伏以天道非远,睿感必通,迭瑞重祥,累集官禁,……雨霁必时,宿麦大穰,嘉谷滋茂,和风孕秀,灵气陶蒸,是皆发自帝心,达于天意,周流升降,成此岁功,惠彼群生,自为嘉瑞。"② 从许多表文中,可以看出,柳宗元系统地表达了汉儒留下来的瑞符感应的思想糟粕。如果说,这些思想完全出自他的本心,那么,他的思想就有不少唯心主义的杂质。如果说,他只是在皇帝面前说些歌功颂德、阿谀奉承的话,并非出自本心,那么,他的这些行为就与他在《非国语》中的以道明君,不以诬愚君的主张相违背。不管是哪一种情况,柳宗元的这些说法都属于他思想中的糟粕。柳宗元在早期受过天命论、瑞应说的思想影响,在给皇帝的上表中有过充分的表现。后来思想有了提高,特别是被贬黜之后,地位变化和大量读书,可能受到古代唯物论的影响,抛弃了天命论、瑞应说,唯物论的世界观渐趋成熟。《非国语》就是他确立朴素唯物论世界观后的重要作品。因此,我们认为,上述不以诬愚君的主张是思想成熟的表现,是对仲山父的批判,也是对自己过去上表中的思想的清算,是他彻底抛弃天命论、瑞应说的表现。

总之,柳宗元曾经受过天命论的思想影响。后来,他在政治斗争中受到实际教育,又受到古代唯物论的影响,初步建立唯物论世界观,以《天说》为其代表。贬黜之后,读了很多书,除了继续接受唯物论思想之外,又从天文学著作中吸取许多思想资料,确立了比较系统的唯物论思想体系。这时期的代表作是《天对》和《非国语》,都是借《天问》和《国语》这类古籍来阐述自己的思想。他

---

① 《为京兆府请复尊号表三首》第三表。
② 《礼部贺白龙并青莲花合欢莲子黄瓜等表》。

在政治上改革失败，在哲学上，却成了唯物论的重要代表，是思想战线上坚持唯物主义的中流砥柱。因此，我们不同意把柳宗元的世界观判定为唯心主义的。但是，我们也不同意过高地估计柳宗元的水平。柳宗元的天文学水平是很有限的，没有什么创见。说他"在天文学方面具有精湛的知识"，在批判天命论时，比王充"更多地使用了当时自然科学的新成就"，在科学史上，"居有很重要的地位"，都是不恰切的。在中国唯物论哲学的发展史上，柳宗元在唐代是很杰出的，有一定贡献。如果说他"第一次把世界的统一性归结为元气"，"在中国哲学史上第一次论述了世界在时间和空间上的无限性"，则不符合事实。因为这两个"贡献"在汉代都已有人论述了，就是在那时也还不一定是第一次呢！对于历史上基本肯定的人物，作基本否定的评价是不行的；作全盘肯定，甚至加以拔高，也是不妥当的。

我们的意见还是一句老话：实事求是。

（原载《中国社会科学》1984 年第 3 期）

郑和航海与哥伦布航海

一 老问题需要新思考

现在全世界许多人都知道哥伦布航海，而知道郑和航海的人却很少。至于这两次航海的意义如何，许多人就更加不太清楚了。十几年前有一个电视节目名叫《河殇》。这个《河殇》对郑和航海的评价是："一次毫无经济目的的大规模航海活动。""是一次几乎纯而又纯的政治游行。"因此《河殇》作者不无遗憾地说："黑格尔说，大海邀请人类从事征服与贸易。可是，太平洋邀请来的中国人，竟是所谓'正其谊不谋其利'的谦谦君子。中国人即使来到海上也还是不能超越陆地上那种有限的思想和行动的圈子。历史选择了中国人，而中国人却不能选择历史。"《河殇》用黑格尔的话，对中国人，对航海家郑和，做出"不能选择历史"的批评。而对于哥伦布航海则是怎样的评价呢？在西方，普遍的看法是赞扬，高度的赞扬！有的说他们发现了美洲新大陆，有的说是世界地理大发现，甚至认为"哥伦布以前的欧、亚洲人跨越大洋的活动没有留下翔实的记载和对人类社会的重大影响。只是到哥伦布时代，在欧洲才出现有目标、有计划、有组织、有记载的越洋航海活动。"① 这种意见，不是个别人的意见，它反映了欧洲人对哥伦布航海的基本看法，也反映了欧洲中心主义对全世界的影响。我觉得，这个老问题，还需要有新的思考。

二　关于基本事实的探讨

哥伦布《航海日记》记载了他的航海目的与具体情况。对于这次航海的意义，可以说它是欧洲人与美洲的第一次接触，这就为欧洲以后的发财、发展、富强起了非常重要的作用。我们既要看到由于欧洲的发展，在一定程度上促进全世界的经济和科学的发展。同时，也要看到欧洲人为了自己的利益，曾严重损害了美洲人，特别是印第安人的利益。欧洲人称霸世界的同时，也损害了非洲、亚洲以及澳洲本土人的利益。后来的欧洲人说那时的欧洲人"发现"了美洲新大陆，而在美洲大陆生活了几千年、传了数百代的印第安人却始终没有"发现"这块新大陆。岂非咄咄怪事！又说欧洲人"发现"美洲，是世界地理大发现。亚洲人"发现"非洲，为什么就不是地理大发现呢？欧洲人怎么就跟亚洲人不一样呢？这是不是双重标准呢？哥伦布以前，"欧、亚洲人跨越大洋的活动没有留下翔实的记载和对人类社会的重大影响"吗？中国人跨越印度洋，到达非洲，怎么没留下"翔实的记载和对人类社会的重大影响"？中国人在哥伦布之前，就已经有了规模大得多的远洋航海的翔实记载，并对当时的世界产生了巨大的影响。这就是郑和航海。

明永乐三年（公元 1405 年）六月，明成祖派遣宦官郑和（小名三宝）和王景弘率领两万七千八百多人，六十二艘大船，长 44

---

① 《哥伦布首航美洲》，张至善编译，商务印书馆 1994 年版，第 3 页。

丈（合146米多），宽18丈（合60米）。还有其他小一点的船只，总共有二百多艘，远航西洋。从苏州刘家河（今江苏太仓浏河镇）出发，先到福建。再从福州五虎门起航。五虎门在闽江入海口南岸，今属长乐市。首先到达占城（今越南南部），然后依次到达亚洲、非洲许多国家。《明史·郑和传》记载："永乐三年六月，命和及其侪王景弘等通使西洋。将士卒二万七千八百余人，多赍金币。造大舶，修四十四丈、宽十八丈者六十二。自苏州刘家河泛海至福建，复自福建五虎门扬帆，首达占城，以次遍历诸番国。"从此以后，二十八年中，郑和率领船队七次下西洋，最远到达非洲东岸，红海和麦加。《光明日报》1993年10月11日发表范传贤的文章《郑和下西洋的划时代意义》。文中说：郑和远航"比之欧人迪亚士、哥伦布、达·伽马等的洲际远航，无论在时间上、规模上、装备上、通商贸易上、闯过的水域上，只有过之，而无不及"。至于到达最远处，文中说："冲出亚洲。遍历西太平洋、印度洋、阿拉伯海、红海、东北非洲，分艅曾绕过好望角，进入大西洋，远及西南非洲海域。"《上海经济报》2002年3月6日报道，英国业余历史学者孟席斯发现，中国明朝航海家三宝太监郑和带领的船队，要比哥伦布早72年到达美洲大陆，也比葡萄牙航海家麦哲伦提早一个世纪进行人类的首次环球航行。这里说的比哥伦布早72年，是郑和第五次航海的时间。也就是说，范传贤认为郑和船队曾有小船绕过好望角；英国学者孟席斯又发现郑和船队在第五次航行时曾经跨过大西洋，到达美洲。后人盛传"三宝太监下西洋"，史书称为"明初盛事"（《明史》卷三〇四）。后来，中国人在与外国人接触中经常夸耀郑和航海的功绩。长期以来，郑和航海成为民族的骄傲，中华的光彩。东南亚诸国还流传着许多郑和航海的故事，也保存着纪念郑和的遗迹，并举行各种纪念郑和的活动。如"在印度尼西亚三宝垄，建有三宝公庙，供奉郑和的塑像，作为保护神来祀奉，该地还有三宝井、三宝洞、三宝墩;在马来西亚的马六甲,至今仍屹立着巍峨的三宝庙,香火甚旺,受人膜拜。又有三宝山、三宝城及三宝井;在泰国大城有三宝公寺,在吞武里有三宝佛寺。这些地方,每逢年节,当地人民和华侨竞相抬着郑和的舆像,举行赛神一般的盛会,影响所及,使各地游客深为感动。"[①] 以上这些事实与记载,难道不是郑和航海"对人类社会的重大影响"吗?

三 郑和航海与哥伦布航海的对比

首先从时间上讲,郑和第一次航海的时间在明永乐三年即 1405 年,比哥伦布第一次航海的时间(1492 年)早了 87 年。

其次,关于航海的规模和影响。郑和在 28 年中,七次下西洋,二百多艘海船,浩浩荡荡,两万多人的庞大队伍,往返两年左右的时间,经过三十多个国家,航程数万里。能说它没有"对人类社会"发生"重大影响"吗?欧洲中心主义者以为"世界上任何重大发现与发明,都不可能发生在欧洲以外的任何地方"。但是,奇怪的是,哥伦布率领 87 人,驾三艘小舢板,横跨大西洋,是"有目标、有计划、有组织、有记载"的活动,而郑和率领三百倍于哥伦布的人员,驾二百多艘比哥伦布船大得多的远洋海船,七次下西洋。却不是"有目标、有计划、有组织、有记载"的活动。这是什么道理呀?!

再次,航海者与沿途各国人民的关系。《哥伦布首航美洲》书中虽然也承认"哥伦布航海的殖民主义性质"以及"后来几个世纪中发生的残酷历史事态",但书中同时又说:"不是哥伦布作此壮

[①] 林金枝、张莲英:《郑和下西洋与福建华侨》,载《郑和与福建》,福建教育出版社 1988 年版,第 32 页。

举，也终会有他人进行类似的活动，其对原始部落社会的态度和行为也不可能比哥伦布好，甚至更糟。这是必然的推理。"糟糕的是后面的推理。哥伦布"发现"美洲以后，欧洲人就到那里开辟殖民地，对还处于原始部落的印第安人进行残酷杀戮和迫害。如果欧洲的其他人"发现"美洲，也许与哥伦布"发现"的后果差不多。这是我也可以同意的。但是，如果是中国人到那里。很难说就"不可能比哥伦布好，甚至更糟"。我以为，上述的这个推理"未必然"。很明显的事实是，郑和率领的中国人比当时的欧洲人强大得多，经过三十多个国家，就没有任意杀戮沿途各国的人民，也没有肆意掠夺他们的财物。"所历占城、爪哇、真腊、旧港、暹罗、古里、满剌加、渤泥、苏门答剌、阿鲁、柯枝、大葛兰、小葛兰、西洋琐里、琐里、加异勒、阿拨把丹、南巫里、甘把里、锡兰山、喃渤利、彭亨、急兰丹、忽鲁谟斯、比剌、溜山、孙剌、木骨都束、麻林、剌撒、祖法儿、沙里湾泥、竹步、榜葛剌、天方、黎伐、那孤儿，凡三十余国。"（《明史·郑和传》）与沿途各国礼尚往来，收到很多奇珍异宝，同时送出去的礼品也很多。其中有丝绸、瓷器、茶叶以及各种金银制品。收到的礼物有"狮子、金钱豹、大西马、麒麟番名祖剌法并长角马哈兽、花福禄、千里骆驼并驼鸡、縻里羔兽。"还有一些香料、珍珠、玛瑙、象牙、沉香木、紫檀木等珍宝、药材、建筑材料、日常用品。总之，"藏山隐海之灵物，沉沙栖陆之伟宝，莫不争先呈献。"（《天妃灵应之记》碑文）以后，中国人与这些国家的人民还有许多来往，并没有出现欧洲人在美洲所制造的"残酷历史事态"。亚洲一些国家的人民还在纪念郑和航海，不知道美国的印第安人是否也在纪念欧洲人对他们的统治？

四　应该引出的启示是什么

也许有人会说，亚非一带的人民比较文明开放，不像美洲的印第安人那样愚昧野蛮。但是，了解历史的人都知道。又过几百年以后，这一带人民更文明、更进步了，却遭到西方来的殖民主义者残酷的奴役和剥削。那些强盗经常用炮舰来逼迫这些国家的人民服从他们的意志，使这些国家的人民体会到"落后就要挨打"这样一条没有道义和公正可言的强盗逻辑。西方列强的野蛮行径使他们完全陷入了被侮辱、被欺凌的境地。这是否表明，世界各国之间的关系是否和谐，关键在于强势群体，而不在于弱势群体。因为弱势群体没有能力控制局面，没有主动权。如果强势群体很野蛮，并且总是将生物界"优胜劣汰"的法则误当作社会法则，总想在上帝面前奴役别人，企图淘汰也是"上帝所创造"的别人，那么，一边出现霸权主义，另一边就必然要产生它的副产品——恐怖主义。如果强势群体讲文明，"己欲立而立人，己欲达而达人"，"己所不欲，勿施于人"，那么，弱势群体就会得到关心、帮助、支持，他们会非常感激帮助他们的群体，于是就能相互配合，共同建设美好的人间。贫富强弱，都会在相对稳定的社会环境中幸福地生活，这对谁都有好处。这叫合则两利，离则俱伤。马克思主义认为无产阶级要解放全人类，才能最后解放自己。很多穷人没有解放，富人也难得解放。因为穷人无法生活下去，就会铤而走险，自然就会给富人带来麻烦，带来不安宁，带来精神负担。中国在两千多年前就有了"大同"理想，就已经提出"矜、寡、孤、独、废疾者皆有所养"，失去劳动能力而又失去依靠的弱势群体，若能得到别人的帮助，幸福地生活下去，这样社会才会安定。弱势群体都能幸福生活，其他人当然更不用发愁了。两千多年后的今天，才富了一两百年的国家难以领会这种助人为乐的思想境界，热衷于炫耀自己的武力和财富，动不动就对别国进行武力威胁与经济制裁。从郑和航海与哥伦布航海的比较中，我们看到了东西方经济与科技的差别，也看到了东西方传统文化与传统思想方面的巨大差别。

  从历史上看，走出国门，远涉海外，与异国他邦交往，早在郑和之前就有诸多记载。如唐代高僧玄奘去印度取经，鉴真和尚东渡日本传法，意大利天主教徒利玛窦到中国传教都是先例。他们的初衷主要都是为了宣传宗教，但在客观上都促进了世界文化的交流。鉴真和尚到日本传布律宗，同时将中国的建筑、雕塑、医药学等介绍到日本，现在还流传《鉴真上人秘方》。鉴真和尚为中日文化交流做出了卓越的贡献，这是公认的。利玛窦到中国传教，同时也带来西方近代文明成果，同时也向西方介绍了中国的情况，为中国与欧洲的交流做出了重要贡献。利玛窦到中国之前，郑和航海这一轰动世界的壮举，可能已经将中国的信息间接地传到欧洲，这才引来一批意大利天主教徒。世界历史上这种文化交流的使者很多，为世界文化交流做出了特殊的贡献。玄奘和鉴真，都是伟大的人物，都是令人敬佩的。但他们基本上都是个人行为，郑和率领数万人航海，其贡献和影响，比玄奘西游和鉴真东渡更卓越，更有意义，影响也更大。西方"优胜劣汰"的观念对于经济发展、科学进步都有促进作用，而中国"和而不同"的观念对于稳定社会、共同发展都有协调作用。这两种作用可以互补。现在有些人企图用武力征服弱者，结果以乱治乱，越治越乱。迷信武力的人应该从中国传统文化中吸取一些有益的营养。于人有利，于己也有利，何乐而不为。

（原载《跨文化对话》2002年7月第9期）

我与王充《论衡》

我与王充《论衡》是有缘分的。1961年,我初中毕业,从一个乡村小百货店里的书柜上买到一本书,这就是苏联学者阿·阿·彼得洛夫著的《王充——中国古代的唯物主义者和启蒙思想家》(科学出版社1956年版)。1964年考上中国人民大学,我把很多书都留在老家,只带很少的几本书来北京,其中就有这本关于王充的论著。刚到北京,如饥似渴地买了很多书。许多书都是自己很喜欢的。在"文化大革命"中,我的许多书都丢失了,只有这本关于王充的论著仍然伴随我走南闯北。那时,我在河北农村任中学教师,花两元人民币从县城的新华书店里买到两本书,一本是《荀子》,另一本就是王充的《论衡》。就是这一本《论衡》,我研究了二十年,写了三本专著,发表了二十二篇论文。我就是从《论衡》走上学术道路的。

一 硕士论文,"新探"出台

1978年,时来运转,我们有了考研究生的机会,凭自己的实力,改变自己的命运。下乡八年,两地分居八年,错位八年,误会八年,终于拨乱反正,我就回到了合适的地方,最能发挥作用的地方。35岁的我走进了没有校园的中国社会科学院研究生院，成为一名研究生。在导师钟肇鹏先生指导下，开始研究王充哲学。每天读《论衡》，作笔记，写感想，每个月写出一篇短文，交给导师审阅。钟先生非常认真地审读，并提出修改意见。我就是在导师这样的指导下，学会国学研究的。

研究王充哲学，遇到最大的难题是中国古代天文学的问题。我看到一本研究这方面的书，那就是《中国古代天文学简史》，作者是陈遵妫。经多方打听，知道他在北京天文馆。我在北京天文馆二里沟职工住宅里找到他，原来他也是福建人，我们认了老乡，又用家乡的福州话进行对话。第一次见面，我们就很愉快。他非常热心地帮助我，给了我几本刻印的天文学资料，让我回家学习、研究。几乎每周去他家请教一趟。他给我讲"日视运动"与"年视运动"，讲天上的赤道、黄道、白道等。我了解了这些基本概念以后，才能读懂天文学方面的著作，才能进行研究。在这个基础上，自己再读《星经》《史记·天官书》《晋书·天文志》《隋书·天文志》《开元占经》《淮南子·天文篇》以及其他有关天文的论文和新著。当时，陈先生正在编写巨著《中国天文学史》，他对我说，在《中国古代天文学简史》的书名上要去掉两个词："古代"和"简"。书名上去掉两个词，花了三十年时间，篇幅也要增加很多，大约有二百万字。后来出了书，没有二百万字，只有一百六十万字。他要我从哲学角度写"古人论天"一章。在他的指导下，我写了两三万字。后来他告诉我，助手嫌哲学味太浓，作了大幅度删改。几年后出书，才知道所剩无几。我就把自己的底稿作了补充、修改，又增加了很多内容，终于写成《天地奥秘的探索历程》一书，由中国社会科学出版社出版。这算是研究王充哲学的副产品。

现在回头讲我的王充研究。《论衡》八十五篇，内容非常丰富，怎么写，写什么？我就从复杂的内容中提出三个概念，作深入细致的研究。这就是"天""气""知"。后来就成了我的硕士论文中的三论：《天论》《气论》《知论》。《天论》把王充的天论从现代天文学的角度加以考察，并放在中国天文学史中加以定位。并对王充的创见作了充分的肯定，对他的错误也作了实事求是的分析。由于我有了天文学的基础知识，不说外行话，这就使我的研究具有了与众不同的特色。"气论"主要研究王充的关于气的思想。王充讲气很多，阴气、阳气、天气、地气、元气、精气、和气、瑞气、戾气等等。过去研究者很少区分这些气的分别，笼统地称他为唯物主义的气一元论者。我对这些气作了详细分析，然后进行综合，认为王充以天地为根本，所有的气都是天地派生的。因此，王充的宇宙观应该是天地本原论。《知论》概述了王充关于认识的来源、验证等思想，主要的是讲一个重要发现：王充的"知为力"说法相当于"知识就是力量"。知，就是知识，为，即"就是"，力就是力量。现在流行于世界的"知识就是力量"，据说是英国人培根说的。但是至今没有人告诉我，这句话的真正出处。而王充的话就在《论衡·效力》中。王充比培根早一千五百年，为什么只讲培根，不讲王充呢？过去，如果说不了解，还是可以谅解的。当我们有理有据地提出来了，有的人既不相信国人研究的新成果，也提不出反驳的证据，只是盲目迷信世界流行的还找不到根据的说法。在这三论之外，我还研究了《论衡》在历史上的影响。《四库全书提要》，评价《论衡》时说："攻之者众，好之者终不绝。"我把这些资料收集起来，进行研究发现这些评论与时代背景有关。当社会稳定强盛的时候，封建统治者控制思想比较严密的时候，"攻"《论衡》者就多；当社会混乱衰败的时候，统治者对思想界失去控制，"好"《论衡》者就比较多。评论《论衡》在中国历史上留下了一条波浪形的痕迹。

我的硕士论文作为专著《王充哲学思想新探》，由河北人民出版社于 1984 年出版，受到学术界的重视和好评，认为研究方法有新路，研究结果有新意。

二 《王充评传》，十论两考

南京大学中国思想家研究中心要出版一套《中国思想家评传》。要我撰写《王充评传》。我正想在"新探"的基础上，把后来又有新的研究成果再写一本有关王充的专著。写评传成为一个机会。新写的总得有许多新内容，新见解，新成果。这时我才体会到超越自己比超越别人更难。我首先考虑扩大研究范围，从三论扩大到十论，除了原有的三论之外，再写七论。经过反复考虑，决定写《形神论》《性命论》《适偶论》《政论》《贤佞论》《儒论》《文论》等七论。这样，十论基本上可以涵盖王充思想的主要方面，要比三论扩大了许多。这些论也都是从《论衡》中作深入研究，有了新的体会，才写出来的。例如王充"性命论"，在生理学上，性命是一致的，在社会学上，性命是不一致的。又如王充"儒论"对知识分子的社会作用有一些独特的见解，他特别重视知识与知识分子的社会作用。这也是他重视理性的表现。他认为知识是一种力量，而且是一种比体力更重要的、更伟大的力量。这是一种文明的觉醒，是开明的认识。

当时，我开始读一些港台学者的著作，其中也有研究王充思想的专著，其中有黄云生的《王充评论》、徐道邻的《王充论》、徐复观的《两汉思想史》中的《王充论考》等。特别是徐复观的研究成果，在港台学术界颇有影响。我对此也特别关注。徐复观《王充论考》认为范晔《后汉书·王充传》是不可靠的，他认为王充没有到过北方，没有入过太学，也没当过班彪的学生。他还认为，"乡里称孝""屏居教授""特诏公车征"等记载，都是不确实的。我花了很多时间，进行系统的研究，最后写出了《王充生平考辨》，对徐复观的看法进行辩驳。此文先发表于台湾的东海大学办的《中国文化月刊》上，后又收入《王充评传》。另外，我对王充的著作也进行了一番综合考证。现存的《论衡》是王充的《论衡》一书，还是王充的所有著作汇编？这是学术界有争议的问题。我认为就是《论衡》一书，因为"养性之书"的内容不在其中，《政务》一书的《禁酒》《备乏》两篇也都不在其中。关于《论衡》一书的篇数问题，有的说只有八十五篇，有的说不止八十五篇，应该有百篇以上。我们从《论衡》书中可以看到王充自己提到的篇名还有《觉佞》《能圣》《实圣》《时旱》《祸湛》《盛褒》等。《觉佞》是《答佞》的姐妹篇，而《答佞》就是《论衡》中的一篇，说明《觉佞》也应该是《论衡》中的一篇。如果承认《觉佞》是《论衡》中的一篇，那么，《论衡》在八十五篇之外，有了《觉佞》这一篇，就不止八十五篇。《论衡》有没有伪篇？过去没有人怀疑，清代学者熊伯龙首先提出《问孔》《刺孟》是伪篇，后来胡适也怀疑《乱龙》是伪篇。现在，许多学者研究认为《论衡》无伪篇，怀疑者的理由都不能成立。受到徐敏《王充哲学思想探索》的启发，我对《论衡》各篇写作时代也作一番考辨。根据《论衡》内部的线索，和《后汉书》等各种资料，定出各篇大体的写作年代。

总之，《王充评传》跟《王充哲学思想新探》相比，主要是增加了七论和两个"考"。

三 《虚实之辨》，求真哲学

人民出版社要出版《中国大哲学家系列》丛书，王充自然是大哲学家。人民出版社要我写王充。我答应了，但很长时间，没写出来，原因是难度太大。写《王充评传》时，采取了扩大的办法。从三论扩大到了十论，再用扩大法，就比较困难了。如何写？思考了很长时间，认为必须研究出新的成果，才能够写出新的著作，才会有新意，于是又开始了新的研究。重新细读《论衡》各篇，经过一年多的研究，认为王充的所有写作有一个中心：就是批驳虚伪的说法和不合理的说法，不遗余力地提倡真实和合理。虚与实，诚与妄，如何判别？一方面列举可靠的资料，作为证据，另一方面要进行逻辑推理，才能判别。这实际上就是近代西方的科学精神，也就是西方流行的实验哲学。中国虽然在近两千年前有了这样伟大的思想家，却没有流传起来。而流传起来的却是儒学思想。王充明确表明自己的写作宗旨是"疾虚妄"，"疾虚妄"的目的在于使民风"归实诚"。据此，我把书名定为《虚实之辨》，由人民出版社于1994年出版。诸如治乱、祸福、禁忌、性命、圣贤、鬼神、雷龙，以及先秦诸子和各种经传，王充都加以讨论，都加以分析批判。上至统治者及其意识形态，下到平民百姓的普遍观念，从圣贤经传到汉代儒生，再到自然社会的各角落，王充都作深入研究，都提出了新的见解。《论衡》真可谓百科全书式的鸿篇巨制。最后，对海外学者的研究进行一番评议，无拘无束地发表自己的看法，就像小孩那样天真无邪。因为我与他们没有任何瓜葛，也就没有什么顾忌。好在他们都是名家，受小人物一点批评，也无伤大雅。

在研究王充的过程中，我发现一个自认为是哲学的大问题，那就是中国古代哲学的特色问题。过去总说中国古代哲学界较有名气的都是唯心主义者，原因何在？这一次，我好像有所发现。在哲学上有求真、求善、求美的区别，中国哲学则以求善为主。在求真哲学上才有唯物、唯心的问题，过去把求真之外的哲学都归入唯心主义，所以中国古代哲学家多数成了唯心主义者。在求善哲学中只有善与恶的区别。这样，中国古代许多哲学家就可以避免唯心主义的指责，而在美与善的方面受到重视和赞扬。中国哲学的特色得以显露，中华民族的精神也能得到认可与弘扬，那些蔑视中国文化的人，也就少了一些口实。

(原载《福建论坛(文史哲版)》1998年第1期)

钟敬文先生跟我谈哲学

钟敬文先生是一位长寿老人，以百岁高龄仙逝，给世间留下一点神奇。长期以来，在我的印象中，他是年龄上的泰斗和民俗学的创始者。后来，我发现，他还有老兄，一位是容肇祖先生。1992年5月12日，我们给容先生庆祝九十五华诞时，钟先生也去了，那时钟先生90岁，北京师范大学刚给他庆祝九十华诞不久，当时他是北师大最年长的学者，著名的寿星。70年前，他和容先生都是年轻人，曾经一起下乡，搞过民俗调查。两位老寿星原来曾经是难兄难弟，而钟先生在容先生面前还是小兄弟。钟先生与容先生伉俪坐在一起，三位老寿星，多么难得！我给他们照了个相，留下难得的寿影。另一位是长春吉林大学的金景芳先生，我听有人说，前两年想在钟先生文章前加个按语，说钟先生是当前年纪最大的学者，结果被否决了，因为金先生比他还年长一岁。尽管如此，他还是学者中著名的寿星。在北京这样人才云集的大都市，90多岁还在指导博士生，还有研究课题，还不断出成果的，实在太少了。我不敢说他是空前绝后的老学者。因为德国哲学家伽达默尔今年逝世，享年102岁，此前，他每周到自己的办公室一次，接待来访者，或者处理信件，只是没有像钟先生这样还指导博士生。另外，钟先生是民俗学的泰斗，对哲学也很感兴趣。特别是对马克思主义哲学，有很多见解是相当深刻的。跟哲学界研究马克思主义哲学的学者不同，他将马克思主义哲学与自己研究的学术问题联系起来，从中领会精神实质，运用于专门学问的研究之中，创立了民俗学的理论体系。以上这两方面集于一身，治学与治身，他都是杰出的成功者。可谓世界奇观！

1996年5月21日，我早晨出来跑步，看到柳树滋先生，又一起迎向正在散步的钟敬文先生，我们三人就聊开了。钟先生说前几天参加了南京大学中国思想家研究中心关于《中国思想家评传丛书》出版发布会，每人送了几本，钟先生知道有我的《王充评传》，说要请我给他的学生（有博士生与留学生）讲一次，讲王充哲学，或者讲研究方法与体会。我感到很荣幸，但也诚惶诚恐，讲什么，如何讲？心里没底，但还是答应了。

1996年6月3日这一天，我就到主楼（此楼已于2000年拆除）第六层东头民俗学教研室。屋里坐满了人，有20多人。一位90多岁的老先生还能指导这么多博士生和留学生，真太不可思议了。我讲了大约两小时，讲了些什么，现在也都忘了，只记得钟先生说："今天你唱主角。"让我坐在中间，他坐在旁边。我开讲以后，他即兴评论，有时要讲好几分钟。大概有十分之一的时间是他在讲。他给我的印象是头脑非常灵活，反应很快，并且熟悉学术界最新的信息，把握学术前沿的进展情况，可以说是完全与时俱进的，没有一点老化的、保守的样子。我偏于哲学，所讲哲学问题，他都很熟悉，并且引出他的许多哲学见解。这完全出乎我的意料。以后，有人怀疑钟先生对学生的指导，有人说："90多岁的人，只是用他的名义招生，指导恐怕都只能靠其他助手。"我一听这话，就出来纠正，说："正相反，他全由自己指导，让别人指导，他还不放心，还怕正经被念歪了。"有几回在学校召开的会议上，钟先生一发言，声音洪亮，思路清晰，条理清楚，还常有新见解。一讲半个小时、一个小时也不累。真是奇迹！

1997年5月6日，我出来晨练的时候，碰到钟先生，他带我到他家，送我一本专著《民俗文化学梗概与兴起》，并送我90岁与95岁时写的两首诗，那是启功先生抄录的，还是复印件。钟先生要在送的书上写字，就问我字是什么，我说没有字，又问号呢？我也没有。我说在家乡结婚时加了表字，那大概就是字吧。那么，我的字就是：发源。号呢？我写书或文章，有时用笔名"金田"，这就算号吧。于是，他送给我的书上就写"发源"。这是第一次题字送书给我的。在钟先生的诱导下，于是我有了字：发源。也有了号：金田。后来，陈家营帮我刻了字印：发源。我自己又请故宫的关琪给我刻印章：金田。又刻了闲章：长乐异思子，融合创新室，研汉室，榕露轩。这一时期，我喜欢上了刻章，刻了一个又一个。我的大多数的印章都是这一时期刻的。

去年6月3日，气象台预报北京当天最高气温37℃，是全国最高的。我早晨五点多出去跑步，碰到钟敬文先生，他问我最近研究什么，我说研究政治哲学。他说哲学与政治有关系，但不能联系太紧。哲学如果跟着政治转，那就很难研究出成果来。政治要根据形势变化而改变，哲学则应该有自己的相对稳定的理论体系。我讲的政治哲学，与他理解的有所不同。我没有进行解释。理论探讨，深入一定程度，就必然要碰到哲学问题。研究人，研究到最后，就会落实到"社会关系的总和"上。但一开始还是要先研究具体的人，具体的社会习俗，才不会空泛。如果没有正确的哲学作为指导，那就会失去方向。他已经99岁，早晨还出来散步，没用人陪着，自己拿一拐棍。

有一次，我到钟先生家，请他给老家一所中学题字。他拿着笔到厨房冲洗，然后坐下来题字。一边跟我侃侃而谈。主要内容是：文化是有层次的，最高层是精英文化，那是少数文学家、思想家、哲学家的研究内容，主要是高深的严谨的理论。其次是市民文化，一般的传媒如报纸、戏剧、说书、小说等所表现出来的文化，市民只要认字，就能欣赏这些文化内容。还有一种最底层的文化，叫俗文化，不识字的普通民众，包括旧社会的农民、工人，他们虽然不识字，他们的行为所反映的文化，就是俗文化。例如在农村有人结婚，如何办喜事，这就反映了世俗文化。生了小孩怎么办，死了人怎么办，也都反映了世俗文化。过去学术界、思想界研究精英文化比较多，对市民文化注意不够，对俗文化研究得就更少了，而俗文化却是最大多数人的日常生活中普遍存在的影响最为广泛的文化。他认为民俗学实际上就是以俗文化作为主要研究对象的。我认为他就是这样给民俗学定位的。他还说，你研究哲学如果就停留在哲学层面上，是抽象的，悬浮于空中，不能深入社会，也就不会在群众中产生什么影响，就不能化为物质力量。也就是说，哲学思想要通过世俗文化才能产生广泛的社会影响，才能在实践中起作用。同样道理，如果没有哲学思想作为指导，世俗文化就不知道从何下手，也不知道应该走向何方，就没有灵魂，没有主心骨。我体会他的意思是，哲学不与世俗文化结合，就是抽象的空中楼阁，不食人间烟火，研究世俗文化如果没有哲学的指导，就如坠烟海，迷失方向，也不能提高水平，结出理论之果。世俗文化就像一大片森林，精英文化就像森林中的几棵果树，哲学就像树上结的果实。哲学与世俗文化的关系就像理论与实践的关系，也像领导与群众的关系，反正是谁也离不开谁。只讲一方，就是片面的。

还有两件小事：去年，历史系副教授杨玉圣作学术报告，主要讲学术腐败的问题。99岁的钟先生也到场听讲。另外，北京禁止燃放鞭炮以后，钟先生表示不同意，认为这是民俗习惯，应该尊重。

（原载《群言》2002年第6期）

德育述评

见利思义

一 不当臭水沟

义在中国思想史上是非常重要的概念,所谓"仁义之道",所谓"义利之辨",都没有离开"义"。关于义利关系的问题,中国古代思想家进行了长时间的讨论。在孔子之前,就有人讨论过义利关系。如晋国大夫里克说:"夫义者,利之足也。""废义则利不立。"(《国语·晋语二》)利是由义支撑着,没有义,利就立不起来。晋国另一个大夫丕郑说:"义以生利,利以丰民。"(《国语·晋语一》)义不但支撑利,而且还会生出利来。利是为了丰富人民的生活,满足人民的生活需要。孔子认为义非常重要,是政治的重要内容。他说:"礼以行义,义以生利,利以平民,政之大节也。"(《左传》成公二年)义者,宜也。宜就是合理、合适的意思。这样,孔子的话就可理解为:礼制就是为了处理事情能够合理,处理合理,能调动积极性、创造性,就会创造更多的利。有充足的利,可以使人民安定生活,这是政治的大节。孔子认为君子要懂得义,要实行义,"见义思利",在利益面前,首先要想一想是否符合义,"义然后取",如果符合义,就可以取,如果不符合,无论如何也不能要。做官就是为了推行义,对待人民也要注意义,所有不义的事都不能干。孔子有一句名言:"君子喻于义,小人喻于利。"(《论语·里仁》)道德高尚的君子知道怎么办事才是合理的,道德低下的小人做事只想对自己有什么好处。这是区分君子与小人的界限。西汉刘向《说苑》卷四记载一些具体的事例,可以帮助我们理解义利之辨。

例如,孔子拜见齐景公,齐景公表示要发给他俸禄作为生活费用,孔子推辞,不肯接受。他出来对弟子说:"我听说君子立功受禄,现在,我给齐景公提了一些建议,他并不想实行,又要给我俸禄,太不了解我了!"他就率领弟子们离开齐国。

又如,曾参穿着破衣服在耕地,鲁国国君派使者把一个封邑(一块土地和这块土地上生活的人民)送给曾参,说是以此来给他做衣服用的,曾参不接受。使者再次登门献邑,曾参仍然不接受。使者说:"先生不是向别人企求,而是别人奉献的,为什么不接受呢?"曾参说:"我听说,'受人者畏人,予人者骄人',即使你能做到给人东西不骄傲,我能不畏惧吗?"始终不肯接受。孔子听了这件事后说:"曾参的话可以保持自己的气节。"

再如,孔子的孙子子思住在卫国,穿的是破袍子,二十天才吃九顿饭。贵族田子方听说后,就派人把珍贵的白狐皮裘送给他,怕他不肯接受,特别交代说:"我借给别人的东西就忘了,我送给别人的东西就算扔掉了。"子思不收,田子方又说:"我有你没有,我送给你,为什么不收呢?"子思说:"我听说,随便给人东西,不如把东西抛弃在沟里。我虽然贫困,但不忍心把自己当作臭水沟,所以不敢收。"

在利益面前,持什么态度?对于别人主动送上门的好处,持什么态度?这都是要"见利思义"的。合义的可以取,不合义的,就要明确表态:辞。有一个富人告诫他的儿子说:"把朋友处得淡淡的——即使是朋友,也决不白拿白要他的任何东西,哪怕是微不足道的物质。如果处于无奈拿了朋友的或任何人的,就一定要等价回报。只有这样,你和朋友的关系才是平等的。记住,你和朋友的每一次不平等来往,都会招致你们的关系走向失衡,以致水火不容。鉴于这样一个原则,建议你千万不要乱施与不需要你帮助的人,包括亲人和朋友,那样,你会使他们产生欠债感。使人产生欠债感,是不道德的。有一句话很有意味:人对人的要求,就像银行存款,要求一次,存款就少一些。不要求人,不动存款,你永远是个富人。"[1] 孟子也主张不随便拿人家的任何东西,也不随便给别人任何东西。在一切经济来往中,都坚持义的原则。见利思义,义然后取。如果见利忘义,经不起利的考验,就会陷于不义,被动,失节,悔之不及。为了一点小利,污了一身清白,是不值得的。

对于收取别人的礼物,古今都有各种不同的说法,也都有一些流行的俗语。孔子说"立功受禄",现在叫做"无功不受禄",曾参说"受人者畏人,予人者骄人",现在也有类似的说法,叫做"吃人者嘴短,拿人者手软"。为什么嘴短手软呢?就是"畏"人家嘛!吃人家的请客,嘴油了,就不敢提意见,就不敢批评。收了别人的礼物,该处理的事情,就下不了决心。现在说哪儿治安不好,地痞流氓比较猖獗,很可能那里的当权者吃请受贿,或者与那些罪犯有许多牵连,不敢下手,或不忍下手,手软了。"打铁先要自身硬",自己就是贪污受贿的,嘴短手软的,又怎么能够去处理别人呢?当然也有这种说法:"小偷坐监牢,中偷做检讨,大偷作报告。"这种反常的不合理现象,总是不能长久的。陈毅元帅在答记者问时引了一段俗语:善有善报,恶有恶报,不是不报,时候未到,时候一到,一切都报。

贫穷的子思不肯把自己当作臭水沟,藏污纳垢。现在有一些人当着高官,拿着厚禄,却不自爱,还把自己当作臭水沟,这是为什么呢?值得深思。他们不是傻子,只不过利令智昏,存有侥幸心

---

[1] 《报刊文摘》2000年5月1日第3版。

理。《红楼梦》中的"好了歌"及其注，值得读一读。

二　功贤于耕织

复杂的社会有复杂的人事关系。人事关系如果处理不当，就会出现矛盾。矛盾一旦激化，就会引起社会动荡，使大家都过不好日子。为了大家的利益，就要确立社会原则来处理人际关系。而这些原则就是义。有的人知道了，有的人不知道，因此，知道的人有责任去宣传义，好让更多的人知道义。这样就有了一批宣传义的人。有的人说，你不去生产，讲义有什么用？甚至有人把宣传义的人说成是"不劳而获"的。墨子在宣传义，鲁国有一个叫吴虑的人，说自己冬天制造陶器，夏天种植庄稼，自给自足，道德跟舜差不多，还要义干什么？墨子告诉他，我一个人拼命种地，也只顶一个农民，生产的粮食分给天下，一个人还吃不了一顿。我拼命织布，也只相当一个妇女，织了一年，分给天下人，每个人得不到一尺，能解决什么问题呢？但是我去宣传义，一个国君听了我的话，把国家治理好了，这不是对一个国家的人民都有好处吗？普通的人听了我的宣传，提高了觉悟，做了好人。我虽然不参加劳动，贡献比直接参加劳动还大。这就是所谓的宣传义"功贤于耕织"（《墨子·鲁问》）。孔子也说，只要你实行仁义，四方人民都会背着小孩来投奔你，你还要自己种庄稼才能有饭吃吗？有的人认为，不劳动就不应该有收获，并且说这是马克思主义的观点，他们把宣传仁义、实行仁义，都看成是不劳而获的行为。恩格斯曾经明确说过："不耕耘者就不应有收获"，"不是我们的主张"[①]。

[①] 恩格斯：《政治经济学批判大纲》，《马克思恩格斯全集》第 1 卷，人民出版社 1956 年版，第 609 页。

唐代大文学家、思想家柳宗元写了一篇散文《梓人传》，讲的是建筑业上的一个"梓人"，相当于工程师。梓人对于建筑材料了如指掌，木材长短粗细圆方，用在什么地方合适，所有工人的分工，他都非常清楚。在施工过程中，他负责指挥，一大批工人都听他的指挥干活。没有哪一个工人都可以，没有他什么工程也建不成。在官府施工，他的工资是别人的三倍。如果给私人施工，他个人要拿施工费的一大半。有一天，柳宗元到梓人的宿舍，发现他的床腿坏了，他还不会修，要等别的工人来给修。这时候，柳宗元认为，这个梓人没有什么本事，拿的钱可不少。按现在的说法，这个梓人剥削了其他工人。后来，柳宗元在施工现场又看到梓人与工人的工作情况。只见那个梓人站在中央，许多工人拿着工具，围绕着他，听他指挥。梓人拿着指挥棒，指着一堆木料，说："砍了！"拿斧头的工人就奔到右边，动手砍开了；又指一木材，说："锯了！"拿锯的工人赶紧奔到左边。大家都看他的脸色，听他说话，没有人敢自作主张的。不胜任的工人，被他辞退，也不敢有怨言。他指定的哪一根木料用在什么地方，没有不合适的。工程竣工时，在大柱上要写上某年某月某日某某建。写的名字，就是这个梓人的名字。了解这些情况以后，柳宗元心灵受到很大震动，很感慨了一番。这时，他体会到，梓人的作用，跟宰相很相似。梓人不亲手做那些具体的事，他善于用材，善于用人，善于指挥，就完成了别人无法替代的工作。宰相在管理国家行政的时候，也不能亲自动手做多少具体的事情，主要在于出主意，想办法，在于决策，在于用人。梓人与宰相是不同等级的劳心者，孔子说的"君子喻于义"，意思是劳心者要合理用人用物。孟子说的"劳心者治人"，意即这些有丰富知识的人是管理别人的人，只能由这些人担任社会管理者。董仲舒所说的"正谊""明道"的人也正是这些人。王充认为这些人"以知为力"，所起的作用比筋骨之力还要大。过去有些人对智力的作用不很理解。尤其是在"鼓足干劲"的年代,出大力,流大汗,才是英雄。在各种报纸杂志上,都在宣传流大汗的英雄。知识分子不但没有什么名声,而且在物质条件方面也很困难,待遇很低。因此,社会上流行这样的话:"拿手术刀的不如拿剃头刀的,做原子弹的不如卖茶叶蛋的。"经过改革开放以后,人们的观念也有了很大的变化。现在,科学知识和技术技能都受到普遍重视。特别是现在提出了知识经济,知识的价值越来越明显了,很少人会忽视知识了。轻视科学知识,重视具体技能,是小生产者的思想局限,根本不是马克思主义。而过去我们经常把这种小生产者的狭隘思想误认为是马克思主义。马克思主义认为脑力劳动是复杂劳动,复杂劳动所创造的价值比简单劳动所创造的价值要高得多。这是过去许多人所不了解的,也不愿承认的。

三　义者宜也

孟子也非常重视义,他说,如果让他去杀一个无辜的人,就可以给他天下,他也不会去干。他的做人原则,不符合义的,不要别人的哪怕是一分钱,也不给别人一分钱。少了不要,再多也不要,哪怕给他亿万财富。如果自己做出了贡献,自己应该得的报酬,多少都要,问心无愧,可以"安富尊荣",从这里可以看出,儒家所讲的义不排斥物质利益,只是要求得到合理的物质利益。取得自己应得的报酬,再多也是义,而不是利。这是常被后代许多人误解了的说法。又如朱熹说过,吃饭是天理,是义,而想吃好的,超过自己的经济条件,那是贪欲,是利,是需要克服的。有人以为不要钱,不要工资,不要享受,不要经济效益,才是义。这不仅是误解,而且简直就是故意歪曲。孔子的学生子贡是很会预测市场的,他从事商业活动,赚了很多钱。鲁国规定谁能花钱把在外国当奴婢的鲁国人赎回来，可以到政府那里领取一些钱，作为赔偿金。子贡赎了一些人回来，因为他自己钱多，就不去政府那里领取赔偿金。受到孔子的批评，孔子说，不能因为你有钱，就不去领取赔偿金。做事情，要考虑如何合适，才能作为别人的榜样。你这么做，今后鲁国人再没有人去赎了。在这里，不拿钱是不义，拿钱才是义。孔子的另一个学生子路救了一个落水的人，那人用一头牛来表示感谢之情，子路接受了。孔子说："鲁国人今后一定很热心于拯救落水的人。"当时，一头牛是价值十分昂贵的酬谢品。《三国演义》中，诸葛亮劝刘备取荆州，朱熹的学生陈淳在《北溪字义》中说，刘备不取荆州，是利，是不顾天下大局，只讲刘表情面。而诸葛亮主张取荆州，是出于大义。同样道理，在利益面前，嫌多嫌少都是不义。应该得多少，就是多少，合理是个原则。但是，很多人不知道多少才是合理的。这当然没有一定的标准，提高了觉悟以后，就知道多少是合适的。过去许多人以为平均才是最合理的，结果，干活多少好坏都一样，使许多人都变成懒汉。孟子说："夫物之不齐，物之情也。"（《孟子·滕文公上》）不齐是事物的普遍现象。价值可以相差几倍、几十倍，乃至千万倍。人也不例外，价值也是有若干倍之差。勉强把差别拉平，必然要乱天下，因为违背了客观规律。

汉代董仲舒认为人天生的就有好义与欲利两种心理。因为义与利都是人所需要的。义可以养心，利可以养身。身与心比较，心更重要，因此养心的义也比养身的利重要。例如，历史上如孔子的学生原宪、曾参等人都是很穷的人，生活不富裕，但他们都有高尚的道德，别人都羡慕他们。他们自己也都很乐观，精神很充实。另一些人，身居高位，享受荣华富贵，却不肯行义，甚至做伤天害理的亏心事。他们虽然物质丰富，心里却不踏实，精神空虚。他们或者死于犯罪，或者死于忧愁。总之，他们都不能安乐地生活一辈子。董仲舒经过论证以后，得出结论说："义之养生人，大于利而厚于财也。"（《春秋繁露·身之养重于义》）义，对于养身比财利都更重要。实际上是说，人的精神需要超过物质需要。极端地说，人没有饭吃，就要饿死；没有衣穿，就要冻死。在这种特殊的情况下，物质对于生命来说比什么都重要。但在一般情况下，人的精神状态对于健康却是非常重要的。《光明日报》1996年11月18日刊登过一个消息：孙世贵在1968年冬的一天夜里，那是困难的岁月。他在洛阳火车站拉脚，忽然，火车站广场有一个妇女喊："抓贼啊！他把我的钱包偷跑了！"一个家伙慌慌张张从孙世贵面前跑过去。后面一个解放军战士一边追一边喊："抓住他！"战士跑到孙老汉跟前时，把一个包丢给他，说一声给他看着，就追小偷去。老孙在那里等了个把小时，不见战士回来，他就打开提包，里面有90斤粮票和124元钱，这在当时是很大的数字，贪心突然冒出，带着包拉着车跑100多里回家了。连吓带累就病了。从那往后，天天做噩梦，身子一天比一天瘦，吃药打针都管不住，一直拖了半年多。这患的是心病，药是没法治的。过了28年，孙世贵一家生活越来越好，大儿子买了汽车，要带他逛街，他坚决不去，怕见到解放军战士。在电视里看到解放军战士抢险救灾，就会难受好几天。有一天，解放军战士尚光远把孙老汉的迷失三天的孙子送回来，还给他买吃的、穿的，对孙老汉有巨大震动，他再也睡不着了。他自己感觉做了一件老天爷不可饶恕的亏心事。孙世贵拿了自己不该拿的钱，伤天害理，做不义的事，精神上一直不能安宁。这一事例充分证明了董仲舒关于义可以养心的问题。后来老汉在济南军区的操场包了一场电影给战士看，电影开映之前，老汉把这些话说出来，送电影算是赔罪，也摆脱了自己心上的多年抹不去的阴影。

为此，董仲舒提倡："正其谊不谋其利，明其道不计其功。"（《汉书·董仲舒传》）他从政治大局来考虑义与利的问题，认为，现实是高贵的人贪得无厌，越富越贪利，越不肯为义，骄奢淫逸，违法害人。贫困的人越来越穷，没有"立锥之地"，"衣马牛之衣，而食犬彘之食"（《汉书·食货志上》）。过着悲惨的生活。这种两极分化，必然造成社会混乱。富者无恶不作，穷人只好落草为寇，社会秩序怎么能安定下来？富者利用自己所掌握的权力，与人民争利，人民怎么能争过他们呢？董仲舒反对当官的还搞什么副业赚钱，反对与民争利。他提倡以公仪休做榜样。

公仪休任鲁国相，他办完公事，回家，吃饭的时候，就问葵菜价钱，家里人说不要钱，是自己家种的。他听后很生气，说："我们拿了俸禄，还要自己种菜，这不是夺了菜农的利益吗？"说完就到菜园里，把葵菜都拔掉。他有一次回家，看见夫人正在织布，他认为她夺了女工的利益，就把夫人休了。这是有名的"拔葵出妻"的故事。现在对于公仪休的看法有争议，认为能够参加劳动的国相夫人是多么好，不应该休掉。再说，即使犯了错误，也应该允许改正。而我们现在社会上一些干部夫人，劳动不参加，大家也没有要求她参加，但是，通过夫人贪污受贿的事，时有发生，一旦被揭发却说是夫人干的，不关首长的事。两相比较，不是也可以给人以启迪吗？公仪休任国相，有人投其所好，给他送鱼来，他不受。了解他的人说："您不是很喜欢吃鱼吗？给您送鱼来，为什么不要呢？"公仪休说："我收了鱼，以后当不成国相，就没有人给我送鱼，我就吃不上鱼了。我不收鱼，一直当着国相，还怕没有鱼吃吗？正因为我爱吃鱼，所以我不收别人送的鱼。"当时有人议论，认为公仪休真正会为自己打算，真正懂得珍爱自己。

董仲舒一辈子没有置自己的产业，只是研究社会问题和哲学理论问题，教学著述，终其一生。可以说是言行一致的人，实践自己信仰的人。关于"正其谊不谋其利，明其道不计其功"这句话，历代许多人有误解，以为董仲舒只讲道义，不讲功利。所有儒家没有不讲功利的，董仲舒也不例外。谊，就是义。"正其谊不谋其利"，就是说做事情，要考虑如何做才符合义的原则，不要谋自己的私利。或者说，做事情要考虑怎样才是合理，不要考虑是否对自己有利。后来有些官员制订政策，不是从实际出发，而是从自己的个人利益出发，或者从自己所在的小团体的利益出发，那怎么能够做好工作呢？"明其道不计其功"，这个功，不是"立功不朽"的那个"功"，而是贪天之功，急功近利的那个功。做事情要按客观规律办，不要急于求成。现在有的官员，不是"为官一任造福一方"，而是为官一任，造了一批纪念碑工程。为什么许多领导干部对教育不感兴趣，不想投资，也不去关心？因为抓教育不容易见效，是软工程。为什么有些人对建筑楼堂馆所特别感兴趣？因为那是看得见，摸得着的。"那座高楼，是我在任时建的"或者"是我批准建的"，以此夸耀于人前。至于当地人民生活提高了多少，对文化事业都做了些什么，全民的文化素质究竟提高了没有？没人提起。不重视教育的领导，不是远见卓识的领导。不抓教育而在那里抓纪念碑工程的干部，就是急功近利的干部。他们天天在那里"计"自己的"功"，至于"道"在何方，他们是不"明"白的。

孔子讲，人要有智、仁、勇。后儒称这三项为"三达德"。有智，才知道如何处理是合理的；有仁，才有那种爱心去做利人的事；有勇，才有大无畏的精神，敢于向坏人做斗争，为保护弱者挺身而出，打抱不平。智、仁、勇，三者都是行义所不可缺少的。有智而无仁，知而不肯为；有智而无勇，知而不敢为；有勇而无智，只能胡为；有仁而无智，想做好事，却不知从何下手，即所谓"爱莫能助"。中国所讲的义，只是一种原则，并不是死的教条，而是强调在实践中了解如何是合理的，就如何处理。这就是宜，也就是义。

(原载《思想政治课教学》1995年第11期)

儒学"一本五常"及其现代价值

儒学过去有所谓"三纲五常",君为臣纲,父为子纲,夫为妻纲,仁、义、礼、智、信。概括得好,符合中央集权专制制度的需要,在汉代到清朝的两千年中影响极大。根据现代社会的实际需要,我以为需要做出新的概括,概括为"一本五常"。一本就是以民为本,五常是孝、仁、义、中、和。这一概括,必须对以下几个问题做出说明。一是为什么用以民为本取代"三纲"?二是五常的德目修改的理由,有的为什么去掉,有的为什么增加?

一 "三纲"何以变"一本"?

"三纲",在朝廷,君为臣纲;在家庭,父为子纲,夫为妻纲。家庭是整个社会的细胞。有了父为子纲,夫为妻纲,就有了基本原则,就可以使每个家庭有了一个中心,家庭就比较稳定。整个社会又是一个大家庭,也有了一个中心,那就是君为臣纲,国君为中心,国家也就稳定了。这才成为真正的国家,维系着社会的长治久安。天无二日,国无二君,就是当时的说法。如果家或国有多个中心,那么就不会稳定,春秋战国的乱,就是由于诸侯纷争,分裂割据,没有一个权威中心。很显然,这个"三纲"完全适用于中央集权专制制度的社会。中国在秦汉以后的两千年中有过的昌盛，维持稳定大国的局面，原因是复杂的，也应该有"三纲"的一点贡献。

"三纲"也是历史性的概念，它在中国的历史上，也有产生、发展、衰落的过程。它产生于建立中央集权制度的时代，衰落于中央集权制度瓦解的时代。先秦时代，中国主要有民本思想的传统。这种传统在推行民主政治制度的时代就有了借鉴的价值。原始儒学都是以对应的关系来讲君臣与父子的关系的。

《尚书·皋陶谟》："在知人，在安民……知人则哲，能官人；安民则惠，黎民怀之。"又说："天命有德"，"天罚有罪"，"天聪明，自我民聪明；天明畏，自我民明威"。这都是把民与天联系起来，借天的权威，强调民的重要性。《尚书·五子之歌》："述大禹之戒以作歌。其一曰：皇祖有训，民可近，不可下。民惟邦本，本固邦宁。……予临兆民，懔乎若朽索之驭六马。为人上者，奈何不敬？"皇祖指大禹。大禹认为民可以接近，不可歧视。本指树根。国家像一棵树，民是树根。树根稳固，树才能正常生长。民稳定，国家才能安宁，民是国家的根本。面对民众，治理人民，就像用腐朽的绳子驾驭六匹马拉的车那样惧怕危险，当个统治者，怎么能不敬？孔氏传："能敬则不骄，在上不骄，则高而不危。"这一段话出于伪《古文尚书》，在两千年中产生了深刻的实际影响。西周时代，明智的统治者就提出天命论，认为天有至高无上的权威，又说："天视自我民视，天听自我民听"（《孟子·万章上》引《泰誓》语）。认为人民的视听与天的视听是一致的，所以统治者要以"敬天保民"作为执政的理念，在民面前作威作福，就是得罪了上天。据此，孟子提出"民贵君轻"，认为得到人民真心拥护的人才能统治天下，所谓"得民心者得天下"。谁能得天下，民心是决定因素，也可以说是民心主宰天下，主宰历史，或者叫民心决定论。民心史观。民心史观虽然不是唯物史观，其合理性、进步性却是非常明显的。与唯物史观在重视人民大众方面则是高度一致的。

《荀子·大略》："天之生民，非为君也，天之立君，以为民也。"上天确立君即统治者，是为了人民，并不是为了君。如果君不为人民做事，就是违背天命，就要被废除掉。又说："君，舟也；庶民，水也。水则载舟，水则覆舟。"都是说民是社会的真正主人。民可以拥戴君主，也可以推翻君主。君主的上台下台，是人民决定的。这就是民本思想，这里包含民主意识。一方面倾听群众意见。古代传说，尧时曾经设立"进善之旌，非（诽）谤之木，敢谏之鼓"，舜时"询于四岳辟四门，明四目，达四聪"（《尚书·舜典》）。商朝就有召集群众议论大事的习惯。如《尚书·商书·盘庚上》载："王命众悉至于庭"，讨论关于迁都的事。《尚书·商书·盘庚下》载："朕及笃敬，恭承民命，用永地于新邑。"商末周初出现的《洪范》有"谋及乃心，谋及卿士，谋及庶人，谋及卜筮"的记载。认为这些都一致的情况，就是"大同"。庶人就是一般群众，区别于当官的卿士。《周礼·秋官司寇·小司寇》载："小司寇之职，掌外朝之政，以致万民而询焉。一曰询国危，二曰询国迁，三曰询立君。"西周时代，有一种制度，在大事决定之前，要进行商量。一方面，国王与各大臣在朝廷上商议。另一方面，派小司寇到外朝向万民征询意见。国家大事有三件：一是国家危险的时候，即战盟问题。外国入侵，国家安全受到威胁，或者要与别国订立结盟，这也与战争有关，都要与民众商议。二是国迁即迁都，首都要迁移，也要与民众商量。三是立君，即确立新君，决定国君接班人，这也是与民众关系极大的事情。最典型的是周公"一沐三握发，一饭三吐哺"（《韩诗外传》卷三·第三十一章）周公在执政的七年中，"周公践天子之位七年，布衣之士所执贽而师见者十人，所友见者十二人，穷巷白屋所先见者四十九人，时进善者百人，教

士者千人，官朝者万人。"（《韩诗外传》卷三·第三十一章）

在西周时代，就有邵穆公提出："夫民虑之于心而宣之于口，成而行之，胡可壅也。"（《国语·周语》）"郑人游于乡校，以论执政。"然明对子产说。"毁乡校何如？"子产曰："何为？夫人朝夕退而游焉，以议执政之善否。其所善者，吾则行之，其所恶者，吾则改之。是吾师也。若之何毁之？我闻忠善以损怨，不闻作威以防怨。岂不遽止？然犹防川，大决所犯，伤人必多，吾不克救也，不如小决使道（导），不如吾闻而药之也。"子产"不毁乡校"的消息传到孔子那里，孔子说。"以是观之，人谓子产不仁，吾不信也。"（《左传》襄公三十一年）

人民群众的意见是复杂多样的，不尽合理。因此，《吕氏春秋·不二》说："听群众人议以治国，国危无日矣。"有时也采取"投票"的方式，来看多数人的愿望，例如《左传》哀公元年记载吴国进攻楚国，吴国派使者到陈国召陈怀公。陈国是小国，夹在吴、楚两大国之间。吴楚相争，陈国怎么办？陈怀公感到很为难，就向国人征询意见。国人意见分歧很大，讨论很长时间，莫衷一是。陈怀公说："欲与楚者右，欲与吴者左。"这大概就是两千多年前的"站队"问题，也是最早划分左派和右派。当时通过站队点人数，后来演变成放豆子，举手表决，无记名投票，再到电脑计票。民主形式可以不断发展，民主精神则是贯通的。根据人数（即票数）的多少来决定大事，不尽合理。中国古代比较明智的思想家不是根据简单多数来决定大事，而是理智地审察群众的意见，经过分析研究，做出抉择。例如，《左传》成公六年载：楚军进攻郑国，晋国栾书带兵去救援郑国，郑国与楚国已经停战。楚国退驻蔡国。千里迢迢来救援，却没有打上一仗，白跑了？有的人主张到蔡国去打驻在那里的楚军。有的人不同意。赵同、赵括等将军力主向楚军开战，一决雌雄。知庄子、范文子、韩献子不赞成，认为救郑任务已经完成，可以班师。如果开战，胜了没有什么意义，败了会遭世人耻笑。主帅栾书决定撤兵。这时主战的将军们对栾书说："圣人与众同欲，是以济事，子盍从众？子为大政，将酌于民者也。子之佐十一人，其不欲战者，三人而已。欲战者可谓众矣。《商书》曰：'三人占，从二人。'众故也。"栾书说："善钧从众，夫善，众之主也。三卿为主，可谓众矣，从之，不亦可乎？"群众的意见也是变化的。经过一段时间，实践证明它是好的，最后会得到群众的理解和拥护的，会成为多数人支持的意见。我们从子产行政，商鞅变法，都可以看到这种情况。

子产刚开始任郑国相时，实行一系列改革，群众编出顺口溜，表示强烈反对。当时子产认真审查一下自己的主张，还是认为自己的做法是对的，是对国家和人民有利的。坚持不渝，并且说只要对国家有利，自己宁肯牺牲一切，他说："何害！苟利社稷，死生以之。且吾闻为善者不改其度，故能有济也。民不可逞，度不可改。《诗》曰：'礼义不愆。何恤于人言？'吾不迁矣。"（《左传》昭公四年）子产自信政策没有错误，不怕别人议论，坚持不改。行政三年，群众热烈拥护子产的政策。商鞅变法时，也是有许多人反对，变法成功，民富国强，群众看到好处，也表示拥护。这些事实都表达一个意思：善为众之主。正确的意见更能代表群众的长远的、根本的利益，真正代表群众的愿望。法家人物在政治改革实践中总结出一个道理："民不可与虑始而可与乐成。论至德者不和于俗，成大功者不谋于众。是以圣人苟可以强国，不法其故，苟可以利民，不循其礼。"（《史记·商君列传》）要实行改革，开始不一定就要跟群众商量。只要改革方向正确，坚持改革，有了成效，人民就会理解和拥护的。

孔子说："众恶之，必察焉，众好之，必察焉。"（《论语·卫灵公》）不能根据众人的好恶，来决定自己的好恶。自己的好恶来自自己对评论对象的认真考察与分析。很显然，孔子认为众人的好恶未必正确。在另一处，子贡问："乡人皆好之，何如？"子曰："未可也。""乡人皆恶之，何如？"子曰："未可也。不如乡人之善者好之，其不善者恶之。"（《论语·子路》）乡人皆好之，说明赞成这个人的占绝大多数，如果按现代投票办法，他准得多数票。但是，孔子不轻信多数人的意见，还要自己考察、分析，然后做出自己的评价。东西方习惯不同，管理方法也不一样，成功的就是正确的。理论很好，不合国情，并不实用，在实践中就不能成功。如惠施给魏国设计治理方案，别人评论是：好而不能用。

总之，先秦时代，统治者重视听取人民的意见，群众有各种不同的意见，即使有比较一致的意见，也不是一定就按群众的意见决策。统治者听取各种意见以后，再进行思考、分析，选择最佳方案。这是当时最合理的民主方式。正确的意见真正代表群众利益，最后会得到群众的拥护。

秦朝建立中央集权专制制度以后，虽然也有一些人提出民本的思想，在实践中很难得到实施。例如《吕氏春秋·贵公》讲："天下非一人之天下也，天下之天下也。"天下就是天下人民的天下，不是君主一个人的天下。但是，秦二世就是将天下视为自己的私有财富，要求天下侍奉他一个人。刘邦得天下后，问父亲："某之业所就孰与仲多？"我的事业财富与老二比谁更多呢？实际上就是将天下视为自己的财富。西汉贾谊在《新书·大政上》提出："闻之于政也，民无不为本也。国以为本，君以为本。吏以为本。"这是民本思想的系统论述。贾谊说："自古至于今，与民为仇者，有迟有速，而民必胜之。"（同上）此后，不以民为本者，比比皆是。与民为仇者，不绝于世。唐代柳宗元提出"吏为民役"，更加明确人民是主人，所有当官的都是人民用自己的税收雇用的仆役。柳宗元也说，对于不称职的官员，人民"则必甚怒而黜罚之"①。但是，许多七品芝麻官还自以为是人民的"父母官"，欺压主人，忘乎所以，颠倒主仆关系。

在周公那里，民与天齐，春秋时代思想家强调在做好民的工作以后，才去祭天祭神，先民而后神。在战国时代，孟子还是继承民与天齐的思想，提出民贵君轻的理论。秦汉时代建立起中央集权制度以后，强调民本的贾谊被迫害致死，而董仲舒则与时俱进，虽然仍然强调重民，根据社会政治形势的变化，提出天高于民，天子自然也显得更重要了。这可以从董仲舒讨论郊祭中看出来。董仲舒讲天人感应，特别强调要敬重"天"。天子在南郊祭天活动叫"郊祭"或"郊"。董仲舒认为天子应该非常重视"郊"，将郊放在极其重要的位置上。人民挨饿，不能取消郊祭，国有大丧，也不能停止郊祭，百神祭祀之前，都要到南郊先祭天。董仲舒在《春秋繁露·郊祭》说："文王受天命而王天下，先郊乃敢行事，而兴师伐崇。其《诗》曰：'芃芃棫朴，薪之槱之，济济辟王，左右趋之。济济辟王，左右奉璋。奉璋峨峨。髦士攸宜。'此郊辞也。其下曰：'淠彼泾舟，烝徒楫之。周王于迈，六师及之。'此伐辞也。其下曰：'文王受命，有此武功，既伐于崇，作邑于丰。'以此辞者，见文王受命则郊，郊乃伐崇，伐崇之时，民何遽平乎！"第一段是郊辞，讲郊祭的内容。其大意是：茂密的灌木，砍来堆起，点燃。济济，是严肃恭敬貌。辟王，指文王。左右指左右大臣。趋之，指积极参与。郑笺云："辟，君也。君王，谓文王也。文王临祭祀，其容济济然敬。左右之诸臣皆促疾于事，谓相助积薪。"火焰冲天，这是祭天仪式的开始。接着，文王还是那样恭敬的神态。左右大臣捧着郊祭的礼器。峨峨，壮盛肃穆的样子。髦士即俊秀之士，这里是描

---

① 《送薛存义之任序》，见《柳宗元集》，中华书局1979年版，第616页。

述了文王祭天时的情景。说明文王周围有一大批贤才，恭敬祭天。第二段是伐辞，讲出征的情况。其大意是：淠，众多。泾是河流，在今陕西。烝，众多。徒，群众。楫之，划船。泾水上，有很多舟船，许多人正划船。周天子要出征，军队都跟着出发了。

第三段的大意是：文王受命后有了两大功绩：一是讨伐崇国，一是在丰这个地方建立都城。这就是"王者受命，必先祭天，乃行王事"。有人认为："万民多贫，或颇饥寒，足郊乎？"人民生活不好，有条件进行郊祭吗？意思是人民生活安定富裕以后，才能进行郊祭，才有资格祭祀上天。董仲舒举以上例子进行反驳，周文王先祭天，然后才去讨伐崇国。如果人民生活安定才能祭天，那么，文王祭天的时候，所有人民包括崇国人民应该都生活得很好。圣王要讨伐的国家，就是该国人民陷于水深火热之中。文王祭完天，就讨伐崇国，难道崇国人民会这么突然遭殃吗？董仲舒又说："天子父母事天，而子孙畜万民……孰贵于天子？"（同上）天子是昊天之子，将万民当作自己的子孙来养，形成"天—天子—万民"这样的贵贱顺序。也就是说，天子高居于万民之上。还有谁能比天子更高贵？这就不同于先秦的"民为邦本""民贵君轻"等的民本思想，取而代之的是"君为臣纲"。说明这时的中央集权专制制度，已经抬高了君的地位。就是说，人民挨饿，也不能不祭天。这说明天比民高贵，天子自然也比民高贵，万民成了天子的子孙。

先秦时代的民本思想很丰富，进入秦汉以后，建立起中央集权专制制度以后，儒家又概括出适应社会政治需要的"三纲"理论。中央集权专制制度被推翻以后，中国要走向民主，自然要用中国传统的民本思想取代"三纲"理论。民本论可以说是中国式的民主思想。为了适应现代社会的需要，民本思想还要有新的阐释，还需要创新的内容。

二　新五常成立的理由

旧五常是仁、义、礼、智、信。后来的八德是忠、孝、诚、信、礼、义、廉、耻。新五常是孝、仁、义、中、和。仁义保留，上加孝，孝是一切道德的根本，孝概括忠，"三纲"中的"君为臣纲"和"八德"中的"忠"是一个意思，这是忠于国君的意思。民主社会，国君是选举产生的，随时要更换。忠君思想要改变成忠于人民、国家，忠于自己的事业。在先秦，忠是真心诚意、全心全意的意思。如《论语·学而》"为人谋而不忠乎"是曾子每日三省之一。《论语·子路》"与人忠"是仁者的行为。这些"人"未必是君王。这个忠不必对于当权者。《论语·卫灵公》"言忠信，行笃敬"，这里的忠也不必是对君王的忠心。诚、信、廉、耻，都包括在义里，夫妻平等，"夫为妻纲"也就失去意义，夫妻关系也应该坚持义的原则。中是思想方法，和是生活态度。这样，根据现代社会的需要来概括儒家思想就更全面了。下面分别阐述新五常的具体内容。

（一）孝

儒家非常重视孝，孔子说："志在《春秋》，行在《孝经》。"历代讲"百行孝为先"或者"百善孝为尊"。汉代就讲"以孝治天下"，历代讲"忠臣多出于孝子之门"。孝是中国传统思想的特色。儒学是中国传统思想的主干和基础，儒学的核心是仁，仁的根本是孝。旧五常没有孝，因为将孝放在"三纲"的"父为子纲"中。我们将"三纲"废除，将其中的"父为子纲"以孝德的形式保存在新五常中。

孝的意义在于报恩，回报父母的养育之恩。如何回报？不但能养,还要能敬,要消除父母的忧愁,要增加父母的快乐。自己身体发肤都是父母所生,应该爱惜。自己的兄弟姐妹也都是父母所生,若有损伤,父母也会忧愁,因此也要加以保护。这样就由孝德引出宗亲的原则,形成宗亲的即重视血缘关系的传统。这个传统是利弊相连的。在历史上和在现实中都存在正负两种社会作用,也都存在需要批判继承的问题。儒家主张推己及人,为了父母快乐,就不能得罪别人,尊敬父母,就不敢轻慢别人。正如《孝经》上说的:"爱亲者,不敢恶于人,敬亲者,不敢慢于人。"

孝是中华民族优秀传统。统治者重视孝,整个社会就都重视孝,民间群众自然也重视孝。汉代奠定了中华民族的传统思想的基础,也包括对孝传统的确立。

东汉时代,在浙江出现两位特殊人物:一是哲学家王充,著有《论衡》一书流传至今。《论衡》中表现出的科学精神至今还闪耀着智慧的光芒,令有现代科学思想的人看了,也会感叹不已。另一是孝女曹娥,父溺江而死,十四岁的她沿江寻尸,七日不见,就投江自杀。后来在江上发现她负父尸浮出。这就被称为孝女,并将此江命名为"曹娥江"。王充是哲学家,是智慧的象征,曹娥是孝女,是道德的代表。王充在前,曹娥在后,同在一个东汉时代,同在浙江,相距不远。从"三不朽"上讲,"立德不朽"高于"立官不朽"。从德与才的关系来讲,就是德高于才,曹娥碑被写入名著《三国演义》,更扩大了曹娥的影响。《孝经》是儒家五经之外的一经。《孝经》只有两千多字,内容极其丰富。《孝经》载孔子说法:"夫孝,始于事亲,中于事君,终于立身。"(《开宗明义章》)又说:"君子之事亲孝,故忠可移于君。"(《广扬名章第十四》)孝包括事亲,也包括事君,于是包含了"忠"的内容。而立身扬名,则包含着人类生活的所有内容。孝,开始于事亲,发展为人生价值的全部。

孔子曰："五刑之属三千，而罪莫大于不孝。要君者无上，非圣人者无法，非孝者无亲，此大乱之道也。"（《五刑章第十一》）又说："教民亲爱，莫善于孝。"（《广要道章第十二》）孝是稳定家庭，也是稳定社会的需要。因此，进行孝德教育是最重要的。

孔子曰："君子之事上也，进思尽忠，退思补过，将顺其美，匡救其恶，故上下能相亲也。"（《事君章第十七》）孝在家庭里起相亲的作用，在社会上也起相亲的作用。相亲则是和谐社会的基础，是人际的良好关系。人际关系如果只有法律的约束，那么不可能有相亲的关系，没有相亲的关系，和谐社会就构建不起来。秦朝实行"一断于法"，破坏了社会的和谐，所以很快就乱了。

（二）仁

春秋时代，人们把仁作为美德。如说："为仁者爱亲之谓仁，为国者利国之谓仁。"（《国语·晋语一》）爱亲是一种美德，利国也是一种美德。中国儒家创始人孔子对"仁"的解说是"爱人"。爱亲是爱自己的亲属，利国，说到底是利于天下人民，是爱人民的表现，是爱别人。两者结合，就是爱所有的人。孔子有时也讲"泛爱众"，孔子的学生子贡说，"博施于民而能济众。"（《论语·雍也》）都含有博爱的思想。孔子的另一个学生有子说："孝悌也者，其为仁之本与！"（《论语·学而》）这说明儒家仁的思想是从爱亲引申出来的，也就是从孝悌推导出来的，孝是仁的根本。仁是孝的展开与发展。

"仁者爱人"，如何爱人？孔子提出两条原则：一是"己欲立而立人，己欲达而达人"，自己想要成功，也要支持别人成功，自己想要发展，也要帮助别人发展。二是"己所不欲，勿施于人"。自己不想要的东西，不要强加给别人。凡事都要设身处地，替别人着想，这是爱别人的重要思路。1993年9月，全世界宗教领袖在美国芝加哥召开宗教会议，会议通过《全球伦理宣言》。宣言中有这么一段话："这个原则是有数千年历史的宗教和伦理的传统所寻获并持守的：己所不欲，勿施于人！若由正面表达则是：己所欲，施于人！这个终极的、绝对的标准，适用于人生各个范畴，家庭和社会，种族、国家和宗教。"宗教是最难统一的，但是，他们对于孔子的"己所不欲，勿施于人"却都是认可的。而且在两千多年后的现代社会，还有那么多宗教领袖承认这一句话是"终极的、绝对的标准"，适用于所有人群。用一句话说，孔子的这句话的精神是超时空的。

战国时代，儒家亚圣孟子认为尊敬别人的老人要像尊敬自己的父母，爱护别人的小孩要像爱护自己的子女，"老吾老，以及人之老，幼吾幼，以及人之幼。"（《孟子·梁惠王上》）这就是推己及人。再继续往下推，推到天下人民，用仁爱精神对待自己所管辖的人民，这就是仁政。为什么可以而且应该实行仁政，其理论的根据是人的本性是善的，"仁、义、礼、智，非由外铄我也，我固有之也，弗思耳矣。"（《孟子·告子上》）"人之有四端也，犹人之有四体也。"（《孟子·公孙丑上》）他有"民贵君轻"的思想。孟子下结论说：有天下者，失民，则失天下，无天下者，得民，则得天下，这叫"保民而王"。"饱食暖衣，逸居而无教，则近于禽兽。"（《孟子·滕文公上》）他说，"徒善不足以为政，徒法不能以自行。"（《孟子·离娄上》）孟子的仁政学说是系统的儒家政治学。这个学说的内容包括发展经济，保证人民的物质需求，也包括伦理教育，提高人民的思想觉悟。孟子认为要实行这一套理论，最高统治者天子要"尽心"，就是要全心全意为人民兴利除弊。

战国儒家孟子贯彻仁的精神于政治，产生仁政理论。汉代儒家董仲舒（前198—前106年?）提出仁的法则是："在爱人，不在爱我。"认为仁爱的对象越多越广，爱得越远，就越伟大。这都是仁爱思想的推广与发展。

（三）义

义在中国思想史上是非常重要的概念，所谓"仁义之道"，所谓"义利之辨"，都没有离开"义"。义，就是合理性。孔子认为义非常重要，是政治的重要内容。他说："礼以行义，义以生利，利以平民，政之大节也。"（《左传》成公二年）礼是外在的形式，是体现内在的义。礼是用一种外在形式来体现合理的人际关系。有了义，人际关系就能和谐，就会增加利，增加利是为了满足人民的需要。这是政治的大节，即大原则。政治的效果都要落实在有利人民上。民是本。君子要懂得义，要实行义，"见义思利"，"义然后取"。孟子说："非其有而取之，非义也。"孔子有一句名言："君子喻于义，小人喻于利。"（《论语·里仁》）讲的都是这些道理。

孟子说，如果让他去杀一个无辜的人，就可以给他天下，他也不会去干。他的做人原则，不符合义的，不要别人的哪怕是一分钱，也不给别人一分钱。即使给予百万财富，甚至整个天下，不符合义的，他连看都不看。又如朱熹曾经说，吃饭是天理，是义，而想吃好的，超过自己的经济条件，那是贪欲，是利，是需要克服的。子贡让而止善，子路受而观德。

董仲舒认为人天生的就有好义与欲利两种心理。因为义与利都是人所需要的。义可以养心，利可以养身。身与心比较，心更重要，因此养心的义也比养身的利重要。例如，历史上如孔子的学生原宪、曾参等人都是很穷的人，生活不富裕，但他们都有高尚的道德，别人都羡慕他们。他们自己也都很乐观，精神很充实。另一些人，身居高位，享受荣华富贵，却不肯行义，甚至做伤天害理的亏心事。他们虽然物质丰富，心里却不踏实，精神空虚。他们或者死于犯罪，或者死于忧愁。总之，他们都不能安乐地生活一辈子。董仲舒经过论证以后，得出结论说："义之养生人，大于利而厚于财也。"（《春秋繁露·身之养重于义》）为此，他提倡："正其谊不谋其利，明其道不计其功。"（《汉书·董仲舒传》）他主张不与民争利，提倡以公仪休做榜样。这对于从政当官的人来说，廉洁就是大义，不贪就是官吏的大宝。过去有些人以为体力劳动是劳动，脑力劳动不是劳动，因此将脑力劳动者都视为剥削者，列入批判对象。孟子所讲的"劳心"与"劳力"的关系，经过两千多年，仍然是正确的，至今还是全世界上所普遍实行的。

唐代大文学家、思想家柳宗元写了一篇散文《梓人传》，讲的是建筑业上的一个"梓人"，相当工程师。他在建筑业中地位相当于国家的宰相。梓人不亲手做那些具体的事，他善于用材，善于用人，善于指挥，就完成了别人无法替代的工作。宰相在管理国家行政的时候，也不能亲自动手做多少具体的事情，主要在于出主意，想办法，在于决策，在于用人。梓人与宰相是不同等级的劳心者，孔子说的"君子喻于义"，意思是劳心者要合理用人用物。孟子说的"劳心者治人"，意即这些有丰富知识的人是管理别人的人，只能由这些人担任社会管理者。董仲舒所说的"正谊"、"明道"的人也正是这些人。王充认为这些人"以知为力"，所起的作用比筋骨之力还要大。认为从事管理工作的不是义，是小生产的狭隘意识。诚信廉耻，都是义的德目。

（四）中

孔子讲"过犹不及"（《论语·先进》），又说："中庸之为德也，其至矣乎！"（《论语·雍也》）过，就是超过。不及，就是没有达到。超过什么？没有达到什么？那就是标准。超过标准，跟没有达到标准，是一样的。什么是一样的？结果是一样的，是一样的糟糕。那么，中庸，实际上就是指标准，或叫坚持标准。坚持标准，就是要反对并防止超过标准和达不到标准。中，中庸，中和，都有相同的意思，就是适中、合适，恰到好处，完全符合标准的意思。这里重要的是标准，哲学上也叫"度"。凡事在一定的"度"内，是正确的、合适的，越出这个"度"，超过这个"度"或不到这个"度"，就会改变性质，或者犯错误，导致失败。因此这个标准就非常重要。做任何工作，都要认真研究标准，注意标准，不能离开标准。

标准是什么呢？儒家没有给标准下过定义，也就是说没有统一的、抽象的标准，只有具体标准。任何具体事物，都有具体的标准。在这一问题上儒家讲过"孝子"守孝的期限，守孝期限为三年。这怎么确定的呢？儒家说小孩三岁离开父母的怀抱，因此守孝也是三年。所谓三年，实际上是 25 个月，而不是 36 个月。这个"三年"就成了守孝期限的标准，按照这个期限守孝的，就属于中庸，超过这个期限，或者达不到这个期限的，都是不对的，不符合中庸。

有的人对父母的养育之恩有特别深厚的感激之情，守孝的时间要超过三年，甚至延长好多年。儒家认为这种情绪是可以理解的，但是守孝时间太长，有害孝子的身体健康，妨碍生产和生活，不利于活着的人。另外，孝子如果延长了守孝期，对社会造成影响，如果许多孝子都无限延长守孝期，对孝子及其家庭会造成生活的严重困难。为了保护孝子及其家庭，就要限制守孝期。另有一些子女缺乏孝心，守孝一年都不愿意。父母逝世不到一年，他们就已经没有悲痛的情绪，就想开始参加娱乐活动，甚至娶妻嫁女。规定守孝期限，是为了折中，使"过"和"不及"都向中间靠拢，损有余，补不足。如果用左右理论，那么，所谓中庸就是既反"左"，也反右，防"左"也防右。反"左"要防右，反右要防"左"。随时都要防止走两个极端，保持中间最符合标准的路线。

如果说走极端是形而上学，那么，中庸就是辩证法。对于外国的东西有两种态度，一是崇洋媚外，认为一切都是外国的好，什么都要学外国的，什么都要进口外国的，垃圾也不例外。另一就是排外思想。清朝时许多官员和士人都以中国是天下中央自居，讲华夷之辨，瞧不起外国人。后来落后挨打，走向畏惧洋人，接着就崇洋媚外。又有一个特"左"时期，那时中国人以为外国都是反动的资本主义，与外国人交朋友，都是里通外国，就要受到审查、监视和控制，这两种态度属于走极端，那么，正确的态度，应该是不卑不亢。不卑不亢，就是中庸。或卑，或亢，就是过犹不及。洋货好不好呢？是好说好，不是什么都好。是好说好，就不是崇洋媚外。

对待具体问题，不从实际出发，而是从原则出发，或者从什么抽象的理论出发，不论原则或理论多么正确，也会得出十分糟糕的结论。有的人虽然也不走极端，但是，他凡事都来一个折中，例如，汽车跑得太快不行，太慢也不行。一小时多少公里算快？多少公里算慢？每小时100公里算不算快？高速公路上还有超过这个速度的汽车。又如房子高了不行，太低也不行。多高算太高？十层，百层？凡事不作具体分析，一味地折中，就是折中主义。折中主义也是一种不合理的思维方式，也不符合辩证法。

中庸这种道德，那是最高的了。中庸，就是最合适的最正确的，既不左也不右，不偏不倚。这是需要从实际出发，根据实际情况来确定标准，而标准是随时间推移而不断变化的，没有一成不变的死标准。无标准与死标准，也是两种错误倾向。中庸要求认真树立严格标准，在条件变化的情况下，标准也要适当改变。中庸更多地从阴阳理论与五行理论表现出来。阴阳平衡和五行生克，充分体现了中庸的原则。

中国古代有阴阳学说，把世界一切事物都分为阴阳两方面，认为阴盛阳衰和阳盛阴衰都不好，孤阴独阳更不行，只有阴阳平衡，才是最好的理想状态。阴阳平衡状态就是中和。阴阳与气结合以后，有阴气、阳气，二气相平衡，就是和气。和气最有利于万物的生长。从气候上说，冬天偏阴，夏天偏阳，春天秋天是阴阳平衡的最好时光。对于人体健康来说，主要调理阴阳，使之平衡。

在正常的情况下，阴阳自然平衡。动物和植物平衡，就是生态平衡。阴阳平衡理论，可以给生态提供一种理论依据。

在阴阳学说中，动为阳，静为阴，外为阳，内为阴。内外兼顾，动静结合，也是协调阴阳的内容。《庄子·达生》讲述了这么两个人：一个是鲁国的单豹，在山洞里练气功，指内功，到了七十多岁，气色还很好，脸还像小孩那样红润，后来不幸被饿虎吃了，另一个是张毅，练武功，身强体壮，到处活动，才四十岁就得了内热病死了。《庄子》评述说：单豹练了内功，虎从外吃了他，张毅练了外功，病从内进攻他。这两个人就是不能内外兼顾，才有这个结局。练内功是静，练外功是动，这里也是阴阳问题。内外兼顾，动静结合，阴阳才能平衡。

北京西山大觉寺，大雄宝殿前有一块匾上写着"动静等观"。这反映了中国阴阳平衡的传统思想。印度佛教讲坐禅入静，是主静的，西方强调动，认为"生命在于运动"，是主动的。动静结合，也是一种平衡，符合中庸原则。

中国古代医学认为，疾病产生有两大类：一是外伤，二是内伤。外伤主要指跌打损伤，指皮肉和筋骨受到物理伤害，也指由于风、寒、暑、湿、燥、火六种邪气侵入体内引起的。例如中暑、火烧伤、开水烫伤、风寒感冒，都属于这一类。这一类的疾病与气候关系密切。因此，中医诊病用药，都特别考虑季节气候这个大环境的因素。同样感冒，冬天和夏天，用药是不同的。另一类是内伤，内伤应该可以细分两个方面的因素：外因指劳累过度、用力过猛、饮食不时、房事不节等违背生理规律造成内脏或气血损伤的疾病。

内因指七情过激引起的各种伤害的疾病。七情是喜、怒、忧、思、悲、恐、惊。一般人都有喜怒哀乐这类情绪，当然不会生病，情绪过激才会导致主要内脏功能失调而产生疾病。喜则伤心，怒则伤肝，思则伤脾，忧则伤肺，恐则伤肾。情绪会引起五脏生病，反过来，五脏有病，也会影响情绪的变化。肝病者，令人善怒。心气虚则悲，实则笑不休。肾病者，意不乐。男女更年期，生理调整，引起情绪波动，也是十分明显的。中医重视情绪，是一大特色，也是一大优点。病的外因为阳，内因为阴，因此，病因也分为阴阳。《黄帝内经·灵枢·百病始生》说："喜怒不节，则伤脏。脏伤则病起于阴也。"情绪过激损伤内脏，内脏损伤引起各种疾病，就是"病起于阴"。

　　劳累过度所引起的疾病，很少引起人们的注意。《黄帝内经·素问·宣明五气》载："五劳：久视伤血，久卧伤气，久坐伤肉，久立伤骨，久行伤筋。是谓五劳所伤。"经常长时间看电视，用电脑，或者看书，就会伤血。伤血是与伤目、伤肝一致的，而伤肝又会引起其他疾病。久卧伤气，肺功能受到严重影响，血液供氧不足，会导致一系列疾病。这五劳，有四项是静止状态，有一项是运动状态。持续时间太长的任何静止状态，都会出现疲劳。这种疲劳，就会导致生病。这里讲的也还是动静需要结合，阴阳才能平衡。

　　关于饮食问题，按时定量是很重要的。按时以不过饥为原则。两次饮食间隔大约四个小时以上，使肠胃系统保持虚实相间的状态，这种虚实也是阴阳平衡。饥饿太虚，过饱太实，均会生病。定量则是复杂的问题，这要根据个人的体质，从事的工作，活动量，以及平时生活水平，本次进食的食品营养成分等诸多方面来定。定量一般以不过饱为原则。生活比较富裕的，食品营养较高的，一般吃六成饱即可。如果活动量较大，那就可以吃到七八成饱。少吃，以下一顿吃饭前不感觉饥饿为准,如果下一顿饭前感到饥饿,那就说明这一顿吃太少了。

体内的阴阳平衡,需要人们自己在生活的各种方面进行调整,这些调整主要包括喜怒有节,劳逸结合,动静等观,饥饱适度。这些调理主要靠自己掌握,自己要掌握好这些"度",是需要提高道德修养的。个人的心理平衡也是阴阳平衡的重要内容,甚至是最重要的内容,不容忽视。

阴阳五行是中国古代很有特色的哲学范畴,也是中国古代的科学假说,有它的合理性。现在科学有了大的发展,但也没有穷尽真理,也是假说,也需要继续发展。在这种意义上,科学成果总是相对的,都不是终极真理。探索真理是无穷的过程,这是辩证法的起码常识。

(五)和

《论语》记载,孔子说:"君子和而不同,小人同而不和。"有子说:"和为贵"。"和"与"同"有什么差异?包含什么意义?"和"是指不同成分的合理配合。

人际关系包括家庭内部和社会的关系。家庭是社会的细胞,家庭内部各成员之间的关系,如夫妻、父子、母女、兄弟姐妹等。这些关系建立于仁义基础之上,夫仁妻义,父慈子孝,兄爱弟悌。在家庭中,有尊卑差别,但发表不同的意见是允许的。这些关系也有矛盾的时候,是需要协调的。协调得好,成为一团和气,大家都能心情舒畅,同心协力,发展事业,发财致富,培养子女健康成长。这就是所谓"家和万事兴"。家庭中每个成员都是一个角色,每一个角色都有自己的分工、责任、权利和义务。所有角色互相配合,组成团结协作的整体。

坚持"和"的原则,需要认真做到以下三个方面。首先,要敢于说出自己的见解，有自己的特性、个性，不隐瞒自己的观点，胸怀坦荡。其次，要允许别人有自己的个性和见解，尊重别人的意见，不搞"顺我者昌，逆我者亡"的霸道行为，与别人以人格平等的方式共存。最后，人人都有不同的看法，平心静气地摆事实、讲道理，进行认真的讨论、辩论，取长补短，相互启发，逐渐取得共识。一时不能取得共识的情况下，采取求同存异的办法处理矛盾，协调关系。这就是"和"。

一个国家也是一个比较大的团体。在这个团体中，中国古代主要是君臣关系，孔子所谓"君君、臣臣、父父、子子"，国君要有国君的样子，臣子要有臣子的角色。他又说："君使臣以礼，臣事君以忠。"（《论语·八佾篇》）君对臣要有礼貌、要尊重，臣对君要尽心尽力，要忠诚。这种关系是对应的，是相互的，是双向的。孔子对此作了正面论述，至于反面，君对臣无礼、不尊重，臣应该、可以怎么办？孔子没有说，战国时代的孟子说了，他说："君之视臣如手足，则臣视君如腹心；君之视臣如犬马，则臣之视君如国人；君之视臣如土芥，则臣之视君如寇仇。"（《孟子·离娄下》）

在制度方面，在特殊情况下，实行一国两制或一国多制也是符合"和而不同"的原则的。周朝实行封建制，秦朝实行郡县制，汉朝实行一国两制，既有封建制，又有郡县制。清朝在东北、新疆、西藏与其他地方分别实行各自不同的制度，清史专家戴逸先生说清朝实行的是一国多制。中华人民共和国成立初，西藏保留农奴制，1959年，达赖叛乱以后，才彻底改变农奴制。在1950年到1959年九年间，我们也是实行的"一国两制"。邓小平提出"一国两制"的方针处理香港、台湾的问题，是继承了中国传统的思想精华。

总之，绝对君权，不是儒家所提倡的，除了秦朝以外，君臣关系都是以互相尊重为基础，协调到和谐状态为理想。治国方针有路线问题，因而有派别斗争，情况十分复杂，而儒家提倡仁义，在人际关系中追求"和",则是立身之本,也是处世态度。

人际关系"和为贵"原则,也可以用于处理国与国之间的关系。《左传》襄公四年记载:晋侯与魏绛的对话,魏绛认为与西方戎族和平相处有五大好处:(1)戎族游牧生活,不重视土地而重视货物,晋国可以用货物换他们的土地。各得所需,在经济上有互补作用,对双方都有好处;(2)两国和平,边境安定,人民可以安心生产,粮食能够丰收,边民可以安居乐业;(3)与戎族和好,晋国无后顾之忧,增加了在中原竞争的实力;(4)与戎族和平相处,减少兵力,少用武器,减轻军事方面的负担;(5)和平环境可以使本地人安心生活,还能吸引远方的人来这里定居。魏绛所讲的国与国之间的和平共处的五大好处,至今仍有意义。

中国政府提出和平共处五项基本原则,即(1)互相尊重领土主权;(2)互不侵犯;(3)互不干涉内政;(4)平等互利;(5)和平共处。中国政府于1954年在与印度、缅甸政府签订两国关系的原则时提出这五项原则,后来,中国政府把它作为处理各国关系的普遍原则。周恩来总理在1955年在印度尼西亚的万隆举行的亚非会议上提出"求大同存小异",对于政治处理国际争端,提供了非常有意义的方法。中国现代政府处理与周边邻国的关系,继承了我国古代"和而不同"的优秀传统。"和而不同"与"求同存异"两者都有一个"同"。这两个"同"有什么不同呢?前者指完全的同,后者指部分的同,因为还有异。和,只是强调独立性,并非与别人毫无共同之处。和,表明与别人相比,有同有异。在充分讨论以后,解决不了所有的问题,只能用"求同存异"的办法,把共同的内容统一起来,不同的意见暂时各自保留。"和而不同"的同,是指与别人完全相同,没有异,因此没有存异的问题。

儒家讲"和而不同",主要讲人际关系,国际关系。道家则把这种原则运用于人与自然的关系,提出"齐物我"。因此,人与自然的和谐，也是中国的优秀传统。

《庄子》明确地提出"齐物论"，认为"万物与我为一"。战国时代，百家争鸣。各家都以自己的观点作为判断是非的标准，自己的观点都是对的，不符合自己观点的都是错的。自是而相非。再向前推进一步，人类有共识，人类以自己的观点或利益作为是非的标准，去衡量万物，所谓"人是万物的尺度"。《庄子》认为这也是一种偏见，"以道观之"，万物都是平等的，人只是万物中的一种，人的是非不能代替万物的是非。他举例说：人躺在潮湿的地方睡觉，会得腰疼或半身不遂病，泥鳅也是这样吗？人在树枝上睡觉会恐惧颤抖，猿猴会这样吗？人、泥鳅、猿猴，三者谁知道真正舒适的睡觉地方呢？人爱吃牛羊肉，鹿喜欢吃草，蜈蚣吃蛇，猫头鹰吃老鼠，究竟谁知道美味呢？毛嫱、丽姬，是人们公认的美女，但是，鱼见她们，潜入水底，鸟见她们，高飞远避，鹿见她们，迅速逃走。哪一个更懂得漂亮呢？既然万物不是上天为了供人类享用而产生的，而是与人类一样由自然而派生的，它们就应该有平等的地位，就不应互相残杀，而应该建立和谐的关系，友好相处，共同发展。张载认为人民都是我们的同胞兄弟，万物都是我们亲密的朋友，因此，在亲亲、仁民的同时，还要爱物。没有爱心，就不可能和平共处。《孟子·尽心上》讲"亲亲""仁民""爱物"。这是三个爱的层次。亲属的关系是亲爱，对民众要仁爱，对万物要爱惜。对于亲属，也有远近亲疏的差别。这是儒家爱有差等的思想。推己及人，推人及物，这是儒家泛爱思想。这也反映了关于人与自然应该和谐的认识，这也是儒家传统思想对于保护自然环境的一个贡献。

人与自然的和谐，中国古人采取了许多具体措施。归纳起来，主要有两条：一曰取之有制，二曰取之以时。

我们讲了人与人、国与国、人与自然的和谐。现在是市场经济，是竞争的时代，和谐是否过时了？和谐与竞争是一种什么关系？

竞争，有各种路线和方针，自然也有各种不同的方法。人与自然的和谐，当然也有斗争，这里也是一种竞争。我们主要讲人类社会中的竞争。从总体上讲，主要有两种路线，一是与别人竞争，二是与自己竞争。与别人竞争，又分两种情况，一是以正当的方式，合法的手段，发展自己；二是以不正当的方式，非法的手段，置别人于死地，自己得以非常迅速地大发展。这就是所谓"暴发户"。前者为正当竞争，后者为不正当竞争。

中国人也讲竞争，主要是与自己竞争。《老子》第三十三章曰："胜人者有力，自胜者强。"竞争中胜了别人，说明力量大。能够胜自己，才能称得上强大。胜过自己，就是能克制自己的毛病。孔子讲"学者为己"（《论语·宪问》），学习是为了提高自己的思想水平和文化素质。《周易·乾卦·象》讲"天行健，君子以自强不息"。古人认为天运行非常迅速，一日旋转一周天，实际上是地球自转一周。说君子也要像天那样"自强不息"。这句话成为历代有志之士的自勉名言。自强不息，应有如下两个方面：

一是自力更生。二是独立思考。总之，独立思考，就是靠自己的头脑从实际出发想问题、拿主意，判断是非曲直，分辨善恶美丑，决定进退，选择去取。

自强不息，自力更生，并不排除别人的帮助，也不拒绝与别人合作。自强自立，才能更好地与别人合作。如果自己什么本事也没有，谁愿意与他合作呢？一个好汉三个帮。正因为本身是一个自强不息的好汉，才会有三人或更多的人来帮。又由于很多人来帮，自己才能成就一番事业。私心太重，不善于合作，只靠个人奋斗，难以成就一番事业。因此，自强不息还要与厚德载物结合。《周易·坤卦·象言》："地势坤，君子以厚德载物。"大地承载着万物，有五岳之重，江河之长，任劳负重，毫无怨言。君子也要效法这种情怀，大肚能容，宽厚道德。自强不息，是竞争的中国模式，厚德载物，是和谐的中国风格。自强不息是对自己的激励，以此精神参与竞争。厚德载物是对别人的态度，以此道德创造和谐。两者结合，一方面完善自己的精神境界，另一方面建设和谐的社会环境。这样才能创造美好的人生。和而不同，应该是中国传统思想的精华对于世界新世纪的重大贡献。

当代不和是因为有了霸权主义，再逼出恐怖主义，天下就不太平了。中国古代的"荆轲刺秦王"是发生在"争于气力"的战国时代的霸权主义和恐怖主义，是不和谐社会的突出反映。因此，儒家的和而不同，对于国内构建和谐社会有现实意义，对于世界和平也有巨大贡献，人与自然的和谐，对于保护生态平衡也是有价值的。总之，儒学的智慧可以在现代社会发挥自己的正面作用，丰富宝藏需要人们去挖掘。

（原载《国际儒学研究》第十四辑，九州出版社2006年版）

孝的历史意义与现代价值

一 孝的意义

儒家提倡礼尚往来，体现着平等原则。父母养育子女十多年，子女是否也应该赡养父母十多年呢？这是从经济角度讲的平等原则。实际上父母对子女的爱是无限的，全心全意的，不求回报的。这一种情谊是无价的，从对等原则来讲，子女对父母的感情也应该是全心全意的，无限深情的，是报答不完的。因此，孝的意义在于报恩，报答父母的养育之恩。"身体发肤，受之父母，不敢毁伤，孝之始也。"身体是父母所生，应该爱惜。自杀是大不孝的表现。现在大学生自杀的很多，他们对得起父母吗？他们怎么回报父母的养育之恩？他们只是想的自己，从不考虑父母的感受，以为生命是自己的，想怎么处理就怎么处理，这是不负责任的态度，对父母不负责任，对社会也不负责任，是极端个人主义的思想。不养子女，不知父母恩。子女出生后，父母倾全部精力于子女的成长，为了健康成长，为了选择教育的最佳条件，从小学、中学到大学，可以说是千辛万苦，千方百计，费尽心力，得到这样上大学的结果，过去的一切苦，似乎都得到了报偿。而大学生的自杀，对父母精神上的打击多么巨大！一切辛辛苦苦，一切美好希望，全部付诸东流！不重视孝的教育，只培养智力，只重视分数，片面教育的后果显然是不好的。

《礼记·祭义》载："君子反古复始，不忘其所由生也。是以致其敬发其情，竭力从事以报其亲，不敢弗尽也。""反古复始"，追溯古代，回到开始，就知道人是怎么来的。一是天地，是万物的根本。二是祖先，是人类的根本。三是父母，这是自己的根本。尊天敬祖，是中国从西周以来的传统观念。孝顺父母也就从那时延续下来。这里讲的"所由生"，就是根本。"不忘其所由生"，就是不忘本。只要不忘本，就应该懂得出于敬爱之心情，竭力从事，以回报父母的养育之恩。如何回报？一是能养，二是能敬，要竭力尽心，消除父母的忧愁，增加父母的快乐。自己身体发肤都是父母所生，应该爱惜。自己的兄弟姐妹也都是父母所生，若有损伤，父母也会忧愁，因此也要加以保护。

二 《孝经》的内容

儒家重视孝，有一部重要典籍就叫《孝经》，是专门论述孝的。孔子说："夫孝，德之本也，教之所由生也。"孝是道德教育的根本。又说：孝是"天经地义"的，明王"以孝治天下"（《孝经·孝治章》），"人之行莫大于孝"（《孝经·圣治章》），百行孝为先，百善孝为首。总之，孝是道德的根本，是教育的起点，最伟大的品行，治理天下的基本原则。孔子的学生有子说："孝悌也者，其为仁之本与！"（《论语·学而》）儒学的核心是仁。这说明儒家仁的思想是从爱亲引申出来的，也就是从孝悌推导出来的，孝是仁的根本。这样一来，孝就是治国的根本。这就是"明王以孝治天下"的思想逻辑。忠臣必出孝子之门，因此，汉代实行举孝廉制度，孝子与廉吏由地方政府推荐出来当官。对养育自己的父母如果没有孝心，他们怎么能对别人好，怎么会关心百姓生活，让他们管理百姓，怎么能放心？

"夫孝，始于事亲，中于事君，终于立身。"（《孝经·开宗明义》）青少年在家孝顺父母，这就是"始于事亲"。事亲又以爱护自己的身体为起点，保护自己，不让父母为自己过于操心。将身体看作父母送给自己的最珍贵的礼物，要非常珍惜。其次是要帮助父母做些力所能及的事情，承担一些家务，减轻父母的生活负担。第三要和颜悦色，顺从父母的旨意，千方百计地让父母心情舒畅，感觉幸福。

"中于事君"，古代的君，现在就是上级。这个"中"包括出去工作以后到退休之前。这是一生中很长的时间，是自己对社会做出贡献的主要时间。对父母的孝移到对待上级上，也是要尊重上级，全心全意做好工作，让上级满意。用《孝经》上的说法，就是"君子之事上也，进思尽忠，退思补过，将顺其美，匡救其恶，故上下能相亲也。"（《事君章》第十七）"事君"，就是"事上"。"进思尽忠"，上进，被上级提拔，要想尽自己的忠心，做好事情，让上级满意。如果被提拔，就想捞自己的好处，那就违背了儒家的宗旨，也辜负了上级的信任。"退思补过"，被降职，或者被罢免，就要思考自己有什么过错，应该如何弥补，如何纠正，如何总结教训，振作精神，愤然而起，奋发图强。"将顺其美，匡救其恶"，对上级也要有所分析，不能盲从，对他们的正确意见，要大力支持，"将顺其美"；对他们的错误决策，要提出自己的意见，进行力争，"匡救其恶"。这样才能达到上下和谐，"上下能相亲"。

"终于立身"，最后落实在立身上。什么叫立身？这大概也是比较复杂、争议比较多的概念。孔子说他自己"三十而立"。三十岁的青年人，一般来说并没有到做出大成就的时候。这时的"立"，也就是在社会上找到自己的合适位置，对社会做出应有的贡献。孔子还讲："立身行道，扬名于后世，以显父母，孝之终也。"（《孝经·开宗明义》）又讲："己欲立而立人。""三不朽"的立德、立功、立言，也都一再讲到"立"。立，最简单的解释，就是建立、树立的意思。"终于立身"，就是最终要落实到树立自己，用现代的话可以理解为实现自己的价值。一生所做的一切事情，最后都体现在这个价值上。

三　孝的对应原则

过去有人说，儒家讲孝太绝对了，典型的话是"父叫子死，子不死，子为不孝"。这是后人的误解，孔子是不同意的。

首先，在《论语》中，孔子认为，父母有什么错误，作为子女可以而且应该提出批评。他说："事父母几谏。见志不从，又敬不违，劳而不怨。"（《论语·里仁》）几谏，就是委婉地劝告。父母不肯接受，子女还要保持恭敬的态度，并且不能违背他们，替他们操劳还不能有怨恨。等到他们心情好时，再委婉地进行劝告，这种思想是合理的。过去误解为父母做错事，子女也要支持、帮助。

其次，在《韩诗外传》中有这么一个故事：孔子的学生曾参是著名的孝子。一天，曾参有了过失——锄草时，误伤了苗。他的父亲曾晳就拿着棍子打他。曾参没有逃走，站着挨打，结果被打休克了，过一会儿才渐渐苏醒过来。曾参刚醒过来，就问父亲："您受伤了没有？"鲁国人都赞扬曾参是个孝子。孔子知道了这件事以后告诉守门的弟子："曾参来，不要让他进门！"曾参自以为没有做错什么事，就让别人问孔子是什么原因。孔子说："你难道没有听说过舜的事吗？舜做儿子时，父亲用小棒打他，他就站着不动；父亲用大棒打他，他就逃走。父亲要找他干活时，他总在父亲身边；父亲想杀他时，无论如何也找不到他。现在曾参在父亲盛怒的时候，也不逃走，任父亲用大棒打，这就不是王者的人民。使王者的人民被杀害，难道还不是罪过吗？"很显然，上述"父叫子死"的说法，孔子是不同意的。不该死的，就不能轻易地死去，即使有父命。

再次，先秦儒家都不主张盲目服从父母。例如：

1. 《荀子·子道》记载：当鲁哀公问孔子："子从父命，孝乎？臣从君命，贞乎？"孔子没有回答，出来后他告诉子贡说："子从父，奚子孝？臣从君，奚臣贞？审其所以从之之谓孝、之谓贞也。"子从父，怎么能说是孝子呢？臣从君，怎么能说是贞臣呢？要看在什么样的情况下听从什么样的命，才可以说是孝、是贞（忠）。就是说要有分析，要分清是非，然后决定是否听从。可见，盲从君父的臣子，孔子不认为就是忠臣、孝子。

2. 《孝经·谏诤章》记载：孔子说："故当不义，则子不可以不争于父，臣不可以不争于君。故当不义，则争之。从父之令，又焉得为孝乎？"有不义的事，臣子就应该提出批评。不批评就不是忠臣孝子。

3. 《荀子·子道》载：战国后期的大儒荀子将父子的对应关系归纳为："从义不从父。"就是说义高于父。儒家对于国君也不主张盲从。儒家主张：如果国君不听谏，那么臣子就可以辞职出走。孔子对于诸侯，"见志不从"，他和弟子们就离开，因此，他们周游列国，无所留止。孔子的孙子子思在回答鲁穆公问什么样是忠臣的时候说："恒称其君之恶者，可谓忠臣矣。"[①] 经常批评国君的错误的人可以称为忠臣。《孟子·离娄上》："惟大人为能格君心之非。"这里的"大人"就是忠臣。"格君心之非"，就是批评国君心中错误的思想。

---

① 《郭店楚墓竹简》，文物出版社1998年版，第141页。

4. 孝与不孝。我们从先秦儒家的典籍中可以看到，先秦儒家认为，孝有许多方面：一是能养，二是能敬，三是要和颜悦色，四是能慎终追远，五是三年无改父之道，六是事君尽忠，从道匡正，七是立身行道，扬名后世。所谓"光宗耀祖"，也是孝的重要表现。八是应该有后嗣。

至于不孝，孔子说："五刑之属三千，而罪莫大于不孝。"邢昺注："五刑谓墨、劓（yì）、剕（fèi）、宫、大辟也。条有三千，而罪之大者，莫过不孝。"（《孝经·五刑章》）三千种罪行要受到五种刑罚惩治，其中最大的罪行是不孝。

孟子说："不孝有三，无后为大。"（《孟子·离娄上》）赵氏注："于礼有不孝者三事：谓阿意曲从，陷亲不义，一不孝也；家穷亲老，不为禄仕，二不孝也；不娶无子，绝先祖祀，三不孝也。三者之中，无后为大。"

孟子还有"五不孝"的说法："世俗所谓不孝者五：惰其四支（肢），不顾父母之养，一不孝也；博弈好饮酒，不顾父母之养，二不孝也；好货财，私妻子，不顾父母之养，三不孝也；从耳目之欲，以为父母戮，四不孝也；好勇斗很（狠），以危父母，五不孝也。"（《孟子·离娄下》）这五不孝，前三种不孝，都是由于各种原因不养父母，可以归纳为"不顾父母之养"。后两种是不爱惜自己，伤父母的心。前三为物质方面的孝，后二是精神方面的孝。孔子强调"敬"，事君尽忠，立身扬名，《孝经》讲的"光宗耀祖"也包括在精神方面的孝中。

四　孝的历史命运

1. 汉代讲"以孝治天下"。每位皇帝的谥号前面都加一个"孝"字，如孝文皇帝、孝武皇帝。这虽然只是形式，也很重要。

另外，当时有所谓"举孝廉"，就是推举孝子和廉吏当官。当时人认为，一个人对自己的父母都不孝顺的人，怎么会爱别人呢？没有爱别人的仁爱思想，怎么能做好官呢？现在那些跑官的人，他们跑官所花的时间、精力、金钱，是一种投资，是为了捞回更多的利润。怎么会用在为人民做好事上呢？这种人当官，不能"造福一方"，只能为害一方。汉唐时代都设有"孝悌力田科"，清代还有"孝廉方正科"，历朝都有选拔孝子做官的规定，因为人们都认为忠臣必出于孝子之家。

2.《孝经》。汉时流行的《孝经》是"五经"之外的"经"。谁可以当帝位的继承人，学习过《孝经》，也成为一条成立的理由。例如汉昭帝时，大将军霍光上奏说："孝武皇帝曾孙病已，有诏掖庭养视，至今年十八，师受《诗》《论语》《孝经》，操行节俭，慈仁爱人，可以嗣孝昭皇帝后，奉承祖宗，子万姓。"（《汉书·宣帝纪》）病已就是后来的汉宣帝。

许多思想家也都受到《孝经》的影响，董仲舒就是其中受到《孝经》影响很深的思想家，他吸收《孝经》中的一些思想来论证自己的观点。今本《春秋繁露·五行对》载：

> 河间献王问温城董君曰："《孝经》曰：'夫孝，天之经，地之义。'何谓也？"对曰："天有五行，木、火、土、金、水是也。……由此观之，父授之，子受之，乃天之道也。故曰'夫孝者，天之经也'，此之谓也。""勤劳在地，名一归于天，非至有义，其孰能行此。故下事上，如地事天也，可谓大忠矣。""忠臣之义，孝子之行，取之土。土者，五行最贵者也，其义不可以加矣。……此谓'孝者，地之义也'。"

董仲舒第一次提出五行相生的理论，并且将相生的前后视为父子关系。由父子关系引出孝与忠的道德，认为这是天经地义的。用五行说来解释《孝经》中的说法，是董仲舒理论的一大特色。《孝经》的一些内容，被《春秋繁露》和《韩诗外传》等书所引用，说明《孝经》在汉代的影响是很大的。

3. 司马迁的孝。《史记·太史公自序》中引了《孝经》中的话："孝始于事亲，中于事君，终于立身。扬名于后世，以显父母，此孝之大者。"这些说法成为司马迁撰写《史记》的动力之一。他继承父亲遗志，忍着奇耻大辱，终于撰成《史记》，达到"终于立身"，光宗耀祖。是大孝的表现。

4. 王充的孝。王充少年时不好爬树，好深思，父母放心。学习好，众多儿童一起读书，个个都被教师处罚过，只有他没有受到处罚，也为父母争了光。于是有了"乡里称孝"的好名声。他用三十多年的时间撰写《论衡》，是文化精品，流传至今。也是"终于立身"。"扬名于后世，以显父母，此孝之大者。"王充《论衡》被称为奇人奇书，千古流芳。他的父亲王诵、祖父王汛也因为他而名留千古。

5. 孝女曹娥。东汉时代稍晚于王充有一名孝女曹娥，父溺江而死，十四岁的她沿江寻尸，七日不见，就投江自杀。后来在江边上发现她负父尸浮出。这就被称为孝女，并将此江命名为"曹娥江"。曹娥是孝女，是道德的代表。

曹娥庙是一个古建筑群，琉璃瓦金碧辉煌，颇为壮观。大殿三进，还有东殿与西殿，名人、政要的题字、题匾、对联，相当的多。当然还有一块特别著名的《曹娥碑》，由于上了《三国演义》，名声大噪。因有曹操、杨修与"黄绢幼妇"[①]，给读者留下十分深刻

[①] 《三国演义》第七十一回，说曹操到蔡邕的女儿蔡琰（yǎn）家，看到挂着一张碑文图轴，上写"黄绢幼妇外孙齑臼"，当时曹操的主簿杨修先猜出这八字的隐语是"绝妙好辞"，曹操走了三十里才想出来。现在，曹娥庙中还保存着这块宋代石碑的复制品。

的印象。有明代董其昌的楹联："渺渺予怀尝思所求乎子何事，洋洋如在试问无忝尔生几人。"清代状元刘春霖的对联："百行孝为先，至性感人，余热泪；大江流不尽，夕阳终古，咽寒涛。"民国戴传贤对联："千秋庙祀彰灵孝，万古江流著大名。"王孝赉的对联比较长，上联是"二千年庙貌重新，孝崇庙典，女受庙封，炎汉以来，一庙累朝褒孝女"，下联是"百十里江流依旧，曹称江姓，娥易江名，虞舜而后，半江终古属曹娥。"两相比较，天壤之别。这说明中国传统重视智慧，更重视道德。所以讲培养人才全面发展，讲德智体，总是将德放在首位。讲"三不朽"，也是"立德不朽"放在首位，其次才是"立功不朽"和"立言不朽"。孝是德中最重要最根本的。于是，人们重视突出孝德的曹娥，大大超过能立言、有智慧的王充。这只能说有主次之分，并不能据此说明中国有"反智"的传统。中国人很重视智慧，对诸葛亮的崇拜，就是明显的例子。

6. 孝在现代的中国。最近几年，博士论文写"孝"的逐渐多了，有一年我就看了两本关于孝的博士论文。其中一本是肖群忠的博士论文《孝与中国文化》，已由人民出版社出版。我的博士生吴锋的博士论文《中国传统孝观念的传承研究》已由吉林人民出版社出版。在日本，我也看到在名古屋大学博士留学生庄兵和梁音也都写关于孝的论文。韩国在中国的留学生李庚子写的论文就是《两汉的"孝教"思想研究》。这说明"孝"这个中国思想的特产在现代化的社会还有其广泛的市场。1999 年 2 月 7 日上午，由民政部等六部门联合评选出的"敬老好儿女金榜奖"颁奖活动在人民大会堂举行。获奖者 967 名孝子。2004 年 9 月 25 日，山东省嘉祥县评选出二十四孝星，在"国际孝文化论坛"上颁奖。许多地方，也有类似评奖活动。《光明日报》2004 年 9 月 6 日赵伟平与潘剑凯合作的报道《现代教育还要"崇孝"吗——浙江省上虞市大力加强未成年人孝德教育》一文中介绍了退休教师郑桂明倡导孝德的事迹。"二十四孝"之首虞舜和曹娥的故事都发生在上虞市这里。文章明确提出"孝敬父母是中华民族的传统美德","孝敬父母要从小事做起",实践证明少年儿童经过孝的教育以后，变懂事了。

7. 孝在国外。孝德在中国影响之深，可以说无与伦比。在中国以外，孝德也有很大的影响。日本关西大学综合图书馆里有许多名教授、名学者的文库。其中有玄武洞文库，是一个孝子企业家的藏书。他所收集的《孝经》各种版本达483种，570册，是全日本最全的，也可能是全世界最全的。一册目录书名《家藏孝经类简名目录稿》，编者是田结庄金治氏，于昭和十二年在大阪的玄武洞文库出版。《汉书·艺文志》著录以后，可以见到的有孔安国（汉）传、郑玄（汉）注、刘炫（隋）述义、玄宗（唐）御注、元行冲（唐）疏、邢昺（宋）正义、司马光（宋）指解、朱子（宋）刊误、董鼎（元）大义、江元祚（明）大全、阮元（清）校勘记等。《孝经》传到日本的年代，据林秀一博士的《日本孝经年谱》考证，推古天皇十二年即公元604年的十七条宪法中引用了《孝经》的话，说明在六七世纪的隋唐之前已经传入日本。日本学者还根据《二十四孝》，编写日本的《二十四不孝》。

8. 其他宗教也讲孝。现在有的佛教法师也在讲孝。例如慧天法师讲述，陈聪德居士整理的《净话》中就有《孝亲颂》的内容，其中提到"我的一切，都是父母的恩赐。""孝心是宇宙人间，永恒的真理。"有居士印《孝学颂》，其中"青少年福智十善法"，第一法就是"孝顺父母"。佛教也提倡孝德。

被称为"犹太人的第二部圣经"的《塔木德》"成书于公元3世纪到5世纪"，赛妮亚编译《塔木德》2004年3月由内蒙古人民出版社出版。该书第四章《婚姻与家庭》最后一节也讲"孝敬父母"，许多内容与儒家所提倡的思想是一致的。例如孔子讲不但要养,还要有"敬"。孔子说:"今之孝者,是谓能养。至于犬马,皆能有养。不敬,何以别乎?"(《论语·为政》)《塔木德》中也有类似内容。不知道是相互影响的结果,还是"智谋之士,所见略同"。

五　孝的现代价值

孝与忠并列,在中国两千多年中,一直是非常重要的道德内容。只是到了20世纪,从五四运动到"文化大革命",受到不同方式的批判,但在民众中仍然根深蒂固,深入人心。最近几年,博士论文写"孝"的逐渐多了。但是,在西方分科很细的情况下,我不知道"孝"应该放在伦理学中,还是放在社会学中,或者放在什么别的学科中。我们过去讲阶级斗争,讲无产阶级专政,讲无产阶级专政下的继续革命,都没有"孝"的位置。在讲社会主义精神文明与共产主义道德教育中,也没有"孝"的内容,不论公民道德,还是未成年人教育中,似乎也没有"孝"这一项。所谓"素质教育"也没有孝的内容。许多年轻的博士生研究"孝"以后,并不认为"孝"是应该全盘否定的糟粕。他们认为,对孝应该加以研究,发掘其中的合理性,经过改造,重新焕发光辉,为新社会新时代贡献特殊的作用。孝是和睦家庭的道德基础,是和谐社会的重要方面,也是和平世界所必需的生活规范。

当有人问舜为天子,其父杀人,舜该如何处理时,孟子说:"舜视弃天下犹弃敝蹝(读喜xǐ,草履)也。窃负而逃,遵海滨而处,终身䜣(读欣xīn,快乐)然,乐而忘天下。"(《孟子·尽心上》)舜将天下的权力放弃就像扔掉破草鞋。他会偷偷地背着父亲逃到海边隐居起来。终身与父亲相处,快乐过日子,忘掉天下。这里将孝顺父亲看得比天下还要重。宁可放弃天下,也不能放弃父子之情。现在有些贪污犯也是为了亲属而违犯党纪国法,最终受到制裁。所以有的学者提出，孟子的理论是腐败现象的总根源。孟子在这里强调孝的重要性，认为掌握天下大权没有孝心重要。但是，现在的腐败分子并没有将掌握天下大权放在孝心之下，也没有人辞职带着父亲隐居偏僻地区，去过贫困的日子。只是带着妻子或情人，和贪污来的不义之财，逃到外国去享受的罪犯。儒家虽然也讲"大义灭亲"，往往只是大人灭晚辈的"亲"，没有子女灭长辈的"亲"。因此，荀子说"从义不从父"，还是很值得注意的。这说明义大于亲。有一个副市长有受贿行为和婚外恋嫌疑，他的儿子和女儿对他进行"几谏"，他答应不与情人来往，又将赃款全部退掉。2004年12月，一个老板犯罪，被公安机关抓获，为了立功减刑，交代了他给领导贿赂一事。2005年3月，市纪委找副市长谈话，他很坦然地交代了受贿的问题，并早已全部上交，被免于起诉。他内心深处感激自己的儿女。这就是孝子"几谏"，避免陷父亲于不义，躲过一场灾难。① 这就是孔子所说的"当不义，则子不可以不争于父"。有这样事亲的"几谏"和事君的"匡救"，才有"上下能相亲"的和睦家庭与和谐社会。一呼百应，唯唯诺诺，一时似乎上下一致，万众一心，实际上掩盖着矛盾。时间一长，矛盾逐渐扩大，加剧，一直看不出来，到时候，一旦爆发，就不可收拾。掩盖矛盾，表面上风平浪静，本质上不是和谐的。

我们讲以德治国，也讲以法治国，有时这两种观念会产生矛盾、抵触。怎么办？坚持义以为上。义就是宜，适当的意思。如何才适当，那是需要研究的。这就要求具体问题具体分析。

人与人之间的关系如果不是木石，如果需要人情味，那么，这个人情味就应该从孝开始。对于养育自己的父母不孝，怎么可能对其他人有爱心？如何会有博爱？人人没有爱心的社会是多么的可

---

① 《报刊文摘》2005年9月23日摘转《政府法制》半月刊第9期上。

怕!崇孝,应该提倡!特别是对未成年人的教育,这是最基础、最根本、最重要的一项。父慈子孝,是和睦家庭的基础,和睦家庭是和谐社会的正常细胞,和谐社会是和平世界的前提条件。孝是建设幸福人生的重要道德,是"天经地义"的。

(原载《中共宁波市委党校学报》2008年第5期)